動盪時代的香港警察

香港警察

（1841—1898）

蘇載玓⋯⋯著

策劃編輯　李　斌

責任編輯　劉韻揚

書籍設計　a_kun

書籍校對　栗鐵英

書籍排版　楊　錄

封面插畫　SAGE Communications

書　　名　**動盪時代的香港警察（1841–1898）**

著　　者　蘇載玓

出　　版　三聯書店（香港）有限公司

香港北角英皇道 499 號北角工業大廈 20 樓

Joint Publishing (H.K.) Co., Ltd.

20/F., North Point Industrial Building,

499 King's Road, North Point, Hong Kong

香港發行　香港聯合書刊物流有限公司

香港新界荃灣德士古道 220-248 號 16 樓

印　　刷　陽光（彩美）印刷有限公司

香港柴灣祥利街 7 號 11 樓 B15 室

版　　次　2023 年 6 月香港第一版第一次印刷

2024 年 4 月香港第一版第二次印刷

規　　格　16 開（170mm × 240 mm）400 面

國際書號　ISBN 978-962-04-5153-9

著者蘇載玓

19 世紀香港華人警察制服模樣（一）
來源：香港警察博物館展覽品

19 世紀香港華人警察制服模樣（二）

來源：香港警察博物館展覽品

照片中的銀色武器為 Cutlass（佩劍）
來源：倫敦都會警察博物館展覽品

Rattle（手搖板）
來源：倫敦都會警察博物館展覽品

戕棍警棍
來源：倫敦都會警察博物館展覽品

19 世紀的華人警員，扛著的武器為
Fusee（火槍）
來源：香港警察博物館展覽品

苦力開工時用的工具等
來源：香港海事博物館
注：鐵鈎用來鈎起麻包袋，是一件很重
要的借力工具。而木籤則是計算工作量
的憑記，苦力的工資是以件工計算，每
搬一袋貨物，管倉員便會收下一支木
籤，收工時只要數收了多少支木籤，證
明搬了多少袋貨物，以此來計算該付多
少報酬。

序

歐陽哲生 *

擺在讀者面前的蘇載玏著《動盪時代的香港警察（1841–1898）》是她在博士論文基礎上修改而成的一部專著。蘇載玏從 2014 年考入北京大學歷史學系與香港樹仁大學合招的碩士研究生班學習，歷經三年獲取碩士學位；到 2018 年再度進入北京大學歷史學系中國近現代史專業攻讀博士學位，拚搏四年榮獲博士學位。作為師生關係，在這八年期間，我們相互交流、教學相長，這部著作的出版可以說是她在北大學業的圓滿結晶。

香港史研究是中國史研究中比較特殊的區域史研究。之所以這樣說，是因自從 1842 年香港被英國割佔以後，它就滲透了濃厚的殖民性、多元性、現代性因素，與緊鄰的廣東漸行漸遠、自成一體，其政治、經濟、文化與廣東和其他通商口岸差別越來越大。1978 年中國對外開放後，香港與內地的交往越來越頻繁，兩地的隔閡逐漸被打破，雙方的差距逐漸彌縫。1997 年香港回歸祖國，成為中國的第一個特別行政區，享有高度自治權，從此掀開香港歷史的新篇章。

為迎接香港回歸，國內學者從上世紀九十年代開始啟動香港史研究，僅成余繩武、劉存寬主編《十九世紀的香港》（北京中華書局 1994 年），余繩武、劉蜀永主編《二十世紀的香港》（中國大百科出版社 1995 年）、劉蜀永《簡明香港史》（廣東人民出版社 2019 年）等幾種篇幅量不大的通論性著作。與此同時，英國學

---

* 歐陽哲生，北京大學歷史學系教授、博士生導師。教育部“長江學者”特聘教授。主要從事中國近現代思想史、中西文化交流史研究。曾赴美國伊利諾伊大學、德國柏林自由大學、日本東京大學、英國牛津大學訪學，多次赴香港中文大學、台灣中研院近代史所等處訪學。在《歷史研究》、《北京大學學報》、《中共黨史研究》、《近代史研究》、《史學理論研究》、《中國文化》、*Chinese Studies in History* 等國內外刊物發表論文一百餘篇。著作有：《新文化的傳統——五四人物與思想研究》、《二十世紀中國文化》、《嚴復評傳》、《科學與政治——丁文江研究》、《探尋胡適的精神世界》、《五四運動的歷史詮釋》、《傅斯年一生志業研究》、《古代北京與西方文明》、《胡適的北京情緣》等。編著有：《胡適文集》（十二冊）、《傅斯年文集》（七卷）、《丁文江文集》（七卷）、《新文化運動》（七冊）等。

者韋爾什（Frank Welsh）也開始了他的香港史研究，並在 1997 年推出了英文版《香港史》（*A History of Hong Kong*, HarperCollins, 1997）。中、英兩方的學者因為語言、材料使用的差異和各自立場、視角的不同，對香港史的敘事可以說差別很大。總的來看，香港史研究相對來說仍是一塊比較薄弱的領域，與其緊鄰的澳門枝繁葉茂的地方史研究景象相比，多少給人勢單力薄之感，這與香港本身的地位似不太相稱。

鑒於香港史研究的現實情形，我在指導來自香港的研究生時，有意識地引導他們就地取材，以香港史為題材作為畢業論文選題，這樣可得"近水樓台先得月"之便。我先後指導過這方面的碩士畢業論文有：陳洪齡〈香港遠東交易所發展史初探〉（2016 年）、蘇載玓〈英國殖民統治下的香港警察研究（1841–1880）〉（2017 年）、莫永佳〈香港作曲家及作詞家協會的成立與發展之研究（1970–2000 年代）〉（2018 年）、陳紫津〈香港童工問題及其解決研究（1950–1978）〉（2019 年）、陳志文〈香港中華總商會與中國新時期的現代化事業（1978–2000）〉（2019 年）、陳奕羽〈港英政府初期的社會福利政策及其慈善機構研究〉（2020 年）、陳尹珩〈香港處理越南難民問題研究（1975–2000）〉（2021 年）、江海傑〈嘉道理家族在滬港活動研究〉（2022 年）等，從這些論文選題可以看出，它們將研究觸角伸向香港史的各個分支和角落，豐富了香港史研究的內容，對香港史研究多少是推進的助力。

在我指導的這群香港學生中，蘇載玓是比較突出的一位。她不僅學業經歷完整，曾在澳大利亞悉尼大學、香港中文大學就讀過經濟學本科、法學專業碩士（2010–2012 年），接著又到北京大學再讀中國近現代史專業碩士研究生，而且有跨學科的背景和優勢，還具有廣闊的國際視野。蘇載玓在北大歷史學系就讀期間，學習勤奮，接受了嚴格、正規、科學、系統的歷史學基礎教育和專業訓練，掌握了中國近現代史專業知識和相關的基本技能。她有意識地通過各種途徑提升自己的中文說、寫能力，不斷探尋新的知識領域，知識結構逐漸完善。她勤於思考，科研進步較快。她具有較強的跨學科能力和應用英語文獻的能力，從經濟學到法學，再到歷史學，能夠較快地適應各個學科的學習要求，克服了一個又一個學業難關，實現了自己"華麗的轉身"。在讀期間，她亦助人為樂，多次開車接送在香港樹仁大學授課的北大老師，受到周圍老師、同學們的讚揚。

從攻讀碩士學位開始，蘇載玓就開始投身於香港警察史研究。早期香港警察史是香港史研究中的薄弱環節，蘇載玓的〈英國殖民統治下的香港警察研究（1841–1880）〉一文對這一課題做了新的富有力度的發掘。該文通過利用香港早期的報刊、檔案材料，對香港警隊的創立與發展（1841–1880）、早期香港治安罪案問題、香港早期刑事司法制度、香港的鴉片貿易政策等問題做了比較系統、深入的探討，充分論證了香港警察是英國殖民地統治的重要組成部分。她的論文徵引了大量相關英文文獻材料，輔以各種圖表附件證明；問題意識突顯，縝密的證據與論域相結合，表現了較好的法學修養和開闊的研究視野。隨我攻讀博士學位以後，蘇載玓曾有心另闢新徑，結合自己曾經的工作經驗，選擇香港財稅史之類的題目，在幾經摸索之後，我還是鼓勵她繼續以香港警察與社會為對象展開研究，這樣既可利用她原有的研究基礎，又可深入拓展，將研究引向縱深。經過自己幾年的刻苦鑽研，她可以說啃下了這塊"硬骨頭"。

通覽全書，蘇載玓這部著作值得推許，它有明顯可見的三個優點：

一是選題創意突顯。現有的相關研究，如香港警察史研究多集中於晚近的香港警察（警隊）研究，如有關香港群體性事件的專題研究，多集中於 1920 年代的省港大罷工和 1966–67 年的反英抗暴事件，蘇載玓此書以 19 世紀香港警察處置群體性事件為主題，其研究帶有複合性質，這與以往相關研究的單綫描述不同，確有新的明顯遞進。

二是發掘、徵引了大量相關的原始外文檔案材料，在材料上下力頗大。論文發掘利用的未刊英文、法文等相關外文檔案材料，舉凡英國倫敦的公眾記錄部門（Public Record Office）CO129 檔案系列、港督歷年向倫敦殖民地部呈送的報告 CO133 系列、英國議會（House of Lords 或 House of Commons）有關香港的會議文件、法國外交檔案館收藏駐港法國領事與巴黎外交部及商務部的來往信函、殖民當局官員（港督、總登記司）的日記、書信、回憶錄等文獻，以及 19 世紀香港英文報紙《孖剌西報》（*HK Daily Press*）、《德臣西報》（*China Mail*）與《士蔑報》（*Hong Kong Telegraph*）等，都在作者的搜尋範圍之內。英國殖民地部、倫敦公眾記錄部門中保存的檔案材料俱為 19 世紀留下的原始文獻，大多是手稿，筆跡不易辨認，對閱讀者的英文程度要求很高，蘇載玓利用自身的英語優勢，克服了種種難以想像的困難，硬是將這些文獻一一識讀、謄抄下來，這就為寫作論文打下了堅實的文獻基礎。此外，她還注意利用香港本地的中文報刊（諸如《循環日報》、《華字日報》之類）、地方史誌和檔案文獻，做到中西結合、互相印證。

三是問題意識明確，架構比較合理。該著在國內外已有相關研究成果的基礎上，以英國殖民統治香港首五十年警察與社會的互動關係為研究對象，圍繞香港警察處置 19 世紀 40、50 年代至 90 年代發生的幾起重要群體性事件展開研究，從縱向的角度對香港警隊的初建與警政建設、1856 年商戶停業與 1857 年 "毒麵包"事件、1864 年軍警衝突及其暴露的政治弊病、1884 年反法罷工群體性事件中的香港警隊、1894 年和 1895 年苦力爭霸事件與苦力大罷工諸問題展開論述。通過對這些重要案例深入、細緻地解析，作者有力地拓展了現有香港警察史、社會史研究。

蘇著是一項跨學科研究，涉及香港社會史、警政史、法律史、中英關係史多領域的背景，視域所及從香港到倫敦、香港到內地再將香港放入全球，跨度範圍較大。全書史論結合、案例豐富、數據精確、論證縝密，體現了作者嚴謹的治學態度。所作結語實事求是，立論平實，對充實、深化 19 世紀香港史研究確有顯著的作用。

肆虐全球、持續三年的新冠病毒嚴重干擾了中外學術交流，也打斷了內地與香港的正常學術來往。昔日在香港的教學歲月成為存留在我腦海中的一個片斷式的美好記憶。回首這三年慘淡的抗疫經歷，想起疫前在香港樹仁大學授課的那些流金歲月，頗有恍如隔世之感！蘇載玎寫作和修改論文期間，正是新冠疫情流行之時，可以想像她在這一時段為完成這一專著克服了多重困難，實在是相當不易。內地與香港明起將有序恢復通關，這是一個具有轉折性意義的信號，但願這場蔓延全球的新冠大疫情能早日結束，我們重新聚首香江，把盞言歡，訴說這段不平凡的抗疫經歷，共抒戰勝疫魔的情懷！

2023 年 1 月 7 日夜於京西水清木華園

序

蕭澤頤 *

　　我衷心恭喜蘇載玓女士獲北京大學歷史學博士學位。她的博士論文〈香港警察處置群體性治安事件研究（1841–1898）〉更將出版成書，讓讀者有機會接觸19 世紀的香港警隊歷史。

　　我與蘇博士相識於 2019 年。那一年香港發生了"反修例事件"，警隊堅守崗位，不讓暴力吞噬"東方之珠"。但持續一時的暴亂期間，曾經出現一些所謂"私了"的行為：有人企圖恫嚇一切支持法治、支持香港警隊執法的市民，更妄想將"正義之聲"調至"靜音模式"。儘管如此，還是有相信法治的人繼續支持警隊面對挑戰，蘇博士就是其中之一。在艱難的日子裏，市民的支援彌足珍貴。那時候，我知道蘇博士即將在北大開展一項有關香港歷史的研究，出於對香港警察的敬愛，她選擇以香港警察為研究主體。三年過去，當她決定將研究成果出版，便立即跟我分享她的初稿，並索序於我。盛情難卻，我只好以"門外漢"的視角與功力，竭力遊走於蘇博士的文字之中。

　　蘇博士的著作史料豐沛，中外文獻亦囊括其中。揭開封面，順著蘇博士的思路，猶如乘坐"時光機"，回到警隊最初成立之時的漁港，再沿著波濤洶湧的歷史長河推進，是如此的觸目難忘，更讓我驚覺今天香港警察維護國家安全的使命之重。

　　蘇博士檢視了當時的警隊如何處理一連串發生於 19 世紀 40 年代至接近該世紀末的重大"群體性治安事件"，力求從警隊恢復社會秩序的過程中，窺探早期香港的警政。畢竟我沒有經過歷史專業的洗禮，對於蘇博士的學術視角，我只能

---

* 蕭澤頤，香港特別行政區第六屆政府警務處處長，畢業於英國伯明翰大學。1988 年加入香港警隊，任職督察。服務警隊期間曾在多個不同性質的崗位服務，主要駐守前綫行動單位，也曾擔任刑事情報相關職務和派駐人事部。在多所院校修讀外地發展課程，包括（北京）清華大學、斯坦福大學、哈佛大學及國家行政學院。

抱歉地說一聲"安敢置喙"。

然而，大丈夫一諾千金。我嘗試尋找歷史專業及警察專業中的相似之處。我相信兩者都是"尋找真相"的功夫，需要的同樣是證據。因此，不論是所用的方法與所付出的努力，蘇博士的"博士之路"都值得借鑒學習。

例如，1841 年堅偉（William Caine, 1799–1871）奉命在香港建立警隊，人數到底是多少呢？蘇博士指史學界對這個課題存在分歧，原因相信是相關的史料不足。但她不甘於在現有的史料中空轉，而主動在浩瀚的"英國外務"書函之中，在沒有索引系統的支援下，找到兩封義律（Charles Elliot, 1801–1875）和堅偉之間的信件，從而得知堅偉向義律報告，當時組建的是一支 32 人（包括 11 位歐洲人和 21 位華人）的警隊。蘇博士在幾近大海撈針的前設下抽絲剝繭，頗有"志不求易者成"的氣派。

本書的一字一句，在我看來，彷彿均滲透出"字字看來皆是血"的韻味。蘇博士在新冠病毒肆虐全球，以致圖書館和檔案館都被迫關上大門的時間決定讀博，過程中一絲不苟，更堅持用上第一手史料。她在博士之旅上所得到的，也許並不止於學術上的成就，更多的是在埋頭苦幹的歲月中的珍貴經歷，以及最終能夠實現目標的滿足感。用我經常對年輕人說的話總結之，只要找到喜歡的工作，覓得工作滿足感，生命也就有了意義。

序

劉智鵬*

　　香港特區政府部門眾多，公務員隊伍龐大，其中最為香港市民所認識的部門非警隊莫屬。香港市民在日常生活中經常會遇上警察，香港的電影和電視劇也不乏以警察為主題的故事。警察與港人生活的密切關係，可以追溯到百多年前的開埠之初；今日香港市民仍然可以從港九各處的舊警署看出這段歷史故事的端倪。這些經過活化而保留下來的警署都有一個共通之處，就是屹立在所在地區的高處，包括半山荷里活道現稱"大館"的前中區警署、三面環海傲視尖沙咀的前水警總部、現存最具歷史價值的前赤柱警署等。這些警署居高臨下，便利警察監控城中居民的活動。1899 年興建的大埔警署和屏山警署，都選址山丘上的制高點；甚至在 1962 年才建成的調景嶺警署，也以高高在上的姿態雄視山下的小社區，展示出警隊在維持地方秩序上的權威和地位。

　　19 世紀 40 年代，港英政府成立警隊，負責控制罪惡和維持治安的工作。警隊的成員來自英國、其他歐洲國家、印度、中國。英籍和歐籍警察被港英政府視為警隊的精英；他們生活標準較高，缺點是不熟悉香港的風俗民情和語言。印裔警察適合為歐洲人工作，而且素來服從英國人指揮；他們機智不足但誠實可靠，於是一度成為香港警隊的中堅分子。華籍警察沒有語言障礙，熟悉本地風俗民情；但港英政府認為他們不夠忠誠，因此並未得到重用。

　　上述三種警察由英國警官統領，階級分明：英警地位最高，印警次之，華警最低。這種上下職級的差異清楚地反映在薪酬上。綜合不同年代的薪酬水平，華警的薪酬只有同一職級歐警的 1/3 至 1/4 左右；印警則居於兩者之間。此外，警員的裝備也與地位對應：在開埠之後的一段長時間內，英、印警察可以攜帶

* 　劉智鵬，現任嶺南大學協理副校長（學術及對外關係）、歷史系教授，兼任香港與華南歷史研究部主任。於香港大學修畢文學士及哲學碩士學位後負笈美國，於西雅圖華盛頓大學取得哲學博士學位，主修中國歷史。加入嶺南大學後曾任教通識教育課程，並參與創立歷史系，其後在該系任教中國歷史及香港歷史至今。學術興趣集中於宋元明清思想史、香港歷史、方志學等。近二十年來專注投入香港歷史的研究和教學工作，著有香港歷史專書多種。多年來貫徹嶺南大學"作育英才，服務社會"的校訓，積極參與公共服務，將學術知識轉移為社會共享資源，曾經出任屯門區議員、博物館委員會委員、古物諮詢委員會委員、活化歷史建築諮詢委員會委員、城市規劃委員會委員、歷史博物館諮詢委員會委員、衞奕信勳爵文物基金理事、保育歷史建築諮詢委員會主席、環境諮詢委員會委員等；現任立法會議員、鄉議局執行委員、教育工作者聯會會長、全國政協委員等。

槍支，華警只配備一根木棍。這種基於種族的編制差異是 19 世紀港英政府的常態管治手法，也在相當程度上說明了種族歧視是當時的一個重大社會問題。擁有管治權力的港英政府歧視佔九成人口的華籍居民，手擁部分權力的華警一方面協助港英政府執行歧視華人的政策，另一方面卻無法在管治架構中逃過被歧視的命運。

今日香港的警隊廉潔盡責，是特區政府一個具有專業管理水平的部門，並且得到廣大市民的信任。這是上世紀 70 年代以來警隊不斷改革更新的成果。回顧 19 世紀的歷史，在英國殖民管治和種族歧視的雙重作用下，香港的華警要享有類似今日的地位，無異天方夜譚。事實上自開埠至戰後，種族歧視在相當程度上打擊了華警的士氣，造成華警的社會形象持續低下。

香港早期的警察素質低劣，其實是整個警隊的問題，並無種族之分，首任警察司梅查理是警隊腐敗的始作俑者；此人除了收受賄賂，也經營房地產投機生意，甚至開設妓院。有了這種質素水平俱下的警隊首長，貪污腐敗迅即成為警隊的鮮明標記。警察常見的劣行是逮捕無辜平民，直接搶走財物。另一個穩定的財源是壓榨妓女，巧立名目向妓女徵收特別費用，甚至借偵查暗娼之名，蹂躪不幸墮入火坑的婦女。

抗戰前後香港社會流行 “好仔不當差，好女不當娼” 說法，以娼妓和警察相提並論，更有人形容警察為 “有牌爛仔”，確實發人深省。這是當時的實際觀感，也是代代相傳的印象。開埠初期，香港有些警察實際上就是穿制服的匪徒。有人甚至認為，當時的香港警察腐敗至極點；乾脆沒有警察，可能比有警察更好。

上述的負面故事是市民對舊時代香港警察的一般印象；然而，更值得關注的是這些表象的背後，港英政府對整個香港華人社會的歧視。在種族歧視的歷史語境中，華警在 19 世紀的發展究竟遭遇了甚麼挑戰，產生了甚麼後果；這些問題與答案互為因果，層層相扣，必須依循歷史的足印細心探索，方能窺見箇中的歷史意義。

本書以 19 世紀的香港警察為主題，通過警察處理多起群體治安事件的研究，揭示早期香港持續存在的華洋矛盾及其社會政治後果；以具體事例說明統治者的種族偏見不但無助於有效管治，更為此後華洋矛盾的深化和惡化埋下禍根。作者以堅實的歷史檔案為依據，條分縷析，為香港警察的早期歷史作出了別具意義的陳述，可謂香港警察歷史的佳作。

目　錄

緒論

一　選題意義

本書是筆者以博士論文研究為基礎改編成的專著，是以 19 世紀動盪不穩社會環境中的香港警察為研究對象，並聚焦在幾次群體性治安事件中他們扮演的角色，亦即 "平息事件" 以及 "善後工作" 的處理，並論及其維持公眾治安之職責。一個政府在動盪時期中的管控手段，最能反映它對人民採取的施政方針，而警察就是推行政府方針的工具，與群眾有近距離的接觸。簡而言之，警察的行為表現最能反映一個政府的本質，所以通過此書，筆者意在探尋殖民管治者在香港 "極端時刻" 的政策。

當日選取這個研究課題，是基於以下考慮：

第一，19 世紀的香港，從 40 年代開始，經歷了殖民管治初期的嚴厲管控。研究香港警隊與警察，對於解讀英國殖民管治策略在中國土地上的運用，能夠提供獨特而有價值的參考。

第二，研究 19 世紀的香港警察當然要研究殖民當局的警政。"警政" 是指按照統治階級意志所規範的，由上級機關具體實施的，圍繞維護國家安全和社會治安秩序等內容展示的一系列管理活動，[1] 主要包括警察機構、警察制度、警察種類、警察訓練以及警察職權等。同時，筆者也想研究警察制度與當時社會的關係。警政經常隨著時勢的改變而有所調整，研究警政的變遷，能夠反映 19 世紀香港在政治、經濟與社會等方面的階段性特點。

第三，觀察香港警隊與警政在 19 世紀的整體發展，能展現其與英國國內兩支近代警隊：倫敦都會警察與皇家愛爾蘭警隊的異同。

第四，居民或市民對於警察的態度，能反映其對政府（政權）的認同程度。在民眾極度不認同政府的情況下，可能會爆發群體性治安事件，甚至是群眾極端

1　萬川：《中國警政史》，北京：中華書局，2006 年，第 9 頁。

事件。研究 19 世紀在港發生的群體性治安事件，能反映在殖民管治下，居民對於統治者的強烈不滿。

第五，分析警察處理群體性治安事件的態度與手段，可分三個階段來加以考察：在事件爆發前，應注重預防、建立應急預警機制等；當事件發生後，作出快速反應，為避免事態擴大動用必要的警械，規範媒體行為等；當事件平息後，傾聽大眾心聲，依法懲治違法行為等。能否做到這些，可以直接反映警隊的成效以及政府的姿態（強硬、妥協、溫和抑或軟弱）。不同態度的背後，必定有統治者（殖民管治者）的政治或其他考慮。

第六，香港警察研究是香港史中比較薄弱的一環，而對香港群體性治安事件的研究大多集中在 20 世紀，對 19 世紀相關問題的系統性研究是一塊尚待開發的領域。本書專注這兩個課題，希望能夠促進對 19 世紀香港史的學術研究。

第七，雖然歷史研究的邏輯起點一般是過去，但觸發研究的動因卻往往源於現實，時代的需要會讓研究者去考察與反思歷史。[1] 警察的權限與權力，特別是在處理群體性治安事件的行為表現，近年來頗受全球的關注。香港警隊在過去三年多的動盪環境中，也受到一定的衝擊。從今天來看，對 19 世紀發生的群體性治安事件與警隊扮演的角色進行歷史解讀，也就具備了一定的現實意義。

然而，研究 19 世紀的香港警隊與警察這一課題是一項有難度的工作。首先，研究的時間跨度頗大。從英國人抵埠，警隊初創，到《南京條約》簽訂，香港立法局（舊譯定例局）的設立，再到香港警隊法令通過，根據法令正式設立首支警隊，一直到 1898 年英國強租新界（本研究設定的下限）前，時間跨度超過半個世紀，當中確實經歷了不同的局勢，見證了不同的事件，發生了諸多的轉變，內容豐富龐雜，關節環環相扣，因此體量較大。其次是搜集原始材料的難度。與本論題直接相關的檔案缺失，間接相關的檔案文獻種類繁多、分佈零散，把史料聚零為整的工作量確實不小。

殖民當局對群體性治安事件的處理涉及兩個層面的問題。其一是宏觀的，反映在研究時段內，包括有關警政的施政方針，倫敦對其管治領域的要求與限制，以及殖民當局治港的理念與施政。其二是具體的，亦即在群體性治安事件的每一環節中，警察有不同程度的參與：在事件醞釀時期的偵察和情報搜集，事件爆發時的鎮壓與安排，事後的偵查、善後以及法庭審判程序等。此外，還涉及殖民當局在事後對於管治策略的反思與改變等。從這兩個層面的思考衍生出許多問題，

1　劉錦濤：《中英創建近代警察制度比較研究》，北京：法律出版社，2014 年，第 2 頁。

宏大的可以涉及民族意識、殖民目的與管治方針等，具體的如警政、法治與治安管理等細節。有關這些縱橫交錯的問題，筆者都希望能從研究中尋得答案。

縱然面對以上的問題與困難，筆者再三考慮，決定將超於半世紀的香港警察史按縱向與橫向相互交叉結合的辦法來處理。在縱向上，本書按群體性事件發生的先後順序進行編排：第一，1856、1857 年發生的反外商戶停業與"毒麵包"事件（1850 年代）；第二，1864 年發生的軍隊警察衝突事件（1860 年代）；第三，1884 年中法戰爭引起的反法罷工與群體性治安事件（1880 年代）；第四，1894、1895 年發生的苦力爭鬥與罷工事件（1890–1898 年間）。在橫向上，本書以群體性事件為主幹，描繪當時香港的社會狀況，揭示每次事件背後的核心問題，考察警察和當局的應對辦法，以及事後的處理、新規的出台、社會秩序的重建等。希望通過一縱一橫的設置，既理清 19 世紀香港群體性事件的來龍去脈，又充分論述香港警隊的作用和警政的影響；既突出香港的社會、政治與經濟方面的問題，又反映殖民當局管治的價值取向和政策方針。

二　學術史簡介

由於本書題目涉及數個範疇，牽涉多個方向，緒論這一部分將圍繞群體性治安事件研究、警察發展等方面之史學研究成果展開評述。需要說明的是，這一部分主要梳理的是香港與海外學界的研究成果，因為至今為止，中國內地學術界對於香港警隊或香港群體性治安事件的關注實幾近沒有。

1. 香港群體性治安事件研究

現存關於香港群體性事件的專題研究，時段多集中在 20 世紀，主要關於1966–1967 年的反英抗暴事件，還有就是 1920 年代的省港大罷工。至於 19 世紀，大概只有美籍華人學者蔡榮芳（Jung-Fang Tsai）做過通論性的整體考察。在過去的 25 年間，蔡分別出版了兩部論著：一部是 1993 年哥倫比亞大學出版社出版的英文著作《中國歷史中的香港：英國殖民地上的群眾與社會運動，1842–1913》（*Hong Kong in Chinese History: Community and Social Unrest in the British Colony, 1842–1913*），[1] 另一部是 2001 年牛津大學（中國）出版社出版的以社會運

1　Jung-Fang Tsai, *Hong Kong in Chinese History: Community and Social Unrest in The British Colony, 1842–1913*, New York: Columbia University Press, 1993.

動為主的中文著作《香港人之香港史，1841–1945》。[1] 如蔡先生所言，在已有的香港研究中，大多數學者都強調香港在殖民管治下的成長、發展、穩定，[2] 極少關注香港從最初開埠到中國辛亥革命前後，社會中的群體性事件及其性質與模式。然而，蔡先生在第一本專著的研究主要是反映華人精英在港地位的變遷，推翻了史學界普遍認同的香港華人對於政治冷漠的觀點。書中花了較多篇幅描述在商業精英領導下華人社區的演變，以及揭示香港的反殖民、反外國主義等思潮演變成為群眾民族主義，最後在 1910 年代共和革命中獲得充分體現的歷史脈絡。

　　蔡先生的研究是自下而上，著眼點是華人精英在每一次事件之中或之後的角色，從而總結出華人在香港社會中角色的改變。本研究則是採取自上而下的視角，即主要觀察英國作為宗主國情況下，殖民當局與警隊在群體性事件前中後的策略、手段與措施。然而，分析這些正是希望能帶出華人在當時社會受壓迫的境況一直沒變，就算是有所謂的華人精英的出現，也改變不了殖民者與被殖民者的優次關係，因此目的與蔡先生是殊途同歸。

　　本研究的分析包括觀察有關法令、重構暴亂事件現場、解讀政府事後的善後措施等，最後得出結論：殖民當局處理警政的舉措都是為了達到英國殖民管治的目的，而並非為了提供市民安居樂業的環境。蔡先生認為西方學者往往以從上而下、從外看內的殖民者角度為出發點，少不免亦以英國政策與行政手段為主題，而把華人的角色放在不起眼的一旁。本書雖然亦是採取自上而下的視角，但並沒有忽略華人群體。研究中試圖呈現殖民當局從對保甲制度的認同，後轉為設立撫華道（總登記司）以攝取華人情報，最後在各區設立更練團的整個過程，表明殖民當局最後終於意識到管治華人的重點，就是要能 "善用" 華人自己的力量與本領，才能事半功倍。然而這種 "善用" 並非如華人精英一廂想像的 "下放管治權"，而是有條件地在英國人的管控範圍內的 "利用" 罷了。

　　在蔡先生第二部著作中，由於研究期限延伸到 1945 年，關於 19 世紀的篇幅縮減至兩章。該研究主要探討從鴉片戰爭到第二次世界大戰結束的一百年間，在來自中國之政治、社會勢力的衝擊之下，香港的歷史演變與主要的社會、政治運動。儘管如此，該書側重的是英國割佔香港之後華人社會之形成與演變，從華人精英建立文化霸權、主導華人社會，到後期華人社會日趨多元化，對文化霸權構成威脅。辛亥革命的爆發，也讓香港華人社會的性質發生了改變。但同樣地，對

1　蔡榮芳：《香港人之香港史，1841–1945》，香港：牛津大學（中國）出版社，2001 年。

2　Jung-Fang Tsai, *Hong Kong in Chinese History: Community and Social Unrest in The British Colony, 1842–1913*, New York: Columbia University Press, 1993, p.5.

於殖民當局、警察鎮壓群體性事件，書中並沒有覆蓋。

從上綜述，雖然本書的研究時段與蔡先生的著作相同，但本書的另一主綫"警察"並非蔡先生研究的範圍項目。由於研究面向、方向與論點都有甚大分別，因此筆者在書中選用的檔案材料與蔡先生使用的文獻的重疊處甚少。

早在 1950 年代末，國內曾經有文章對 1884 年在香港發生的事件加以探討，[1] 但只是摘錄報章上的報導，採用數據頗為有限，只能說是一般性的概述而已（該等報導的作者也自稱如此）。國內的論述，其結論大都不約而同地稱事件為"反帝鬥爭"、"工人運動"與"中國民族主義運動"等。

至於西方史學界，有一位華盛頓大學的歷史學教授劉易斯·切爾（Lewis M. Chere）專攻 1884 年中法戰爭。他早在 1980 年有一篇文章是以香港 1884 年的反法群體性事件為主題。其主體亦是針對究竟事件純然是民族愛國精神的表述，抑或是在港華人被外來力量先教唆後壓迫的，並有"壞分子"（三合會）有機可乘為主綫。他的文章可能引起了香港史學界對 1884 年群體性事件的關注。之後陸續有學者作過相關研究，包括上面所述蔡榮芳先生的著作與研究。切爾教授在 1982 年發表了另一篇研究，談及英國在中法戰爭中採取中立態度涉及的複雜問題，是一個在國內和西方史學界均很少有人關注的問題。這次的研究主綫涉及英國總體內外的問題，相對地關於香港發生的事情論述不多。對於這一方面，本書則是從英國殖民管治的香港角度看問題，特別是以船工拒絕為法人服務而受罰作切入點，再看中、英、法三方在中法戰爭上的外交牽扯。另外，香港大學的冼玉儀（Elizabeth Sinn）教授在 1982 年也發表了一篇關於中法戰爭期間在港發生的群體性事件的英文研究。[2] 冼教授的研究同樣也是以華人精英在這次運動中的主導角色為重點，認為應該從香港角度（而非中國民族主義角度）來看 1884 年的這場罷工與騷亂，因為它顯露出許多香港社會與歷史的特色。

群體性事件也常被稱為群眾運動，因參與者大都是基層人物，如碼頭船運、搬運苦力等，也常常被視作工人運動。另一本談及群眾運動的著作是姚穎嘉的《群力勝天》，[3] 主要描述了戰前香港碼頭苦力與華人社區的管治。姚的這項研究集中探討苦力工人的生活遭遇，其中有兩章的研究時段與本研究相重合，但與警

1　方漢奇：〈1884 年香港人民的反帝鬥爭〉，《近代史資料》，1957 年第 6 期，第 20–27 頁。

2　Elizabeth Sinn, "The Strike and Riot of 1884 — A Hong Kong Perspective", *Journal of the Hong Kong Branch of the Royal Asiatic Society*, Vol.22 (1982), pp.65–98.

3　姚穎嘉：《群力勝天——戰前香港碼頭苦力與華人社區的管治》，香港：三聯書店（香港）有限公司，2015 年。

察、軍隊的管治關係不大，談及群體性事件的篇幅也很少。不過，其對苦力與碼頭工人的研究（1894 年船工與碼頭苦力罷工暴亂）為本書第五章提供了非常寶貴的背景基礎。苦力與苦力館的資料歷來缺乏，該書中的大量口述資料對本書幫助不少。

2. 香港警隊研究

至於針對香港警隊的專題研究，則更為欠缺，大部分都是一些退休洋人或華人警官根據在警隊的親身經歷寫成的帶回憶性的書籍，因此故事性強，卻並非學術論著。其中比較出名的兩本書分別是 1982 香港麥克米蘭出版有限公司出版的克里斯韋爾與沃森（Crisswell and Watson）合著《香港皇家警察（1841–1945）》（*The Royal Hong Kong Police (1841–1945)*）[1] 和 1983 年香港聯合出版有限公司出版的凱文·辛克萊（Kevin Sinclair）著《亞洲最佳：香港皇家警察圖解》（*Asia's Finest — An Illustrated Account of the Royal Hong Kong Police*），[2] 兩書提供了不少極富可讀性的人物、地點、事件、史實。

真正關於香港警察的學術論著只有一本，作者黃錦就（Kam C. Wong）是一名曾在香港警隊服務的警官，離開警隊後學習鑒證學，成為一名律師，在美國的大學深造並獲得刑事司法博士學位，專門研究各國警隊的文化差異，現任教美國俄亥俄州澤維爾大學（Xavier University），教授罪案學。黃教授在 2015 年出版了《香港警政：歷史與改革》（*Policing in Hong Kong: History and Reform*），[3] 它是近年關於香港警隊研究的一部專著。該書主要論述第二次世界大戰前後的香港警隊，但該文獻是從警察學作為專業學科的角度來寫，而非歷史專業。黃教授對將香港警隊納入殖民地歷史的主流解釋提出質疑，因為他認為香港警隊既不是英國部隊，也不是"殖民"部隊，而是獨一無二的一支"具有香港特色的殖民警隊"。無論如何，由於該書的研究範圍是從 1844 年香港警隊成立一直到回歸後的十多年，此間警隊經歷了不少的變化。例如，書中用大篇幅論及香港警隊在 1950 年代通過本地化、合法化、現代化、公眾化與組織上的改革，從"殖民地警察"變成一支"民用警察"（civil constabulary）的過程。因此，他的結論在一定程度上可以說是大致成立的。其次，作為警隊的一分子，他亦有資格提出這樣的論

1　Crisswell and Watson, *The Royal Hong Kong Police (1841–1945)*, Hong Kong: MacMillan Publishers (Hong Kong) Ltd, 1982.

2　Kevin Sinclair, *Asia's Finest — An Illustrated Account of the Royal Hong Kong Police*, Hong Kong: Unicorn Books Limited, 1983.

3　Kam C. Wong, *Policing in Hong Kong: History and Reform*, Boca Raton: CRC Press (Taylor & Francis Group), 2015.

點，因為他能提出許多警隊在運作過程中的實例來支撐其看法，用作者自己的話說："對現存文獻的粗略回顧表明，除了少數例外，對香港警務的調查只集中在它的 '起源、發展、作用和功能、組織、權力和運作模式'。"[1]在第二章，黃教授回應了一個學術問題：在過去的一百七十年間，"殖民警察" 在概念上和在實踐中，究竟是否適用於香港警隊。[2]總的來看，除了關於 19 世紀的篇幅比較少之外，此書亦沒有從警察對 19 世紀群體性治安事件的處理角度著眼。而動亂管理正是殖民地警察的一項重要功能，也就是 "可以召喚用來鎮壓罪案與群體性突發事件"。

此外，對於香港警隊的學位研究倒是不少，但是大都與 20 世紀以後香港警隊的發展有關，其中不乏是具有警隊成員背景並深造進修的碩士畢業研究，題目多圍繞警隊的教育、薪酬與晉升等制度展開，在時段上大部分是關於 20 世紀，特別是 20 世紀後期的發展。

一篇有關早期香港警隊歷史的研究，是曾經在香港警隊服役的奧斯汀·克里根（Austin Kerrigan）2001 年在韋爾斯大學的博士學位研究。其研究時段與本書大致相同（1844–1899）。他的研究同樣企圖反駁把香港警隊歸類為 "一般殖民地部隊" 的看法。克里根主要根據香港警隊的發展史來分析其組織、管理與制度，與黃教授的研究路徑是一致的。在總結篇裏，克里根談到雖然香港也是英國以武力攫取的，但是英國人沒有遇到類似在愛爾蘭、非洲或印度等地那樣的武力反抗，因此沒有必要在港建立一支以 "脅逼"（coercion）手段為主的部隊。[3]另一方面，他卻又指出英國人認定在港華人都是罪惡根源，於是推出一系列壓迫華人的法規，因此有必要由一支以脅逼手段來執法的警隊。[4]在他的研究中，除了 1884 年的那場反法罷工相關事件外，沒有探究 19 世紀發生的其他群體性治安事件。即便是 1884 年的那場，警察在平息事件中的角色也並不是他聚焦的角度。克里根只表示警隊發展到這個時段，因為各方面的需要，確實帶有濃厚的 "軍事形態"。其實他更想提出的是，除了軍事形態之外，警隊還不乏扮演 "民事警察"

1　Kam C. Wong, *Policing in Hong Kong: History and Reform*, Boca Raton: CRC Press (Taylor & Francis Group), 2015, p. 44.

2　Kam C. Wong, *Policing in Hong Kong: History and Reform*, Boca Raton: CRC Press (Taylor & Francis Group), 2015, p.37.

3　Austin Kerrigan, "Policing A Colony: The Case of Hong Kong 1844–1899", PhD Dissertation, University of Wales, 2001, p.296.

4　Austin Kerrigan, "Policing A Colony: The Case of Hong Kong 1844–1899", PhD Dissertation, University of Wales, 2001, pp.297–298.

的角色，例如在其他事宜上的處理（鼠疫、衛生之類）等。

為甚麼在為數不多的香港警隊專業研究中，黃教授與克里根的研究結論是一致的，也就是不同意將香港警隊歸納為一支殖民地部隊？筆者沒有確定的答案，一個可能的推測是，"殖民地部隊"的性質從根本上是不光彩的，由於兩位作者都曾經是警隊成員，自然要為香港警隊做出某種辯解，在情感上可以理解。為了讓這一命題能夠獲得更全面的考察，本研究在探討香港 19 世紀群體性事件之餘，還加上一節，對殖民警察始祖"皇家愛爾蘭警察部隊"的起源背景作出描述，並試圖在可能範圍內，與香港警隊進行較有意義的比較。

另一篇關於香港警隊早期發展史的論文是〈香港警察制度的建立和早期發展〉[1]，作者是現任香港故宮文化博物館館長吳志華，此文是其於 1999 年 6 月在香港中文大學歷史系修讀博士學位時的論文。吳博士的論文論證了香港的警隊制度是獨一無二的，企圖用一般的殖民地警隊理論來解讀香港警隊只會是徒勞無功。與別不同的原因在於香港社會的結構獨特，因此殖民當局對香港實施一套獨特的管治政策：華洋分治與中西合璧，這對警察制度也有影響。吳文強調了早期警隊的三個特點：一體二元、非本地化與半軍事化。雖然吳博士同意後兩者，特別是半軍事化是基於對香港華人的不信任與戒心，並視"中國因素"為重要的治安威脅，然而，吳博士論文是以描述不同時代的警政為主綫，並沒有對其研究期間發生的群體性治安事件作出論述。但無論如何，這是一篇極具參考價值的研究論著。

筆者在碩士階段也曾經研究過香港警隊早期的發展，結論是香港警隊是英國殖民管治的工具。殖民當局竭力維護治安，只是為了提供一處良好的營商環境，讓商人能開設業務，使香港發展為能被英國利用的重要商港甚至侵華的墊腳石。研究從三個層面對此予以論證：第一是分析早期警隊的組織架構制度等"實體條件"，描述英國對華人的種族歧視；第二是考察早期香港的治安問題及殖民當局的具體處置，反映華人受到的不公平對待；第三是解讀若干法令與案例，彰顯"法"與"案"背後的目的與動機，揭露殖民管治者的本來面目。研究還對影響香港治安最嚴重的幾項犯罪活動以及警隊的作為進行了研探。在這些既有的認識下，本研究希望擴展香港警察在維持日常治安外的另一個重要角色：動亂管理，致力於觀察殖民當局和宗主國英國在面對群體性治安事件時，怎樣通過立法、行政、武力（警察與軍隊）等手段，讓市面回復安寧，維持其殖民管治目的。

　1　吳志華：〈香港警察制度的建立和早期發展〉，香港中文大學歷史系博士學位論文，1999 年。

3. 英國警察史研究

由於本研究亦涉及不少對香港警隊的溯源，即英國近代警察的兩個分支：英國倫敦都會警察與皇家愛爾蘭警隊，因此有需要參考這兩支警隊發展史的相關研究成果。一個常被香港警察史研究者討論的問題是香港警察應否被歸類為一支以皇家愛爾蘭警隊為楷模的 "殖民地警隊"，還是以倫敦都會警察為楷模的 "民警" 隊伍。前者是具有軍事色彩，以 "脅逼" 手段維持治安的部隊，而後者是根據 "民眾意願" 來維持治安的部隊。筆者參考一本甚有價值的文獻，是劍橋大學出版社在 1988 年出版的《英格蘭與愛爾蘭的警察與示威事件，1780–1850》（*Police and Protest in England and Ireland, 1780–1850*）。[1] 該書有甚多篇幅論述在政治、宗教與經濟等方面，愛爾蘭與英國（英格蘭）差異甚大。英國人雖然接受了愛爾蘭作為其王國（帝國）的一員，但是對愛爾蘭人卻採取不友善甚至是貶低與歧視之態度，致令愛爾蘭民怨不斷，動亂時起。相對香港而言，英國人在愛爾蘭設立的警隊，因為環境元素差異而更具有軍事色彩。筆者認為，了解英國（英格蘭）與愛爾蘭當時的社會狀況，然後與香港警隊作出比較，相比於純粹論述三支警隊的制度組織的異同更有意義。另外一本提供了較好參照的著作是《一個警察的塑造：倫敦大都會一類勞動力的社會史，1829–1914》（*The making of a Policeman: A social history of a labour force in Metropolitan London, 1829–1914*）。[2] 這本書的強項是對倫敦都會警察設立時的一些制度有較為詳細的探討，不僅考察制度本身，而且探討了當時的背景。考察當時英國的警察制度，多少可以對香港警隊初建時的一些取態有關聯性的理解。

綜合而言，迄今學術界不論是對於 19 世紀香港警隊的發展歷程，抑或是 19 世紀發生的群體性治安事件的研究都相對薄弱，將兩者相結合的研究，即對於 19 世紀香港警察處理群體性治安事件中的角色的討論更是付之闕如。另一方面，海外有關殖民地警察發展的研究，大多著眼於印度警隊與非洲警隊，因為這兩處似乎比較富有殖民地特色。故本研究對 19 世紀香港警隊的觀察不僅有助於拓展研究殖民地警察的視野，亦希望能豐富香港史研究的議題。

---

1   Stanley H. Palmer, *Police and Protest in England and Ireland (1780–1850),* New York: Cambridge University Press, 1988.

2   Haia Shpayer–Makov, *The Making of a Policeman (A Social History of a Labour force in Metropolitan London, 1829–1914),* Farnham: Ashgate Publishing Limited, 2002, p.4.

三　思路與方向

循著以上的方向，本研究圍繞宏觀與具體細節兩條主綫展開，在章節編排上，兼顧時間順序與階段性的特徵，各章相對獨立又有所關聯。本書分為五章，除開緒論之外，內容循以下思路進行論述：

第一章重點介紹香港警察在 19 世紀從無到有的發展簡史，包括警隊的架構、組織、成員、制度以及社會治安管控的法理依據等。通過這些介紹，擬勾畫出香港在治安管控方面的大略情形，為以後幾章作一鋪墊，提供背景，亦使讀者對研究的主角——香港警察有概略的認識。此章也對香港警隊的歷史源頭——英國的兩支警隊作出描述，嘗試連接香港警隊的一些特色。除了本書的關注點"動亂管理"，本章還加插了一些警察其他的職務，目的是突出警察"執法"中，"法"的性質對警察的成效會有所影響。書中也有反映由於個別港督的喜好，警察職務時而被提升、時而被削弱，導出當時直轄殖民管治下的香港，很大程度上是以香港總督為核心的行政主導體系，甚至是專政主導。

從第二章開始到第五章，筆者將縱向地論述研究期間內幾次發生的群體性治安事件，包括第二章描述 1856 年至 1857 年發生的商店停業、群體性事件以及"毒麵包"事件，第四章關於 1884 年香港捲進中法戰爭導致的一場風波，最後一章論及 1894 年因苦力幫派衝突而引發的事情，以及翌年因鼠疫善後工作發生的苦力大罷工。每章亦加插了時段中發生的重要背景，如被視為第二次鴉片戰爭催化劑的"亞羅號"事件與香港船牌的牽連，又或中法戰爭裏，英法兩國在港事務上的取態與措施，與背後藏著的外交問題等。從香港角度審視這些事件，能讓香港踏進更廣闊的歷史視野。還有，對於一些由群體性治安問題而衍生的本地措施，如香港首份緊急法令或軍火武器管制等，書中亦重塑這些今天也仍切題的議題之歷史背景，供讀者參考。

筆者特別想提及的是第三章描述 1864 年發生的軍警衝突。雖然在性質上，這是一場沒有一般民眾參與的事件，但卻肯定是屬"聚眾滋事、聚眾械鬥"的類別，因此在某種意義上，還是能納入"群體性治安事件"視野中加以論述。其值得被報導的價值，在於能藉助其探討殖民管治機構內部的矛盾與紛爭，並揭露許多殖民管治的問題，包括警隊與市民的疏離、警察部門在政府架構中被漠視、倫敦不同部門之間的勾心鬥角和缺乏溝通等。這些在香港歷史記載中鮮少被提及的細節，可以幫助讀者較深入地了解當時的情形。

結語部分從"歧視華人"、"殖民當局的人治"以及"以華治華的幌子"三個方面，分析在研究時段中幾次的群體性治安事件，對香港警隊、警政的負面影響，並從更大的視野評價英國在 19 世紀對香港的殖民管治與實踐。

根據以上的思路與內容，本書與同類研究相比，有幾個較明顯的特點：

第一，摒除了平鋪直敘的時序式論述，結合香港數次群體性治安事件來觀察香港警隊與警察的角色，闡述警隊在平息這類事件中的實際作用與表現，反映警隊發展與殖民當局及英國在香港實行的警政，進而總結殖民管治策略與手段。

第二，探討了諸多前人未涉及的內容，並嘗試提出一些新的見解。如在第一章中挖掘到首支香港警隊的重要史料，包括人數、運作與規條，屬香港警察史研究領域新的發現。第二章細讀當年香港船牌登記規則，重新審視"亞羅號事件"，對這宗被視為可能是第二次鴉片戰爭催化劑的事件提出了新的看法。第三章對於很少被關注的 1864 年軍警大衝突詳情的披露，對理解當時殖民管治的內部矛盾與存在的問題有啟示作用。

第三，充分發掘多國、多語種史料。除了利用英國議會記錄、外交部函件與殖民地部檔案外，第四章以殖民當局對拒絕為法國提供服務的工人與船主施以懲罰的合理性為切入點，將法國檔案館收藏的法國駐港領事的外交書函與中英史料進行互勘，探討中法宣戰和英國的中立國身份等過去較少被關注的議題，突顯"以小見大"的研究意義。

最後，本研究並不試圖面面俱到，完全涵蓋所有論述事件的方方面面內容，只希望能藉史料說實話，翻出殖民管治香港下較具代表性的若干問題，為香港史中這段薄弱的環節予以較深入的探討。

本研究的設計，是建立在筆者碩士階段對香港警隊發展史的考察基礎上，圍繞另一個課題——"香港警察在 19 世紀處置群體性治安事件之角色"來展開。也可以根據論述需要適當調整時段，延伸到 20 世紀甚至 21 世紀。對於 19 世紀香港警察（與殖民當局）以及群體性事件方面的互動分析是這項研究的重點，亦是學術上的新嘗試。

四　史料運用的一些說明

搜集 19 世紀到 20 世紀前半段的香港警隊材料確實有點難度。首先，香港從殖民管治時代一直到現在，都沒有設置檔案法，從 2018 年法律改革委員會發表諮詢文件後到目前，還是停留在諮詢階段，因此香港政府官員都沒有責任把公務文件訂立為檔案。第二，1997 年香港回歸之前，英國人處置了大量具敏感性的檔案，或送返英國，或在港燒毀。警隊檔案中自然包括某些敏感議題，被送回英國的部分皆成為永遠封存。這種說法也獲熟悉香港警隊歷史的退休警務人員的證實，可信度高。因此，現存香港檔案館裏沒有任何關於 1997 年回歸前警隊內部的記錄與存盤。不過，歷史研究本來就是要發現和解釋模糊和分散的事實，把分散的史料通過系統化的編排，做出有邏輯性的集合與研究。化零為整之後再見出端倪，是一個歷史研究人員的責任。

然而，間接的檔案還是存在的。在英國倫敦的公眾記錄部門（Public Record Office），保存有 CO129 的系列，是歷任港督與倫敦殖民地部的來往書函。香港大學教授冼玉儀曾經替這個系列編製索引，所以還是能夠依照索引尋出某些議題、某些事件及某些人物的數據，但是這個搜尋只限於索引裏涵蓋的關鍵詞，而且 CO129 只是港督有報告倫敦的事項，當然也局限於他們想報告的內容，因此亦未必能顯示事件的全部。CO129 的一個優點是倫敦殖民地部的內部討論有時會出現在文件中，這些當時的 "想法" 不會出現在最後回覆港督的正式函件中，但卻甚能反映英國當局或殖民當局的真實想法。

另外，港督每年都會向倫敦殖民地部上呈一份關於香港情況的報告書與大量的統計資料，編為 CO133 系列。這系列又名 "藍皮書"（Blue Book），這些數據的準確性、可信性甚高，後來有商用機構獲得大英圖書館的授權，將其匯編出版。[1] 因此在本書出現這個匯編的注釋時，其實也是在利用原始史料。港督管治香港的團隊中，最重要的是行政局（舊稱議政局），CO131 系列輯錄了從 1844 年開始關於行政局的會議記錄，裏面有時候能摘錄某些議題在局中被討論的過程。另一方面，在《南京條約》簽訂以前，英國人就已經在香港活動，留有大量關於鴉片戰爭或者是香港本身情況的書函。對於英國來說，這些書函都屬 "外務"，因此編進外交部的系列，編碼 FO17。這系列一直都存在，關於香港對外的事情都收錄其中。這系列雖然是按照時序編號，但由於沒有索引，查閱 FO17 裏面的數據實在頗費勁，因此願意翻閱 FO17 的研究者不多。但是裏面的資料卻極為珍貴，特別能涵蓋香港受殖民管治之前的情況。筆者就在 FO17 裏面搜得 1842 年前首支香港警隊的寶貴資料。

英國議會（House of Lords 或 House of Commons）文件也是珍貴原始史料，[2]

1　Robert L. Jarman, *Hong Kong Annual Administration Reports, 1841–1941*, London: Archive Editions, 1996.

2　British Parliamentary Papers.

但凡有上呈到議會或曾作討論的議題與文件都有記錄。由於文章涉及殖民當局的施政，本書也利用大量研究時段中經立法局程序通過的法令，[1]佐證當時實施的政策。無論是 CO129、131 或 133 或 FO17 的檔案記錄，19 世紀存留的都是手稿，其紙質、字體與個人書法式樣等，都對現今研讀利用的縮微膠卷記錄增加了難度，參考運用時比較費力。

研究寫作這段時間全球新冠病毒肆虐，國外的圖書館、檔案館大都關閉，但是卻採取開放態度，樂意提供有償掃描服務，相當程度上便利了對域外史料的獲取，如法國外交檔案館與蘇格蘭國家圖書館等，筆者就在其中找到駐港法國領事 19 世紀與巴黎外交部和商務部的來往信函，還有關於撫華道駱任廷（James Stewart Lockhart, 1858–1937）的資料，這些平常都不易獲得。因此此書資料也更為齊全，整個研究更具國際視野。

除了官方資料，報刊也是不可或缺的原始史料。雖然行政局（議政局）、立法局（定例局）的會議記錄都有保存在英國的檔案館裏，但是官方記錄有時很簡單，只是記錄草案被通過成為法令的結果，未必有會議裏各個議員發言討論的詳細過程，反而是報刊的記者可能會完整地記錄下來，有時候連當時的港督都會把報刊上的會議記錄發到倫敦殖民地部供其參考。此外，對於群體性事件的發生，記者的報導十分貼近實際場景，有助於重塑歷史現場，更能反映輿論態勢。較為完整呈現 19 世紀香港面貌的主要有《孖剌西報》（*Daily Press*）、《德臣西報》（*The China Mail*）與《士蔑報》（*Hong Kong Telegraph*）等西文報章。另外，西文報紙經常對較重要的審判過程有非常詳細的報導，彌補了官方記錄的不足，是研究群體性治安事件發生後，法庭或裁判處審判過程的重要依據，這幾份西文報章是本書採用的重要原始史料之一。至於這一時段的中文報章，多已不幸散佚，而且早期的中文報章對英文報章有較大的依賴性，內容多翻譯自後者。《循環日報》（*Universal Circulating Herald*）應該是第一家能夠真正反映香港華人輿論的報紙，創刊於 1874 年 2 月，不過也不是所有年份都齊全，香港現存的止於 1886 年，正好是本書第四章涉及的時段。總體來說，華人在特定時段內對某件事情的看法不易獲知。為填補這一缺口，筆者有幸通過北京大學圖書館數據庫，參考了當時的國內報章，如從 1872 年開始印版的《申報》，對於本書第四、五章論述在香港發生的事情偶有報導。筆者看重的是當時《申報》裏面偶爾提到香港（或內地）民眾反應的報導，總算可以對當時（非歐洲人）的民心所向有一些零碎的理解。

1　香港法律編章 1890 年版本。

此外，本書也選用了一些個人文獻，例如一些殖民當局官員（港督、總登記司）的日記、書信、回憶錄等，還有關於他們的傳記等文獻。再者，19 世紀的香港警察，除了管理層外，下面的基層運作成員，無論是歐籍、印度籍，還是華人，都多是素質不高的人士，留存下來的記錄也不多。研究這個課題，在資料收集方面確實有點難度。

五　關於研究中的一些說明

在此亦想對幾個詞匯作出界定，如內亂（civil unrest）、社會運動（social unrest）、騷亂（disturbance）、動亂（unrest）、暴動（riots）等，往往在史料中是交錯使用，對事件的本質與程度並未做出區別。由於本書選用的史料多源於英文檔案與文獻，先看英國方面的說法。經過 18 世紀初的多場內亂，英國議會在1714 年已經通過了《暴亂法》，授權地方當局："任何 12 人或以上的團體，目的為非法地、極端地或動亂地集會，而對公共治安有騷擾的話，可以要求解散，否則將面臨懲罰行動。"[1] 由此可見，早期對於"暴亂"的定義甚廣，雖然加上"非法地、極端地或動亂地"等條件，但都是任由執政者解釋，基本上只要是 12 人以上的聚集便有可能被定性為"暴亂"。《暴亂法》的序言部分也提到了這些"反叛暴動和騷亂"（rebellious riots and tumults），並指出當時的法律並不完備，亟需新的法令以更迅速地懲罰暴亂者（rioters）。根據該法案，地方官員宣讀公告後，就可以命令 12 人以上非法聚集的團體解散，而拒絕被驅散是一項重罪，可判處死刑。英文短語"reading the riot act"，本意就是"宣讀暴亂法案"，又引申為"嚴厲警告"。這個宣讀暴亂法令的舉動，在本書中也屢次出現。

從現代的角度來看，"內亂"、"社會運動"、"騷亂"、"動亂"、"暴動"等詞匯可能已經對事件的性質做出了某種程度上（政治或法律上）的定性與評價。對於這些事件，除非引用史料原文，本書一般統稱為"群體性治安事件"。根據這個統稱的含義，既對各事件採取中立角度，亦能反映事件的幾個基本特徵：（1）有群眾參與；（2）有可能涉及肢體碰撞行為；（3）對當時社會治安造成一定的騷擾。用現代的視角來審視本書的研究時段並不適合，不過，筆者認為現

1　Stanley H. Palmer, *Police and Protest in England and Ireland (1780–1850),* New York: Cambridge University Press, 1988, pp.57–59.

代群體性事件中的一些行為，也與 19 世紀的情況有某些相似性，例如："非法"集會、遊行、示威、集體請願、罷工、罷市、罷課、包圍衝擊重要機關、部門和要害單位，堵塞交通，非法佔據公共場所，聚眾滋事，聚眾哄搶，聚眾械鬥以及少數的打砸搶掠行為等。[1] 基於上述考慮，筆者確定本書提到的幾次事件，包括第三章的軍警猛烈衝突，雖然性質有別，仍然可以歸類為 "群體性治安事件"。最後有一點想申明：研究中描述的幾次 "群體性治安事件"，假如與同時段中國內地的亂事比較起來，無論在組織範圍、參與人數、歷時長短或死傷數目各方面，都只能算是規模不大、不甚起眼的事件。但是，如果考慮當時的香港人口總數與社會的簡單結構，例如 1856 年群體性事件一時間竟有多於一萬人（報紙甚至說有四、五萬）上街，這些事件確實也製造了一定程度的擾攘甚至動盪。

此外，本研究無意在香港史學界一向明顯的 "殖民地史學" 和 "愛國主義史學" 的兩極分野中選邊，只是希望聚焦於 "被遺忘的群體"——警察，對其進行較細緻的描寫，並對殖民管治時期的香港社會做出更為深入的探討和評價。這些討論並不是為了緬懷殖民管治時期，而是希望重新發現當時香港社會中，殖民管治者與被統治者關係的複雜性，以及彼此之間的不協調性。香港警隊在 19 世紀處理群體性治安事件的表現從起初潰不成軍到世紀末漸趨成熟，有部署、有紀律、有成效，這並不單純是殖民管治者的統治伎倆，而是可以解讀為香港警隊能力的加強、結構組織的完善、警察系統的細化，這些都是正面的影響。沒有經歷 19 世紀的萌芽、煎熬、成長與成熟，香港警隊就不會達到 20 世紀與 21 世紀的專業化程度以及載譽國際的實力。從這個角度看香港警隊與香港的近代史，並不是為了歌頌殖民主義或帝國主義，或抹去其壓迫歧視的一面，而是試圖說明在殖民管治者與被殖民者之間的地位不能改變的前提下，二者還是需要融洽相處、彼此妥協合作，才能使社會管治富有成效。

在此也有必要對研究時段的上限與下限做出說明。本書以 1841 年英國人首度抵達香港為肇始，以 1898 年英國強租新界為止。強租新界前也發生了鄉民抗英行動，又稱 "新界六日戰"，基於當時政治與外交因素，警察在鎮壓反抗者中的角色相對薄弱。反而是事後在新界的管治中，警察扮演了重要的角色。至於 "新界六日戰" 的經過，由於已經有相當細緻的專題研究，[2] 不必再花篇幅贅述。而新界的管治與港島、九龍分別甚大，因此不在本研究的討論範圍內。

1　根據 2000 年中國公安部制定的《公安機關處置群體性治安事件規定》群體性事件的一般表現。

2　夏思義（Patrick H. Hase）：《被遺忘的六日戰爭：1899 年新界鄉民與英軍之戰》，香港：中華書局（香港）有限公司，2014 年，第 256–257 頁。

第一章

香港警隊的初建與警政建設

近代警察制度源於英國。對於近代警察制度設立的原因，西方警察學學者主要有以下四種觀點：（1）為了騷亂控制（Disorder Control），即由於社會應對暴民騷亂的特殊需要；（2）為了犯罪控制（Crime Control），即犯罪的不斷增長和猖獗推動警察的誕生；（3）為了階級控制（Class Control），即資產階級為維護其統治地位和鎮壓無產階級反抗的需要；（4）城市擴張的原因（Urban Dispension），在這一解釋下，警察只是城市建設的一種表徵。[1] 翻看香港的歷史，英國人在1841 年初甫即抵港就設立了警隊。相信開始時主要是出於第三個原因，也就是殖民管治者為鞏固其地位，以及預備要鎮壓被統治人民的反抗，而有需要設立警察部隊。及後，由於殖民香港主要是為了維護英國在華的商業貿易利益，而治安是一個商港不能缺少的要件，那麼，第一、第二個原因的比重日漸擴大。本研究想要聚焦的是第一點。由於各種原因，包括外圍局勢、政治、經濟、社會環境、勞資關係等等，香港在 19 世紀曾經發生幾次較大規模的 "群體性治安事件"。本書欲通過考察這些事件發生的背景、過程與後果，追溯警察與殖民當局處理的策略、部署、方法與善後，從而觀察整個 19 世紀香港警隊與警政的發展狀況。

以上關於香港警隊建立之初的功用是基於 "階級（殖民）控制" 的想法是筆者的推敲，但也獲得一定的證實。在 1872 年的一個警察調查委員會的報告中，其中一位委員對設立香港警隊的初衷有這樣的描述：

當部隊（香港警隊）剛成立時，必須採取保護性的措施，因此顯然應該引入一種對抗性的，雖然不一定是壓迫性的因素，因此要僱用華人以外的人，因為在他們的同胞發生暴亂、公開暴力或政治背叛的情況下，指望部隊裏的本地人（華人）以任何方式作為預防措施都是荒謬的；相反，根據經驗，他們肯定會同情造反的同胞，並可能直接或間接地幫助他們。我認為，在任何時候，警隊都可能存在與以往任何時候一樣的必要性，警隊不應含有威脅著 "大眾" 安全的元素，我認為單憑上述理由，僱用大批華人擔任警員是最不可取的。[2]

這段話非常清晰地闡述了英國人時刻不忘其作為殖民管治者的角色，亦反映對於被統治者（華人）的歧視與不信任態度。事實上，從研究香港警隊處理 19 世紀香港的 "群體性治安事件" 中，亦能充分反映英國作為殖民管治者，一直都

1　劉錦濤：《中英創建近代警察制度比較研究》，北京：法律出版社，2014 年，第 157–158 頁。

　2　Lowcock's Dissenting views in the 1872 Police Commission Report, CO129/164, pp.261–262.

沒有放棄上面說的第三項目的：階級（殖民）控制。因此，作為香港警隊的功能，騷亂控制與階級（殖民）控制將會在本書中交互、混雜出現。

本章旨在回顧從 1841 年英國人首次踏足香港至近 19 世紀末，香港警隊的設立與其發展過程。要反映整段歷史的面貌，只說警隊（警察）而不談警政是不可能的事，因為警政就是警察在法律規範內執行的相關事務，是一個總的概念。了解香港在 19 世紀不同時段的警政與警隊發展情況，可以為本書後幾章提供合適的歷史背景與語境。

第一節　殖民管治初期香港警隊的建立

一、香港首支警隊的建立及其編制

1841 年 1 月 26 日，英國艦隊登陸並佔領香港，在沒有任何法律基礎[1]的情形下，於 2 月 2 日宣佈香港被割讓給英國。4 月 30 日，身在澳門的英國駐華代表義律（Charles Elliot, 1801–1875）頒佈了一份授權令，委任威廉·堅偉（William Caine, 1799–1871）為香港首席（總）裁判司（Chief Magistrate）。[2] 該授權令出現在 5 月 1 日的《香港憲報》首刊。[3] 堅偉是英軍第 26 步兵團的上尉，參加過舟山的佔領行動。[4] 在這份授權令中，義律提出了管治香港的大概原則："今後本島華人將按照中國法律和習俗治理（酷刑除外），島上的其他人就按照英國的'警察法'來管理。" 值得注意的是，該份授權令並未明確指示堅偉要建立警隊，只是指令他對島上犯事者"行使裁判與警察的權力"，即是可以根據英國的警察法[5]拘捕、羈留、釋放以及處罰罪犯。另外，軍人、警察、政府人員若犯事，則又有其他的處理方法，例如軍事法規等。可以看出，當時對香港的管治問題存在很大的模糊與不穩定性，特別是哪一個族裔適用甚麼法律，這在後來亦成為中英兩國在

1　這個 "法律基礎" 可分為兩方面：在國際上，是屬強奪性質，因為《穿鼻草約》並沒有得到清廷的承認，是義律單方面公佈的草約，並不能作為依據。而在內部，因為香港的立法局是 1844 年才設立的，在此之前香港實處於 "無本地法律" 的狀態。根據義律的授權令，首三年香港是按英國的 "警察法" 來治理的。

2　裁判處（舊稱巡理府法院），主要是為審理在港華人而設。雖然也算是司法機構，但是與法院獨立運作。在英國普通法下，裁判司（亦稱太平紳士）是運用法庭 "簡易程序" 來審判案件的，但是懲罰的權限有限制。裁判司一般不需要是法律專業人士。

3　The Hong Kong Gazette Vol.1 No.1, FO17/46, pp.50–51.

4　G. B. Endacott, *A Biological Sketch–Book of Early Hong Kong*, Hong Kong: Hong Kong University Press, 2005 Reprinted, pp.60–61.

5　The Metropolitan Police Act of 1829.

香港管治問題上很嚴重的分歧。

堅偉當時被賦予的權力實則是很有限的。在刑罰方面，對華人的罰款不可超過 400 元；最長監禁不可超過 3 個月；笞刑最多只能判打 100 鞭，再高的刑罰需要由港督來判決。[1]

義律這份委任堅偉為首席裁判司的授權令，一直被視為香港警隊成立的肇始。此份信函也被收錄在早期香港法律史的權威文獻《香港法律法庭歷史》（*The History of the Laws and Courts of Hong Kong*）中，[2] 成為以後許多研究（包括警察歷史研究）的依歸。但是，長久以來學界對香港首支警隊成立的背景及其人員構成，一直語焉不詳。1999 年香港中文大學吳志華的博士論文〈香港警察制度的建立和早期發展〉指出："首批華籍警察是在 1842 年 4 月招募，但人數不詳；至 1844 年底共有 37 人。"[3] 但該文也注意到，"學者曾對首批警察隊之數目，分別提出 32、28 和 93 的看法，但缺乏文獻支持。" 這種模糊性直到 2008 年香港警察博物館印製相關資料時仍未解決："這支人數只有 32 人的警隊，成員都是被軍方認為不宜擔任常規職務的軍人。這些警員，無論是歐籍或印度籍人士，全都不諳粵語…… 直到 1842 年中，一支華人 '市政警隊' 亦告成立。"[4]

追溯首支警隊有 32 人之說，出自一位名叫辛克萊的西方記者，他指出香港警隊最初成立時有 32 人，亦有列出歐籍人士（11 名）與華人（21 名）的人數。[5] 但辛克萊並未注明史料出處，且作者已經去世多年，目前無從考證。另外，作者也未就華人在這支警隊中的薪金等問題提供更多細節。筆者注意到，在辛克萊之後，採納 32 人說法的研究成果，都未有明確的史料依據，例如 2001 年克里根的博士論文中也提到這一點，並將他們統稱為 "市政警隊"。[6] 但是筆者翻閱其注釋中提到的香港警隊博物館的早期警隊歷史資料後，發現所引用的亦為二手文獻。

余繩武與劉存寬在《十九世紀的香港》一書中則採取了 28 人說法："1841 年 4 月，駐港英軍步兵第 26 團隊堅偉上尉就任總巡理府（即總裁判司）兼管警務，

1　"A Warrant: Charles Elliot to William Caine", *The Hong Kong Gazette,* Vol.1 No.1, FO17/46, pp.50–51.

2　James William Norton-Kyshe, *The History of the Laws and Courts of Hong Kong*, Hong Kong: Noronha & Company, 1923, pp.6–7.

3　吳志華：〈香港警察制度的建立和早期發展〉，香港中文大學歷史系博士學位論文，1999 年，第 19–20 頁。

4　《警隊博物館》，香港：香港警務處警隊博物館，2008 年，第 10 頁。

5　Kevin Sinclair, *Asia's Finest: An Illustrated account of the Royal Hong Kong Police*, Hong Kong: Unicorn Books Limited, 1983, p.16.

6　Austin Kerrigan, "Policing a Colony: The Case of Hong Kong 1844–1899", PhD Dissertation, University of Wales, 2001, p.72.

但當時香港尚無警察，不得不暫時從軍隊中借調一批英印士兵來執行站崗巡邏任務。截至 1843 年 6 月，堅偉幾經努力，總共招募到 28 名警察。"[1] 對此說法，作者並沒有注明出處，所以亦難以坐實。

至於 93 人之說，則出自香港大學學者諾曼・邁納斯（Norman Miners）之研究，[2] 裏面提到香港首支警隊包含從英國與印度軍團裏調派來的 93 名士兵。此說法的注釋提到香港首任港督璞鼎查（Henry Pottinger, 1789–1856）時代中 1844 年的官方函件，[3] 因此並不匹配香港首支警隊設立的年份。相信邁勒斯所指的是殖民管治已經正式開始後建立的警隊。

事實上，史學界對 1841 年香港首支警隊的成立，無論是從人數、構成到制度等相關問題的探討，一直都存在疑團，主要原因在於史料的不足。筆者擬就新發現的義律和堅偉從最初踏足香港就著手組建香港警隊的函件往來，試對此問題作一梳理。根據後來的一份人口普查報告，描述在被英國割讓之前，只有一名清廷的官員會定期到訪島上，收取土地稅並登記漁船，但是卻沒有行使任何的警察權力，因此對治安問題，地方政府似是沒有特別安排。[4] 英國人甫到埠便覺得有頗為緊急的需要。筆者發現，除了大家通曉的 1841 年 4 月 30 日義律公開的授權書以外，在往後的兩星期內，義律與堅偉還有數次的書信來往。首先，4 月 30 日，義律發了另一封（私人）函件 [5] 給堅偉，正式命令其組建香港警隊，而且對警隊的構成已經有了規劃。這封函件除了提到首支警隊的設立詳情外，還有其他關於香港行政機關的雛形，如裁判處與監獄等。義律還吩咐堅偉要每周打一次報告，對其工作作出匯報與建議。

關於首支警隊，義律計劃要招募 32 人，其中包括 11 名歐洲人（1 名警長，2 名下士，8 名警員）與 21 名華人（1 名頭人，4 名助理與 16 名警員）。此規劃有兩點值得注意：（1）與辛克萊的說法吻合，只有歐洲人與華人，並沒有此前幾位學者提到的印度人或印度士兵（除非當時的 "歐洲人" 也包括印度籍）；（2）除了歐籍警長以外，其他華人的級別與薪金都比歐洲人高〔歐洲下士月薪 6 元，士

1　余繩武、劉存寬主編：《十九世紀的香港》，香港：麒麟書業有限公司，1994 年，第 195–196 頁。

2　Norman Miners, "The Localization of the Hong Kong Police Force, 1842–1947", *The Journal of Imperial and Commonwealth History*, Vol.18 No.3, pp.296–315.

3　Norman Miners, "The Localization of the Hong Kong Police Force, 1842–1947", *The Journal of Imperial and Commonwealth History*, Vol.18 No.3, p.314.

4　Report by Census Registration Office, 24 June 1845, CO129/12, pp.304–310.

5　Elliot to Caine, 30 April 1841, FO17/46, pp.46–49.

兵（警員）4元；華人副督察8元，士兵（警員）6元〕。[1] 這兩點與日後的警隊發展方向有天淵之別。對於歐籍警員，當時義律別無選擇，只能從軍隊抽調人手。至於華人警察，義律則明確指示堅偉應與各村落的村董協商組織。[2] 堅偉是一位十分勤勞的官員，接到義律的任命11天後，於5月11日向義律提交了首份報告，[3] 陳述了組建警隊的進展。筆者相信，堅偉這份報告是史界以前沒有人翻閱過的，其對於討論香港警隊初建時的情形提供了寶貴的材料。這兩份珍貴數據之所以沒有前人發掘，原因可能是它們藏在英國外交部與香港總督來往書函的檔案中，而這組檔案沒有索引，一般很少有人會翻閱。

從這首份報告中"由於天氣不穩定，還沒有機會作島上一遊"等描述可以判斷，堅偉已經在港範圍內（可能是軍艦上），因此報告中說的已經是事實，而不只是計劃。他只用了一周多的時間，就按照義律的指示組建起了一支華人警隊，包括1名督察、4名副督察以及16名"士兵"，月薪分別是10元、8元與6元。另一方面，在5月8日，堅偉接收了從26團調配過來的11人來參加警察工作，包括有：1名警長（15元月薪）、2名下士（6元）以及8名士兵（4元）。無論是人數與薪金，都是完全按照義律4月30日的指示，另外還加上了一名月薪20元的文員。堅偉並沒有表示在招聘人手方面遇到很大困難，這與辛克萊書中"似乎實際上，華人的招募很難"的說法有異。[4] 而且，根據義律和堅偉在1841年4月、5月間的這兩份函件往來，可以證實香港首支警隊裏大部分是華人，且級別與薪水都超過歐籍成員。這是現有關於香港警隊初期歷史研究中未被發現的，只在一本由退休香港警隊督察凌劍剛寫的普及性讀物中簡略提過。他是根據1844年的政府支出報告裏看到的人名與數字而推敲出來的。而且在1844年，殖民管治已經構建，正式警隊亦在這年建立，所以凌督察講的並不是這裏所講"最早"的部隊。不過他的發現更加有助於證實從1841年到1844年，香港警隊的確是有華人成員，而且待遇居然較歐洲人更高。此外，凌督察也在警隊內部的刊物裏發現，在1843年的警隊中，已經出現了一名華人督察的名字。[5] 然而，他的資料來源是屬間接性的。

由上可見，義律最早定下的香港警隊的組織架構確實是以華人為主軸，除了

1　Elliot to Caine, 30 April 1841, FO17/46, p.47.

2　Elliot to Caine, 30 April 1841, FO17/46, p.49.

3　Caine to Elliot, 11 May 1841, FO17/46, pp.261–268.

4　Kevin Sinclair, *Asia's Finest: An Illustrated account of the Royal Hong Kong Police*, Hong Kong: Unicorn Books Limited, 1983, p.16.

5　凌劍剛：《香港警隊開局篇，1841–1971》，香港：里人文化事業有限公司，2017年，第36–37頁。

最高管理人（督察）是歐籍人士外，下面的華人成員無論是人數、級別與薪金都超越歐洲人。堅偉按照這一思路辦理後，警隊確實存在並已展開運作，雖然可能只有一段很短的時間。然而，最早兩任港督璞鼎查與德庇時（John Francis Davis, 1795–1890）構思並設立的警隊，無論是態度上或實際上都與義律有一個極端的改變：他們不再信任華人警察，且華人在警隊裏的職別與薪金都是最低的。這種做法一直沒有改變，而且變本加厲，一直到 1877 年軒尼詩（John Pope Hennessy, 1834–1891）接任港督後曾經有過些微轉機，但他的做法受到很大的壓力。香港警隊不重用華人的格局，基本上到英國人在 1997 年 6 月 30 日離開都沒有改變過。

　　一直被英國人認為太偏向華人的義律對警隊與後有異的構思是否與他本人有關？接任港督的璞鼎查的態度，是否受來港華人的素質有所改變而轉變（他曾經說過華人當警察已經試過了，是走不通的路）？[1] 這些推斷都沒有很明確的史料可作依據。另一種可能是，《南京條約》簽訂後，香港正式受英國殖民管治，統治者對被統治者的超然優越地位越見明顯。可以設想，義律本來給堅偉的指示是令他與各處鄉董協商，招聘 21 位華人警察。堅偉剛剛抵達，既不諳粵語，也無人際網絡，但只是短短 7 天時間，就把這事給辦妥當了，會否是因為他與一些早在鴉片戰爭中已為英國提供協助的華人有來往，所以當警察的這些肥缺就是後來義律酬謝這些華人的回饋？[2] 當然，這些都是推測而已，尚難以證實。無論如何，對於香港首支警隊的起源，本節作了有確實證據的新梳理。

　　在 5 月 11 日的報告中，除了跟進首支警隊設立的進程外，堅偉也對上任以來（11 天內）處理過的 "罪案" 作了匯報。他指出已經聽過了不少的投訴，當中有一大堆是荒謬的，就沒有記錄在案。只 7 天的時間，他們已經抓捕並羈留了 13 名華人犯人，都是由 "高級官員" 帶到他面前的，本應是與 "海盜" 有關的控罪，但是等了 3 天，都沒有其他人來作正式的指控，這種情形之下，只好放人。堅偉也報告，他已經開始為本地船隻作登記工作，並準備發放牌照。因為當時的香港沒有道路，堅偉進出都只能靠水路，因此也報告以每月 50 元價錢僱用了 7 名人士與 1 艘船。這些都是堅偉首份報告的內容。[3]

　　至於治安方面，堅偉報告說，晚上的市集裏有很多鬧事的歐洲人與印度人，當時人丁單薄的警隊隊伍與之相比實在是相形見絀。因此堅偉要求，如有需要，

1　Pottinger to Lord Stanley, 30 January 1844, No.4, CO129/5, pp.76–77.

2　丁新豹：〈香港早期之華人社會，1841–1870〉，香港大學博士學位論文，1988 年，第 148–149 頁。

3　Caine to Elliot, 11 May 1841, FO17/46, pp.261–268.

可以由英軍第 37 團再增派一些士兵，晚上負責協助警隊在市集維持治安。到此時為止，須重申一點：警隊是受總裁判司（威廉堅偉）的管轄，即警察抓人，送到裁判司面前判罪處罰，裁判司是警察的上司。

在報告中，堅偉也附上了一份他構想的警察通則。為了保持完整性，筆者將整份文件作為附錄五附於本書末，以方便討論。首先，通則分為兩部分：華人警察與歐籍警察。華人警隊部分的內容包括制服、武器與職務等。19 世紀末 20 世紀初華人警察的制服（參照書前彩圖）除了交叉腰帶有所不同，基本上都是參照這份通則。華人警察的武器很簡單，僅有警棍而已，只有較高級的成員在晚上可以佩劍。

職務方面，通則對華人督察有特別指示：每天早上 8 點前，必須向總裁判官報告其所控囚犯的人數；並要留意證人前來檢舉任何案件時，答應挺身而出支持該項指控。這明顯是讓警察們要分辨出真投訴與一些浪費時間的假投訴。畫夜都要有人（1 名助理和 3 名士兵）負責巡邏各自分配好的區域。通則沒有說明甚麼是犯罪行為，但是特別提到假如有人售賣烈酒或者在街上喝醉，無論何人，華人警察應實時逮捕，送到裁判處等候發落。華人通則裏，特別列明"嚴禁虐待囚犯"，亦不容許過分使用暴力。[1]

至於歐籍警察的通則，[2] 與華人的有別，幾乎全都是關乎職務問題，沒有觸及制服、武器之類的瑣碎問題，反而職責是一點一點地列出來，可見已經有較具體的構思。歐洲警察的職務列明是：防止搶劫、平息騷亂和暴亂，將一切可能破壞和平或行為不檢的人帶走；也列明要盡一切力量保護"華人"居民，禁止對任何人使用暴力。1 名下士與 2 名士兵（歐洲人）被指定每天從市集巡邏至軍營。24 小時內要有兩次這樣的巡邏，首次是傍晚 6–8 點，第二次是半夜 1–3 點。華人警察（1 名助理與 2 名下士）會一起參加這些巡邏。[3] 這名歐籍的下士與 2 名士兵在不巡邏的時候，會留在警察局內當值，直到翌日早上 8 點遞上報告後，方才可以下班。[4]

另外，歐籍警察還要注意掃蕩三蒸酒。晚上 10 點以後，不許城中有任何燈火（除非已經獲得總裁判司的許可），10 點以後在街上的一切人等，除非有合理理由，都會被抓與羈留。任何醉酒或搗亂的"歐洲人"都應立即抓住羈留，等候

1　Regulations for the Native Police（華人警察通則）FO17/46, pp.265–266.

2　Regulations for the European Police（歐籍警察通則）FO17/46, pp.266–268.

3　這裏有點混淆，究竟是與華人通則裏說的 1 名助理 3 名士兵一起，還是 1 名助理 2 名士兵，似乎不是很清楚。

4　這裏有點混淆，究竟是華人督察抑或是歐籍下士，還是兩者都需要負責在翌日 8 點報告，不是很清楚。

裁判司發落。每天總共有 1 名歐籍士兵、1 名華人助理與 2 名士兵要向總裁判司報告市內治安情況。

　　觀察這兩份警察通則，可以看出有以下幾個特點：（1）當時的級別分野很混淆。但看得出來，因堅偉始終是一名軍人，他採用軍隊裏的官階來形容新設警隊裏的級別，例如"下士"[1] 與"士兵"等；[2]（2）雖然沒有特意說明，但似乎歐籍警察可以管治的範圍比華人警察要大，但後者的薪金高於前者。通則列明華人警察可以管的事情只是售賣烈酒或醉酒生事而已，其他他只是含糊地說一切"可以懲罰"的違規行為。（3）有可能警隊成立時間很短，因此堅偉能夠想像到的具體罪行，都是他眼前看到的，也多與歐籍人士有關，如醉酒滋事等。因此對於其他可能出現的罪案，堅偉沒有很具體的想法，只是一般的描述；（4）也有可能是當時在港的華人都住在村裏（例如赤柱），市集上沒有很多華人，因此能列出的罪案大都與在城中活動的歐洲人有關；（5）雖然說首支警隊的華人在職級與薪水方面都高於歐籍人士，但是已經看得出來"華洋有別"的分野。軍營一帶的巡邏仍然是以歐籍警察為主。此外，19 世紀的一個觀念是，罪案是在晚間發生的，因而晚間的巡邏是警隊防止犯罪的重頭戲。從這兩份最早期的通則來看，只有歐籍警員在晚間巡邏，華人則不用負責。這一點反映出殖民當局貫徹始終的不信任華人的取態。最後，歐籍警察種種職務中，最特別之處是"要盡一切力量保護‘華人’居民"。這一句的實際理由不太清楚，亦與殖民當局日後的取態不一。只能猜測是英國人想在剛用武力佔領而來的土地上樹立良好印象，廣告天下在此華人會受到"帝國"的保護。

　　巡邏（行咇）[3] 特別是晚間的巡邏是警隊從一開始就有的指定職務，這是因為香港警隊源於英國的關係。英國在 1829 年設的倫敦都會警察，其首要的職務就是巡邏，藉此防止罪行的發生與保護民眾的人身和財產安全。無論如何，這支有 32 名成員的警隊確實已經開始在香港島上"維持治安"。1841 年 6 月 26 日，義律向英國外交大臣巴麥尊（Lord Palmerston, 1784–1865）報告在香港設立"機構（行政）"的情況，裏面也略有提到堅偉已經設立一支本地警隊，並對他的工作感到滿意，但認為警隊的規模仍有擴充的必要。[4]

1　Corporal 就是軍隊中的下士。

2　Private 相等於警隊中最低級別的"警員"。

3　行咇即巡邏（patrol），指在街上特定範圍步行巡邏。Beat 是有範圍的，每區都劃分不同的咇份，是 patrol the beat。這是一般的巡邏 general patrol（GP），一般是由警長或以上執行。Beat 之上有 sector（分段），每區可以分為多個 sectors，每個 sector 之下有多條 beats。

4　Elliot to Lord Palmerston, 26 June 1841, FO17/46, pp.206–220.

當時的西文報章《華友西報》（*The Friend of China*），[1] 定期報導裁判司審判的罪案。這些名為 "警察報告" 的專欄，從 1842 年首季度到 1843 年首季度都有記錄。將這些案件略作統計，可以發現在當時的警員中確實有華人存在（見下表）。

		警員名字	歐籍/華籍	官階	屬
1842 年	12/05	Collins	歐籍	警長	
		Cunningham	歐籍	士兵（警員）	
	14/07	Crompton	歐籍	署理警長	
	21/07	阿喜、阿耀、阿成	華人	警察	市政警隊
		阿貴＊（3/11 已離職）	華人	頭人	市政警隊
	28/07	阿朱	華人	頭人	
	04/08	阿基、阿友、阿城	華人		市政警隊
		James Donnaly	歐籍	士兵（警員）	
		阿忠	華人	警察	
	08/09	阿莫	華人	警察	
		阿山	華人	警察	市政警隊
	13/10	Alexander	歐籍	士兵（警員）	
	20/10	Thomas Farnham	歐籍	警隊成員	
	27/10	Sperring	歐籍	下士	
		阿曹	華人	頭人	
	08/12	David Gaily	歐籍		
		Campbell	歐籍	警長	
	15/12	James Burns	歐籍		
	22/12	阿海	華人		市政警隊
1843 年	05/01	Robert Morrison	歐籍	士兵（警員）	
	02/02	Mooney	歐籍	下士	
		Malony	歐籍	士兵（警員）	
	02/03	Dennis Healy	歐籍	士兵（警員）	
		阿溫	華人		市政警隊

表 1.1　裁判司審判案件負責警察人員記錄（1842 年 3 月到 1843 年 3 月）
來源：1842 年 3 月到 1843 年 3 月《華友西報》"警察報告" 專欄

　1　這是一份周刊性的報紙，同時也負責刊登政府憲報的消息。

上表證明了四點：（1）華人警員的確在最早警隊裏存在過，至少從 1842 年 6、7 月開始，就有華人警察的名字出現在警察辦理的案件裏。（2）1842 年到 1843 年 3 月底，案件中都沒有出現過印度警察的名字，證明最早的警隊裏並沒有印度人。（3）有些華人警員被稱為是"市政警隊"（Municipal Force）的成員。根據警察博物館的記載，[1] 這是一支在 1842 年才設立的警隊，究竟是否與 1841 年 5 月成立的警隊（共 32 人）裏面的 21 名華人是同一批人，尚不清楚；但在 1842 年 6 月 23 日的《華友西報》裏曾提到："本來被廢除的 '市政警隊' 又再度被建立起來"，還提到 "當這支有用的隊伍被壓制時，我們都表示懷疑。廢除後一直發生的盜竊案件證明了它的成效"。[2] 根據這些資料，有可能是 1841 年 5 月本來招聘的 21 名華人警員，後來因各種原因解散了，但是在 1842 年 6、7 月間再次建立起來。這一點可以證明，克里根文中統稱這 32 名成員的警隊為 "市政警隊" 並不正確。如上表所示，沒有任何歐籍警察被稱為 "市政警隊" 成員，有理由相信 "市政警隊" 只限於華人成員。（4）圖表顯示的警隊成員的資料，例如成員的級別、高層（頭人）的數目等，與義律的指示以及堅偉的報告都很吻合。

綜上所述，在 1841 年佔領香港後，英國人確實立刻建立起首支警隊，裏面只有歐洲人與華人。除了最高級別的督察外，在其他警察的人數、職別與薪水方面，華人都比歐籍成員要高。

另外，義律也知會了倫敦關於堅偉的薪水與警隊（及監獄）的籌建開銷：總數為 1400 英鎊，其中 600 英鎊是堅偉的薪水，其餘的 800 英鎊是招聘人員的費用。[3] 利用這筆 800 英鎊，需要招聘到總數為 32 人的警務人員、監獄人員與文書人員。在同一函件中，義律懇求倫敦，堅偉的年薪應該與他本來在軍隊中的薪俸相若，大概是 1200 英鎊。另一方面，5 月 14 日，當外交大臣巴麥尊看到義律發出關於香港的公告後大發雷霆，怒斥義律不懂國際原則，條約（《穿鼻草約》）沒有獲得雙方君主簽字是無效的，這對英國來說是一件相當不體面的事情，當然其中也涉及英國根本不滿意條約裏的具體內容。[4] 1841 年 5 月 29 日，當義律仍充滿信心地在規劃經營香港之事時，巴麥尊決定派璞鼎查接替義律所有

1　《警隊博物館》，香港：香港警務處警隊博物館，2008 年，第 10 頁。

2　*The Friend of China*, 23 June 1842.

3　Elliot to Lord Granville Leveson, 08 May 1841, FO17/46, pp.41–45.

4　Lord Palmerston to Elliot, 14 May 1841, FO17/45, p.65.

的工作。[1] 其實早在 5 月 3 日，巴麥尊就有意把義律調職了。[2]

二、英人抵埠初期香港的治安與犯罪情況

上文提到，《華友西報》有專欄報導 1842 年 3 月到 1843 年 3 月底香港所有由裁判司審判的罪案。筆者對它們作了詳細研究，用作舉證英國人剛抵埠，在處理靠武力奪取的香港的治安問題時，有偏離他們最感自豪的法治精神。本節中也將對這一批資料稍作梳理，作為對香港早期 "罪案" 更深入研究的背景資料。這些案件沒有在此前的研究中作過系統分析，可能是由於其性質大都沒有涉及很嚴重的罪行，用在正統的法律研究上也許作用不大。然而，在歷史研究的範疇，這些非常接近民生百態的案情，可以反映 180 多年前的香港社會實況。特別是香港突然受到英國的侵佔統治，早期缺乏完整的司法系統，在此情形下，可以藉此考察華人居民在生活上與自由度上受到怎樣的影響與衝擊。而警察是負責執法的隊伍，可以算是最早與香港社會（特別是華人）有近距離接觸的（英國）統治者。

在義律（與及後的璞鼎查）頒授堅偉的授權書中，對於在執法過程中究竟使用甚麼法律，說法甚為混淆，只大概說是用英國的警察法。當時鴉片戰爭尚未結束，雖然英國用武力佔領了香港島，但是還沒有通過簽訂國際條約獲得正式承認。香港身份不清，前途未明，殖民當局還沒有正式成立，一切都十分混亂。可是，英國人已經明目張膽地在別國領土上設立自己的警隊，用並不清晰的所謂 "法律"（或者自己國家的法律）去審判各種不同的案件。這也是筆者希望讀者在閱讀這些頗具 "趣味性" 的案件之餘，能夠思考的一個嚴肅問題。

警察報告對案情的細節描述得十分細緻，包括屬重要法律文件的證人口供或宣誓，因此可信度甚高。從其內容中，可以準確地了解這些罪行在當時香港發生的相關信息，包括時間、地點、情形、抵觸的法律、司法程序（包括控辯雙方的證據及證供等）、執法過程（包括對犯人的懲罰），等等。

1842 年 3 月至 1843 年 3 月，經裁判司處理的罪案總共有 94 宗，[3] 種類包括：

1　Lord Palmerston to Elliot, 29 May 1841, FO17/45, p.70.

2　Lord Palmerston to Elliot, 03 May 1841, FO17/45, pp.60–62.

　3　由於有些案件是一案多罪，因此表中的總數超過實際案件數目。

	1842 年				1843 年	總數	鞭笞	罰款	坐牢	其他
	1 季	2 季	3 季	4 季	1 季					
不服從命令（其他）		1	1	3	2	7	2	2		警告
不服從命令（建房）				1	2	3	3			
不服從命令（清潔）					1	1	1			
售賣酒精		1	3	2	1	7	6		1	
醉酒生事	1			1	2	4	1	2		1
偷竊 *1	1	7	12	9	7	36	26		2	2*
傷人			3	3	4	10	5	1	2	2
打劫			4	1		5	5			
動亂／暴動			1	1	2	4	1			警告
謀殺				2		2				2
海盜		1	4	4	2	11	4		1	4
毀約（合同）			1	1		2				
上船打劫		1				1				1
藐視法庭			1			1	1			
警察私人恩怨胡亂控告被告			1			1				取消
開賭			1			1		1		
放火			1			1				
綁架			1			1	1		1	
非法霸屋					1	1		1		
強闖民居				1		1		1		
改造硬幣				1		1			1	
看管馬匹				1		1		1		警告

1　* 號為無罪釋放者。

續表

	1842 年				1843 年	總數	鞭笞	罰款	坐牢	其他
放鞭炮				1		1			1	
總計	2	11	35	34	21	103				

表 1.2　裁判司審判案件簡表（1842 年 3 月到 1843 年 3 月）
來源：《英國殖民管治下的香港警察研究（1841–1880）》，北京大學碩士學位論文，2017 年

　　這些案件反映了早期香港的居民生活，也反映了當時社會面對的治安問題。當時香港社會並不複雜，所以治安問題不外乎是一些偷竊及搶劫案件。較嚴重的多與海盜活動有關，最嚴重的應數一兩宗殺人案件。然而，從歷史角度來看，這批檔案獨具其價值。當時雖有其他受英帝國殖民管治的地方，但香港的情況並不一樣，由於沒有可參照的樣板，而每天會出現多種繁複的問題，往往不知如何去面對。從臨時政府選擇的處理方式中，可以看見英國人對最感自豪的"法治精神"的堅持與退讓的底綫。

　　在 94 宗案件中，疑犯是華人的佔 69 宗，歐籍人士 12 宗，印度人 7 宗，其他國籍人士 1 宗（阿拉伯人）。在眾多的罪行裏，較多是偷竊（36 宗）及傷人案（10 宗），此外亦有 11 宗海盜活動案。具體而言，可作如下分析：

　　（1）首先是罪案的數量，報告只記錄了短短的 13 個月，刑事案件（打劫、偷竊及傷人）就有 49 宗，平均每個月 3 宗，當時香港人口大約僅有 6000，案件數目與人口的比例算是很高的。

　　（2）94 宗之中有 11 宗屬嚴重罪行的海盜活動案件，這很能反映當時英國人面對的棘手難題，在細讀案情時更可以發現箇中的複雜性，不難感受到英國人面對這種境況時的困窘。

　　（3）當時的華人犯案主要涉及打劫和偷竊，但較嚴重的海盜活動亦全為華人疑犯。至於歐籍人士大多與酗酒後生事有關，也有幾宗為傷人案。

　　（4）鑒於堅偉的權力被限制，可用的刑罰只有以下幾種：打藤（鞭笞）、監禁、監禁加苦工、罰款、賠款、剪辮、充公、警告、佩戴鎖鏈等。最常用的刑罰是打藤，在 94 宗案例中，被判打藤的有 52 宗（5 藤到 100 藤不等），其次是監禁加苦工，第三常用的為罰款。

　　（5）從表面來看，所有案件似乎都有讓犯人自辯的機會。但語言溝通是否有問題，傳譯的準確性有多高，都是分析這些案件時應該考慮的因素。在 94 宗案件裏，只有 2 宗判無罪釋放，因犯人大多為華人，也許語言溝通的問題是造成定罪率如此之高的原因之一。

（6）從其中數宗的案件可見，當時有一個"擔保"制度，如果犯人可以提供一些人士，願意對疑犯的人格作出保證（或簡單地承認是認識他的），似乎對證明他的清白有所幫助。其時香港多為流動人口，很多是從內地來此碰碰運氣、謀點生計的勞動階層，大部分都是匆匆過客，要他們找到擔保人實非易事。經統計，在所有缺乏"擔保人"的案件中，犯人都被定罪下刑，無一例外。其實，假如這一"擔保"制度是源於英國法律的話，司法制度應該考慮香港剛剛開埠的特別情況，作出合理的調整。英國法治精神的一個基本要求是：法律面前，人人平等。英國法律體系中的衡平法[1]應該可以變通處理這些特殊個案。但不知道是當時的裁判司缺乏法律知識，抑或是其他原因，總之"缺乏擔保人"似乎是這些案件的定罪因素之一。

（7）1842 年第四季度有幾宗不服從命令（disobedience of order）案，分別涉及沒有把店門前打掃好、沒有把路上清掃好以及沒有把房子弄乾淨。犯人全被罰款，款額不輕，從 2 元到 10 元不等。其中一人在被警告時失笑，於是加罰打藤 10 下。從今天來看，失笑是否因言語溝通出現問題，不得而知。香港在 1844 年立法確保城市清潔，而上述案件是發生在 1842 年至 1843 年間，當時的華人應該受"中國的習慣與風俗"管治。這幾宗案件是以"違反命令"罪拘捕疑犯並判刑的，未知當時的裁判司以甚麼樣的"法律"與"法治精神"作出判決。可以推斷，疑犯或許並不知道他們到底違反了甚麼樣的命令或法律，有可能語言不通（疑犯遭到警告時，警告人員並非使用粵語），又或者根本不知道有義務去保持門前的清潔，就自然沒有去遵從警察的命令，最終卻要賠上犯罪並受罰的代價。

至於其他的"不服從命令"的案件，更加可以凸顯執法者的驕橫。1842 年第四季的兩宗相關案子，一宗涉及在晚上 10 時，犯人不顧命令在市集裏燃放鞭炮，[2]因此被罰款；還有一宗是犯人幫軍官看馬，但沒有看好而讓馬跑了。[3]雖然犯人自辯說是有人從他手中搶去馬繩，但最終還是被罰款加嚴重告誡。

（8）謀殺案件。13 個月中有兩宗謀殺案件，都是在 1842 年第四季度發生的。[4]第一宗報告[5]並沒有提到最終有無定罪，所以審判結果與刑罰不得而知。值得一提的是，三個疑犯都是華人，是剛從內地抵港不久的苦力工人，所以找不

1　衡平法（Law of Equity）：因程序上不能滿足普通法的，可以通過衡平法，用事實公正，而非形式上的拘泥來處理案件。

2　《案件》，1842 年第 4 季，*The Friend of China*, 15 December 1842。

3　《案件》，1842 年第 4 季，*The Friend of China*, 24 November 1842。

4　《案件》，1842 年第 4 季，*The Friend of China*, 13 October 1842 & 24 November 1842。

5　《案件》，1842 年第 4 季，*The Friend of China*, 13 October 1842。

到本地的"擔保人"。另一方面，由於謀殺案案情嚴重，所以有多位證人出庭作供。奇怪的是，證人全為控方證人，辯方一個證人都沒有，具體原因亦不得而知。可能是法庭沒有讓犯人清楚自己的權益，也可能是犯人無法找到證人。但這樣的證人安排，令人感到控方勢力強大，好像在未審之前就做出了罪已成立的決定。如此，審判的過程只是對有罪的結果作出絕對的肯定而已。

第二宗謀殺案[1]的三個疑犯都是歐籍人士，為步兵團裏的士兵。證人是一個中國人，但他對案情一無所知，也沒目睹疑犯作案，只看見三個疑犯進了死者的屋子；另一個證人是一個歐籍的哨兵，同樣，他也甚麼都不知道，因為當晚他喝醉了。究竟這兩個證人是控方證人還是辯方證人，報告中也沒清楚交代。如果是辯方證人，那他們說沒有看見疑犯真正殺人，將會對疑犯脫罪有很大幫助。如果是這樣，為甚麼同樣是案情嚴重的謀殺案，第一宗案件有那麼多控方證人，可以一口咬定三個疑犯就是殺人兇手，而眼前的這一案件不但找不到這樣的證人，反而找來兩個說不清楚、也看不到疑犯作案的證人？不能不令人懷疑，是否因為第一宗案件的疑犯是華人，而第二宗的疑犯是歐籍人士，所以有截然不同的處理方法。無論如何，因為歐籍疑犯是軍人，所以最後要等軍隊長官抵港，再在軍事法庭開審。最後的審判結果是怎樣，能否為死去的華人討個公道，成了一個永遠的謎。

其實，可能因為正式的法權未建立起來，對於這些證據確鑿的重犯不能定罪亦不能判較重的懲罰，不知如何是好，所以只能將他們繼續關在牢裏。時任英國副貿易總監亞歷山大・莊士頓（Alexander R. Johnston, 1812–1888）在 1842 年 10 月給外交部阿伯丁外相的一封信裏，曾經提過這些殺人犯以及對他們定罪處罰的困難。[2] 這就說明上文提到的在《南京條約》簽訂之前，英國人已經在香港使用所謂的英國警察法進行執法的行為，這基本上是沒有法律根據的做法，莊士頓的困擾反映了英國人也自知無理。

本節的資料雖不是正式的法庭報告，但筆者希望能夠多少反映出被武力侵佔的香港的某些情形：英國人突然抵達，迅即成立一隊每天與居民有大量接觸的警察，向民眾頒行諸多新規矩，很多居民在不明就裏的情況下，被抓進官府，或被監禁、或被打藤、或被罰款。這些驟變對於一個本來安寧的小島的衝擊，不可謂不大。居民最早與英國"政府官員"的這些接觸中，很難看到友善與理解，與英

1　《案件》，1842 年第 4 季，*The Friend of China,* 24 November 1842。

2　Johnston to Earl of Aberdeen, No.5, 21 October 1842, CO129/03, pp.147–150.

國倫敦都會警察在 1829 年設立時的情況有很大差異。不難預測香港市民日後對於警隊的厭惡與不合作的態度，從一開始就埋下了種子。

第二節　殖民管治初期警隊的管理與規劃

一、璞鼎查與德庇時時期

1841 年 5 月，璞鼎查被倫敦任命為英國駐華代表及貿易總監，在香港的事務上亦全權取代了義律。1842 年 4 月 30 日，他向堅偉發出另一份授權書，"擴大"了後者幾方面的權力：[1] 由裁判處（裁判司）判定的處罰可以延長至 6 個月的監禁（以前是 3 個月）；警察在執勤時，可以對抓捕對象進行不超過 36 藤的鞭打；裁判處以後可以處理民事糾紛（不超過 50 元的錢銀爭執），甚至可以羈留與處罰欠債人。這些擴展的權力，很有可能是徵詢過在港的歐籍商人（或受其影響），因為報章中反映過市民（指歐籍商人）類似的要求。[2] 報導還說，有諮詢過華人長老的意見，他們一致同意"棍棒之下出孝子"，支持增加司法和執法機關的權力，對罪行防患於未然。就算是歐洲人，也不完全反對鞭笞之刑，特別是對犯事的士兵與水手，可見當時頻繁鬧事、令人煩厭的主要仍是那些歐洲水手和士兵之輩。

璞鼎查在接任後的一年裏（即 1842 年），忙於應付還沒有完結的中英戰爭，包括新定條約的談判，1843 年 7 月、10 月中英《五口通商章程》和《虎門條約》最終簽訂。1843 年 12 月，璞鼎查開始對管治香港的路綫作出系統性計劃。他委任喬治·馬爾科姆上將（George Malcolm, 1810–1888）為香港首任輔政司，亦即他的副手，並吩咐馬爾科姆馬上組建一支富有成效的警隊。在馬爾科姆上將給英國殖民地部外務大臣斯坦利（Edward Henry Stanley, 1826–1893）的函件中，[3] 傳遞了璞鼎查對於香港警隊的想法。首先，對於已經在運作中的首支警察隊伍（主要由士兵構成），璞鼎查認為只屬暫時安排，不宜延續。他構思中的警隊應全部由英國招聘的合格警察組成，並打算向香港居民開徵新稅項以支付這筆費用。函件中有提到"不能全盤信任"華籍警察，但是在香港又無法招聘到合適的歐籍人士。

按照璞鼎查的構想，希望這支警隊由 50 名全歐籍警員與 4 名幫辦組成，所

1　*The Friend of China*, 05 May 1842.

2　*The Friend of China*, 19 May 1842.

3　Malcolm to Lord Stanley, 22 December 1843, CO 129/4, pp.332–335.

需費用大概是 6000 英鎊。然而,根據當時島上的建築物數目估算,從居民身上徵得的新稅項 "差餉",總數不會超過 3000 英鎊。另外,6000 英鎊的預算尚未算進裁判司的薪水,也沒有計算新設警局的開支,馬爾科姆指出這個看似完美的計劃實則花費不少,亦明白計劃需要較多時間考慮,因此請求期間倫敦能盡快派出 3 名或 4 名督察或警長來港,暫時執行警察職務。收到馬爾科姆的函件後,殖民地部討論後認為,[1] 除非提供 400 英鎊以上的薪金,否則估計沒有現職的英國警隊督察會願意承擔此職務。因此倫敦充其量只能選派 1 名督察和 2 名警長前往香港。但對於馬爾科姆建議參照當時已經是殖民地的澳大利亞新南威爾士的做法,即讓當地駐守的英兵兼任警察,殖民地部認為可以考慮。然而倫敦方面一直沒有作正式回應。

直到 1 個月後的 1844 年 1 月底,璞鼎查自己也按捺不住,親自寫信給斯坦利,首先告訴他立法局通過議案決定組織警隊一事刻不容緩,並直接問甚麼時候能回應馬爾科姆先前的要求。璞鼎查也報告說,香港當時的治安變差了,他認為島上的華人人口快速增長,隨之而來的是甚多的偷竊和搶劫罪案。在這封信中,他明確表示,堅決反對起用華人警察:

> 要解決目前的困境,雖然招聘華人警員可能看來是最省事,但這條路已經走過,亦發現幾乎是走不通的。我現在想組織的是一支由歐洲人,可能加上馬來人的警隊,最終才是能保證此地的安全太平。[2]

璞鼎查的一位助理,後來成為副輔政司的理查德‧伍斯納姆(Richard Woosnam, 1815–1888)亦表達對華人的不信任。這次的言辭更加凌厲,範圍擴大到替殖民當局裁判處擔任翻譯的華人。伍斯納姆警告不要過分依賴這些翻譯,特別是涉及監禁懲罰以及體罰的案件,還舉了一個赤柱村落的地保的例子作為反面教材。[3]

與此同時,璞鼎查親自與軍隊司令溝通,軍隊也願意幫忙調配人手。[4] 行政局(舊稱議政局)也通過了從第 55 團中挑選合適的士兵成為香港警隊成員的決定。[5]在行政局的會議記錄裏,璞鼎查嚴肅地要求堅偉趕緊擬定一份警隊(全歐籍)的

---

1   Colonial Office Internal Discussion, 22 December 1843, CO129/4, p.335.

2   Pottinger to Lord Stanley, 30 January 1844, No.4, CO129/5, pp.76–77.

3   Woosnam to D'aguilar, 26 January 1844, No.45, CO129/05, pp.84–86.

4   Pottinger to D'aguilar, 26 January 1844, No.43, CO129/05, p.81.

5   Executive Council Meeting Minutes, 24 January 1844, CO129/5, pp.82–83.

計劃書。此時，軍隊將領清點人數後告知，本來的 32 名警隊成員只剩下 28 名，再加上 62 名從第 55 團調過去的士兵，共計 90 人。[1]

一直到 1843 年為止，警隊仍然是按照義律時代設立的架構，直屬裁判司（堅偉）管理。1844 年 2 月，璞鼎查突然上書斯坦利，表示堅偉無暇兼顧管理警隊的職責，[2]因此有必要增加委任一名警察總監。倫敦殖民地部內部討論認為，璞鼎查的要求沒有不批准的理據，但是不忘指出，當時香港的支出應由何處負擔仍然是不清楚的。[3]從此，香港警務開始進入一個新的階段，由一位警察總監指揮，而且有其獨立的組織與運作。但是從人事匯報（reporting line）的角度來說，卻仍然是以總裁判司為頂級上司。例如 1844 年 9 月警隊要求增加人手，就是先通過總裁判司堅偉，再向港督報告。[4]另一方面，雖然稱堅偉是雜務纏身，但他卻繼續被安排一些更加繁瑣的事情。如 1844 年 2 月的一場大雨後，伍斯納姆發現香港的下水道淤塞嚴重，結果責任也落在當時是香港司法機構最高官員的堅偉肩上，由他安排警隊（監管）統籌清理工作。[5]由此可見：第一，香港當時行政混亂，人手缺乏；第二，警察任務廣雜，是與市民接觸最多的官方職員。

1844 年 9 月，倫敦終於回應璞鼎查，批准了香港重建警隊的計劃。倫敦認為，按照璞鼎查構想的警隊（即全數從英國警隊調派），香港在財力方面無法負擔，而且小島"亦不需要這樣的警隊"。[6]因此倫敦決定只派遣 1 位有經驗的總監，加上 2 名督察來港，然後在本地組織管理一支警隊，方為可行的方法。另外，在倫敦都會警察的推薦下，已經以年薪 500 英鎊招聘了梅查理（Charles May, 1817–1879）為警察總監，與另外 2 名督察（年薪 250 英鎊）共同前往香港履任。倫敦也批准了從第 55 團調派 90 名士兵到在港駐紮的第 98 團，及後再成為香港的民警，報酬記在香港的帳上，不再從英國軍隊開支中計算。[7]

還須一提的是，1843 年 6 月 26 日香港立法局成立。首份關於香港警隊的法令在 1844 年 5 月 1 日獲得通過（在下一節會有詳細分析）。倫敦在 1844 年 9 月確認，這份法令已獲得女王的批准。[8]

1　D'aguilar to Woosnam, 05 March 1844, CO129/05, p.220.

2　當時香港的監獄也是在裁判處的管轄下。

3　Pottinger to Lord Stanley, 27 February 1844, No.14, CO129/5, pp.164–166.

4　Caine to Hon Bruce, 20 September 1844, No.214, CO129/07, p.172.

5　Woosnam to Caine, 15 February 1844, No.69A, CO129/05, pp.168–169.

6　Colonial Office to Davis, 06 September 1844, CO129/05, pp.213–214.

7　Colonial Office to Davis, 06 September 1844, CO129/05, pp.213–214.

8　Colonial Office to Davis, 20 September 1844, CO129/05, p.392.

二任港督德庇時是在 1844 年 5 月到任的，隨即發生的一宗嚴重罪案令他馬上意識到香港治安是一個嚴重的問題。該案件表面上是持有武器的大型搶劫案（150 人），但其實涉及海盜，不甚清晰的法權問題令處理這宗罪案的難度增加不少。[1] 另外，這時期的警察（歐洲人）是備槍的，其中一名罪犯被警察開槍打死。德庇時馬上致函當時的兩廣總督耆英（1787–1858），要求對方派人在長洲展開大範圍搜索，認為那裏是海盜的巢穴。像璞鼎查一樣，德庇時也表達了對於華人警察的不信任，覺得華人總會彼此勾結，在緊急時刻也不會盡忠職守。因此，香港警隊需要一支由歐洲人，或歐洲人與印度籍混合組成的部隊。[2] 香港警隊不會起用（至少不會重用）華人的基調，到了德庇時時期更加強化。

1844 年 11 月，德庇時向倫敦報告，警隊裏面的很多歐籍成員患病了。從這時開始，招聘印度人與馬來人以加強警隊職務的想法變成事實。他們主要負責晚上的巡邏工作，時間從晚上 8 時直到天亮。報告中說，堅偉甚至已經選好了 23 名這類人士，職別將會是 1 名總監、2 名警長與 20 名士兵（警員）（月薪分別是 16 元、12 元與 8 元）。既然已選好了，證明他們是從香港本地招聘得來的人選。德庇時表示，在香港潮熱的氣候下，要維持一隊健康的歐洲人警隊是很困難的事，因此有必要加入其他族裔來承擔大部分的職務，在歐籍成員的督導下，才會有足夠能力管治好華人人口。他再次提到，從華人中挑選可以信賴的警員是“不可能”的事。這一次的決定，開始了香港警隊起用以及後來重用馬來人／印度人作為底層支柱的序曲，也增加了警隊的總人數。[3] 倫敦對此並沒有太多的意見，僅在 1845 年 3 月的回覆中提醒德庇時，要儘早計算出警隊的總開銷與居民須負擔的預算。[4]

二、香港警隊的首份藍圖

1844 年 9 月，倫敦都會警察局局長親自挑選梅查理，並由倫敦殖民地部委任，前來香港擔任警隊總監。梅查理是一位很合適的人選，父親是倫敦都會警察的首任總監。梅查理來港的時候很年輕，只有 27 歲，但在倫敦都會警察裏已經服務了近 10 年，到了督察的級別。還有一個額外便利，就是他雖然已經成了家，但是沒有兒女，因此較容易成行。[5] 梅查理前後共擔任了 18 年的香港警察總

1　Davis to Lord Stanley, 21 June 1844, No.26, CO129/06, pp.282–286.

2　Davis to Lord Stanley, 21 June 1844, No.26, CO129/06, pp.282–286.

3　Davis to Lord Stanley, 02 November 1844, No.62, CO129/07, pp.168–169.

4　Colonial Office to Davis, 04 March 1845, CO129/07, p.171.

5　G. B. Endacott, *A Biological Sketch-Book of Early Hong Kong*, Hong Kong: Hong Kong University Press, 2005 Reprinted, pp.100–101.

監（1844–1862），後來調職至裁判司，又做了 17 年，堪稱服務時間最久的早期殖民官員，總共 34 年。這兩個部門在早期動盪不穩時期備受爭議，其 34 年的仕途中也不盡是無風無浪的日子。梅查理忠於職守，可以看到其性格之剛毅，但是他對某些問題的堅持及似乎存在的對華人的不信任，也在某程度上限制了警隊的發展。

梅查理在 1854 年上呈輔政司的一份報告中，[1] 對早期警隊作了概況性描述，可作參考：1845 年 3 月之前，警察職務由駐港的士兵擔任，他們來自不同的營隊。1845 年 3 月 31 日，有 71 位士兵自願並永久轉為警察，獲批從軍隊中退役。除了英國士兵之外，還有印度籍與華籍的警員，整個警隊有 71 名歐籍、57 名印度籍與 57 名華籍。通過這方法招聘的歐籍成員流動性很高，不少是想從軍隊裏退役才加入警隊的，並沒打算長久留在警隊。而且，他們的生活習慣放縱，並不合適在警隊服務，加上很多人病死、被辭退或自己辭職，有空缺時會由從商船"跳船"的海員來代替，然而海員衍生的問題卻有過之而無不及。船上的薪金一般比警隊高，下一次有商船招聘船員離港時，海員們會紛紛辭職重新上船。後來警隊曾立例規定離職前需先發通知，他們便往往故意犯錯，令自己被主動辭退。

另一方面，德庇時在 1845 年 5 月致殖民地部的函件裏，[2] 對當時的警隊裏歐籍人數作了統計，報告總共有 71 名歐洲士兵。[3] 從這份函件的內容來看，倫敦試圖儘量減低歐籍警員的數目，但德庇時多次表示抗拒。根據他的說法，"華人不能信任，印度人暫不成器，因此警隊還是以歐籍人士為主"，是"不可或缺的"（indispensable）。[4] 但他同時認為，印度警察在歐洲警察的帶領和訓練下已卓有成效，警隊最多能把歐籍警察從一年前的 91 名縮減至 71 名。

在同一封函件裏，德庇時也附上了梅查理到港後寫下的第一份計劃書，這是梅與警隊上司堅偉商量後撰寫的。梅查理果真是專業，他在 1845 年 2 月 28 日才到港，但計劃書在 3 月 25 日就已交到德庇時的手中。梅查理還在 4 月 15 日親自到行政局（舊稱議政局），向議員們講解以及參與討論。[5]

這份計劃書，可謂是殖民管治下香港警隊的第一份藍圖，[6] 從中反映出香港警隊管理階層對種族分類、人手調配、制度設計與職務定位的初衷，警隊此後很

1　May to Mercer, 01 September 1854, No.24, CO129/47, pp.92–100.

2　Davis to Lord Stanley, 21 May 1845, No.64, CO129/12, pp.97–129.

3　Davis to Lord Stanley, 21 May 1845, No.64, CO129/12, p.98.

4　Davis to Lord Stanley, 21 May 1845, No.64, CO129/12, pp.97–129.

5　Executive Council Meeting Minutes, CO131/1, pp.133–134.

6　A Plan for the Improvement of the HK Police by Charles May, 25 March 1845, CO129/12, pp.108–119.

多的政策與規條都是從該計劃書中衍生，故這份計劃書對香港警隊的發展非常重要，以下對其要點作出評述。

首先，德庇時報告倫敦殖民當局確定了警隊總計需要 168 人，即歐籍 71 名，印度籍 46 名與華人 51 名（這個數目已包含在赤柱與香港仔兩個偏遠地區警署的 40 人，因此市內實際需要的名額是 128 人）。[1]

由於梅查理本身是位經驗豐富的專業警察，因此這份計劃書的內容非常細緻，包括警隊的不同制服與武器，甚至用來辨別警察正在執勤的臂章等，都有兼顧。雖然制服的要求嚴謹，但是 "政府只會負擔一小部分的支出，其他要從他們的薪水中扣減"。[2]

至於警隊備武，從這報告來看，有理由相信其軍事色彩不濃厚。梅查理認為，日間警隊成員的現有裝備經已足夠。至於負責晚間職務的印度籍警員，會備有佩劍（cutlass），每人配備燈籠、棍棒（staff）與手搖板（rattle）。[3] 華人警員則配有短劍與棍棒，英籍警員配有較輕的短劍與繫在腰帶上的火槍（fuzee），以確保雙手靈活自如。中央警署則配置 20 把短劍與 20 把火槍，在不同的警署裏也會留有足夠的火槍。在武器的安排上，可以看出英籍成員最被善待：第一，英人可以佩戴質量較高而重量較輕的武器；第二，雖說晚間是罪案頻生的時段，但所有夜晚出勤的警隊成員（主要是印度籍）只許攜帶冷兵器而不配火器（槍）。火槍要留在警署裏，保護留守的 "英籍警察成員"。[4]

上段提過的都是 19 世紀的武器，有一些在字典中都找不到翻譯詞，甚至英文詞彙都沒有，像 Fusee（或 Fuzee）。[5] 因此，筆者把一些從兩家警察博物館（倫敦都會警察博物館與香港警察博物館）拍得的照片貼在此，讀者可以由此一窺早期香港警隊的裝備。

至於薪金方面，德庇時向倫敦報告，梅查理等建議歐籍警察的工資等級如下：警員月薪 14 元（2 英鎊 18 先令 4 便士）；[6] 署理警長月薪 16 元（3 英鎊 6 先令 8 便士）；警長月薪 20 元（4 英鎊 3 先令 4 便士）。

1　有兩人的差距，原因不清楚。

2　A Plan for the Improvement of the HK Police by Charles May, 25 March 1845, CO129/12, pp.112–113.

3　梅查理準備充足，從英國帶來了 50 個手腰板、警棍與 20 個手銬和其他武器。

4　A Plan for the Improvement of the HK Police by Charles May, 25 March 1845, CO129/12, p.113.

5　Fusilier 英文一詞是從 Fusee 衍生而來，是 18、19 世紀英國步兵的意思。

　6　英鎊單位分 3 種，1 英鎊是 20 先令，1 先令是 12 便士。

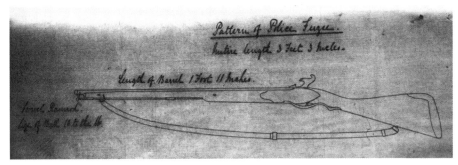

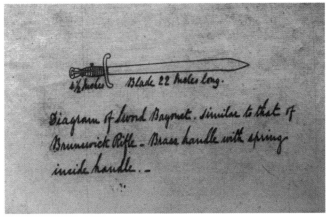

早期香港警隊武器 "Police Fuzee" 與 "Sword Bayonet" 示意圖
來源：梅查理 1854 年報告書，CO129/47, p.101

　　無論是梅查理的報告，抑或是德庇時的函件，都沒有提及印度籍或華人的薪酬制度。具體原因不得而知，但毫無疑問可見殖民管治者的優越感，倫敦只對歐籍 "子民" 的福利有興趣，其他族裔無暇知道。不過，香港政府的《藍皮書》中，[1]有列出英籍、印度籍與華籍警隊成員的薪金。下面以 1845 年的年薪為例，進行一個簡單的比較：

職務	英國籍	印度籍	華人	
警長	英鎊 50	英鎊 40	英鎊 25	備注：作一簡單的物價比較：當時訂閱一年的西報是 12 港元，即 2 英鎊 10 先令。[2] 華人警員的年薪，只夠每年訂閱 6 到 7 份西報。
署理警長	英鎊 40	英鎊 30	英鎊 20	
警員	英鎊 35	英鎊 22	英鎊 15	

表 1.3　1845 年不同國籍警隊成員的薪金
來源：《香港政府藍皮書》，1845 年，第 90–91 頁

1　《香港藍皮書》是香港政府各個部門每年工作的簡報。

2　*China Mail*, 01 May 1845.

在當時的文件中，德庇時提出，應考慮印度籍警員的"成效"問題：由於印度籍是晚間警隊巡邏任務的主力軍，白天的休息很重要，加上不能讓他們閒蕩以致招惹麻煩，因此有必要提供住宿的地方，這樣更容易控制他們，亦能節省開銷。相信這是為警隊成員提供宿舍做法的開始。一直到現在，香港的警察都享有這項"福利"，但這一開始談不上是"福利"，更多是監管印度籍警員的手段而已。[1]

殖民地部審閱了該計劃書中的各項安排，經倫敦都會警察總監的審批，倫敦在 1845 年 11 月 4 日正式作出回覆，批准建議的薪金等級制度（只提及歐籍警察），並對他們的退休金安排作出指示。[2] 值得一提的是，倫敦每一次回應香港方面增加人手的請求時，最後總有一句是關於控制開銷的話。這一次亦不例外："女王政府相信，你會對警隊中僱用的歐籍人數加倍謹慎，希望隨著警隊的本地部分獲得更好的訓練後，加上居民的習慣變得更加有秩序時，在一定程度上能夠大大減少警隊目前的沉重開支。"[3] 簡言之，倫敦提醒香港要"自負盈虧"，這四個字一直是影響警隊發展的緊箍咒。

關於警察的架構、級別、職務等

梅查理上呈港督德庇時的計劃書中，[4] 內容包括十數項，除了有時限性的幾條之外，大多對之後警隊的長期發展有影響。梅查理來港前，已經在倫敦都會警隊服務了近十年，達到督察的身份，因此這份由他一手主理的計劃書，很能反映其在英國警隊的經驗。計劃書中的很多篇幅給予巡邏與警員"行咇"的職務，這也是倫敦都會警察的特色。本章第三節對倫敦都會警察的起源會有介紹，1829年建立的都會警隊直到 1842 年都沒有設置"偵探部"。倫敦都會警察設立時的目的是非常清晰的：防止罪行。嚴格來說，它沒有被授權去偵查罪案，假如真的有罪案發生，等於說明他們醉心設計的巡邏工作失效了。

有理由相信，梅查理在抵港之前的經驗，應該承襲早期倫敦都會警察的做法，將"防止罪案"的任務寄託在警察"巡邏"的職務上（特別是晚間），希望在這一過程中能及時阻止罪案的發生。香港警察究竟何時正式設立"偵探部"不

1　Davis to Lord Stanley, 21 May 1845, No.64, CO129/12, pp.98–99.

2　梅查理在做上述計劃書時，已經深知不高的薪金吸引不了素質較好的人才參加警隊，因此努力想爭取倫敦批准警隊中的歐籍成員在服務十年後，可以取得等同於薪水一半的退休金。倫敦經再三考慮後批准，但大部分的警隊成員都情願選擇加薪 20% 而放棄領取退休金。

3　Colonial Office to Davis, 14 November 1845, CO129/12, pp.104–106.

4　由於殖民地部檔案 CO129/12 微縮膠卷中有缺頁，計劃書缺少了第十、十四、十五項，故未能將整個計劃完整地在本書中呈現。

得而知，但在 1898 年首次設立一名歐籍的"總偵查督察"，其實在 1884 年前應該已經在進行偵察（收集情報）工作。另外，偵探部的工作與殖民當局不信任華人的措施有所抵觸，因此並不受到鼓勵。1869 年的警察年度報告中，有這樣一段關於偵探部的評語：

> 在此地，我們必定要依賴本地人才能及早偵查罪案，但是本地人的沒誠信，令警隊沒有辦法可以設立一個有成效的偵探部。實際上，假如真的是有這樣的一個部門，我也認為成效不會是高的。除非可以把人才散放在新安縣、廣州與澳門較偏遠地區的警局，然後這些（警局）歸納進歐籍警隊成員的監管，但是現在這種環境當然是沒有可能的事。[1]

這段話其實道出了在香港警隊設立的初期，偵探部一直沒有開展起來的緣由。偵探部的工作雖然也是防止罪案發生，但重點是從社會上的人際網絡（綫人等）中獲得消息，通過專業的分析與準確的行動，適時地在罪案發生之前加以阻止。另一方面，偵探部也應該對已發生的罪案進行"調查"。當時大部分的罪案都與華人有關，因此，這種人脈必然要通過警隊內的華人成員才能獲得。然而，殖民當局採取的是不信任華人的態度，偵探部就算是有某些關係，也是形同虛設，因為華人從外面收集的綫索與消息很難獲得信任。這種情況一直到 1884 年中法戰爭時期的香港船工罷工，才稍微有所改善。到了 1894 年與 1895 年的苦力大罷工時，警隊對於情報的搜集和掌握已有明顯的進步。

有需要指出的是，1860 年代的倫敦都會警察，60% 的人手也是被派在晚間 10 點到翌日清晨 6 點"行咇"。[2]"行咇"在下文經常提到，即英文"beat"的粵語，是香港警隊的常用語，意思與巡邏一樣，但常用於最底層警員的巡邏職務。計劃書中關於較高級警察的巡邏，英文原文用"patrol"，為以示區別，本章會用"巡查"或"巡邏"來表達。

關於晚間職務等安排

至於警隊的守更安排，從晚間 9 點到早上 6 點的編更制度，是完全參照倫敦警隊的做法。[3]

1　Report from the Acting Captain Superintendent of Police for the year 1869, Hong Kong Government Gazette, 14 April 1870, No.40, p.187.

2　Patricia O'Sullivan, *Policing Hong Kong: An Irish Story: Irishmen in the HK Police Force, 1864–1950*, Hong Kong: Blacksmith Books, 2017, p.47.

3　Simon Dell, *The Victorian Policeman*, Oxford: Shire Library, 2004, p.16.

	督察	警長	署理警長	警員	總數
英籍	1	1	2	12	16
印度籍		1	4	24	29
華人		1	1	7	9
總計	1	3	7	43	54

表 1.4　警察夜更編次（從每天晚上 9 點到翌日早上 6 點）
來源：梅查理 1845 年 3 月 25 日計劃書，CO129/12, p.108

　　上表顯示除了督察之外，共有 15 位英國警員擔任夜間的職務，佔英籍警員（71 名）的 21%，這與印度籍（46 名）的 63% 差距甚大。華人晚間當更的比例更小。

　　整個港島被劃為 4 個分區，每一分區會有 6 個 "呖份"，由中央警署全權統籌。巡邏由 1 名督察開步，隨後的每一更節有 1 名英籍警員、1 名華人警員、1 名署理警長與 6 名印度籍警員。前面 3 人被指定為巡查隊，主要職責是監管 "行呖" 的另外 6 人。計劃書中特別提到，"所有的印度籍警員將被通知，他的 '呖份' 必須以指定的方式進行，並且在規定的時間要抵達出現在某一地點。" 這一早期的制度沿用至今，警察行呖到了指定的地點要 "簽簿"。而且，巡查隊將查訪各 "呖份"，並報告任何擅離職守、破壞規矩的行為。

隊伍	警隊成員			開工時間	巡邏	後備	落更	當更時長	備註
	警長	署理	警員						
1		1	4	9pm	9pm@¹12	12@3am	3am	6 小時	7 天之內不會重複
2	1		4	9pm	12@3am	9pm@12 3am@6	6am	9 小時	
3		1	4	12pm	3@6am	12@3am	6am	6 小時	

表 1.5　英籍警隊成員夜間職務編更排
來源：梅查理 1845 年 3 月 25 日計劃書，CO129/12, p.109

　　上表顯示，12 名英國籍警察雖然每一更的工作時間是 6 小時或 9 小時，但實際的巡查只有 3 個小時，其他時間在中央警局候命。另一方面，雖然計劃中沒有列出印度籍警員的編更排表，但有提到他們的晚間更次時間與英籍警察相同，

1　@ 為原始材料中所用，應表示 "至" 的意思。

也就是從晚上 9 點到翌日清晨 6 點，共 9 個小時。但是，在整個晚更時段內，留守中央警署的警員中是沒有印度籍的，因此印度籍警員所有當值時段應該都是在"行咇"。另外，上面也說到整個港島分成 4 個區，每一分區會有 6 個"咇份"，需要 24 名人手才能完成每天晚上的任務，剛好就是 24 名晚間當值的印度警員的總數。

根據上述警隊守更的編配表，可觀察到警力分配及其國籍因素。顯然，每天晚上的巡邏工作，主要依靠印度籍警員完成。這比起英國人第一與第三隊伍的當值時間都長了 3 小時，而且 9 個小時的當更時間裏都是在"行咇"，而英國籍警員分三班，每班巡查 3 小時，然後在警署稍作休息。對比之下，兩者之間的工作量相差甚大。比照值夜班的倫敦都會警察，每小時巡邏速度可達 2.5 英里，以每晚巡邏 20 英里計算，也需要 8 個小時。而香港的印度警察夜間值班的行咇任務，是不間斷地巡邏 9 個小時。雖然表面上只是多了 1 小時，但香港天氣潮濕，特別是在夏天行走 9 個小時，不能不說是非常辛苦的。英國人開宗明義地說明，這些差事之苦正是招聘印度人的主要理由。港督德庇時也曾在一份文件中提過夜間巡邏的工作性質，[1] 認為比較適合印度籍警員。他提出的理由是氣候，但沒說出口的原因可能是，夜間是劫掠案件發生最頻繁的時間段，危險性會較高。文件中也提及印度人的薪水很低，如果需要大量人手，招聘他們的成本沒有那麼高。總之，辛苦危險的工作，都不應是英國籍警員的職責。

至於華人警員，雖然總人數與印度人相近，但派到夜間巡邏工作的人數遠比印度人要少，甚至比英國人少。雖然計劃書與呈遞殖民地部的報告中都沒有解釋這樣安排的理由，但這並不等於英國人善待（或優惠）華人警員。能推測的是，華人警員是不被信任的。夜間罪案頻繁，既要防備華人警員與盜匪串通，又擔心在追捕盜匪時會有鬆懈等，相信都是不讓華人夜間守更的考慮，印度籍警員亦因此被認定更適合擔任晚更職務這一重頭戲。

關於日間職務等安排

從早上 6 點到 9 點（即晚更結束後的 3 小時），市面上還是需要有警察"行咇"。上午，整個區分成 4 個咇份，每個咇安排 1 名英國警員與 1 名華人警員結伴而行，然後由 1 名英國警長與 1 名華人警員作巡查。在他們執勤期間，會驅趕所有滋擾的行為，嚴格執行有關衛生清潔的法令。從早上 9 點到晚上 6 點（總共 9 小時），所需的警隊人手是：1 名警長、1 名署理警長、6 名英籍警員，加上 1

1　Davis to Lord Stanley, 21 May 1845, No.64, CO129/12, pp.97–119.

名華籍警長、1 名華籍署理警長與 3 名華籍警員（總數 13 名）。在這段時間內，警員不需要定時巡邏，只需駐守在城中一些市民都知道的地點，一旦有事發生，市民就會較容易獲得警隊的幫助。這比行咇更加有效，也有助於保持警員的健康。印度籍警員上午不用值班，只有英籍與華人警員負責執勤。

從晚上 6 點到 9 點，早上 6 點到 9 點的那組警員會再度出動行咇，這個時段發生事件的機率比較高，因此人手會有所增加（總數 16 名），並且有 4 名英籍警員負責發佈訊息，直到深夜 12 點。

通過比較晚間與日間的職務安排，可以發現晚間是重頭戲，需要最多的人手，無論是派出在街上行咇或駐守在中央警署候命，警員都比日間要多。印度籍成員守更的時間最長，職務也最辛苦、最危險。真正要負責行咇的華人只有 2 人，分別在清晨的 3 小時內與晚上的 6 點到 9 點。另外還有 1 位華人警長負責巡查。中間時段有 5 名華人成員駐守在城中據點。

組別	職務性質	早上6點到9點				早上9點到1點半				下午1點半到6點				下午6點到9點			
		英籍		華人		英籍		華人		英籍		華人		英籍		華人	
		警長	警員	警長	警員	署理警長	警員	署理警長	警員	警長	警員	署理警長	警員	警長	警員	警長	警員
1	巡邏/行咇	1	4	1	4									1	4	1	4
2	駐守崗位					1	3	1	3			1	3				
3	駐守崗位									1	3						
4	放訊號														4		

表 1.6　日間職務的工作與人手分配
來源：梅查理首份警察計劃書，CO129/12, p.110

根據上表，華人也需要行咇，不過都在日間。日間華人當更的總數是 9 人。上表顯示，從早上 6 時到晚上 9 時的 15 個小時裏面，華人分成兩組（5 人與 4 人）。第一時段與最後一個時段中，警隊使用同一個組別的警員（5 人）負責行咇。中間兩個時段，為另一組（4 人）當更，負責駐守崗位。第一組別的 5 名華人，總工時是 6 小時，中間或許有休息。第二組別的 4 名華人，總工時達 9 小時。兩組的工時差距可能是由於工種不同，第一組的 5 人要行咇，體力要求比較高，所以只需工作 6 小時。第二組的 4 人只是站崗，相對不需損耗太多體力，因此工時多 3 小時。

英國籍警員分四組，日間當更的總人數是 17 名。第一組有 5 位，需要行咇，都是第一時段與最後一段需要當更，總工時是 6 小時，與華人沒有兩樣。第二組有 4 位，負責駐守崗位，總工時是 4.5 小時。第三組有 4 位，也是負責駐守崗位，總工時是 4.5 小時。最後一組有 4 名，也要行咇，總工時是 3 小時。

警隊其他的職務包括信號、安排與監視囚犯工作、監獄、海事處與其他政府大樓等，此外也要駐守首席裁判法院。因為法院的工作，特別是送達令狀及傳票都很重要，因此須委任 1 名警長為法院的引座員，根據英國警察法的指示，作為信使和送達逮捕令。逮捕令或傳票在執行前應獲得督察的同意，由他決定誰去執行以及指派一隊足夠的人馬。督察有責任確保所有案件都以適當方式帶到裁判官席前審理，並安排所有證人。所有這些額外的職務，也用去不少警隊的資源。

最後，關於水警的安排也值得一提。梅查理主張把水警與岸上警隊合併為一支部隊，這樣不但能夠完善警察系統，而且可以減低支出。比如水警需要增加人手時，可以馬上從岸上調派過去；又如罪犯逃到岸上時，訊號系統會起作用，通知岸上警隊處理，反之亦然。設備方面，採用兩艘英國製造的六槳警船，其中一艘可由海事總監部門提供。每更設定為 4.5 小時，在日間執行各種任務。船上用 4 名印度警員做槳夫，1 名華人警員當翻譯，並配備 1 名署理警長與 2 名英籍警員。這支水警人員總數是 18 人（包括 1 名英籍沙展、2 名英籍署理沙展、4 名英籍警員、9 名印度籍警員與 2 名華人警員），比舊的隊伍要省卻 11 名，其中華人名額大幅度減少 18 名。日間的任務多以二人一組的形式進行執勤。新採用的船隻會比原有的中國式船隻更加有效，需要的人手也比較少。它們可以更靠近岸邊，也不會發出很大的聲音，在任何時候都可以將人手送回岸上。當有事件發生時，兩艘船一併合作，可以執行任何職務。梅查理也規定，必須有至少 6 名警員一起才能上其他船搜查，還要有一名印度人留守在警船上。

梅查理的報告還特別繪製了以下兩表，以說明他的建議。利用此兩表，可更清晰地把握新警隊的架構與人手分配的構思。

	舊制之下			新制之下			人手增加			人手減少			備註
	警長	署理警長	警員	警長	署理警長	警員	警長	署理警長	警員	警長	署理警長	警員	
英籍	6	8	58	6	8	57						1	
印籍	1	3	33	1	5	40		2	7				包括駐守赤柱與香港仔
華人	1	5	63	3	6	42	2	1				21	
總數	8	16	154	10	19	139	2	3	7			22	

表 1.7　新舊警隊人數比較
來源：梅查理首份警察計劃書，CO129/12, p.115

　　此表中沒有算上最高職別的 3 位英籍主管：1 名總監與 2 名督察。雖然一直嚷著要節省開銷，但是最後英籍成員只減少了 1 名。印度籍是增加最多的群組，佔總人數增加的 75%。華人成員反而大幅減少，也可以說，在新的計劃中，是用印度籍取替華人。然而，高級別的華人成員（警長）卻增加了 2–3 位。梅查理計劃書中的警隊總人數是 171 名，包括 74 名歐籍、46 名印度籍和 51 名華籍。[1] 歐籍警員的人數與 1844 年 3 月時的 98 名相比，並沒有做到倫敦的指示那般大幅減少以節省開銷。德庇時在發往倫敦的函件中解釋，雖然說持械打劫的案件（與 1844 年璞鼎查大量增加警隊人數時相比）已經大減，但他認為不能完全依賴印度籍成員，華人更不可靠，因此依舊不建議大幅減少歐籍警員。他盼望在梅查理的英明領導下，印度籍成員會逐漸變得規範化，加上歐籍成員的實力，應該可以抵抗那些劫掠的匪幫。

職務	英籍人士			印度籍人士			華籍人士			總數			備註
	警長	署理警長	警員	警長	署理警長	警員	警長	署理警長	警員	警長	署理警長	警員	
夜間職務	1	2	16	1	4	24	1	1	7	3	7	47	包括信號職務
白天職務	1	2	15				1	1	7	2	3	22	
水警職務	1	2	4			9			2	1	2	15	

1　德庇時在 1845 年 5 月 21 日將報告上呈殖民地部時總人數是 170 名，差別是 1 名歐籍警員，其原因在現有資料中未有提及。

續表

職務	英籍人士			印度籍人士			華籍人士			總數			備註
	警長	署理警長	警員	警長	署理警長	警員	警長	署理警長	警員	警長	署理警長	警員	
警察法庭	1		2			2			5	1		9	
看守監獄			2			4			4			10	
監獄部門	1	1	4				1	1	3	2	2	7	
港督府			2						2			4	
騎警			4									4	
赤柱 /香港仔		1	6					2	10		3	16	
後備	1		2		1	1		1	2	1	2	5	
總數目	6	8	57	1	5	40	3	6	42	10	19	139	

表 1.8　人手需要以及其職務
來源：梅查理首份警察計劃書，CO129/12, p.116

　　上表顯示，駐守赤柱與香港仔的警隊成員是 19 名，佔警隊總人數的 11%（赤柱安排了 1 名署理警長與 6 名英籍警員，香港仔安排 2 名署理警長與 10 名華人警員）。當時除了中央警署，有可能只有兩個偏遠地方安設警署，[1] 因為這兩個人口比較多的村落都需要獨立的警署。這樣安排的主要邏輯可能是：警隊的主要職務是保護維多利亞市（市內）的治安，市內的居民大部分是歐洲人士與商人。至於佔人口大部分的華人散居於各個村落，分配的警力相對薄弱。這個亦是事實，所以後來殖民當局逐漸容許地保與更練團（District Watch Force）專責華人區域的治安事宜。

　　依據上表可對警隊中各種族成員所負責的職務進行比較。印度籍警員主要負責夜間巡邏與水警部分，華籍警員是駐守赤柱與香港仔的要員，這些地區較偏遠，工作環境與條件都不甚理想；同時，這裏的工作性質需要與村民溝通，印度人語言不通無法勝任，華人才是首選，這亦看得出英人 "以華制華" 的施政策略。華人大多集中在日間職務。英國籍警員之間的職務分派上是較平均的，但有

I　因為當時還沒有道路把香港的南邊與中環連接起來，所以這兩個也算是偏遠地區。

一點值得注意：他們的一般工作時間與巡查時間都比印度人或華人為短，所以需要的人手較多。

　　根據以上各表可見，警察的夜間職務最為危險，英國人雖有參與，但總工時比印度人短許多。就算是日間工作，英國籍警察的總工時也比華人要短，因此人手需求也比較多。這也解釋了在早期，殖民當局一直強調不能減少英國籍的成員，成本也壓不下去，這經常被在港的一些歐洲社群批評。究竟這樣的安排，是因為英國籍警員不習慣氣候導致健康問題，所以承擔不了較長時間的工作？又或是英國人在工作安排上優待自己的子民，不讓他們過於勞苦？總而言之一句話，英國警員是拿著最好的工資，幹最少的活。

三、香港早期的警察法令

1844 年第 12 號法令

　　1843 年，香港立法局成立，到 19 世紀末為止，立法局共通過 17 份與警察有關的法令。只有 1844 年以及 1862 年的兩份涉及警隊（警察）的架構、組織、運作與制度，本節擬詳加述說。有關差餉、警隊退休金或其他範疇的不再在此贅述。

　　首份法令——1844 年第 12 號法令監管香港首支警隊的設立，確實可以反映英國與殖民當局對於維持香港治安秩序的想法與實踐。法令的主要目的是設立一支富有成效的警隊，規定了其權力、職能、功用與問責等內容。當時的警隊隸屬於警察總裁判司，把警隊與（警察）裁判處聯繫起來的做法亦是源於英國，本意是把一些不嚴重的罪案儘量從正式的司法制度中分流出來，不讓法庭的工作太過繁重。[1] 還應注意的一點是，警察總監要做出宣誓，向"女王陛下"效忠，但是將"依法"履行職務。[2]

　　法令規定，警隊的主要職責是維持治安、防止竊盜以及其他嚴重犯罪，並對罪犯進行拘捕。[3] 法令中的幾點內容值得注意，包括"假如警員犯事、不服從命令、或做了不應該做的事，罰款最高 200 元"。[4] 對華籍警員來說，那是差不多 3 年的工資了。如不守職責只是罰款了事，會否變成警員濫用職權、受賄包庇的誘因？此外，繳納的罰金會被分配至一個"警察酬勞基金"的特定帳戶中，以作為

1　David H. Bayley, "Comparative Organization of the Police in English-Speaking Countries", *Crime and Justice*, Vol.15, Modern Policing (1992), pp.509–545.

2　香港法律編章 1844 年第 12 號法令第 1 項。

3　香港法律編章 1844 年第 12 號法令第 2 項。

　4　香港法律編章 1844 年第 12 號法令第 6 項。

警員儲備基金；當有需要時，可用於支付給警員或其家屬。警員亦需在薪金中扣掉一部分，放到警察酬勞基金中。[1] 也許這能顯出英國人的精明，一直在竭盡所能計算如何讓香港政府自負盈虧。

警員不能辭職，除非 2 個月前預先通知，或須獲得警察裁判司的同意。違規者的最高懲罰也是 200 元。[2] 如有人真欲離隊，也不是沒有方法：他們會故意犯錯，令自己被辭退。警員一旦退職後，務必要在 1 星期內交還所有警備（包括武器），否則最高刑罰可達至 3 個月的監禁。[3] 此外，警隊成員無需任何憑證去證明他們的身份。[4] 這項特殊身份享有的特權，其實亦會縱容貪污賄賂等行為。

法令中特別列舉了一些導致被罰的事，如賣酒或容許值班警員流連酒吧等。[5] 這樣的法律似乎有點本末倒置，似乎是警隊缺乏良好的紀律規章制度，唯有依靠強制手段才能控制其成員。用一句粵語流行語說就是：小雞不管管麻鷹。警隊的紀律問題，一直到港督寶雲（George Bowen, 1821–1899）時期（1883 年）才真正得到正視，他力推借用軍隊教官對警隊進行嚴格軍訓。另外，拒捕、辱警或阻礙警務人員辦事也會被罰款，最高 200 元。[6] 有意思的是，在 17 項的條款中，有多項都是關於 "在甚麼情況下會導致罰款"。這能反映當時香港的情況，在財政有限制的條件下，要維持市面上的治安，又不想增加監獄負擔，罰款是一舉兩得的辦法。

總體來說，1844 年的法令只是提供了一個導向性的、授權性的、指導性的文件，缺乏深入的、教材式的指引。此一階段的警隊，除了局限於撲滅罪行與維持治安外，並沒有其他清晰的發展方向。

1862 年警隊改革

自 1857 年起，港督寶寧（John Bowring, 1792–1872）對於一連串政府官員醜聞的漠視態度，[7] 受到市民（歐籍）的反對與排斥，終於在 1859 年 1 月自行離職。[8] 到了 1859 年底，第五任港督羅便臣（William Robinson, 1836–1912）到任，推動

1　香港法律編章 1844 年第 12 號法令第 10 項。

2　香港法律編章 1844 年第 12 號法令第 4 項。

3　香港法律編章 1844 年第 12 號法令第 5 項。

4　香港法律編章 1844 年第 12 號法令第 9 項。

5　香港法律編章 1844 年第 12 號法令第 16 項。

6　香港法律編章 1844 年第 12 號法令第 17 項。

7　1857 年，時任總登記司高三貴被發現與一名海盜有錢銀上的牽涉，連帶把他的好友——輔政司布里奇斯也牽連進去。新來的律政司安斯蒂（Anstey）對高三貴作出新的控告，但是寶寧幾個月都置之不理，安斯蒂憤然自行向倫敦告狀。

8　Bowring to Sir Lytton, 29 January 1859, No.29, CO129/73, pp,177–178.

了香港警隊的首次改革，部分改革的結果就成為了 1862 年 5 月經立法局通過的第 9 號法令。

在 1861 年 4 月發往倫敦的一封函件裏，[1] 羅便臣首次向倫敦殖民地部反映，需要對警隊進行改革，主要因素是不滿意警隊的族裔構成比例。至 1861 年，警隊依然以印度人為多數（歐籍 30 名，印度籍 238 名，華人 80 名）。[2] 當時警隊的印度籍成員全部是在香港本地招聘的，無論是體格、思維或素質上都不很理想。羅便臣確定，仍會以印度籍成員為警隊的支柱，但應該直接從印度招聘或從駐華的英軍裏調派成員來港擔任警察。[3] 至於增加警隊人手的額外開銷，羅便臣應允殖民地部，會加快進行房產價值重估，從而增加差餉，令本地可以負擔。

羅便臣心裏亦明白，要改革警隊，最迫切的是先要找一個有威望、有能力的頭目（主管）。他心中已有人選，就是昔日他在安提瓜（Antigua）當副總督時的下屬威廉·甘賢（William Quin）。甘賢當時在財政部當會計，兩人一見如故。他曾受過軍事訓練，在 1858 年鎮壓該地內亂方面立功不少。朝中有人好辦事，甘賢順利當上了香港的警察總監，不僅在官階上有了晉升，羅便臣還替他向財政部爭取了更多的薪水與福利，可見當時羅便臣力求的警察總監一職的急迫性與重要性。[4] 由於殖民官員經常在帝國內各殖民地或屬地之間調動，像甘賢這樣通過人事推介謀得官職，其實非常普遍。所謂"一朝天子一朝臣"，他們就是各港督（各官員）穩定權力的重要依靠。另一方面，這樣的調任對於要起用的下層人士有著莫大的影響。甘賢上任後，就致力推薦從印度南方的孟買、馬德拉斯等地引進警員，最後在兩年內成功引進了大批印度警察。

1861 年，在等待倫敦回覆的空檔期間，羅便臣並沒有鬆懈，又在 10 月底發出另一封函件到倫敦，提到其警隊具體改革的主張，[5] 例如要將警隊每天執勤的時間減少到 6 個小時。他認為 9 小時的工作時間過長，可能使警察在夜晚（黃昏到天亮）罪案最頻生的時段難以兼顧。巡邏城中的更數也需要增強，特別是對海港的日夜監控。[6]

兩星期後，羅便臣陸續接到回覆，英國軍隊裏的印度士兵因為種種關係，不

1　Robinson to the Duke of Newcastle, 26 April 1861, No.73, CO129/81, pp.107–111.

2　"Civil Establishment", Blue Book 1861.

3　Robinson to the Duke of Newcastle, 30 October 1861, No.198, CO129/82, pp.332–333.

4　Colonial Office to GA Hamilton, Treasury, 14 December 1861, CO129/83, pp.345–347.

5　Robinson to the Duke of Newcastle, 31 October 1861, No.198, CO129/82, pp.330–339.

6　Robinson to the Duke of Newcastle, 31 October 1861, No.198, CO129/82, pp.331–332.

能調派來港擔任警察，[1] 而剛到任的警察總監甘賢也報告，大概有 75 名現役（本地招聘的）印度籍警員表現惡劣，應盡快撤職。加上建議增加的 75 名，總計要新招 150 名。從印度直接招聘似乎是唯一可行的方法，雖然招聘成本（船費等）增加不少，但羅便臣認為會為警隊打開新的一頁。剛好有一位孟買兵團的軍官要回印度，可以順帶委任他（以 900 盧布的報酬）替香港在印度辦理招聘一些質素較佳的警察。[2] 倫敦批准這些建議之餘，亦同意一支有成效的警隊對於人口不斷增多的"商港"（香港）的發展尤其重要。[3] 這是香港從印度大規模招聘警隊成員的開端，過程非常正式，甚至有一套完整的招聘條件備用。[4]

1862 年 5 月 1 日，一支 150 人的警隊從印度抵港。港督翌年的行政報告中說，雖然新試驗的效用未能全部顯示，但肯定比舊系統有所改善。[5]

1862 年第 09 號法令

至於法令上的改革，1862 年的第 9 號法令讓香港警隊在成立 17 年後首次進行大規模改革。該法令與 1844 年的第一份警察法令一樣，名為"關於香港警隊的成立與規條"，即全力取締了舊的一份，在 1862 年 5 月 3 日於立法局通過，正式成為法律。該法令有 27 項條文，比 1844 年的增加了 10 項之多。港督羅便臣在給倫敦的函件中，解釋該法令的目的是加強保護正在快速增長的財富與人口，這是能讓本地蓬勃的主要因素。[6]

這條法令強化了保障警力的規條，相信與第二章所論述的 1856 年至 1857 年發生的群體性治安事件有關。辱警或阻差辦公、不協助警察辦公，[7] 或是售賣酒精給正在執勤的警隊成員，[8] 這些違規行為以前最多是罰款，新的法令則加重至監禁 3 至 6 月，而且有意打擊（或阻嚇）一些明知沒有能力繳款，又被搞事分子利用的草根市民。

一項新增加強警隊形象的特別條款，明確規定離職的警隊成員的所有權力統統失效，同時須交還所有的武器、軍備、馬匹等，違規者罰以不超於 3 個月的監

1　Robinson to the Duke of Newcastle, 14 November 1861, No.208, CO129/82, pp.368–373.

2　Colonial Secretary's Office to Captain Grant, 11 November 1861, No.890, CO129/82, pp.374–376.

3　Colonial Office to Robinson, 08 February 1862, No.16, CO129/89, pp.290–291.

4　Memorandum for the information of Captain Grant, CO129/82, pp.377–380.

5　Robert L. Jarman, *Hong Kong Annual Administration Reports, 1841–1941*, London: Archive Editions, 1996, No.23, p.282.

6　Robinson to the Duke of Newcastle, 06 May 1862, No.86, CO129/86, pp.43–44.

7　香港法律編章 1862 年第 9 號法令第 21 項 / 1867 年第 9 號法令。

8　香港法律編章 1862 年第 9 號法令第 20 項。

禁。此外，太平紳士有權發出搜查令。[1]非警隊成員如擁有一些只屬警隊成員的物品或制服等，而沒有合理解釋，即屬違規。[2]這一條明顯針對有人在離職後依然利用過往的職權謀取私利，甚至假裝警隊成員為非作歹。更重要的是，法令修正了以前的疏忽或不夠嚴格之處，比如警隊沒有對武器等器具做好管理。

此法令亦強調對於警權的增強，警察在沒有搜捕令的情況下仍能抓人，亦不需要目睹罪行或不當行為的發生，只需有理由相信有犯罪行為即可。當有人在沒有搜令的情形下被抓到警署時，只容許"行為不當"（就是較輕罪）的人保釋，[3]這收緊了 1844 年法令的保釋條件。[4]

法令 26 項是新安排，列明"警隊成員可以外借作私人用途"，[5]當然要付費。這樣的安排，也許能替警隊龐大支出找到補助，但亦替官商勾結開發了一條光明大道，特別是當時社會上充斥著鴉片商、經營賭檔和妓寨的商人。外借的警員身份尷尬，面對嚴重的利益衝突，亦衍生了貪污問題。

新法令定下許多規定，確保那些從外地招聘至香港的人不會亂肆離職，因為招聘過程已經付出相當成本。未能滿足五年服務期的警隊成員，一定要給 3 個月通知期才能離職，每早一年離職就要付相等於兩個月薪金的賠償。[6]

當然，一直不甚理想的薪酬福利是警隊難以覓得合適人選的原因。羅便臣的改革計劃包括提供更高的薪酬與福利，並將每個職級分為三級，每一級的工資都有提升；亦給優秀警員提供了晉升到督察、中士和代理軍士的前景；最重要的是，承諾在服役十年後能得到退休金。這些薪酬的增幅肯定會帶來警隊整體開支的增加，聰明的羅便臣在函件最後一段說明增加了的支出將會由香港自負盈虧，必要時就開徵新稅項。[7]有了這樣的保證，倫敦很快在 1862 年 8 月初批准了這份新的警察法令。不出意外地，只有一句提醒："請別忘記我去年 2 月 8 日在第 16 號發文中所載的指令，即所有因增加警力而產生的額外費用，必須在警方評估（預算）中予以規定。"[8]倫敦念茲在茲的，仍然是開銷問題。

與以往的港督毫無二致，羅便臣也對華人當差的種種"弊端"再加闡述：

1　香港法律編章 1862 年第 9 號法令第 14 項。

2　香港法律編章 1862 年第 9 號法令第 17 項。

3　香港法律編章 1862 年第 9 號法令第 18 項。

4　香港法律編章 1844 年第 12 號法令第 11 項。

5　香港法律編章 1862 年第 9 號法令第 26 項。

6　香港法律編章 1862 年第 9 號法令第 23 項。

7　Robinson to the Duke of Newcastle, 06 May 1862, No.86, CO129/86, p.50.

　8　Robinson to the Duke of Newcastle, 08 May 1862, CO129/86, p.54.

經驗已證明，華人不適合作為有成效的警隊成員，因為華人天生喜愛攬權，權勢是他們認為可以讓自己升官發財的途徑。大家都承認，有信譽的職位，無論高低，都不能由華人擔任，因為一定會有攬權的情況出現。[1]

羅便臣旗幟鮮明地認為，不能讓警隊內的華人擔任稍具重要性的職位（如防止罪行與職務偵查），因為他們可能會濫用職權，只適合擔任 "服務性" 工作。歐籍人士的身份卻是特別的，只適合擔任管理人才。原話是這樣的："警察中的歐籍部分在數量上總是很小的，因為經驗證明，歐籍人士在各方面都不適合從事服務工作，只能有利地作為一種指導性的力量使用。"[2] 這樣的比較，顯示出英國人對自己作為殖民管治者的族裔優越感。其實，有這個想法不單單是因為種族關係（歐洲白人 vs 有色華人），英國人在皇家愛爾蘭警隊的情況也是一樣的，高管全都是新教支持者。歸根究底，還是統治者與被統治者的等次關係。

第三節　香港警隊的其他面相

香港首支警隊是由英國人在 1841 年抵港後籌建的。因此，在香港警隊的諸多方面都能看到英國本土及其殖民地警隊的影子。本節將深入觀察香港警隊的架構、組織（族裔構成）、薪水、制度，並設專節討論其與英國本土的兩支警隊的淵源，在此基礎上，較為宏觀地討論香港警隊初建時普遍不受重視、不被認同的部分原因。

一、香港警隊的歷史淵源

現代英國的警隊有兩個支派。除了 1829 年設立的倫敦都會警察（London Metropolican Police），還有皇家愛爾蘭警隊（Royal Irish Constabularies），是 1822 年由時任內務大臣的羅伯特·皮爾（Robert Peel, 1788–1850）間接建立的。本節擬就這兩支都由皮爾創立，但性質上有多處不同的部隊作出論述，以觀察香港警隊建立的模式及運作方式，比較其異同。本節也試圖分析，為何這兩支英國警隊從開始時不被看好，及後都能獲得市民的擁戴，而經歷開埠 50 餘年後，香港警隊始終不能贏取市民的支持與信任。

1　Robinson to the Duke of Newcastle, 06 May 1862, No.86, CO129/86, pp.44–45.

2　Robinson to the Duke of Newcastle, 06 May 1862, No.86, CO129/86, pp.48–49.

倫敦都會警察（London Metropolitan Police）

雖然設立倫敦都會警察的皮爾被稱為"現代警察之父"，但"警察"（Police）一詞並非來自英國。"Police"當時是用來描述一個維持治安、防止偷竊、偵察與抓捕違法者的系統。英國在工業革命中，衍生出一個能夠與土地分隔開的階級，他們認為自己才是天生享有"自由"的人，這觀念為每一個英國人提供了一種積極的認同感和傳承感，因此傲視其他的國家（特別是歐洲各國）和族裔。[1]源自法國的"警察"制度在某種程度上與英國人崇尚的"自由"格格不入。甚至有英國人說過："我們的憲法在本質是不會容許有'警察'的"，[2]可見英國人對此感到自豪。[3]有學者認為，1829年建立的倫敦都會警察是第一支代議制（Representative Government）國家的警隊。[4]比這更早的警察，都被視為只是某個政權的工具而已，可見警察在18世紀的英國並不受歡迎。

英國警隊的源頭可以追溯到教區自衛制度。現在警隊中最低層次職級的"警員"（constable），源於11、12世紀入侵並統治英國的諾曼人（the Normans）。在屬"constable"的不同功能裏，最重要的一項是守衛不同分區單位的家園。[5]這與華人社會的保甲制度有相似之處，也就是實行"集體責任"制度，每十家為一單位，對彼此的行為負責。中世紀早期，地方警員由區內群眾選出，義務性地維持治安，後來演變成一個受薪的職位，並兼管區內的行政事務。對於區內的犯法行為，"constables"經由通報機制向區內的法庭舉報。這亦可以解釋一直以來警察被視為"執法"代理人的由來。17世紀英國著名政治家、軍事家克倫威爾（Oliver Cromwell, 1599-1658）對議會解釋他就任"護國公"（Lord Protector）時說的一段話，也有提到他不會以國王身份管治，而是把自己當作是一個"constable"（警員）：當時意指是一個維持和平的好警察。[6]

這個依靠社區守衛人維持治安的系統一直運行了數百年。到了18世紀，英國經歷了工業革命，城市化的影響日益明顯，其中最困擾居民的是治安的惡化與

1　Stanley H. Palmer, *Police and Protest in England and Ireland (1780–1850),* New York: Cambridge University Press, 1988, pp.40–41.

2　Stanley H. Palmer, *Police and Protest in England and Ireland (1780–1850),* New York: Cambridge University Press, 1988, pp.68–69.

3　Jim Herlihy, *The Royal Irish Constabulary: A short history and genealogical guide*, Dublin: Four Courts Press, 2016, p.24.

4　Robert Reiner, "Police Research in the UK: A Critical Review", *Crime and Justice*, Vol.15, Modern Policing (1992), pp.435–508.

5　Clive Emsley, *The English Police: A Political and Social History*, London: Routledge, 1996, pp.9–10.

6　Clive Emsley, *The English Police: A Political and Social History*, London: Routledge, 1996, p.10.

經常發生的暴亂事件。開始有人提出，倫敦需要建設比較系統化的警隊。但由於種種原因，包括英國人對於所謂"自由"的堅持，這些設立警隊的建議無法在議會內通過。相關建議反而在愛爾蘭的都柏林實行了。19世紀初，設立警隊的動議仍然常常在議會裏被提出。

警隊能夠成功地系統化，可能與在1819年發生在曼徹斯特城的彼得盧屠殺（1819 Peterloo Massacre）有關。[1] 由於當時還沒有警隊的存在，政府只能調動軍隊去鎮壓非法聚集的人群。動亂雖被平息，但有平民被殺，另有幾百人受傷。輿論對動用軍隊來維持治安有很大的不滿，政府遂於1821年到1828年間，在英國議會內多次召集特別委員會，討論設立警隊一事。調研的結果成為上呈議會的草案，雖然未能通過，但壓力持續地存在，而且"改革"已經在悄悄地發生，社會上已經準備好迎接重大改變的到來，只是在等待合適的時機。皮爾最後在1829年本著"治安並不可以一直以軍隊來維持"的大前提，說服了英國議會議員與民眾，最後才會有現代警員的構思。

教區守衛人這種傳統的、主要是兼職和無償的治安工作，是建立在"有選擇地抓捕罪犯，但予以懲罰嚴厲"基礎上的。相比之下，新的警察體系旨在"懲罰每一個違法者，並對每一個違法行為作出反應"。新的做法採用了與罪行成比例的分級處罰制度，一般的刑罰較輕，但這也意味著警察在"執法"中的作用比以往任何時候都大。[2] 與此一致的是，1829年設立的倫敦都會警察全是穿制服的隊員，把滅罪的重點放在約束與威懾力上，因此"巡邏"成為新警隊的關鍵職能。[3] 此後，倫敦都會警察的職責逐漸擴展至維持社會運作順暢（例如維持交通暢順等），而不單是防止和偵查罪案。

值得一提的是，1829年新設的警隊裏，沒有專門負責"偵察與破案"的"便衣"警察之概念。亦因如此，有許多較為嚴重的案件，罪犯竟能逃之夭夭，使新設的倫敦都會警察蒙羞。直到一次維多利亞女王出巡，差點被暴徒槍擊受傷，後經過有計劃地偵查，終於把罪犯捕獲。因此，倫敦都會警隊專門的偵探部門要到1842年8月才設立。可能亦因如此，出身於都會警察的梅查理在其首份計劃

1　1819年在英國北部城市曼徹斯特爆發了一場6萬人參加的示威，群眾要求改革議會代表制度，遭到當地政府鎮壓。軍隊（騎兵）衝進人群，混亂中有18名市民喪命，超過400人受傷。Simon Dell, *The Victorian Policeman*, Oxford: Shire Library, 2004, p.6.

2　Haia Shpayer-Makov, *The Making of a Policeman (A social history of a labour force in Metropolitan London, 1829–1914)*, Farnham: Ashgate Publishing Limited, 2002, p.4.

3　Haia Shpayer-Makov, *The Making of a Policeman (A social history of a labour force in metropolitan London, 1829–1914)*, Farnham: Ashgate Publishing Limited, 2002, p.4.

書裏，在警隊設立初期，並沒有為香港警隊設計偵探部門，仍然是全力利用巡邏（行咇）系統來防止犯罪。

然而，警隊的建立並非一帆風順，英國國民對新的警員並沒有好感。因此，新的警隊特地以一種非軍事形象示眾，頭戴高高的帽子，身著純色的制服，配給的武器只是一根木頭做的警棍或短刀，只有警長以上的級別才會配備手槍。上文提過，從梅查理的計劃書中，看得出來香港警隊的武器裝備更多：印度籍警員有短劍，每人配備一盞燈籠、警棍與手搖板；華人警員則配有警棍；英籍警員配有較輕的短劍與繫在腰間的火槍（Fuzee），英籍警長亦配有火器（槍）。

綜上所述，倫敦都會警察的設立，是在民眾本不願意的情況下成事的。為了獲得人心，一直以來，倫敦都會警察都儘量保持其與軍隊不同的身份，接受並致力於成為一支 "rule by consent" 的部隊，[1] 即其維持治安的權力來自人民的支持與同意。1835 年，新的法例 *The Municipal Corporation Act* 獲得通過，英國其他地區均以這種架構建立起地區性的警隊。

雖然香港警隊的起源可以追溯到倫敦都會警察，其起創者梅查理亦出身於倫敦都會警察，在制度、裝備、組織架構等方面與之十分相像，但最核心的價值 "rule by consent" 並不適用於殖民管治下的香港。美國學者斯坦利·帕爾默（Stanley Palmer）認為，倫敦都會警察是在這樣的一個世界裏出現的：有等級區分、單一種族、富有秩序和彼此尊重、有傳統規範，以及諸如追求效率、統一標準和自我完善等新價值觀並存。[2] 反觀 19 世紀殖民管治下的香港，並沒有這些條件。當時香港的社會，可以用的形容詞與上面的一組可能是剛好相反的：種族交集、優越為先、歧視常態、缺乏系統、施政混亂等。光這幾個詞匯，就已可以看出鴻溝之別。

皇家愛爾蘭警隊（Royal Irish Constabulary）

相對之下，皇家愛爾蘭警隊是一支基於不同背景下產生的部隊。由於香港警隊半軍事色彩濃厚的本質，是否起源於愛爾蘭警隊是香港警察史研究界經常爭議的問題。

首先，關於愛爾蘭警隊的名字，有兩點需要說明。第一，愛爾蘭警察本名沒有 "皇家" 兩字，直到 1867 年，愛爾蘭民族主義反英大暴動——芬尼亞運動（Fenian Rising）在都柏林爆發後，部隊 "抗衡" 有功，獲維多利亞女王頒授 "皇

1　1829 General Instructions issued to every new police.

2　Stanley H. Palmer, *Police and Protest in England and Ireland (1780–1850),* New York: Cambridge University Press, 1988, p.36.

家"兩字。[1] 這點與香港警隊的情況一模一樣。1967 年香港爆發對抗殖民當局的抗英運動，警隊事後也獲得英國女王伊麗莎白二世的嘉許，獲頒"皇家"二字，冠於警隊名字之首。兩支部隊都是因為維護帝國有功而獲准嘉許殊榮，看得出來殖民管治中"鎮壓"的重要性。

第二，愛爾蘭"警隊"的英語是"Constabulary"，而非英格蘭所用的"Police"。簡單地說，"Police" 是政府資助的執法和保護服務的總稱，而 "Constabulary" 是一個較古老的詞匯，是指警察部隊或最低級警員的組織。一開始，愛爾蘭部隊就被標籤化，連名字也是選一個較低層次的。

愛爾蘭雖然是英倫三島之一，但無論在宗教、語言與文化上，都與英格蘭有著甚多不同之處。1800 年的聯合法案通過後，愛爾蘭在 1801 年與英格蘭、蘇格蘭合併，成為大不列顛和愛爾蘭聯合王國的一部分。然而，在整個 19 世紀，英愛關係依然緊緊，群體性事件頻發，因此愛爾蘭警隊的設立、發展與職責，與倫敦都會警察有著不同的背景。

使愛爾蘭久久不能與英格蘭融合的最大原因是宗教。愛爾蘭的人口以天主教徒為主，在 1688 年的光榮革命（The Glorious Revolution）後，新教領導者主導並控制了整個英倫三島。愛爾蘭本來以天主教徒為主的議會亦被新教支持者接管，土地政策也被改變。除了政治上的突變，在經濟上愛爾蘭也走了一條與英格蘭不同的道路。18 下半期到 19 世紀上半期，英國正值工業革命時代，經濟發展蓬勃；愛爾蘭卻仍停留在農業生產的階段，扮演著英格蘭的後廚角色，供應後者的食糧，尤其是富裕起來的英格蘭人需求量大增的肉類。愛爾蘭平坦的土地成為了畜牧業的大後方，本來種植土豆的土地都荒廢了；而且畜牧業需要的人手遠比一般農耕要少很多。宗教受壓迫、土地分配的不公，加上過剩的人力資源，讓愛爾蘭民眾對英國政府積壓了深層次的不滿，後來的大饑荒更令愛爾蘭雪上加霜，社會長期動盪不安。

除此之外，英格蘭為安撫工人階級的不滿，在 1834 年推出了《新救貧法》（New Poor Law）（即現代福利社會制度之前身）。但是對於愛爾蘭這個聯合王國裏極度需要援助的一員，卻遲遲沒有（也不願意有）類似的制度安排。而且，英格蘭人自視過高，一直對愛爾蘭人存有偏見，認為他們既愚蠢又暴躁。這一點與受殖民管治的香港有相似之處：第一，英國不願意向香港投放資源；第二，作為殖民管治者，英國人天生具有優越感，對種族不同的華人的歧視，比起對愛爾蘭

1　為敘述方便，本書將這一支同源歷史的警隊統稱為皇家愛爾蘭警隊，不再區分年份。

人有過之而無不及。有人說過："在英格蘭的貧人仍然被視為社會的一分子。愛爾蘭的窮人卻經常與上層階級分離……大多數愛爾蘭人似乎佔據了文明社會之外的空間。"[1] 這樣的形容,其實完全可以一字不漏地套在殖民管治下香港華人社區的情況。再看香港的人口登記系統,目的就是把城中的無業漢、叫化子都儘快趕走。筆者覺得這樣的比較,比起只看香港警隊是否有攜武器、是否住在軍營更有意思。

1814 年的愛爾蘭和平保護法案[2](*Peace Preservation Act*)設立了著名的愛爾蘭和平保護隊(Peace Preservation Force),作用是授權愛爾蘭總督(Lord Lieutenant)可以在任何發生暴亂的地方,徵用這支隊伍前往平亂、維持秩序。常年的戰爭導致人民生活陷入貧困,犯罪與亂事叢生,這支防暴部隊的平亂工作很見成效。1836 年,愛爾蘭警隊再次改革,通過法令 *The Irish Constabulary (Ireland) Act*,把四個省份的臨時警隊合併,成立了愛爾蘭警隊,由中央統領,負責整個愛爾蘭(除了首都都柏林與幾個鄰近城市)的警察事務。

皇家愛爾蘭警隊的成員都受總督察(Inspector General)管轄。好幾任督察都是來自軍隊,督察直接向愛爾蘭總督負責,並受他的指揮。建立初期,這支部隊經常被派往平息族群(派系)糾紛(faction-fighting)。愛爾蘭的動亂性質與英格蘭不同,愛爾蘭人是在蓋爾鬥士(Gaelic)傳統文化下成長的,在市集上發生派別打鬥是令他們興奮的事情。[3] 本來,這些打鬥更多是儀式性的,通常也不會傷及糾紛雙方以外的人士,但到後來,因為天主教與新教的對抗,很多這些衝突都帶有政治元素,性質與程度也變得較重了。在某種程度上,這些派系紛爭可以與香港 1894 年發生的苦力爭鬥相比較。另外,1782 年在愛爾蘭各地舉行的反英示威與商人抵制英貨運動,讓英國政府意識到愛爾蘭居民的不滿情緒。這個情況與香港在 1856 年反英和 1884 年反外群體性治安事件也有相似之處。不同的是,香港的殖民當局沒有正視民眾情緒,只是加大力度地去鎮壓。

值得一提的是,英國在愛爾蘭專門聘請了"稅收警察",目的是協助打擊私酒的釀製,以維護政府對酒精徵收的稅項。英國在制定統治香港的計劃時,外交部與殖民地部都一再地提醒義律、璞鼎查與德庇時,首先要杜絕私酒的釀製,[4] 有

1　Virginia Crossman, *Poverty and the Poor Law in Ireland (1850–1914)*, Liverpool: Liverpool University Press, 2013, p.12.

2　此項法例亦是由羅伯特・皮爾所策劃。

3　Stanley H. Palmer, *Police and Protest in England and Ireland (1780–1850)*, New York: Cambridge University Press, 1988, pp.48–49.

4　Lord Stanley to Foreign Office, 30 January 1843, CO129/03, pp.22–30.

可能就是借鑒了在愛爾蘭的經驗。雖然香港警隊沒有專門的"稅收警察"，但有賭館、煙館和妓館警察，作用與愛爾蘭的"稅收警察"有異曲同工之處。

　　總的來說，殖民管治下發生的土地與宗教紛爭在愛爾蘭歷史中是充滿暴力與血腥的。有歷史學家認為，1836 年整合後的皇家愛爾蘭警隊的 85 年歷史中，[1] 部隊中的高級管理職位都是由新教徒把持，而一般的警員級別成員與愛爾蘭人口中的宗教比例相若。[2] 這點與香港警隊的情況完全相同，從 1844 年香港警隊正式按法例成立後，管理階層全是歐籍人士，沒有華人，這項措施直到 1997 年香港回歸為止，持續了 153 年。

　　但是皇家愛爾蘭警隊有一點與 19 世紀早期的香港警隊非常不同，即皇家愛爾蘭警隊對於其成員的教育水平很有講究。當時的警隊成員往往是整個社區內教育水平最高的人，幾乎與牧師處於同一水平。他們可以協助居民閱讀信件、寫信、記帳，以及填寫政府報表等。1836 年的冬天，一名德國遊客來到愛爾蘭參觀，他在 1844 年出版的《愛爾蘭》一書中，對新設的皇家愛爾蘭警隊寫下讚譽之言："這些身穿深綠色制服的人，全副武裝，受過良好教育，紀律嚴明"。[3]

　　相比之下，早期香港警隊由於可以選擇的人員不多，無論是歐籍、印度籍或華人的素質都不高。就算後來警隊提供教育，也主要局限在語言的學習：華人學英語，歐籍、印度籍成員學粵語。此外，早期香港警隊的基層成員不單是教育水平低下，連人品也經常讓人質疑。在某一時期內，皇家愛爾蘭警隊被認為是英國首屈一指的優秀隊伍，無論是專業能力或素質水平都頗高；相對而言，由於種種因素，19 世紀的香港警隊卻一直聲譽低落。

　　以上論述，可以看出皇家愛爾蘭警隊設立時的背景，也可以解釋它的性質與倫敦都會警察截然不同，特別是它帶有濃厚的軍事色彩，因為這支部隊設立的目的就是為了"統治"與"鎮壓"。此外，在愛爾蘭的歷史發展過程中，經常發生群體性治安事件，這與一直受殖民管治的香港的情況有相似之處。其不同之處是，愛爾蘭警隊成員只能從愛爾蘭人口中選出，所以並沒有 19 世紀香港警隊經歷的族裔問題；而香港警隊如何選拔基層成員一直是個很大的困擾，直接影響到香港警隊的成效與歸屬感。

1　皇家愛爾蘭警隊在 1922 年解散，從 1837 年開始算起，總共運作了 85 年。

2　W. J. Lowe, "Irish Constabulary Officers, 1837–1922: Profile of a Professional Elite", *Irish Economic and Social History*, Vol.32 (2005), pp.19–46.

3　Jim Herlihy, *The Royal Irish Constabulary: A short history and genealogical guide*, Dublin: Four Courts Press, 2016, p.46.

最後，筆者想在這裏與兩位前輩就香港警隊史的觀點作出一些對話。在緒論學術史中提到的克里根與黃錦就兩位前警官的研究中，都有對於香港警隊是否源於倫敦都會警察或是皇家愛爾蘭警隊的討論。他們都否定香港警隊與皇家愛爾蘭警隊有直接關聯，認為不能只因為香港警隊的半軍事化形式與倫敦都會警察不同，就認為其必然與皇家愛爾蘭警隊有所聯繫。黃教授更指出，因為英國人到港時，並沒有像英帝國侵佔的其他地方般有原住民的反抗，所以香港警隊的設立並不需要依從一支殖民地部隊的形式。筆者比較認同香港大學教授邁納斯文章中的一個說法：隨著 19 世紀社會架構的變遷，香港警隊經歷改革，從一支不帶軍事色彩的部隊變成一支軍事化或半軍事化的部隊。[1] 另外，筆者對 "皇家愛爾蘭警隊與香港警隊的關聯" 問題有兩個想法：第一，兩者的聯繫不應該只從英國人設立警隊時的意願作為分析源頭。事實上在 19 世紀，香港警隊的性質有所改變，這在本書第四章將要討論的兩位港督軒尼詩與寶雲的改革中可以看得出來。兩位港督甚至明確表達了要求香港警隊變身成皇家愛爾蘭警隊的意願。第二，分析香港警隊與皇家愛爾蘭警隊的雷同，不應只著眼於他們的軍事形象（如裝備、住宿軍營、軍事訓練等）。分析愛爾蘭社會在成為聯合王國後的經歷、民眾受到的壓迫，可以與香港華人社會在 19 世紀受殖民管治的經歷作對比，這樣的比較更能使人明白香港警隊在制度上的構成、演變與改革。

二、香港警隊的日常職責

除了本書關注的 "動亂管控"（Disorder control）之外，警察還有其他功能。與現代警察比較，在本研究時段內警察的某些 "服務" 功能，如交通指揮、人口失蹤調查等，相對來說並不強，他們日常的主要功能是 "犯罪管控"（crime control）。根據大英百科全書的闡釋，"罪行" 是任何 "有意對社會有害或危險，而觸犯了法律的行為"，但是法律在不同的時段、不同的文化背景、不同的國家都可能產生變異。常言警察是執法者，但英國人在 19 世紀 40 年代後在香港所推行的法律，是否都是對社會有益，或是沒有害處，以及能保障所有居民的安全，是一個值得思考的問題，特別是當時的法律以保障殖民管治者達到殖民目的為前提，而在其絕對控制下的議會內通過的法令，對居港的華人福祉又能有幾分考慮？這一節主要考察當時警察執法範圍的三個面向：娼妓（妓館）監控、鴉片經營管理與三合會管控。這三個職能當然並不能代表警察所有的 "犯罪管控" 職

1　Norman Miners, "The Localization of the Hong Kong Police Force, 1842–1947", *The Journal of Imperial and Commonwealth History*, Vol.18 No.3 (1990), pp.296–315.

責，筆者選擇這三個方面，著眼點在於透過觀察它們反映殖民當局如何藉議會通過的法令以及警察的執法職責，確保最終達到殖民目的。當然，這些法律是否一定對社會有益還是有可商榷之處。

娼妓（妓館）監管的困境

在中國人的思維裏，特別是舊社會中，娼妓總是與 "誘拐婦孺、逼良為娼" 等犯罪行為相關。然而在 19 世紀的香港，並沒有為保護婦孺而訂立禁娼的法令。與娼妓問題有關係的法令，都是針對傳染病、性病等衛生問題，對於娼妓引起的社會或道德問題，殖民當局一直都沒有認真正視。

有專門研究傳染病學的專家指出，早期帝國主義、殖民管治衍生的煩惱之一是娼妓問題。[1] 軍事當局認為娼妓對於士兵來說是日常必需品，因此早期的妓館總是集中在軍營附近地區。然而娼妓的活躍往往為士兵帶來傳染病的風險，殖民管治者要雙管齊下：既要控制傳染病傳播，又要保證士兵的生理需求得到滿足。因此，對娼妓經營進行監管就是解決這兩個問題的唯一方法。由於妓女在社會上的地位不高，殖民管治者確信她們並不經常主動求醫，因此當局傾向於通過法令的監管以及警察的執法，來穩定對娼妓的管理。

據說法國是首個倡議以立法監管代替全面禁止娼妓行業的國家，這套登記與檢測系統（registration and inspection）在 1857 年亦被英國殖民當局引入香港，[2] 即香港通過第 12 號法令，[3] 要求所有妓館在總登記司處登記後方能營業，而且所有妓女都必須定期接受檢查。

根據英國議會記錄，1857 年法令實施之前，香港沒有對於性病的記錄，因此亦無從比較法令實施前後的差異，目前只能確定法令是由於軍隊及海軍中受性病感染人數大增、海軍司令緊急求救衍生的。[4] 當時是警察裁判司（亦曾是警察總監）的梅查理認為在 1857 年法令通過以前，從警隊的角度來說，無論是妓館或娼妓都沒有帶來任何治安問題，他甚至覺得性病的傳播亦不是大問題。由於梅查理的態度，警隊對於執行 1857 年 12 號法令並不熱心，即使法令賦予警察權力，

---

1 Robert M. Buffinton, Eithne Luibhéid, Donna J. Guy, eds, *A Global History of Sexuality: The Modern Era*, Hoboken: John Wiley & Sons, 2014, pp.73–76.

2 Robert L. Jarman, *Hong Kong Annual Administration Reports, 1841–1941*, London: Archive Editions, 1996, No.87, p.242.

3 香港法律編章 1857 年第 12 號法令。

4 Report of the Commissioners appointed to inquire into the Working of the Contagious Diseases Ordinance, 1867 in Hong Kong, House of Commons Papers, No.118, 1880, XLIX.69, Vol.49, p.45.

例如督察有權隨時對已登記的妓館搜查，[1] 而且負責檢查染病痊癒後再回到妓館的妓女有無檢疫證明書等。[2] 1857 年的法令原本旨在通過警隊的協助控制娼妓衍生的傳染病問題，但是法令實行三年後，當時的總登記司丹尼爾·高三貴（Daniel R. Caldwell, 1816–1875）就向輔政司投訴，說警察總監梅查理向他表明不會參與執行，也有暗示過原因是該法令會為警隊有些成員打開一扇鼓勵貪污之門。在高三貴的申請下，殖民當局另外僱用了 "妓館督導員"，後來又增設了助理督導員。雖然這些督導員的位置可能是肥缺，但是社會地位很低，以至於連警隊成員也不願意擔任。1873 年，警察總監迪恩又再一次表示，不願意由警隊來執行這些傳染病法令。[3] 總之，1857 年的法令明顯把娼妓監管的責任集中在總登記處，因此也不能排除這是警隊不想摻和的原因之一，因為當時的總登記處與警隊關係算不上融洽。

這個 "登記" 系統最終目的，是希望能夠把妓館經營規範化，不再有非法妓館，從而令性病的傳播受到監管。然而，在實際執行中要成功指控一名女性進行有償的性交易，從而證明有非法妓館在經營並不容易，有時甚至需要採取一些手段才能達到目標。即便如此，警察在檢控法律程序時還會面臨不少難題。雖然最終有定罪的個案，但其實在舉證方面難免有點牽強，而倫敦方面也深知其中的困難。[4]

1864 年，英國本土也通過一條相類似的娼妓監管法令，[5] 但不難想像，這樣的法令在英國引起多方面的不滿，包括被抨擊是 "國家包庇娼妓活動"。法令最終於 1886 年被取締。然而，在殖民管治下的香港，該法令卻一直沿用至 20 世紀 30 年代。1866 年 11 月，倫敦外務大臣勒令香港殖民當局取締 1857 年的法令，另按照英國議會剛通過的傳染病法案修訂新法令，[6] 確保 "帝國的軍隊海軍[7] 要受到保護"，於是，1867 年香港第 10 號法令隨即出台。[8] 立法後的兩年，香港的性病傳染（法令）情況連續出現在英國議會的討論議題中，可見倫敦對於這項法令

---

1   香港法律編章 1857 年第 12 號法令第 7 款。

2   香港法律編章 1857 年第 12 號法令第 11 款。

3   Report of the Commissioners appointed to inquire into the Working of the Contagious Diseases Ordinance, 1867 in Hong Kong, House of Commons Papers, No.118, 1880, XLIX.69, Vol.49, p.58.

4   Report of the Commissioners appointed to inquire into the Working of the Contagious Diseases Ordinance, 1867 in Hong Kong, House of Commons Papers, No.118, 1880, XLIX.69, Vol.49, p.38.

5   Contagious Disease Act; 29 Vic Cap 35.

6   MacDonnell to the Duke of Buckingham & Chandos, 10 Aug 1867, No.350, CO129/124, p.88.

7   在當時的英國，軍隊隸屬戰爭部（War Office），而海軍勢力甚大（帝國是靠海軍維持），有獨立的海軍部（Admiralty）。

8   香港法律編章 1867 年第 10 號法令。

看重的程度。香港殖民當局亦特別為了修例事宜召開了調查委員會，並上呈報告供倫敦參考。

調查委員會在一個問題上有相當多的討論，即是否有必要對華人妓館中的妓女進行定期檢查。委員會中殖民當局官員，如總登記司塞西爾·史密斯（Cecil Smith, 1840–1916）的意見與醫務人員顯然不同。前者認為，修訂法令的主要目標是要讓歐籍軍人與其他僑民能更有效地預防性病，因此廣泛地對所有妓館進行醫療檢查不但不會達到目的，還會帶來許多麻煩與困難。[1]

當時的妓館是按顧客種別（華洋）來分別，持華人牌照的不能讓任何洋人光顧。到了 1867 年，即 1857 年第 12 號法令實施 10 年後，總登記司史密斯說 "沒有一宗" 觸犯這一規條的個案。他指出規條有自我監管的機制：華人妓館鴇母知道假如讓洋人光顧的話，妓女們就需要受醫療檢驗，一旦有事就會被送到醫院裏治療。另外，妓女們是非常害怕兼抗拒被檢驗，還會擔心日後會影響從良的機會，因此這個機制令華人妓館非常自律。史密斯還指出假如法令非要全盤通行的話，佔大比例的華人妓館會被逼停業，妓女將會四處分散，更加不受控制，恐怕性病的傳播將會更厲害。最終港督麥當奴（Richard G. MacDonnell, 1814–1881）決定採取史密斯的建議，不堅持對華人妓館進行強制檢測。

之後史密斯直接對倫敦殖民部指出，拐帶婦孺的事情只出現在華人妓館，"讓在港這群注定可憐的一小撮人（指華人妓女）參與這種西方醫療的益處，從人道立場當然是責無旁貸。但是，假如這些可憐人本身非常抗拒，也許就不必勉強了。" 史密斯的話透露出殖民者的涼薄和漠視，然而這種體面的說法，倫敦顯然是接受的。史密斯也指出，這些可憐人的處境，都是貧窮所致，而且還不時受到恐嚇威脅。但在實際執法中舉證程序面臨諸多困難，殖民當局即使有心也無力，只能集中監管可以處理的妓館（即是洋人妓館）。[2] 最後，港督麥當奴也指出，需要大規模建立性病醫院才能配合全盤檢測，殖民當局的支出會相應大幅增加，既然最終是為了軍隊與海軍的健康，英國政府就需要負擔部分支出，殖民地部亦因此把問題轉到戰爭部考慮。種種原因下，最後倫敦方面還是聽從了總登記司的建議，不強制華人妓館的妓女進行醫療檢測。[3] 倫敦當局還特別寫了私人函件給史密斯，感謝他提供詳盡有用的報告。值得一提的是，1867 年的法令規定警察不用搜查令就能夠進屋調查是否有人經營妓館，明顯是擴大了警隊權力。

1　Observations by Registrar General, 08 April 1867, CO129/124, pp.111–112.

2　Smith to Under Secretary of State, 18 January 1869, CO129/142, pp.294–314.

3　Colonial Office to MacDonnell, 02 February 1869, No.15, CO129/142, pp.310–311.

以上兩個法令的確取得了一定的成效，就是"向大英帝國的軍隊海軍提供乾淨的女人"。[1]

這種執法的情形又勉強維持了 10 年，直到軒尼詩港督接任後出現新的問題。1877 年底，由於總登記處官員進入華人區的一棟房屋偵查非法（無牌）妓館，一名妓女在逃脫期間從天台屋頂失足墜亡。在死因聆訊法庭召開期間，陪審團強烈建議要對妓館鴇母追究治罪的做法重新評估，陪審團認為現行做法是不合法且不道德的。

此案情涉及許多層面，但最轟動的是一名華人妓館的督察在追捕這名妓女期間導致她失足，該名督查的行為是否構成犯罪。如上文提過，這些妓館督察都非警察，而是總登記處聘請來的。要證明有人進行非法經營妓館的難度不小，因此總登記處一直利用綫人設局，讓妓女們掉入陷阱，然後總登記處的人再進行逮捕。其實這是普遍做法，但因為有人喪命，經報章上大肆報導後引起社會輿論，對於這種"不道德"執法，特別是肉金由總登記處支付的做法，公眾一時嘩然。

死因聆訊法庭[2] 雖然認為妓女的死亡與那個華人督察有關，但最後判定是由"意外"導致。律政司認為假如對他檢控的話，他誤殺罪名成立的機會也是有的。然而無論是律政司或者是倫敦，都認為不能因為這名督查在執行職務就被定罪，因此決定不對他起訴。用律政司的原話說：

> 根據過往經驗，政府當局對自己的職員，在沒有惡意下，在執行任務期間犯下錯誤或錯判，作出檢控是極不尋常的事。[3]

港督軒尼詩不同意律政司的意見，並指出有華人團體向他反映一直受到總登記處的處處為難，因此這一次的裁決或處理手法將會備受華人的關注。另一方面，殖民地部內有人將軒尼詩的熱心視作是一種政治籌碼，認為他其實是利用香港的情況，讓他在倫敦議會裏的同僚也能做出相應的舉措，因此居然合謀說不要被他利用。[4]

1　R. J. Miners, "State Regulation of Prostitution in Hong Kong, 1857–1941", *Journal of the Hong Kong Branch of the Royal Asiatic Society*, Vol.24 (1984), pp.143–161.

2　死因裁判法庭（英語：Coroner's Court）是英國普通法的一項制度。每一次有人去世，假如不是死於自然原因（疾病），都要召開法庭審視死因是否可疑，是否有刑事謀害行為。

3　Correspondence relating to Working of Contagious Diseases Ordinances of Colony of Hong Kong, Command Papers, No.C3093, 1881, LXV.673, Vol.65, p.10.

4　Internal Discuss of Colonial Office on Report of Commission on the working of the Contagious Disease Ordinance, CO129/184, p.141.

據說是殖民當局發給妓女的牌照
來源：大館 "性別與時空" 展覽

最後，軒尼詩組織了一個調查委員會，全面審查 1867 年的傳染病法令的運作與成效如何。這個委員會的成員、過程與報告，都製造出許多其他問題，其中最飽受詬病的是 "綫人" 制度是否應該繼續存在，其酬金是否應該從牌照費用裏撥付。此事鬧到倫敦議會時，有人居然錯誤地將出事的督察寫成 "警隊裏的總督察"，可見事情的混亂已經明顯化，[1] 後來軒尼詩出面做了澄清。[2]

從軒尼詩時期發生的風波，特別是對華人督察檢控權利範圍的規定，可以看出執法的合理性與該法令本身的合理性互為表裏。假如立法的初衷不只是為保障歐洲僑民、海軍士兵的健康，而是惠及全部香港民眾的話，重心可能不會放在抓捕非法經營的鴇母或妓女並對其加以罰錢，執法時可能也不會窮追猛打，以致鬧出人命。倫敦當局的訓示裏指出，在英國本土執行這項法令的都是警隊裏挑選出來質素比較優秀的警察。[3] 反之，因為香港警隊人員不願意摻和，總登記處往往找來一些社會上的不良分子充當妓館督察，因而大大增加了這份法令的威嚇性與壓迫性。

1　Correspondence relating to Working of Contagious Diseases Ordinances of Colony of Hong Kong, Command Papers, No.C3093, 1881, LXV.673, Vol.65, pp.12–13.

2　Hennessy to Hicks–Beach, 14 August 1878, British Parliamentary Papers, p.15.

3　Correspondence relating to Working of Contagious Diseases Ordinances of Colony of Hong Kong, Command Papers, No.C3093, 1881, LXV.673, Vol.65, pp.21–27.

對鴉片貿易的管理

在今天，掃毒是任何一個地方警察的正常職務之一，這點不用置疑。但是在170多年前，香港警察卻是毒品鴉片貿易的"護航員"。曾經有人說過，鴉片貿易是早期"殖民管治下的香港"的存在理由。英國人一開始就劃定香港為自由港，讓各地貿易利用香港獨特的位置得以流轉。但亦因自由港的限制，無論從香港轉運貨物（包括鴉片）到世界各地的貿易有多興旺，香港本地稅收並沒有直接得益。英國對香港經濟上的支持少之又少，殖民當局只好決定准許商人在香港經營鴉片勾當，賺取徵收間接稅的收入。此後鴉片貿易受到保護的法令一直到1941年日本人到港後才被取締。我們這裏要討論的是在本研究時段內警察在香港實施的鴉片法令中的角色，並比較其在管控觸犯"鴉片法令"中的措施，觀察殖民當局對鴉片貿易的態度。

香港最早的鴉片法令在1844年11月出台，即立法局成立後11個月，可見殖民者當時對本來是毒品的"鴉片事業"有多麼重視。港督德庇時號稱已與中方的耆英（1787–1858）達成共識，因此在港鴉片開徵稅沒問題。另外，他的一段話，反映了部分英國人對鴉片貿易的真實想法：

> 至於關乎鴉片的道德後果問題，我與璞鼎查的態度是一致的：就是只會把鴉片看作與酒精或其他等同的刺激物品一般，沒有其他考慮。因此，我毫無猶豫地採取上一任政府的建議，在港對鴉片消費開徵稅收。[1]

事實上，從1844年到1880年間，立法局總共通過了六份法令，名正言順地為英國政府在港經營鴉片貿易合法化做了鋪墊。法令規定殖民當局對在港出售（零售）熟鴉片或生鴉片加工進行監管，在實際操作中通過實行鴉片專賣與發牌制度來管理鴉片貿易。

殖民當局起初只運作在港的零售熟鴉片經營權，法令中規定"零售"是一箱以下，因為數量不多，一般只當作是消費品的一種。到了1858年底，第二次鴉片戰爭結束後，根據《中英通商章程善後條約》，鴉片運往中國基本上已經被迫合法化，殖民當局決定改變策略，不再只容許熟鴉片在港零售，而是要把香港打造成加工生鴉片的中心，於是出售生鴉片加工的經營權成為了殖民當局更大的生財工具。

　1　Executive Council Minutes, 26 November 1844, CO131/1, p.408.

不平等關係的一則政治漫畫：英國商人強迫中國人買鴉片
圖片來源：Granger: Your Witness to History

　　籠統來說，警察在鴉片法令上的角色，一直都是維護在港各類鴉片（有牌）經營者的權益。1845 年的鴉片法令與 1847 年的鴉片零售經營細則中，警察的職責不多，只限於向違規者徵收罰款以及處理在零售點或煙館發生的糾紛；反而是擁有經營權的人士有登船進屋搜查懷疑有 "違規" 者的權力，但是亦需要獲得警察裁判司的搜查令。[1]

　　1853 年，因為屢次接到專賣商關於 "非法鴉片" 經營的投訴，殖民當局當然要加強對他們的權益的保護。[2] 通過 1853 年第 4 號法令，警察在鴉片專賣制度中的權力大幅度地加強，例如專賣權的批准屬警察總監權力範圍；審批申請專賣的資格認定亦由警察總監來決定。專賣制度的詳細操作情況（包括煙館的經營問題），也是由警察總監來監管。比較之前兩份法令中，港督本來是這個制度的核心人物，但是到此權力下放給了警隊。筆者認為，可能在專賣制度運作了一段時間後，港督發現實際操作困難確實不少，特別是專賣權已經全由華人掌握後，每天要解決的問題很多，不如讓平日與市民接觸最多的警察來控制實際操作，這樣

1　Ordinance and Regulations for the Sale of Opium in Colony of Hong Kong and Proposition for licensing Retail Consumption of Opium, House of Commons Papers, No.347, 1847, Vol.40, XL.285, p.288.

2　Bonham to Duke of Newcastle, 23 December 1853, No.97, CO129/43, pp.403–407.

能夠省下不少時間，成效也必然較高。這樣的安排至少執行了 5 年時間，一直到 1858 年才有所改變。

到了 1858 年，港督寶寧向倫敦當局提到，香港從零售鴉片經營中獲取的收入是何等渺小，簡直是一大遺憾。[1] 在這裏多談一句，消費稅的基本思維是對物品與服務開徵稅項，目的本是鼓勵人民減少消費，以增加儲蓄與投資，有利於長遠經濟發展。這與當時殖民當局的期盼顯然有別，殖民當局一直算計在港的鴉片消費能否隨著人口而有所增加。[2] 不知道是否這些港督對於經濟理論不熟悉，抑或英國人在港只有短期計劃，因此只關注短期的效應。

《中英通商章程善後條約》1858 年 11 月才正式簽訂，1858 年的第 2 號法令卻在 3 月已經通過，似乎因英國已經獲得鴉片貿易即將在中國合法化的消息。該法令正式容許專賣商在港加工生鴉片或出售熟鴉片，此時熟鴉片在港零售已經不再限於一箱以下，經營者用競價的方式獲得專賣權。1858 年第 2 號法令把警察在鴉片專賣制度中的部分權力縮減，發牌的權力被歸還給港督，但警察在有搜查令的情況下可以登船進屋搜查懷疑違法之徒，搜查令可以由警察裁判司或警察總監發出。該法令有一款聲明：警察搜查等權力並不會受到其他因素的滋擾，包括擅闖私人住宅與其他侵權行為的法律限制，亦即是對警察登船進屋搜查及採取行動的權力有所保障與鼓勵。[3] 1879 年修訂法令中，規定了警察的搜查、逮捕與充公（搜出的非法鴉片）諸項權力，登船搜查不需要搜查令，進屋則只需要有太平紳士的搜查令就可。

1887 年鴉片法令再一次修改，背後涉及中國海關對香港成為中國鴉片走私中心的不滿，因此在港的鴉片零售額度又回到一箱以下，其他詳情在此不作贅述。[4] 在警權方面，警察部隊與新增加的"關員"在沒有搜查令的情況下，依然能夠登船進屋搜查；而搜查令也只需要是太平紳士發出即有效。因為有重要的外交問題出現，殖民當局受到中方壓力要把非法的黑市鴉片勾當撲滅，才能對中國海關（當時由赫德掌管）有所交代，因此推出了"關員"的制度，與警察並肩而行來打擊非法走私活動。

在所有這些管控鴉片貿易的法令中，警察的角色是對付違例者，就是通過警察執"法"，杜絕"非法"售賣或加工鴉片的勾當，讓專賣商能名正言順地能

1　Bowring to Labouchére, 23 March 1858, No.32, CO129/67, pp.303–306.

2　Robert L. Jarman, *Hong Kong Annual Administration Reports, 1841–1941*, London: Archive Editions, 1996, p.229.

3　香港法律編章 1858 年第 2 號法令第 10 條。

4　Cameron to Holland, MP, 2 June 1887, No.204, CO129/233, pp.25–52.

享受香港境內所有鴉片買賣的利潤，這樣就能避免專賣商向殖民當局索取補償，同時亦能保持鴉片專賣權的價格長期處於高位。殖民當局對於警察 "執行鴉片法令" 的職責非常重視，當然是因為這盤生意為其帶來相當的收入，所以必須保證專賣制度能順暢運行，而警察絕對是殖民當局推行這項生意可以信賴的有效工具。無論在鴉片貿易上要執的法是甚麼法，無論要執的法怎樣改，警察都可以配合，讓它行之有效。

對三合會等秘密社團的管控

三合會的起源與歷史，在中外已經有不少的研究，本節從香港警察角度觀察警隊在控制三合會勢力擴張方面的工作成效。

三合會在開埠初期已經出現在香港，到了 19 世紀末，據本是香港首位偵探部督察的威廉·斯坦頓（William Stanton）估計，香港的華人中有三分之一的男丁是活躍的三合會成員。[1] 他認為大部分居港華人加入三合會是為了取得 "保護"，也有人因為怕被孤立而加入，部分人出於好奇，甚至還有人因為依然沉醉在 "反清復明" 的夢中而加入三合會。[2]

開埠初期，三合會時常抵制港府的施政，但最後受到立法管控是在 1844 年底。當時警察調查一宗持械傷人案件時，抓到一名三合會在港的頭目，1845 年殖民當局宣佈法令出台，[3] 規定所有三合會及其他秘密社團的成員都是嚴重罪犯，最高刑罰為三年監禁，之後放逐出境並在右邊面頰刺青。但是該法令並未獲得倫敦的同意，因此短短的 9 個月後，就被新的法令代替。[4] 根據倫敦的要求，新法令只能針對有參與三合會違法行為的會眾，對於不知情而誤入會的會眾不會治罪，[5] 而且刺青改在手臂內，不再在臉上，放逐的刑罰亦不再是必然，必須由法官定奪。[6] 港督德庇時推辭說對付三合會的殘忍懲罰只是抄照華人自己的做法。[7] 但由於三合會沒有再給殖民當局帶來太多的麻煩，這份法令一度並沒有被嚴格執行。

到了 1854 年，中國國內局勢緊張，許多人潛逃到香港。當時的副港督兼輔

1 1897 年香港華人男丁人口是 16 萬 5 千，根據斯坦頓的說法，有 5 萬多是三合會會員。
2 William Stanton, *The Triad Society, Or Heaven and Earth Association*, Hong Kong: Kelly and Walsh, 1900, p.28.
3 香港法律編章 1845 年第 1 號法令。
4 香港法律編章 1845 年第 12 號法令。
5 香港法律編章 1845 年第 12 號法令第 1 條。
6 香港法律編章 1845 年第 12 號法令第 3 條。
7 Davis to Lord Stanley, 11 September 1845, No.127, CO129/13, pp.128–132.

政司堅偉急忙又推出另一份打擊三合會的法令，[1] 根據草案，[2] "秘密社團"的定義被闡釋為彼此之間會用特別手語溝通的組織，參加會議就要被罰 500 元。警察可以執法的權力範圍也擴大了，任何時間、任何地點、任何理由都可以進行逮捕，只要事後 24 小時之內匯報輔政司則可，這就等於不需要搜查令。裏面還有一條今天還在沿用的條款：秘密社團的會眾聚會，要提前 24 小時向輔政司申請。這份草案最後胎死腹中是因為忽略了關於法庭的法權，由於堅偉把這一法令的審核權劃入一個特別審裁處，完全越過了法庭，大法官對此表示不滿，[3] 倫敦也不支持這樣跨過既有司法系統的做法，[4] 最後法令沒有生效。

　　1884 年中法戰爭時期，有傳言說香港爆發的大罷工背後有三合會的操縱，導致幾名三合會的頭目被流放。1886 年，在港三合會因為人口販賣生意（俗稱"賣豬仔"）分贓不均而發生內訌。[5] 其中一個堂口的頭目居然是一名華人偵探，亦有涉及其他殖民當局的僱員。當時這名華人偵探被送到高等法院受審，但是殖民當局接受 2000 元的保釋金後就釋放了這名華人偵探，他後來棄保潛逃，卻死在內地。根據當時港督寶雲對倫敦的報告，這名偵探在警隊的年薪只是 156 元，卻能負擔差不多是他 12 年的薪水的保證金，可見他從三合會撈到的利益有多豐厚。[6] 根據當時警察總監的報告，警察部門對於這個華人偵探有了一定的了解，但是沒有證人願意出來指證，因此要檢控有困難。

　　事情平定後，警察總監與監獄總監都不約而同地在 1886 年度報告中提出了這些秘密社團力量日益強大，港督因此下令讓當時署理總登記司駱任廷進行調查，後來召開了特別調查委員會議，其中一個結論是發現許多華人警察成員都是三合會成員，更有人估計該會在港成員不會少於 15000 人，這與斯坦頓的估計有頗大的落差。[7] 在律政司提交給倫敦的解釋中，討論了何種聚集才能被定性為三合會的會議，律政司認為應該依靠警隊來確定。[8] 因此警隊在打擊三合會上，明顯增加了多重任務，特別是在認定三合會等秘密結社的儀式、誓言、手語等範疇，一

1　Caine to Sir Grey, 10 November 1854, No.97, CO129/47, pp.251–253.

2　Draft Ordinance "An Ordinance for the Suppression of the Triad and the Secret Societies, Oct 1854", CO129/47, pp.258–262.

3　Caine to Sir Grey, 10 November 1854, No.97, CO129/47, pp.251–253.

4　Colonial Office to Bowring, 31 January 1855, No.57, CO129/47, pp.254–257.

5　William Stanton, *The Triad Society, Or Heaven and Earth Association*, Hong Kong: Kelly and Walsh, 1900, p.27.

6　Marsh to The Secretary of State for the Colonies, 29 July 1886, No.251, CO129/228, pp.126–128.

7　Report of Triad Society Commission, 21 May 1886, CO129/227, pp.301–307.

8　Acting Attorney General on Triad Society Ordinance, 31 July 1886, CO129/228, pp.312–316.

般人不易知曉，沒有警隊的介入，法令就形同虛設。這一點奠定了以後警隊中專設的用以應對三合會組織的特別行動組，直到今天仍是一樣。調查報告搜集了大量警察從 1881 年以來對於三合會集會與惡行的證據與記錄。[1] 警察總監曾建議，可以仿效新加坡的做法，把秘密結社放進監管系統，即容許它們"登記"，以便區分哪些與三合會無關。[2] 但是這個建議被調查委員會否決，[3] 因為不想被誤會英國要把一個反清的組織合理化、合法化。因此可見三合會的問題難以解決，也存在政治的考慮。早在 1844 年底，德庇時就曾經因 1845 年的首份三合會法令而獲得耆英的讚譽，當時的重點是提到不同意三合會反清復明的目的。[4]

1886 年 9 月，輔政司威廉‧馬什（William Marsh）上書倫敦，建議修改針對三合會與秘密社團的法令，他參考了律政司的考慮：

> 這些秘密社團對商人、船主與其他人虎視眈眈，假如我們不能提供保護的話，他們要不就乾脆離開，不然的話也會逐漸把生意縮減。現在的競爭不少，假如這個港口因為這些不法索取而致成本高漲的名聲不佳，商業貿易就會轉移到別處。[5]

按照律政司的解釋，在 19 世紀，要管控三合會的主要目的只是吸引或留住商業而已，所以重點一直都是"鎮壓"以取得太平日子，而不是"打擊"罪行來改善百姓生活。

馬什亦在他的函件中提到："當一個人對此地的治安有威脅時，出於維護當地治安，政府可以採取的唯一行動就是放逐他，這是絕對合情合理的。他們沒有被逼返回中國，事實上他們有其他選擇，去澳門、去新加坡等。"但馬什也指出，凡是中國政府緝捕的人，當然也不會選擇回到中國。[6] 並且眾多回到中國的三合會會員，只有一個是喪命的，就是上面說寧可付 2000 元保金的李姓警察，據說他試圖向抓捕的清兵開槍。

調查委員會呈交報告後，就在 1887 年 4 月通過了 40 年來對付三合會的第二份法令：1887 年第 8 號法令。[7] 這一次三合會與所有的秘密社團都被定性為"非法

1　Report of Triad Society Commission, 21 May 1886, CO129/227, pp.301–307.

2　Deane to Acting Colonial Secretary, 24 August 1885, No.262, CO129/227, p.312.

3　Report of Triad Society Commission, 21 May 1886, CO129/227, pp.301–307.

4　Davis to Keying, 22 December 1844, CO129/11, pp.46–48.

5　Acting Attorney General on Triad Society Ordinance, 31 July 1886, CO129/228, pp.312–316.

6　Marsh to Stanhope, 20 September 1886, No.305, CO129/228, pp.307–311.

7　香港法律編章 1887 年第 8 號法令。

社團"，社團中的有關辦事人罰款 1000 元與監禁，成員則罰款 500 元與監禁。法令也嚴禁社團召開會議。這份法令對警察的職責有明確的指示，可以在沒有搜查令但合理懷疑有非法會議進行的情況下入室搜查。[1]

縱觀殖民當局與三合會之間的關係，其實是拉鋸戰術。當局只在乎維持太平局面，缺乏根治其犯罪的決心。另一方面，基層華人面臨民生問題，也不排除成為三合會會眾，為社會製造了不少的混亂，如恐嚇、威嚇、詐騙等。除了法令，警察就是殖民當局運用的另一種工具，因此警察既成為打擊這些惡行的執法人，又是包庇這些壞分子而涉嫌收受賄賂的受益者。因此，三合會問題最終還是找不到解決的辦法。

通過考察警察管控上述 19 世紀 40 年代後在香港所存的三種"違法行為"的所作所為，大致可以看出，警察在管控這三類罪行的角色上，明顯只有執行鴉片法令一項是明確與積極的，原因是它涉及到殖民管治者的實際利益。雖然這些法律本身都是為了達到英國的殖民目的，但其他兩項只涉及社會管理和地方治安，並不帶來實際的金錢利益，因此警察執法並不積極，成效自然也不顯著，甚至相關法令會令警隊滋生腐敗。回到此節開端提出的問題，考慮警察執法是否為利民良政，抑或是擾民惡法，其實與警察能否發揮其作用也有很大的關係。

三、香港警隊中的各族裔成員

緒論中提到香港警察部門的檔案數據全數不存在，遑論個別警員的史料，但筆者覺得，有必要從其他資料中儘量尋找一些當時來港或在港當警察的不同族裔人士（歐裔、印度裔與華人）的情況，以保證論述的連貫性與完整性。

1872 年港督堅尼地（Arthur Kennedy, 1809–1883）請求倫敦替香港在英國招聘歐籍警察，1873 年 3 月，有 20 名小夥子從英抵港。20 人的背景各有不同，其中有 3 名是從愛爾蘭來港，其他人從英國其他地方到倫敦的尤斯頓（Euston）火車站集合後，一起乘火車到西北部的港口利物浦，再乘船到香港。[2] 這些年輕人本來是倫敦都會警察的成員，是應時任香港警隊副警察總監克雷格在倫敦的招聘廣告而來的。為了節省成本，他們來港的郵船 Ajax 號比起克雷格自己坐的船要小很多，船上的食物與淡水都不足，令旅程加倍難受。雖然說他們全都來自倫敦都會警察，但是那個部隊成員眾多，因此大家基本上是互不認識的。途中各人交換小道消息，引發對於新地方和新崗位的種種猜測，增加了不少的憂慮與不安。

1　香港法律編章 1887 年第 8 號法令第 4 款。

2　Patricia O'Sullivan, *Policing Hong Kong: An Irish History: Irishmen in the HK Police Force, 1864–1950*, Hong Kong: Blacksmith Books, 2017, p.32.

1872 年殖民當局在倫敦招聘警察獲選人選（橫綫所示兩位警員將出現在後文）
來源：倫敦都會警察博物館展覽品

　　他們大都因為家裏人口太多，希望能出去多賺一點工資，寄回來補貼家庭。當時（1872 年 12 月）香港警隊的招聘條件也委實比倫敦都會警察要好。1872 年倫敦都會警察的警員年薪大約是 70–93 英鎊，[1] 而 1872 年來港的這 20 名警員每月薪水是 40 元，折算年薪大約是 100 英鎊（表面上沒有多很多，但因為在香港是包食宿的，所以理論上還是會有儲蓄可以匯回家鄉）。相比於 1850 年歐籍警員的月薪 15 元，其實已經增長了不少。比起華人警員的年薪（1850 年：12 英鎊 =4.8 元；1872 年：20 英鎊 =8 元），[2] 22 年中的增幅是 60%（平均每年增長少於 3%），歐籍警察的待遇已經算很不錯了。

　　香港跑馬地的墓地是最早的墳場，最初開放的 15 年間，只存留 1 名警察與 2 名獄卒的墓碑，其中 1 名獄卒以前也曾是警隊成員。可能因為這幾名警察或獄卒都已成家，而且與軍隊有些裙帶關係，令他們能夠有一塊獨立的墓地。他人或許根本沒有這樣的能力，只能安身於另一處提供給乞丐、沒有獨立墓碑的公共墓

1　Patricia O'Sullivan, *Policing Hong Kong: An Irish History: Irishmen in the HK Police Force, 1841–1950*, Hong Kong: Blacksmith Books, 2017, p.32.

2　J. H. Lethbridge, "Condition of the European Working Class in 19th Century Hong Kong", *Journal of the HK Branch of the Royal Asiatic Society*, Vol.15 (1975), pp.88–112.

地上。[1] 可見當時的基層警隊成員生活還是很艱苦的。

在香港的歐籍警察除了實際收入貧苦外，社會地位也非常低下。警察的薪水低於平均水平，因此只能吸引一些素質不高的歐洲人投身。這群人也沒有條件成家，整天流連在酒館、妓館與旅館，很多人感染性病。因為僱傭條件苛刻，他們請病假是無薪的，住院費用還要自己負擔，因此就算是身體出了毛病，也儘量不會張聲和及早求醫，乃至最後喪命，導致警隊的流失率非常高。歐籍警察的貧窮程度，可以從一位在 1851 年去世的警員的遺物中略見一斑：一頂布料帽子、一頂草帽、兩雙鞋子、一盒布料襯衫、一把叉子、一把刀子、一把勺子、一隻碟子與一張床（加被蓋）、一席窗簾。1856 年的香港官方憲報曾經報導，一位警員去世後留下的遺產僅有 1.84 元現金。[2]

此外，早期的歐籍警察不但不懂粵語，甚至很多人是文盲。《德臣西報》1869 年刊登的一個法庭報告中，形容一位督察（Inspector）寫了報告給上頭，雖然沒有實際作出批評，但有這樣的一句：「這位督察好像是有能力應付職務裏關於文書的工作。」這也許可以反映到了督察這麼高級別，文化水平都不一定很高。[3] 十分單薄的薪水加上貧乏的教育水平，但卻擁有可以壓榨華人的權力，結果就是產生了一群貪污成風的歐籍警察。有傳說差餉也由警隊的成員負責挨家挨戶地去向華人收取，這就給貪污創造了大量機會。

歐籍警隊成員全部住在中央警署的二樓，總共 222 名警員，10 名警長（單身與已婚者各 5 人）。中央警署給歐籍與印度籍的警隊成員提供宿舍，由一位警長負責。但由於種族和宗教有異，廚房是分開的，亦各自由該族裔的警長負責。雖然共處一個屋簷下，但兩個族裔之間的溝通不被鼓勵，特別是每個警隊成員都只是用號碼來代表，彼此之間（至少不同族裔之間）很難有進一步的接觸或關聯。這也是英國殖民管治的一貫做法：分化族裔。

印度族裔的警隊成員分開幾個階段加入香港警隊。最初是 1844 年 11 月由德庇時港督首先引進的 23 名印度／馬來人，加上原本的 7 人，1844 年底印度籍／錫克籍成員有 30 名。1845 年，梅查理抵達香港並組織了新的警隊，從駐廣州和印度的英軍裏招募了 71 名自願者加入警隊，其中有 57 名印度人。到了 1848 年，印度人總數是 114 名（即在 3 年間增加了 27 名）。1849 年警隊縮減人員，印度籍減至 80 名。1860 年，在警察總監甘賢的安排下，香港警隊首次從印度本

1　Patricia Lim, *Forgotten Souls*, Hong Kong: Hong Kong University Press, 2011, pp.136–137.

2　Patricia Lim, *Forgotten Souls*, Hong Kong: Hong Kong University Press, 2011, pp.136–137.

　3　*China Mail*, 19 April 1869, p.4.

土大量引進 130 名警員。1866 年甘賢退休，克雷格代任，從印度引進了 100 名錫克族警察。

根據一份報告，[1] 在鴉片戰爭中，英國軍隊裏的印度籍士兵大都來印度南部的孟加拉國（Bengal）與馬德拉斯（Madras）。當時在港的印度軍隊、印度籍警察也是來自這兩地。鴉片戰爭後，這批士兵有一些留在中國內地或香港，成為外國商館（公司）裏的私人保安（sepoy），如怡和洋行、天祥洋行等。如本書第二章所述的 1856 年 12 月 26 號晚上，兩個怡和洋行的印度籍守衛被 40 多人打傷。[2]

1849 年，英國東印度公司打敗了錫克王朝，把印度西北部的旁遮普地區（Punjab）納入英國屬土。旁遮普是錫克人的主要聚居地，眾多的錫克人因此進入了英國軍隊，特別是經過 1857 年後的大規模招聘，成為英軍的一部分。至於香港警隊，除了直接從英軍招聘人員之外，也有很多英國的中介人幫忙在旁遮普招募。雖然通過不同的途徑來港，但這些錫克族的香港警隊成員大多有兩大特徵：來自旁遮普的農村；在種姓制度裏都屬賈特人（Jatt，亦即農夫）。香港是首個大量聘請錫克人為警察的英國殖民管治地。首批來港的錫克警員有 116 名，他們於 1867 年抵港。由於錫克人吃苦耐勞，港府覺得這是一項成功的實驗，以後錫克人在警隊裏一直擔負了重要的角色。直到 1877 年後軒尼詩港督改變策略，起用華人，情況才有所變化。同時，從 1885 年開始，英國人也招聘錫克人擔任上海公共租界內的警察。那裏的警察總監以前曾在香港警隊服務過，想必對錫克人印象頗佳。錫克警員長期在上海公共租界的警隊服務，直到民國初年。[3] 錫克人從香港匯回家鄉的錢款，一般會用作保存家族的土地擁有權，例如支付銀行抵押，有時候甚至能購買新的土地。

在港錫克人大都採用"星"字為姓氏，這是錫克教的教誨之一，也籍此把原本的姓名埋藏，以去除種姓對個人前途的影響。因為頭髮被視為錫克教徒一生中的寶物，因此他們都蓄長髮。在古代印度，只有皇孫公子才能戴頭巾，因此近代錫克教徒常戴的頭巾，成了顯示彼此平等的象徵。英國人對於這些風俗不但沒有壓制，而且十分鼓勵。這就是學者們所說的英國人把"錫克教制度化"，視其為一個"軍事種族"。英國人將錫克人的身份解讀為身體強壯、文化獨立、宗教獨

1　Knut A. Jacobsen, Gurinder Singh Mann, Kristina Myrvold, and Eleanor Nesbitt (eds.), *Brill's Encyclopedia of Sikhism*, Vol.1, History, Literature, Society, Beyond Punjab, Leiden: Brill, 2017.

2　*China Mail*, 27 November 1856, p.2.

3　Isabella Jackson, "The Raj on Nanjing Road: Sikh Policemen in Treaty–Port Shanghai", *Modern Asia Studies*, Vol.46, No.6 (Nov. 2012), pp.1672–1704.

特，但在等級制度上不如西方人──因此他們是殖民地低級別軍事和警務工作的理想新兵。這種"軍事種族制度化"的做法，後來也成為在印度反英殖民運動的一種動力。當然，錫克教徒本身確實非常強悍，具有一定的戰鬥力，這也許與他們在歷史上經常遭受的苦難與折磨有關。[1]錫克警察較之南部的印度人更能震懾華人，因此受到英國人的重用。但是英國人同時防備在港錫克人權力坐大，因此也從旁遮普地區引進穆斯林教徒當警察，以平衡其勢力。[2]

這些印度人、錫克人警察除了工作就是工作，沒有甚麼其他的生活可言。與歐洲籍警察一樣，印度或錫克警察大都是未婚的年輕人，就算是已婚者也很少把妻子家人搬來同住。在香港中央警署的底層，並設有供錫克教徒崇拜的禮堂。隨著 1947 年印度獨立，香港警隊無法再從印度輸入警察。因此從 1950 年以後，香港警隊開始從山東進口"魯警"，繼續英國人分化族裔政策。

招聘來港的錫克警察成員也有很多的問題，例如，他們有自己的語言，甚至與印度人也不能溝通；由於宗教觀念很重，需要為他們配備很多的設施。[3]實際上，也曾有錫克人結黨謀亂的事情發生，港督堅尼地承認錫克人與其他人的溝通存在嚴重問題。[4]召開 1872 年警察調查委員會的其中一個原因，也是錫克人向法官投訴一名錫克軍人的問題。[5]可見錫克人的確不太合群，不過這也可能正是英國人希望達到的分化目的。

無論如何，在 19 世紀，自香港警隊輸入印度或錫克警員後，二者在 1865 年達到 415 人的頂峰，其後逐漸減少。雖然數目上在減少，但是他們仍然獲得重用。至少在本書討論的幾個群體性事件中，錫克人扮演了比華人警員都重要的角色，其中很明顯的一個差別是，英國人容許錫克人裝備火器，而華人警員卻一直都不許備武。

有關 19 世紀香港警隊裏的華人成員的史料更匱乏。當時的華人教育水平不高，許多警員幾乎不識字；而且其他華人與他們的關係也不見得特別融洽，因此很少留下相關的記錄。故此，要想清楚地了解他們的社會觀念以及他們對香港的

1　高建章：《錫克·辛格·阿卡利──錫克民族與錫克教》，成都：四川民族出版社，1994 年，第 17 頁。

2　Madhavi Thampi, "Indian Soldiers, Policemen and Watchmen in China in the 19th and Early 20th Centuries", *China Report*, Vol.35, No.4 (1999), p.4065.

3　Crisswell and Watson, *The Royal Hong Kong Police (1841–1945)*, Hong Kong: Macmillan Publishers (Hong Kong) Ltd, 1982, p.53.

4　Kennedy to The Earl of Kimberley, 14 October 1873, No.225, CO129/165, pp.120–122.

5　Crisswell and Watson, *The Royal Hong Kong Police (1841–1945)*, Hong Kong: Macmillan Publishers (Hong Kong) Ltd, 1982, pp.53–54.

感受是極其困難的，唯一稍微可行的辦法，是從舊報章（只能以西報為重點）中儘量尋找有關當時警隊，特別是關於華人警員的報導，以盡力反映華人警察的職務、生活與遭遇等。

1845 年 3 月 27 日，報紙上報導了一宗在城西爆發的 "騷亂"，起事的群眾（華人）都帶有武器。但是華人一看到有警隊出動，便四散逃離，留下大批武器，其中 13 名肇事者被當場逮捕。新聞沒有報導詳情，但其中有一句話值得回味："看來，駐紮在城中這一部分的華人警察與其兄弟之間並不友好，而且 '各自為政' 的情況已經發展到如此程度，到達目前的武力集結以求解決問題。"[1] 這一句可以看出，華人警察在華人社群裏不受歡迎。

上文提到，警隊設立了專管賭館、煙館和妓寨的警察。在 1851 年 11 月的一宗案件中，兩名華人警察被指控 "每月" 敲詐妓館金錢。報紙寫得十分清楚，這 "是一個大家都知道的系統，但是一直都沒有警察成員曝光"。[2] 這兩名華人警員被定罪後，被罰 1 年苦工監禁，罰款 50 元。警員沒有埋怨，但是提出一個問題：他們的上司，也就是發佈命令的警長，為甚麼沒有被罰而且逃走了？似乎警長也有被起訴，但因為種種原因沒有出庭審訊。這裏可以看到位於警隊體系最底層的華人警員的無奈，一方面要聽命於上級，另一方面出事時卻又總是首當其衝，要承擔所有的責任。

1878 年 7 月底，[3]《德臣西報》有一封讀者來信（當然是洋人讀者），投訴皇后大道上混亂情況（擠滿轎子小販等）之餘，還對警隊的運作與成效大肆嘲諷一番。文中形容錫克警察揮動警棍驅趕這些製造滋擾之徒，用作形容錫克警員的句子不乏嘲諷之詞，但至少都有對他們的熱心肯定，對於華人警員，這位讀者的腔調明顯就更涼薄了，他說："如果換作是那些華人警員，就把趣劇變成讓人不快的 '鬧劇' 了。華人警察總是把精力放在不應做的事情，弄巧反拙。" 華人警察只是在執行職務，卻經常被這些自視高傲的洋人咆哮說髒話。這位讀者唯一替自己辯護的理據是，不理解為何整條大街上有各種各式堵路塞街的人，就只是找他麻煩。他最後說："真不明白為甚麼在香港要忍受這樣的事情？可能是世界上唯一的英國殖民地有這樣的事情發生……" 試想一下當時的華人警察每天幹活有多艱難？相信這般不講理的居民不少，權貴人士、歐洲人加上殖民管治者的身份，基本讓本來是執法人員的華人警察束手無策、有口難言。

1　*China Mail*, 27 March 1845, p.3.

2　*China Mail*, 13 November 1851, p.2.

3　*China Mail*, 30 July 1878, p.2.

1881 年至 1882 年間，西文報紙《孖剌西報》刊登了裁判司 9 個月來審判過的案件記錄。有一宗案件指控一名華人警察犯偷竊罪，贓物是一些衣物，懷疑是從一艘華人帆船沖上岸的。[1] 可見華人警員的生活是何等拮据，一些破爛的衣物也會特意去撿。當日抓他的是一名印度籍警長，既然證實衣物是從海上漂流上岸的，華人警員的行為並不涉及偷竊，何罪有之？欺負華人警員的普遍情況可見一斑。

另一宗案件裏面的華人警察（綠衣），因為獲知有人被殺，趕到現場處理。當他在法庭做證人時，被法官斥責行動不夠專業，甚至被批評假如動作快點，可能死者不會喪命。法官質疑其作為一名警察，甚麼都沒有做好，並申明不會相信他提供的證詞。另一方面，報導說這名警察一方面向裁判官發誓，但轉頭又對辯方律師作出其他的誓言。[2] 這裏有兩點值得注意：首先是這些華人警員的 "水平"，當時的警察沒有接受相關訓練，所以他既向法官宣誓，又向辯方律師發誓。雖然報告裏沒有清楚說明發誓內容是甚麼，但易見他是把持不定的 "兩頭蛇"。不過，有可能是由於言語不通，他不熟悉基本的法庭程序，又被 "尊貴的洋人" 嚇到，只好順從他們的吩咐而已。無論如何，他給人留下一個不好的印象，也影響到法庭上最注重的個人誠信。第二，筆者覺得洋人裁判官對他的態度不合常理。雖然他是警察，但是當天出席的身份是證人，目的是要為法庭（裁判處）提供一切合理合法的證據，讓法庭能作出裁決。裁判官卻在這個場合對他作為警察的專業作出評價甚至斥責，不僅場合錯誤，而且超越了其權力範圍。工作上是否達標，只有警隊的領導即警察總監有資格作出評判。可見華人警察的地位是如何低微，無辜被辱，也只好默默接受。

作為執法者，華人警員的身份比其他族裔的警察更難駕馭，因為他們兩邊不是人：歐洲人一直不信任他們，認為他們最終不會 "效忠" 殖民當局（或英國）；華人居民卻覺得他們與殖民管治者（無論是殖民當局或是有權有勢的歐洲商人）互相勾結，因此對他們的怨恨之心從未間斷。特別是當有一些苛刻的法令法規要執行時，居民往往不會與華人警員合作，而警隊領導也因此不會對華人委以重任，形成惡性循環。

四、警隊開銷與政府 "差役餉項" 收入

港府檔案 CO133 文件裏包含了每年政府每一個部門的報表，是當時供港督

1　*China Mail*, 15 October 1881, p.2.

2　*China Mail*, 10 August 1881.

向倫敦殖民地部述職之用。筆者根據這些數據編製了一系列的圖表，將警隊從 1844 年到 1898 年之間的架構、組織、人數與薪金進行梳理，藉此分析警隊經歷數次改革後的架構與組織變化，並作多方面的觀察（包括人數、種族構成等）。

　　進行數據分析之前，有必要提及殖民當局於 1845 年開始徵收的差餉。顧名思義，"差餉" 就是 "差人的糧餉"，是為了支付香港警隊所需的開銷而開徵的稅項。下表顯示 1845 年到 1860 年政府的差餉收入。早年香港（維多利亞城）的差餉，是按照每一塊土地、每一家樓宇或建築物的 "每年估價" 乘以一個徵收百分點來計算。1888 年實施的差餉徵收率如下：維多利亞城內物業是每 100 元租金收 13 元，山頂交通非常不便，價錢偏低一點，每 100 元租金收 8.75 元，其他地方收 7%。[1]

年度	1844	1845	1846	1847	1848	1849	1850	1851	1852	1853	1854
差餉	0	529	1575	2239	2575	3116	2811	2958	2325	2704	3327

年度	1855	1856	1857	1858	1859	1860	1861	1862	1863	1864	1865
差餉	3917	3868	7376	13281	14047	16573	15736	19096	27331	25519	37024

年度	1866	1867	1868	1869	1870	1871	1872	1873	1874	1875	1876
差餉	42863	46440	46089	37232	38880	37650	38002	39319	39083	38770	38439

年度	1877	1878	1879	1880	1881	1882	1883	1884	1885	1886	1887
差餉	30763	197925	171342	230557	221796	252938	258614	263989	285765	306131	332863

年度	1888	1889	1890	1891	1892	1893	1894	1895	1896	1897	1898
差餉	360292	374857	414392	397755	458153	394224	394424	404106	402213	429137	466619

表 1.9　19 世紀香港差餉收入

來源：藍皮書殖民當局每年收支表

注：在 1856 年的政府年行政報告中，提及按租金徵收的 10% 差餉，實在不足以支付警隊以及監獄的開銷。即便如此，港府都沒有向倫敦申請任何的議會撥款，只是在過往年度的剩餘收入裏想辦法。港督提到可以向中國政府討回一些賠償，但明細欠奉。[2]

1857 年開始，由於 1856 年通過的法令對政府提供的公共照明系統開徵稅項，這也是用物業的估值計算，一併與警察差餉收取，故此報表上的數額加上了 "街燈餉項"。到了 1860 年，又對食水供應加徵餉項。[3]

1　《香港差餉稅收歷史》，香港：差餉物業估價署，2013 年，第 11 頁。

2　Robert L. Jarman, *Hong Kong Annual Administration Reports, 1841–1941*, London: Archive Editions, 1996, No.36, pp.233–234.

3　《香港差餉稅收歷史》，香港：差餉物業估價署，2013 年，第 20–24 頁。

年度	1844	1845	1846	1847	1848	1849	1850	1851	1852	1853	1854
開銷	6433	9849	11897	10659	8996	6856	6797	7075	6374	6738	7073

年度	1855	1856	1857	1858	1859	1860	1861	1862	1863	1864	1865
開銷	7938	9872	13919	8418	10201	9741	11619	15192	18671	20476	21224

年度	1866	1867	1868	1869	1870	1871	1872	1873	1874	1875	1876
開銷	20706	23753	24403	26053	32838	35943	39315	39080	36470	37408	36622

年度	1877	1878	1879	1880	1881	1882	1883	1884	1885	1886	1887
開銷	37597	159815	170655	176312	183332	185871	185951	207741	192769	193619	213481

年度	1888	1889	1890	1891	1892	1893	1894	1895	1896	1897	1898
開銷	203760	213474	214323	224220	244209	222032	218209	217451	219777	241568	237084

表 1.10　19 世紀香港警隊開銷
來源：藍皮書殖民當局每年收支表
注：1878 年開始，報表用港元來計算。

　　其實自英國開始管治香港，相關事宜就常在國內引起關注，1857 年 1 月 3 日的倫敦畫報新聞裏，就有讀者為香港平反的一段。原來報章亂肆把英國在中國的領事館與外交開支報導成香港殖民當局的開銷，就讓英國人感覺 "香港不是省油的燈"。這位讀者應該對香港很熟悉，因為他不但能指出錯誤，還列出數據佐證香港一早已經是自給自足，甚至有盈餘了，所以與其他的直轄殖民地截然不同，不單不是英國的負擔，而是有利的如意算盤。他說 1856 年至 1957 年，英國一先令都沒有撥款給香港，香港還擁有自己的收入甚至盈餘。[1]

　　上文多次說到，每次殖民當局提出要增加警隊人手，倫敦的回應無論是同意或否定，總會提醒任何增加了的費用都要殖民當局自己負擔。後來提出此類要求的殖民當局官員，不管是港督、警察總監或其他人，都會很聰明地加上一句，"本地對此要求增加的開銷，將用差餉來支付"。從報表上的資料看來，這也是事實。自 1850 年代後期起，差餉的收入已經慢慢超過了警隊的開銷。事實上，隨著香港的蓬勃發展，島上的建築物大量增建，差餉在其收入中佔據很高比例（收入前三位一直是差餉、地租 / 賣地以及鴉片專賣 / 牌照費用）。1856 年，

　1　*Illustrated London News*, 03 January 1857.

港督寶寧向倫敦申請建造中央警署新大樓，以及在另一處新建警察分局，需要費用 4494 英鎊。政府內部也承認："儘管香港的收入很繁榮，也許有辦法支付這筆擬議的支出，但我認為，如果沒有總督對財政狀況的具體說明，財政部幾乎不會批准超過 4000 英鎊的支出。"[1] 可見倫敦對於香港的財政監管非常嚴格。表中顯示 1872 年錄得開銷超過差餉收入（差餉 38002：開銷 39315）之後就再沒有出現虧損（1877 年度的再次虧損有可能只是因為貨幣換算上的差距而已）。

1840 年代初期，報表上有注明，警隊大部分開銷是從《南京條約》清廷所賠的款項中支取的。但這備注只出現了一年，到 1845 年就停止了。另外部分開銷是依靠英國議會的撥款與本地收入。從 1854 年起，警隊的開銷僅靠本地收入支撐。德庇時接任港督時，有感倫敦要求香港儘快自負盈虧的壓力越來越大，曾設想過將警隊從政府架構裏抽離，改為分區制，即警隊由每一區的歐籍居民自己控制，其開支由歐籍人士負擔。[2] 但這個想法自然受到歐籍居民的反對，他們認為警察是殖民當局應該為市民提供的服務。[3] 德庇時的建議多少反映了一種看法，就是警隊是服務歐洲人社群的，而華人社區則由華人自費的地保（以及後來的更練團隊員）負責。這並沒有明文規定，卻有一定的可信度。事實上，到了港督寶寧年代，每季付差餉超過 1000 元的納稅人裏有 17 名是華人，而只有 1 名是英國人；有說到了軒尼詩當港督時，政府收入中有 90% 是來自華人。[4] 奈何，警隊的"服務"依然是以保護歐洲人為主。

上面的兩個表格只是特意顯示差餉與警隊開銷，政府其實是有其他各項收入。總體來說，到了 1859 年，香港的報表首次出現資產負債表（即顯示政府財政狀況），當時的累積淨資產已經達到 4 萬 2 千英鎊。到了 1862 年，這個數目突增到 44 萬 5 千多英鎊。可見香港經濟發展穩定，殖民當局的收入已有一定的保證。[5]

1842 年，璞鼎查向殖民地部申請增設警隊總監一職，堅偉（總裁判司）不再承擔管理警隊的責任。但從每年的報表來看，部門開銷數目是合併上呈的。這點也證實了在匯報綫（reporting line）上，梅查理（警察總監）仍然是隸屬於總裁

1　Bowring to Henry Labouchère, 01 May 1856, No.67, CO129/55, pp.195–198.

2　Crisswell and Watson, *The Royal Hong Kong Police (1841–1945)*, Hong Kong: MacMillan Publishers (Hong Kong) Ltd, 1982, p.26; Davis to Lord Stanley, 24 July 1844, No.42, CO129/06, pp.414–417.

3　James William Norton-Kyshe, *The History of the Laws and Courts of Hong Kong*, Hong Kong: Noronha & Company, 2012, pp.85–86.

4　王賡武：《香港史新編》（上冊），香港：三聯書店（香港）有限公司，2017 年，第 92 頁。

5　Blue Book: Colony of Hong Kong, 1859.

判司堅偉的。到了 1849 年，收支報表數據裏把開支總數分析劃分為三個部門：總裁判司、監獄與警察總監，因此上圖從 1848 開始顯示的數字，是三個部門的總數目。還有一點值得注意的是，報表上有一個所有政府部門開銷的總匯，裏面有一項是"司法部門"，但是"總裁判處"卻是獨立成項。這似乎顯示總裁判司在當時並未被視為是一個司法機構。總裁判處的規模一直變動不大，上級是幾位裁判司，其他是幾名文職與翻譯，所以開銷一直保持在警隊的 1/3 以下。

警隊的開銷分為兩部分：日常性支出與突發性支出。除了警隊成員的薪金外，開銷還包含了囚犯與歐籍警察的膳食與制服費用等。

香港在 19 世紀通過了幾條關於徵收差餉的法令。首條是 1845 年第 2 號法令，[1] 這一法令決定開徵差餉以支付警隊的開支，條文主要規定了徵收的辦法和細則。該法令的通過引起一連串的不滿，包括究竟業主抑或租客才是賦稅者、以政府的估價來確定稅收的基數是否合憲等。事情最後鬧到了倫敦殖民地部。[2] 結果德庇時同意把稅率調至 40%，也算是開啟了對物業徵收差餉的做法。其他關於這稅項的實際操作細節規定，就不在此贅敍了。[3]

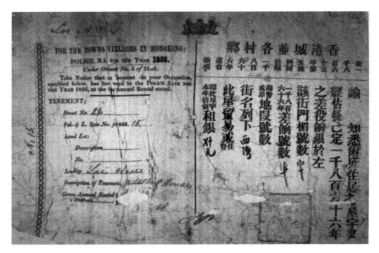

1866 年發出的估價通知書
來源：《香港差餉稅收歷史》，2013 年，第 4 頁

1　香港法律編章 1845 年第 2 號法令第 1 項。

2　James William Norton-Kyshe, *The History of the Laws and Courts of Hong Kong*, Hong Kong: Noronha & Company, 2012, pp.85–86.

3　香港法律編章 1851 年第 3 號、1854 年第 1 號、1857 年第 3 號、1863 年第 5 號、1867 年第 11 號法令。

五、警隊架構與薪水

香港警隊的開山始祖是梅查理，首支警隊的模楷建基於他服務多年的英國倫敦都會警察。筆者在此先簡單介紹英國倫敦都會警察架構的一些特質與淵源，作為本節必要的背景鋪墊。

以色列警察史學者哈亞希派爾‧馬科夫（Haia Shpayer-Makov）認為英國近代警察系統注重的是 "團制" 特點（regimentation），就是通過嚴格的紀律制度把警隊設立為一個 "監管良好的機器"。這個特點自然與軍隊有直接的聯繫，因為軍隊就是國家權力的最原始體現，但也不盡然只是這個因素。英國近代警隊建立在 19 世紀，正是英國經歷二次工業革命時期，而工業革命的成功因素有說是因為僱主們（工業家）引進新形式的 "權威工作關係"（authoritative work relations），就是工人階級須要實踐所謂的工業紀律，從而提高生產能力。倫敦都會警察局也是其中一種的 "僱主"，因此也採取了一種新的 "家長式管理模式"。另一方面，倫敦都會警察源於教區保衛制度，"農村家長作風" 中特有的 "等級與尊重" 等等價值觀，也是倫敦都會警察內部工作關係中堅穩的信念。然而，新制度下的警隊由於脫離了教區的獨善其身形式，被中央集權式地管理，因此也只能用官僚形式的管理機制來實現其最大生產力的目標。任何官僚主義本質上都是建立在指揮等級制度與統一的監管和獎勵制度的基礎上。[1]

官僚社會是一個分層社會價值的直接反映（stratified society）。在警隊而言，它的等級制被構造成一個金字塔形式。最底層佔整個部隊的 80%-90% 人手，而且是執行通常被視為是最常規任務的工種。在他們之上，就有從警長到督察、從總督察再到總監的職別等級。與愛爾蘭警隊相比，明顯不同的是後者有劃分警隊成員為 "軍官" 和 "普通士兵"。倫敦都會警察中，大部分成員都是在制度中逐漸晉升的，只有一小部最高等級的成員——警察局長、助理局長和局長等，不是以 "升級" 制度晉升的，而是由 "提名" 制度產生的。這樣的制度下，被提名的少數人擁有的是他們的執政精英伎倆，為隊伍架構提供了隊形與內容，而下面的管理層就決定了日常技巧和實踐。憑著上述所說，他們最大限度地控制了實際運作的下屬。[2] 回頭看香港警隊，管理層中清一色沒有有色人種或華人，證明沒有嚴格執行 "晉升" 制度。反之，"提名" 制度似乎大程度上被採納。這一點與愛

1　Haia Shpayer-Makov, *The Making of a Policeman (A social history of a labour force in metropolitan London, 1829–1914)*, Farnham: Ashgate Publishing Limited, 2002, pp.109–110.

2　Haia Shpayer-Makov, *The Making of a Policeman (A social history of a labour force in metropolitan London, 1829–1914)*, Farnham: Ashgate Publishing Limited, 2002, pp.111–112.

爾蘭警隊是一致的，箇中原因也能理解：這是殖民管治者與被殖民者關係中的自然衍生結果。

警隊各級別負責的職務

關於各個級別的具體職務，因為缺乏香港警隊本身的檔案，只得藉助文獻中的說法。返回以色列警察史學者馬科夫的說法，英國倫敦都會警察的主要職責是：（1）控制罪惡；（2）維持治安。這兩項職責當時都非依靠偵查行為，而是靠"防止發生"。其實警察大部分的日常職務都是每天的巡邏（行咇）。馬科夫解釋為，其實巡邏（行咇）其中一個目的是希望依靠一個穿著制服的國家權力代表跑在街上，對本來有意犯罪的人有阻嚇作用。同時，警察須要保持街道上的公眾治安，即等於要防止一切會釀成滋擾公眾治安的活動。這就包括要從街道上掃除乞丐、流浪漢、擺攤小販、醉酒漢、妓女與少年犯等。除此以外，再加上要維護新教的一些道理，例如獲利應該是從幹活得來，因此賭博等活動也是警察要禁止的事。還有是娼妓之事，也是新教道德之談不鼓勵的。[1]

把以上英國倫敦都會警察職務的大綱套在香港，也能看出淵源所在。根據黃錦就教授的看法，其實香港警察（警隊）的角色與功能從來都沒有確定的認知。就算是上述第 2 節提及的 1844 年 12 號法令（警察法）都只能看到規範香港警察的規條，而不是他們的職責。反而在 1844 年一份名為"保護殖民地香港的好秩序與清潔（衛生）"的法令中列出了殖民管治者（至少是希望）對香港居民（洋人與華人）的行為的規範，其中對於"有犯罪的課題"涵蓋甚廣，包括娼妓、賭博、私藏武器、非法集會、行乞等 19 項。也就是說，假如居民參與或涉足這 19 項行為，就是犯罪，通過成功的檢控、定罪後就可以給予懲罰。[2]

早期的香港警隊中，無論是管理階層或者實際運作階層，架構都不複雜。就管理層而言，最高領導為警察總監（後改名為 Captain Superintendent 總監），下面是督察。中間會有些變化，如加進副總監、助理總監或副督察、總督察等，並不影響其大體的工作性質。基層成員運作方面依靠警長與警員這兩個職別。

綜上所述，以下將按照每年政府的藍皮書和 CO133 檔案報表裏顯示的警隊人數與其他明細作出分析論述，下面的資料不再一一作注。報表顯示，警隊分為

1　Haia Shpayer-Makov, *The Making of a Policeman (A Social History of a labour force in Metropolitan London, 1829-1914)*, Farnham: Ashgate Publishing Limited, 2002, pp.114-122.

2　Kam C. Wong, *Policing in Hong Kong: History and Reform*, Boca Raton: CRC Press (Taylor & Francis Group), 2015, pp.270-271.

兩個部分：管理階層與基層成員。[1]

管理階層

香港警隊的管理層結構並不複雜，只有幾個等級，除了最高領導不同外，[2] 基本上與倫敦都會警察一樣。至於"署理"（Acting）的職級，在兩種情況會產生：（1）由於職位缺席而由另一人員代職；[3]（2）有些人入職時本來是某個職位（例如警長），但是可能資格還差一點，於是要等一段時間，待積累一定經驗後再正式擔任其職位。英國人對"署理"與"正式"分得很清楚，第一種情況的代職人在署理期間，薪金雖與正式的沒有分別，但在身份上只能稱呼為"署理**"。警察總監（及後來的 Captain 警察總監）由英國殖民地部的外務大臣直接委任，其他的警隊高層由港督任命。1879 年以後增加的總督察也是由外務大臣委任。

在香港警隊的管理層中，最高職級的是"警察總監"（Superintendent of Police）。在義律時代，堅偉負責法律與治安（law and order），他的職位是總裁判司，但也負責組織警隊，後來璞鼎查把堅偉的職位改成警察總裁判司，繼續負責以上兩項工作。在 1844 年通過的首份警隊法令的序言部分，將權力的分配與組織的上下關係表述得很清晰："港督有權在殖民地上委任一位警察總裁判司，負責指示這個法令下設立的部隊，並委任適當人選當海事、助理裁判司與警察總監。"[4] 在行政報告中，裁判處由警察總裁判司負責，與警察部、監獄部屬同一個部門，並與其他的司法部門分開報呈它們的財務報表，顯示其不屬司法分支。然而，裁判處是警隊執法的後續：對涉嫌違法的人士，特別是絕大部分的華人，犯罪案件都由其審判。

總監下面是副總監和助理總監。在不同的時期，由於不同的理由（如限制支出、犯罪率、政治因素等），這兩個職位有時單獨出現，有時同時出現。在副警察總監或助理警察總監之下的是督察（Inspector）。上述"副"、"助理"的制度也適用於警察總監的下一級，也就是"督察"（Inspector）級。

從 1844 年到 1890 年，警隊管理層架構大致如下表顯示（5 年一度）：

1　"管理階層"與"基層成員"兩詞並不是報表中用的字眼，但報表中的資料確實是劃分開兩部分。

2　倫敦都會警察的最高領導是"警務署長"（Commissioner of Police），香港警隊領導一直到 1818 年都是"警察總監"（Superintendent/Captain Superintendent）。後來在 1930 年改稱"警察司"（Inspector General），1938 年再改稱"警務處處長"（Commissioner）。

3　本職人員休假，或因事不在香港。

4　香港法律編章 1844 年第 12 號法令首段標題。

職位／職級	1845	1850	1855	1860	1865	1870	1875	1880	1885	1890	1895	1900
警察總監	1	1	1	1	1	1	1	1	1	1	1	1
署理警察總監												
副警察總監						1	1	1	1	1	1	1
助理警察總監兼翻譯		1	1									
助理警察總監				1	1	1	1					
總督察									1	1	1	1	1
總督察（偵探部）												1
督察	2		1									
副督察		2	2	2								
特別幫辦（負責管理妓寨、街市等）					10		1					
一級督察					3	6	4	4	4	4	4	7
二級督察					2	3	3	3	3	3	3	3
三級督察					4	5	4	4	4	4	4	4
督察總數					9	14	11	11	11	11	11	14
管理階層總數	3	4	5	14	11	18	14	14	14	14	14	18

表 1.11　香港警隊管理層架構（1844–1890 年）
來源：政府藍皮書每年公務員報表

　　1847 年，警隊增加了一位助理警察總監（兼傳譯），也就是早期殖民管治中極具爭議性的高三貴，1867 年後增加了更高一級的副總監職位。1860 年代是人手大增的年代，管理階層在 1862 年的警隊改革中出現變動，上面一節已有詳述。

　　1849 年 8 月 31 日，一名督察在執勤時，因颱風在警察船上墮海身故，職位因此懸空至 1854 年。在這數年間，沒有督察，只有副督察。1849 年，另一名的督察的職位也被廢除了，只剩高三貴與兩名副督察。1855 年又委任了一位督察，但薪水降低（從 250 英鎊減到 125/150/175 英鎊），有可能是新入職的人士經驗不足。1859 年，督察職位再度懸空至 1862 年。在這一年，羅便臣的改革下，督察在職位上分一級、二級與三級，代替了只用薪金分等的制度，人數也逐步增加。三級制度一直沿用至 19 世紀末，到 1901 年改成兩級制。另外，在 1879 年增設了總督察一職。

1898 年，領導層首次出現了一位 "總偵查督察"，意味著警隊裏開始有了正式的 "偵探部"（Detective Branch）。上文已經解釋過，偵探部的實際運作與成效要依靠華人警員，這有異於殖民當局對華人成員持的態度。1897 年，梅查理申請增加一個總督察（偵探部）的位子。[1] 文件顯示，這職位本來是為一級督察斯坦頓量身打造的。[2] 這位督察表現出色，漢語水平屢受好評，對三合會有較深認識，後更出版專題書籍。[3] 這證明英國人骨子裏始終對華人不信任，最終正式成立偵探部是因為有合適的歐洲人選。但奈何中途發生了貪污醜聞，斯坦頓不但沒有升職，最後要引咎辭職，最後由另一位 J. W. Hanson 督察擔任總偵查督察。

OFFICE.	NAME.	Date of Appointment.	By whom appointed, and under what Instrument.	Annual Salary in Dollars.	From what Fund the Salary is paid.
POLICE FORCE:—			Brought forward,...	$ c. 473,578.00	
Captain Superintendent,	F. H. May, c.m.g.	11th February, 1893.	S. of S. Desp. No. 72 of 21st April, 1893.	5,760.00	
Deputy Superintendent,	F. J. Badeley. (1)	6th July, 1893.	S. of S. Desp. No. 76 of 29th Mar., 1893.	3,000.00	
Paymaster,	C. W. Duggan. (2)	6th January, 1881.	S. of S. Desp. No. 170 of 11th Aug., 1882.	2,592.00	
Second Clerk,	Geo. Ng Fuk Shang.	1st August, 1896.	The Governor, by C.S.O. 1908 of 1896.	1,152.00	
Third Clerk,	R. H. Kotewall.	19th October, 1897.	Do.	600.00	
Fourth Clerk,	Lo Mau Kai.	4th January, 1898.	Do.	360.00	
Chief Inspector,	A. Mackie.	10th October, 1897.	The Governor.	1,680.00	
Chief Detective Inspector,	J. W. Hanson.	1st January, 1898.	Do.	1,680.00	the Colony.
Inspector, 1st Class,	G. Kemp.	10th October, 1897.	Do.	1,368.00	

1898 年殖民當局警察部公務員列表
來源：殖民當局藍皮書（1898 年）

1　Captain Superintendent of Police to Colonial Secretary, 27 March 1897, CO129/275, pp.383–385.

2　W. Stanton 是 1872 年從倫敦都會警員招聘的 20 位年青小夥子之一，1897 年已達一級督察官階。

3　William Stanton, *The Triad Society, Or Heaven & Earth Association*, Hong Kong: Kelly & Walsh, 1900.

另外，關於督察一級，在 1850 年代末、60 年代初的幾年，出現了三種特別身份的督察，他們在職級或薪水上都有別於普通的督察。1860 年到 1861 年間，設立了兩個 "滋擾行為督察"（nuisance inspector）的職位，1858 年起設立了兩個 "街市督察"（market inspector）的職位，1860 年增設了一名 "妓寨督察"（brothel inspector）。本來 1857 年通過立法，[1] 要將妓館也以發牌制度監管，及後受到華人的強烈反對，發牌制只限在歐籍人士光顧的妓館，因為其他妓館的妓女不願意被洋醫生定時檢測。[2]

但這些職位都只維持到 1862 年，此後在警隊架構中消失了。

警隊的管理階層由以上幾個職位所組成，而在討論警員之前，還需介紹一些後勤人員，如翻譯、會計、文員等等，以保持整個警隊架構的完整性。香港警隊從 1844 年正式成立開始，直到 1859 年才出現首個華人職員，是一名負責翻譯的文員。[3] 1872 年時此職位由一個增至 2–3 個，沒有職務上的等級，只有薪水的差異。1874 年始該職位刪去 "華人" 二字，變成 "翻譯與文員"，並有一位葡萄牙人 Souza 加入。此人一直做到 1880 年才辭職。1881 年，領薪最高的 "翻譯與文員" 離職後，就再沒有出現過這個職位了，全部歸屬於 "文員"。當時文員級別分為五等，第一級除了文員工作外，還兼做會計，由歐籍人士擔任，薪水很高。

另外，1847–1848 年設有華人情報員（Chinese Informer）一職。單從名稱來看，應該是向警察局提供情報的人；實際上，這可能是遵循英國警察制度中的先例，[4] 負責處理和審核情報。隨著管理層翻譯人手的增加，該職位在 1849 年後被取消。據說，這個職位在 18 世紀的英國還有另一種功能：當時還沒有倫敦都會警察，只有一些教區保安員，在經濟發達的城鎮上，會設立一個職位監管經濟，有正式的官職與薪水，後來演變成 "街市督察"。[5] 在香港，"街市督察" 的職位也曾短暫地在 1850 年代末、60 年代初出現過。

上述圖表顯示，19 世紀的香港警隊管理層人數不算多，權力非常集中，高峰期的督察維持在 13–14 名。1900 年代，督察數目逐步遞增至 17–18 名。大幅增

---

1 香港法律編章 1857 年第 12 號法令。

2 Crisswell and Watson, *The Royal Hong Kong Police (1841–1945)*, Hong Kong: Macmillan Publishers (Hong Kong) Ltd, 1982, p.77.

3 第一個叫黃金水，後來的叫曹阿謙、鍾阿運。

4 Clive Emsley, *The Great British Bobby: A History of British Policing From the 18th Century to the present*, London: Querus, 2010, pp.30–33.

5 Clive Emsley, *The Great British Bobby: A History of British Policing From the 18th Century to the present*, London: Querus, 2010, p.27.

加肯定是與取得新界有關。2008 年警隊總人數是 27551 名，管理階層包括 67 名部長級，2484 名非部長級（即督察與警長職級），佔比 9.2%。與研究時段的幾個時間點做比較（見下表），19 世紀的警隊管理層所佔比例較低。當然，產生差異的原因不甚相同，這種比較不一定完全合理。可以看到，在警隊成立的頭 5 年，管理人數比例較高。1869 年的調查委員會後，警隊人數激增，但主要是基層警員的增加，管理人員比例偏低。到了 1880 年代後期，警隊發展漸趨穩定，也體現在管理人數的縮減比例上。

	警隊總人數	（高級）管理階層	（警長）管理人數	比例
1850	133	4	11	11.3%
1860	352	9	20	8.2%
1870	629	18	25	6.8%
1880	479	13	26	8.1%
1890	529	17	26	8.1%
1900	765	18	47	8.5%

表 1.12　19 世紀香港警隊管理層人數及佔比
來源：政府藍皮書每年公務員報表

　　值得一提的是，1882 年警隊首次有一位 "華人" 躋身管理階層。此人名叫威廉・昆西（William Quincey），是出生在江蘇崑山的一個孤兒，原姓王，後改名王經年。後被一位英國人收養，並在 1864 年被帶回英國，在英語教育下長大，因此被 "接受" 為歐籍人士。昆西在 1870 年 10 月加入警隊，當時只是一名警長，可能由於他的養父與港督堅尼地關係良好，昆西在警隊的仕途可算順利。1884 年他被擢升為三級督察，然後步步高升。然而他的晉升令警隊裏的很多人不高興，他們認為他本來只是一名駐守港督官邸前的小廝，不配躋身警隊管理階層。[1] 這些質疑或許也是因為他根本沒有歐洲血統。他成為管理層後，英國籍的下屬居然拒絕向他敬禮，理由全因他是華人的身份。[2] 昆西在處理 1894–1895 年的群體性事件中立功不少，在 1895 年擢升為一級督察；被後來因捲進 1898 年警隊的

1　*HK Daily Press*, 21 August 1880. 根據政府資料，昆西是在 1882 年才被擢升為督察。但不知為何 1880 年 8 月的報紙已經有此報導。

2　Kam C. Wong, *Policing in Hong Kong: History and Reform*, Boca Raton: CRC Press (Taylor & Francis Group), 2015, p.235.

貪污事件調查中，黯然離開警隊。有說 1898 年 12 月，昆西離開香港，接受上海道台的邀請，在上海剛成立的首支現代警隊擔任捕頭，還帶去 5 名印度籍警察。[1]

昆西督察 65 歲生辰（攝於上海，1913 年）
來源：*The Stewart Lockhart Photographic Archive, on loan from George Watson's College to the National Galleries of Scotland*（蘇格蘭國家畫廊）

管理層的薪水

警察總監的薪水一開始是 500 英鎊，維持了 17 年之久，到 1862 年增至 800 英鎊，加薪幅度大約是 60%。1878 年的報表轉用港元代替英鎊，800 英鎊等於 3840 港元。這一薪酬又維持了 14 年，至 1886 年增加到 5040 元，增長了 31%。其後有所波動，直到 1896 年穩定為 5760 元，再度增幅 14%，並維持了數年。到了 1901 年增加至 6000 元，1905 年再增至 6600 元，最後增加至 1908 年的 7200 元。63 年來，警察總監的薪水總體增長了 3 倍，平均每年增幅 4.8%。

相對而言，副總監的薪水增幅遠不及總監。1867 年首次委任時為 500 英鎊，到 1877 年增長至 650 英鎊（2640 元），增幅 30%。之後一直維持了 10 年，到 1895 年才增長 14% 至 3000 元，1899 年的 3600 元，1900 年的 3900 元與 1901 年的 4050 元。1902 年，由於港元與英鎊的匯率變動，有警察轉成用英鎊支薪，4050 元折合 600 英鎊。1905 年又增至 640 英鎊，1908 年大幅增長到 860 英鎊。41 年間，總體增長了 72%，每年平均增長 1.76%。

1　〈另選捕頭〉，《申報》，1899 年 1 月 4 日，第 3 頁。

督察位於管理階層的最低一級，薪金不增反降，從 1847 年最初的 250 英鎊一直下降，到了 1872 年施行三級制，最高級的督察頂薪也只是 250 英鎊，亦即 28 年來都沒有增長過。雖然增加了副督察職位，其頂薪都沒有超過 175 英鎊，1873 年才增加到 250 英鎊。轉為港元結算以後，變成 1200 元，又維持到 1890 年。1891 年頂薪點為 1368 元，然後一直維持了 9 年，到 1900 年再增加至 1632 元，一直到 1908 年都沒有再增加過。63 年來總體增長了 36%（1.5 倍都不到），每年平均少於 0.6%。

基層成員

香港警隊的基層運作階層中，只有兩個級別：警長與警員。架構內又再以成員的國籍分為三個組別：歐籍、印度籍與華人。相對而言，歐籍組別與華人組別的人數並沒有印度籍組別變化那麼大，原因如下：首先，開埠初期，駐守香港的英軍裏，有不少印度人被調派到警隊中。後期的（非士兵）印度警察，一開始是在本地招聘，後來直接從印度招募，而且是大批來港，所以人數變化比較大。最後，就算是所謂 "印度籍"，其實都細分為來自南印度、東印度以及錫克教的印度籍人，比較雜亂。而華人是在香港本地居民中招聘（至少在 19 世紀是如此，20 世紀開始從山東招聘），且一直以來不受重用，數量不大。至於招聘歐籍警察成本昂貴，向來不受倫敦鼓勵，故這兩個組別的總數目相對比較穩定。

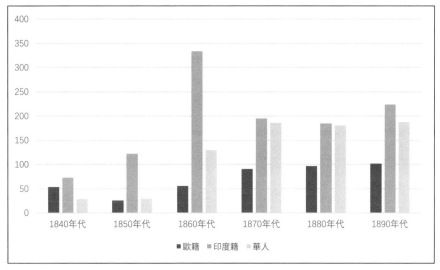

表 1.13　19 世紀香港警隊基層運作階層平均人數與國籍分佈（單位：人）
來源：港府檔案 CO133、藍皮書（Blue Book）中殖民當局年度報表

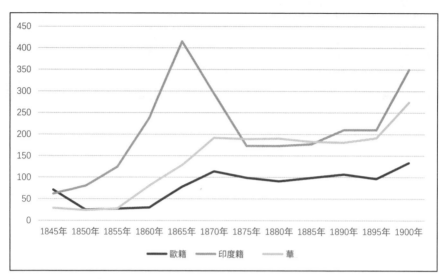

表 1.14　19 世紀香港警隊基層運作階層人數（單位：人）

來源：港府檔案 CO133、藍皮書（Blue Book）中殖民當局年度報表

　　1844 年初期的警隊架構仿照軍隊模式，用下士與二等兵等的軍階。1845 年，警隊改變編制，改用 "警長"（Sergeant）與 "警員"（Constables）。另外，薪水上的分級制是從 1855 年開始的，在每一個等級裏，有三種不同的薪水。這一制度維持到 1862 年，改革後，職位也分為一、二、三等。

歐籍組別

　　該組別只有兩個職級：警長與警員，其間也有過一些署理警長。1840 年代，從 1845 年的 71 名（14 名警長，57 名警員），到 1850 年減少為 25 名（7 名警長，18 名警員）。到了 1860 年，人數也只是增加到 30 名（7 名警長，23 名警員）。組別內的職級沒有改變，但無論是警長或警員，從 1855 年開始就設有三級制薪金。隨著警隊的擴大，人數逐漸增至 1869 年的 75 名（15 名警長，60 名警員）。1870 年突然增加了 22 名下士（港督麥當奴早在 1867 年因罪案增加就提出該建議），總數達 114 名（10 名警長，82 名警員與 22 名下士），主要增加的是三級警員。但警長回復到只得一個級別，薪水也一樣，一直保持到 1885 年才重設薪水兩級制。雖然這 22 名從軍隊來的下士在 1872 年全部離開，但是整體的警員數量有所增加，總數保持在 116 名（10 名警長，106 警員）。警員仍分為三級（後改成兩級制），可見已經制度化。1870 年代，歐籍成員人數下降到 1876 年的 91 名（11 名警長，80 警員）。

　　總數 91 名以及警員兩級制一直保持到 1880 年底。進入 1880 年代，歐籍組別變動不大，總數微調至 107 名（11 名警長，96 名警員）。從 1884 年開始，警長與警員重新定為兩級薪金制。整體加薪幅度是警長 15%，警員 12.5%。1891 年至 1895 年，歐籍組別沒有再分兩級制，只剩下頂薪點一個級數。警長方面一直保持 12 名，警員從 100 名下降至 85 名，亦即總數下降至 97 名。1896–1898 年間，警員再度出現兩級制。1898 年，警長級別多增了兩個職位，分別是署理警長以及代職警長（是一個英國軍隊的官階，從軍隊臨時調撥到警隊，可能是因為接收新界之事）。1900 年，歐籍成員總數達 134 名（24 名警長，110 名警員）。值得一提的是，因為接管新界的關係，1900 年警隊總人數增加了，但是歐籍警員增加很少，反而是歐籍警長人數增加較多。英國人取得新界以後，對於管治新界有不同的方法，包括利用類似"更練團"的新界本地村警，因此實際的警員數字（至少歐籍的）沒有大幅增加。

另外，從下表可以看到歐籍警長與警員的比例相比印度籍或華人都較高。也許是因為歐籍警長並非只是管理歐籍警員，而要同時管理印度籍與華人警員。歸根結底，殖民管治下，警隊管理階層以白人為主。下表也印證了上面說過的香港警隊也與倫敦都會警察一樣，採取金字塔管理架構，最底層的基層運作成員佔整個部隊的 80%–90%。

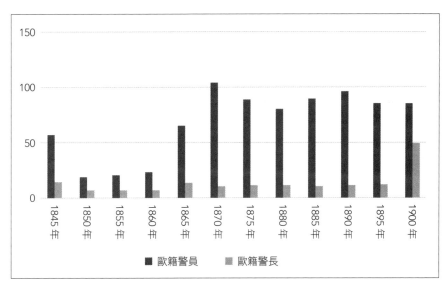

表 1.15　歐籍警長與歐籍警員比例（單位：人）
來源：港府檔案 CO133、藍皮書（Blue Book）中政府機構年度報表

華人組別

華人組別的結構與歐籍相似，分為"警長、署理警長、警員"三個級別。1870 年歐籍組別出現的下士，華人組別中也有，但只存在了 2 年。華人組別從 1840 年代的 48 名（6 名警長，42 名警員）減少到 1850 年的 24 名（4 名警長，20 名警員）；1850 年代又逐漸爬升至 80 名（4 名警長，66 名警員），外加 10 名流邏（scavengers）；[1] 1860 年代再逐步遞增至 1870 年底的 178 名（5 名警長，173 名警員），其中包括 8 名下士。1872 年總數是 164 名（1 名警長，163 名警員），依舊是三級制。這個狀態一直維持到 1880 年，總體數字上在 1874 年達到 189 名（2 名警長，187 名警員）後，一直到 1880 年都沒有增長，也保持三級制。1890 年底總數 181 名（5 名警長，176 名警員）。華人組別的大幅增加發生在 1900 年，總數從 1891 年底的 181 名飆升到 1900 年底的 249 名（7 名警長，242 名警員），然後又在 1901 年上升至 249 名（7 名警長，242 名警員），警員分三級制。1904 年，華人組別數目增至 311 名（22 名警長，289 名警員），分為兩級制。

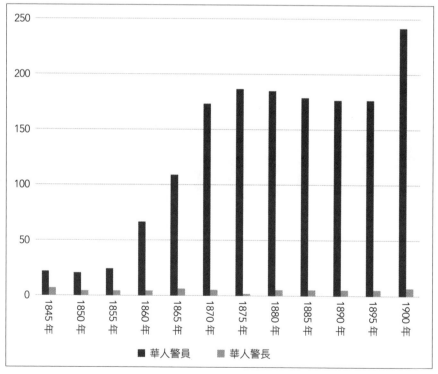

表 1.16　華人警長與華人警員比例（單位：人）
來源：港府檔案 CO133、藍皮書（Blue Book）中政府機構年度報表

　1　19 世紀很多香港的政府部門似乎都設有 Scavengers，主要是負責清理垢物。

　　如上所述，華人警員大幅的增加絕對與拓展新界有關。華人警長在一開始的 1884 年有 6 名，到了 1900 年，也只不過增加到 7 名，但是華人基層警員人數卻增加了 7 倍。這說明在整個 19 世紀，華人始終沒有在警隊裏得到重用，晉升機會是幾近於零。

印度籍組別

　　印度印度籍組別經歷了幾次大的增長。第一次是 1855 年，從 1854 年的 66 名（5 名警長，61 名警員）突增至 1855 年的 124 名（9 名警長，115 名警員），幾乎翻了一翻。第二次是 1860 年，從 1859 年的 182 名（10 名警長，155 名警察）突增到 1860 年的 238 名（12 名警長，226 名警員），其中包括 10 名 "街市警員"，但是只維持了 2 年。兩次大幅度的增加，都是由於港府決定直接在印度招聘警員。1862 年總數是 318 名（18 名警長，300 名警員），翌年增至 371 名（21 名警長，350 名警員），1865 年達到 414 名的頂峰（21 名警長，393 名警員）。此後逐步遞減，至 1870 年底 294 名（12 名警長，282 名警員），1880 年底只剩下 173 名了（11 名警長，162 名警員）。如此起起伏伏，到 1890 年底又增至 210 名（11 名警長，199 名警員）。這個數目維持了整個 1890 年代。到了 1900 年，增加了 144 名警員、6 名警長，總數 350 名（17 名警長，333 警員），相信同樣與租借新界有關。

　　從 1840 年代到 1850 年代，警隊印度籍成員只是兩級制度。到 1870 年代，制度上已經看齊，同樣都是三級制。印度籍組別雖然人數不少，但警長的數目一直不多。在整個 1840 年代，警長數目都不超過 7 人。即使 1860 年代警員人數增加了一倍以上，警長人數還是維持在 10–12 名。1865 年是印度籍組別最鼎盛的一年，警長達到 21 名。這個現象與華人組如出一轍，印度籍雖然是警隊裏的骨幹成員，但是只限於幹英國人不願意幹的活而已，沒有被重用，很難得到晉升的機會。

　　在印度組別裏，有些職位與宗教有關。從 1867 年開始，出現一個名為 Jemadbars 的職銜，到 1880 年時還存在。從薪金來看，這個職位是整個印度組別中最高的，大概可與歐籍二級警員的薪酬相比。另外，印度籍組別中也有翻譯，但人數一直只有 1–2 名。其薪金一開始比華人翻譯高，後來比華人低。由於該職位要負責這數百人的翻譯，從其薪水也可以反映出印度籍警察在香港警隊的高峰與沒落。

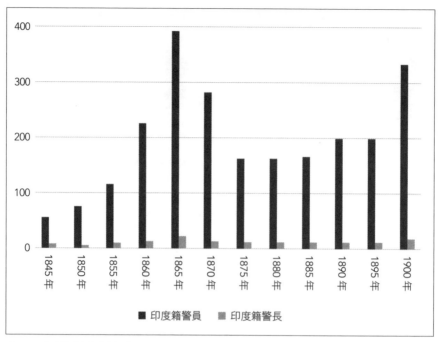

表 1.17　印度警長與印度警員比例（單位：人）
來源：港府檔案 CO133、藍皮書（Blue Book）中政府機構年度報表

基層成員的薪水

　　1844 年殖民管治後建立的警隊，在 1840 年代到 1870 年代，基層運作成員經歷的人事變動甚大，保存下來的數據記錄亦十分雜亂，勉強做出任何的比較，準繩度都意義不大。因此，筆者只會對 1840 年代至 1870 年代作出一個趨勢性的描述，不會有很多實際數字的描述。人數分級薪水制度要到 1880 年代與 1890 年代才清晰穩定下來，因此描述會配有較多數字支持。這部分的描述中，筆者主要想作兩個較有意思的比較，一是種族組別之間的薪水水平比較，二是每一組別內警長與基層警員的比較，最後就能總結出 19 世紀 40 年代以後各族警隊成員薪水的趨勢。

　　1840 年代，薪金普遍下調。這段時期，歐籍警長有分警長與署理警長。歐洲警長的下調幅度是 5.8%–7.25%，歐籍警員達 8.3%；印度組別下調比例較高，警長級別達 17%，警員（兩級制）達 20%–32%；華人調整幅度也不小，其中警長下調 15%–20%，警員達 20%。一個奇怪的現象是，歐洲組別裏，下調年薪的絕對值都是 2.9 英鎊，因此，越低級別的下降幅度就越大。這個數額亦用在華人組別的署理警長與警員上，但基數是這麼低的薪水，減薪幅度就更大了。究竟殖民當局有沒有考慮過這問題，還是死活不管？

　　1850 年代，薪金普遍有向上調整趨勢。歐籍警長從本來的 47.1 英鎊，到 10 年後增至最高的 84 英鎊，增幅達 78%。署理警長從本來的 37.1 英鎊，到 10 年後增至最高的 75 英鎊，增幅達到 100%。歐籍警員首次調升是在 1855 年，也分成三級制。到 1857 年也再有上升，從最初的 32.1 到頂薪點的 63 英鎊，幅度也很高（96.7%）。但是看華人警長，最低起薪點是 20 英鎊，最終的頂薪點是 27.1 英鎊，增幅是 36%。再看華人署理警長，最低起薪點是 17.1 英鎊，最終的三級制頂薪點是 22.1 英鎊，增幅是 23%。印度籍的警長從最低起薪點的 25 英鎊，到最高頂薪點的 53 英鎊，增幅是 1.12 倍；華人警員由 12.1 英鎊的最低起薪，最後增至頂點的 18.15 英鎊（增幅達 50%）；印度人警員的起薪點從 15.12 英鎊上調至最終的 22.1 英鎊，增加幅度是 46%，比華人多一點點。總之，這時代人事變動很大，但是歐籍成員的薪水加幅，無論是警長、署理警長或警員都最超然。相對而言，華人各級雖然薪水是向上調，但幅度較小，實際金額更小。1850 年代是印度人在香港警隊的鼎盛時期。

　　1860 年代，薪金普遍有向上調整趨勢。歐洲組別中，警長有分正式與署理，都是三級制。1862 年薪酬調高至 80、90 與 100 英鎊，到了 1870 年調至一級制的 100 英鎊。署理警長職別在 1870 年被廢除了。至於歐籍警員，薪酬也是 1862 年有調高過，一直維持到 1869 年（60、65 與 70 英鎊），但在 1870 年調高至 65、70 與 75 英鎊，所以說有微調上升趨勢。華人組別中，警長也有三級制。數字記錄不清楚，只可以觀察到 1862 年的薪水水平一直維持到 1870 年。但此記錄也可能被混淆，不好做準。三級制華人警員的薪酬在 1860 年代也是有提升的。印度籍組別中，警長分正式與署理，都是三級制。正式警長到 1870 年底的薪酬是 45–61.5 英鎊，頂薪點來看，是增加了 6.5 英鎊（或 12%）。署理警長來看，也算是有輕微上調。印度籍警員方面，由於經歷多次的改組，每一次都有不同族裔的印度人進隊，數字呈現混亂。大部分的印度籍警員在 1862 年進隊，當時薪酬是 30、32.1 與 35 英鎊，到後來 1870 年底，微調至 31.5、33.1 與 38.1 英鎊，因此也屬是有上調趨勢。

　　警長階層中，歐籍警長的最高薪點比印度籍與華人的高出很多（歐：100；印：61；華：49 英鎊）。至於警員階層，歐籍警員的最高薪點比印度籍與華人的也是高出很多（歐：75；印：38；華：25 英鎊）。

　　1870 年代，薪金整體向上調整。歐籍警長在 1870 年縮減至只剩下一級，亦取消了署理警長。1873 年歐籍警長年薪增加至 112.1 英鎊（或 540 元），一直保持到 1880 年底都沒有再增加。警員方面保持三級制。薪金亦是在 1873 年調整至 85、92.1 與 100 英鎊或 408、444 與 480 元，之後一直保持到 1880 年。印度籍方面，警長仍然保持警長與署理警長兩種。1873 年的署理警長也有三級，薪水分別是 40、43.15 與 45 英鎊或 192、210 與 216 元，一直到 1880 年底都是一樣。警長方面在 1873 年穩定了三級，薪水分別是 48.15、51.5 與 56.5 英鎊或 234、246 與 270 元，一直到 1899 年底都沒有再變。至於印度籍的警員，也在 1873 年穩定下來，三級制的薪水是 31.5、33.15 與 38.15 英鎊或 150、162 與 186 元。這個薪酬到 1900 年都沒有改變。華人方面，1873 年設定的兩級制警長薪水是 37.1 與 42.1 英鎊，在 1878 增長至 50 與 62.5 英鎊或 240 元與 300 元，直到 1880 年底。華人警員 1872 年從四級變回三級，薪水是 20、22.1 與 25 英鎊，翌年就增長至 22.1、27.1 與 35 英鎊，或 108、132 與 168 元，一直到 1899 年底都沒有再調整。

從上縱觀，華人警長是唯一在 10 年間有兩次薪水調整的職級。縱然如此，華人組別中，無論是警長或警員，薪金水平都比印度籍或歐洲人低許多。

1880 年代，薪金整體穩定，呈現微升傾向。10 年間警隊的基本條件穩定下來，級別與薪水都沒有大變化。歐籍組薪水別有微升現象。歐籍組別中，警長與警員仍然是兩級制。警長方面，起薪點是 540 元，頂薪點是 624 元。警員起薪點是 480 元，頂薪點是 540 元。因此，增幅大概是 15.5%（警長）和 12.5%（警員）。也可以說因為多增加了一個職級，警長的頂薪達到了 624 元。華人組別中，警長分為兩級制。警長的二級起薪點是 240 元與 300 元，直到 1890 年底的 12 年間沒有調節。警員分為三級制，三級起薪點是 108 元、132 元與 168 元。同樣，到 1890 年底的 18 年間都沒有調節。印度籍組別中，首先警長有分為警長與署理之別。正式警長分三級制，起薪點分別是 234 元、246 元與 270 元，直到 1890 年底的 17 年間都沒有調整。署理警長也分為三級制，起薪點分別是 192 元、210 元與 216 元，也是 17 年間沒有任何調整。印度籍警員也是三級制，起薪點分別是 150 元、162 元與 186 元，同樣 17 年都沒變動。

從上來看，華籍警長的薪水較印度籍警長微高，但印度籍警員比起華人警員的薪金較高。歐籍組別中，無論是警長或警員都比印度籍或華人高出許多：警長起薪點要高出 1 倍，警員更是超過 2 倍。

1890 年代，薪金整體維持不變。雖然說歐籍警長與警員的薪水從 1891 年至 1898 年都沒變，一直維持在 720 元與 600 元，但是實際從 1890 年底到 1891 年還是有過增長（警長從 624 元升到 720 元，升幅 15.3%；警員從 540 元升到 600 元，升幅 11.1%），不過接下來一直到 1899 年就沒有再提升過而已。華人警長則不似歐洲組別，1890 年底的 240 元與 300 元，到了 1891 年甚至 1899 年都沒有調整過。亦即是說，除了可能有一級的升級以外，21 年來，華人警長都沒有加薪。至於華人警員，情況也是一樣，除了個別因為三級內的遞升外，華人警員的薪水更是直到 1899 年都沒有調整過。印度籍組別中，警長與警員的薪金 30 年維持不變。三級制的警長級別保持為 234 元、246 元與 270 元；三級制的署理警長級別保持為 192 元、210 元與 216 元；三級制的警員薪金也保持在 150 元、162 元與186 元。

到了 1900 年，所有級別的歐籍警長和警員的薪金都上調了 20%。華人警員等了 27 年後也終於有稍微的升幅（7%–14%），華人警長仍然沒有加薪。這次的加薪，印度籍警長、署理警長或警員都是沒有份。這種超過 20 年都沒有調整過薪水的機構，也真屬是較為罕見。

小結

縱觀 19 世紀 40 年代以後香港的警察史和警政史，都是關於 "人" 的故事：人種、人物、人脈、人事等，這些故事影響了警政的實施，同時也阻礙了警隊的發展。

英國人是以殖民管治者的身份在港，他們有著同一目標：讓統治香港的工作以最省錢的方法收到最大的成效，最終達到英國殖民的目標，也就是讓香港擁有合適的營商環境，讓當權者有權力去推動一些舉措，以實現上述目標。他們往往依賴自己的親信去推動達標的過程，這些親信又會起用他們熟悉的族群去落實過程中的步驟。這些錯綜複雜的關係中，一些人乘機從中取利，就製造了一個利益集團。19 世紀的香港就是被這種方式管治的，很難看到被統治者（華人）的角色；然而，他們的命運卻直接被這些統治者所影響。

歷屆的港督是英國女王在香港的權力代表，雖然說是聯同行政局（舊稱議政局）一起施政，但後者其實只是港督的諮詢機構，很大程度上仍然是港督作為領導決策人。為了彰顯帝國的顯赫，他們推行各種殖民管治手段，其任務是維持香港作為英國在亞洲的軍事、商業與外交據點。在早期港督的政績表上，至少有兩個項目的成績，讓母國評核其施政是否優異、令人矚目，即：太平有序、自給自足。前者涉及維持香港的治安，因此英國人從一踏足香港，便立即安排組織警隊。奈何這兩項任務在某種程度上是有衝突的，自給自足的一個條件是節省政府開銷，導致殖民當局一直不能籌組一支令人滿意的警隊，包括吸引及挑選優質的人才、提供良好的配備與訓練等。試想一支晉升機會是零、28 年薪酬都沒有調整過的機構，要吸引良好質素的人才談何容易。另一方面，自然環境限制了香港在工業和農業上的發展。本來將其作為轉口港是可行的選項，但英國人一開始就把香港定位為自由港，不能對進出口貨物徵稅，因此限制了政府收入的來源。"太平有序"不能達標，亦會影響香港的營商環境。因此，維持本地治安有序、構建平穩的政治環境，一直是歷任港督重中之重的任務。

要達至太平有序，港督的乾坤袋裏有幾樣"法"寶：通過立法，讓居民培養學法、懂法、守法的意識，同時對違法者嚴厲懲處，以儆效尤。執法責任自然落在香港警察的身上，他們成為與市民接觸最多，亦最容易產生磨擦的官員。而且這些所謂的法規用在被殖民者身上，經常是帶有歧視性與壓迫性，警察自然成為"牛頭馬面"。在組織和管理香港警隊的工作上，最大的掣肘是資源問題。雖然當時英國的倫敦都會警察或皇家愛爾蘭警隊都是出色的隊伍，但香港殖民當局卻只能選擇聽從一些不專業的建議來招聘警隊成員。而提供這些折衷辦法的人士，往往與港督或者高級官員有個人關係。有時候為了鞏固自身的權力，這些人胡亂獻計，殖民當局因此走了不少冤枉路。不少機會主義者從中謀取私利，造成殖民管治初期的混亂局面則不難想像。

19 世紀的香港警隊好像一隻巫婆用的大鍋，利用一些拉雜的原料，試圖培養出一支有成效的警隊。但是，這個大鍋裏的原料實在太過雜亂與劣質，有時候短缺，有時候又過多，彼此之間味道配搭亦不可能般配。最重要的是，最隨手可得的原料，也是最適合用的原料——華人，卻一直都沒有放進大鍋裏，到了 19世紀晚期才開始被採用，但亦只用作佐料而非主料。結果這一大鍋煮出來只能是稀粥爛飯而已，毫不濟事。

在殖民管治下的香港，設立警隊的最初目的，是要確保統治階級的施政不會被頑抗不服的被統治者阻擾。由於香港的種種特殊因素，這股力量縱使存在，也是非常的潰散，分佈在遠離行政中心的村落（如赤柱與香港仔），微弱得難以整合成一股力量。相對而言，剛抵港的殖民當局沒有面對很大的反抗運動。但是殖民當局一口認定，導致市內治安不穩定因素的都是來自廣東等鄰近地區的移民人口（"危險分子"）。香港的發展產生了一個商人階級，強烈要求保護他們的生命與財產，這點讓殖民當局對於從內地來的人口不得不防。因此香港早期的警政其實是管理／控制移民人口多於控制罪惡／動亂。

研究香港警隊史的學者在分析香港警隊性質上是否與皇家愛爾蘭警隊較接

近時，經常會聚焦於兩者極具軍事色彩的元素上。本章企圖著眼於愛爾蘭本身的歷史及其與英國的關係，以及皇家愛爾蘭警隊的發展歷程，特別是新教主導、天主教沒落的特殊現象，這些與香港華人在英國殖民管治下受到的壓迫和歧視有許多相似之處。藉著這些視角，可能更容易解釋香港警隊與皇家愛爾蘭警隊的異同之處。

第二章

1856年商戶停業與
1857年「毒麵包」事件

1856 年 10 月 8 日，"亞羅號事件"在廣州水域發生後，觸發了英軍在廣州的軍事行動，最後引致英法聯軍攻佔廣州。這場戰事雖然沒有發生在香港，但其實與香港的關聯不少。例如當時英國的駐華公使寶寧即是香港總督；駐港英軍也派兵參與了對廣州地區的軍事行動；加上"亞羅號事件"的發生是與香港的船隻登記法例有關等。最重要的是，1856 年底在香港亦相應爆發了商戶停業罷賣事件，及後延伸到 1857 年 1 月在港發生的"毒麵包"事件，影響了全港的歐籍人士。本章意欲重建在香港發生的這一系列事件，記錄其在香港歷史中留下的足印，特別是釐清香港警隊在處理這些事件中扮演的角色，藉此觀察 19 世紀 50 年代英國對港的殖民管治理念與手段。

第一節　1856 年前後香港之內與外

一、被殖民管治 12 年後的香港

整體來說，香港自從開埠到 1854 年，無論在經濟、貿易或社會的繁榮程度上都有持續的增長與進步。要之如下：

在人口方面，1854 年的總人數是 55715 名。歐洲人（白種人）只有 1016 名，[1] 而華人的數目驟增，從 1853 年的 37536 人到 1854 年的 54072 人，增長率達 44%。[2] 1855 年，人口增長是港督行政報告的重點。報告提到在 8 年裏，人口翻了兩倍。人口持續增長主要因為鄰省廣東的動盪，引致人口湧入，而且華人人口的素質比以前提高了。[3] 1856 年的華人人口繼續增長，這對於總登記司的工作越發重要。華人女性比例增高，證明人口的性質有所改善，不再是開埠初期的那些流民歹徒之類，至少是有意在港定居、願意安分守己地組建家庭。而且這些來港華人的職業也與以前不同，增加了許多工匠、生意人等。

在貿易與經濟方面，1854 年的貿易數字在穩步增長。隨著很多大商行從廣州搬往香港，1855 年香港成為了英美商人在華營業的中心，諸多頗有實力的華資商業也來港發展，其中，港府特別希望潮州商人能來港。儘管海盜出沒、治安

1　"Population", Blue Book 1854, p.198.

2　Robert L. Jarman, *Hong Kong Annual Administration Reports, 1841–1941*, London: Archive Editions, 1996, No.38, p.216.

3　Robert L. Jarman, *Hong Kong Annual Administration Reports, 1841–1941*, London: Archive Editions, 1996, No.44, pp.227–228.

事件不少，對於海上貿易的發展形成一定干擾，殖民當局還是相信英國能夠提供在海上的安全，保障此地商業的蓬勃發展。從廣州來港的人數增加，對房屋的要求也隨之增加，政府賣地次數也有微升。

在財政方面，1854 年政府在收支上曾經陷入了入不敷出的境地。其實人口的增長，對土地需求的增加，也會增加港府的賣地收入。除了土地收入外，鴉片與煙草"牌照費"是庫房收入最豐富的項目。[1] 當時的輔政司威廉斯·默瑟（又名孖沙，William Mercer, 1821–1879）[2] 在報告裏提到，"隨著殖民地人口的增加，該項（指鴉片）收入顯著增加"。[3] 值得注意的是，殖民當局居然預計了增加的人口一定會抽吸鴉片，甚至已經將此項收入計入預算裏，狼子之心可見一斑。但是，在副港督堅偉的一封函件中，卻提到殖民當局一直在縮減開支。堅偉認為開支已經到了縮無可縮的階段，再縮就會嚴重影響施政成效了。[4]

從 1854 年開始，香港不再接受英國的財政資助，已成為自給自足的獨立體系。[5] 可是，發展需要資金，不僅是自足就可以。在 1855 年的報告中，輔政司默瑟提出過這個問題："現在沒有英國的補助，所有利於發展的事項是否就先擱置，又或者不應該再尋找怎樣推行這些措施的計劃。例如，本來要把赤柱與維多利亞城連起來的道路，要花 6000 鎊，就必須擱置。"[6] 默瑟快人快語，提到當時香港的許多開支都是為了要便利與內地的貿易，而英國從中獲取的利益並不少。他提出英國是否可以考慮提供其他的措施，如曾經有人建議對從香港運往英國的茶葉開徵特別稅，以增加香港的收入。[7] 但當時的港督寶寧是一個殖民主義忠實支持者，他直言不支持默瑟的想法，也知道倫敦方面不會考慮。寶寧甚至覺得："不能在一個'自給自足'的殖民地實施這樣一項'有差別性'的稅項。就應該

1　"Sources of Revenue", Blue Book 1855, p.2.

2　默瑟 1854 年獲委任成為香港的輔政司（兼任總核數司），當時是由上任港督般咸大力推薦的。可惜一朝天子一朝臣，到了寶寧在同年接任港督時，與默瑟意見常有差異。

3　Robert L. Jarman, *Hong Kong Annual Administration Reports, 1841–1941*, London: Archive Editions, 1996, No.44, p.229.

4　Caine to The Duke of Newcastle, 15 April 1854, No.2, CO129/45, pp.297–301.

5　港督 1858 年年報。雖然表中還算進 2 萬英鎊的母國資助，但是只作資助防衛之用，並不是作為香港的普通服務，因此母國資助實際上是從 1854 年已經跌至零。與過去的五年（1849–1853）平均比較，是每年一萬六千二百與零的對比。

6　Robert L. Jarman, *Hong Kong Annual Administration Reports, 1841–1941*, London: Archive Editions, 1996, No.44, pp.230–232.

7　港督 1855 年年報附件，輔政司默瑟的報告。

讓殖民地自己想辦法。"[1] 與受大英帝國殖民管治的其他地方不同,香港是自由港,不但不能開徵關稅,當時連一般營商利潤應繳交的利得稅都不能開徵。殖民管治者從一開始就沒打算在香港投放資源,卻意圖從中獲利。

罪案方面雖然沒有顯著增加,監獄卻經常是人滿之患。從 1856 年的港督報告可以得知香港當時還負責監禁多個在中國(甚至區內,如海峽殖民地)英領事館審判後的囚犯。殖民當局要求英國可否 "補助" 本來要香港全數負擔的監獄支出。1855 年,香港罪案的性質尚不嚴重,但是偷竊與輕微的瑣碎罪案很多,充斥了裁判處。海盜依然是本地蓬勃發展的最大阻礙。除了對倫敦報告外,本地政府似乎沒有甚麼辦法,因為海盜問題始終是需要與鄰近國家攜手才能真正打擊的一項嚴重罪行,也涉及外交問題。

軍事力量方面,為應對 1854 年 3 月爆發的克里米亞戰爭,港督寶寧(當時仍是英國駐華公使)與海軍副上將帶了大部分的駐港戰艦趕往日本,阻止俄羅斯的戰艦在日本港口活動。然而,當年香港軍營總人數只有 565 名,其中最多的是59 團的步兵,可以戰鬥的人數只有 357 位左右,[2] 可見香港軍營出現兵員緊張的問題。駐港英軍陸軍上將格里芬(Colonel Griffin)宣佈要減少駐港英軍人數。另一方面,由於知道駐港戰艦都不在港,據說海盜與天地會的一些分子都利用這一時機對香港虎視眈眈。在種種威脅之下,軍隊已經通知警察總監須要增加的警隊人數:1 名警長與 7 名印度籍警員。[3] 倫敦對此沒有異議,在 1854 年 7 月批准了警隊增加人手、增加每月開銷 70 元。[4] 首隊自願軍隊伍也在這個時候建立起來,不過因外圍情況有了改善,幾個月後就解散了。自願軍直到 1863 年才再次啟動。[5]

二、1856 年的 "滋擾法" 風波

1856 年底至 1857 年初陸續發生了一些群體性(治安)事件。事發首天是周六(11 月 22 日),署理警察總監率先到達現場,就是 "城中的街道上",[6] 發現大量華人聚集,情緒高漲地在大聲叫喊。然而,因為缺乏翻譯人員在場,署理總監

1　Robert L. Jarman, *Hong Kong Annual Administration Reports, 1841–1941*, London: Archive Editions, 1996, No.44, p.228.

2　Kwong Chi Man and Tsoi You Lun, *Eastern Fortress, Military History of Hong Kong, 1840–1970*, Hong Kong: Hong Kong University Press, 2014, pp.13–14.

3　Caine to The Duke of Newcastle, 5 May 1854, No.12, CO129/46, pp.27–28.

4　Colonial Office to Bowring, 25 July 1854, No.12, CO129/46, p.30.

5　James Hayes, *Serving Hong Kong: The Hong Kong Volunteer*, Hong Kong: Hong Kong Museum of Coastal Defence, 2004, pp.10–11.

6　Caine to Labouchère, 22 November 1856, No.196, CO129/59, p.199.

並不清楚人群憤怒的原因。到了下午，才安排人去派代表向他解釋事情的來龍去脈。原來這次事件與 1856 年上半年通過的一道法令有關，裏面牽涉了對罰金和警察執行法令時行為的不滿。[1] 史學界一般將 1856 在港發生的群體性事件歸因於當時中英關係的僵局，也許兩者確實存在一定的因果關係，但筆者更希望挖掘事發之前的蛛絲馬跡，梳理出當時事發的近因。

根據會議記錄，1856 年 4 月 16 日香港的立法局未經特別討論，便在程序上通過第 8 號法令，即關於《管控建築物與防止滋擾事宜》的一道法令[2]（以下簡稱“滋擾法”）。港督寶寧在提交倫敦批准的函件中提到：“雖然法令要求嚴格而且嚴厲，但是當時香港的衛生狀況實在須要法令中提供的輔助設備。”[3] 本來法令裏面的要求都是合理的，對當時建築物無論在物料與建造方面都加進了規劃要求，以確保這些建築物的安全和衛生，但是在罰金方面卻頗為苛刻，加上對於已經建好的建築物亦強制要求改建以滿足新條文的要求。這等於是在法律上保有“追溯期”，[4] 因此招來許多業主（包括洋人與華人）的不滿。倫敦對於這項法令不置可否，一直到 8 月才予以回覆，也沒有正式的批准，只說看後續反應如何再行修改。[5]

兩個月後又出台了 12 號法令。這道法令本來是對華人埋葬先人進行規管，但也加重了 8 號法令裏的一些犯罪範圍，最屬害的是加進了可能要公開鞭笞的刑罰。[6] 這些都在社會上引起很大的反響。法令實行了幾個月，引發不少的風波。報章上經常出現對這些不快事情的報導。

例如，一位業主正要拆卸觸及“滋擾法”的東西，就收到法庭來的告票；有人因為惡劣天氣，延遲修整有屬“滋擾”的部分而被罰；也有業主的告票被發到別處。這些到了裁判處都被駁回，理由都是沒有足夠時間給被告履行法令。[7] 後來有傳言稱裁判處並不願意讓這條法令順利地執行，是因為當時在裁判處審理案件的人士並非是接受過法律訓練的法官，而是太平紳士，就是在社會上有頭面的人物。這類人士很多都有房產，有利益衝突的嫌疑。當時的署理裁判司威廉·米切爾（William Mitchell）也被律政司懷疑其涉及地產生意，因此對第 8 號法令的執

1　Caine to Labouchère, 22 November 1856, No.196, CO129/59, pp.199–213.

2　香港法律編章 1856 年第 8 號法令。

3　Bowring to Labouchère, 18 April 1856, No.64, CO129/55, p.177.

4　香港法律編章 1856 年第 8 號法令第 11、12、13、14、15 與 16 項。

5　Colonial Office to Bowring, 6 August 1856, CO129/55, pp.178–179.

6　香港法律編章 1856 年第 12 號法令第 1 與 7 款。

7　*China Mail*, 21 August 1856.

行，特別是"追溯期"一事做出有失偏頗的決定。米切爾則控告律政司誹謗，案件最終鬧上了高等法院。[1] 由於裁判處決定該法令不應有追溯效用，就變成與政府的立法原意有抵觸。此事鬧到倫敦，殖民當局甚至請求解散原有的太平紳士名單，再換一批。倫敦雖然同意法令是有追溯的原意，但也明白殖民當局系統裏有不同的想法，因此並不願意做出清晰的指示。[2]

10月16日，警察總監應各方要求，召開了一個公開會議，參加者眾，華洋皆有。會議通過了三個決議：（1）第8號法令賦予裁判官（受薪）與太平紳士過大權力，在某些方面幾近無限制的權限；（2）法令的追溯期不公平，對於財產權屬，在華人心目中注入了不安的感覺，亦可以看到對財產有貶值的影響；（3）總測量司部門人手短缺，不能應付這條法令裏面加賦的新職務。但是滋擾對象的處理的權限，完全放在測量司的手中，市民沒有上訴的權力。除此之外，歐洲商人既反映亦同意華人居民對於警察部隊效率低下的意見。[3] 其實這樣針對警察的立場，肯定與執行滋擾法不無關係。惡法之下，民怨不息，劣律不除，後患未已。與民眾近距離的警察，又作了犧牲品。

會中通過的三項決議向港督上呈後，卻未見受理。雖然裁判處站在市民一邊，但是律政司獲得港督支持後，竟向裁判處發出了"遵守職務命令"，[4] 令裁判處感到政府干預他們審案的權力。而輔政司在回應中，[5] 肯定了該法令是有追溯期權力的，並且認同市民對警察沒成效的投訴。但是具體的改革尚需時間，只有寄望將來可以組織更強的警隊。回應中也提到已經召開了的警察調查委員會，其報告已交到政府手裏。對於其中建議要設立一個"殖民地委員會"來決定香港管治的提議，倫敦表明多此一舉，不會依從。

總之，這項法令在頒行的過程中物議沸騰，民怨聚積。帶有懲罰性的壓制法令使警察的形象跌到谷底，實在是1856年群體性治安事件的催化劑。該法令引起的一連串事件也暴露了殖民管治的幾個問題：（1）警察執法引起市民厭惡；執法不見成效，殖民當局只懂得在法令上加碼，並不解決實際的問題。（2）起用"社會賢達"（太平紳士）當裁判處的非受薪裁判司是否為適當的做法？社會賢達

1   G. B. Endacott, *A Biological Sketch-Book of Early Hong Kong*, Hong Kong: Hong Kong University Press, 2005 Reprinted, pp.102–103.

2   Colonial Office to Bowring, 22 December 1856, No.145, CO129/58, pp.378–382.

3   *China Mail*, 30 October 1856 in CO129/59, pp.24–25.

4   A Mandamus: 一種令狀。作為對下級法院的命令或命令某人履行公共或法定職責而發出的司法令狀，屬嚴重的司法命令。

5   Response from the Colonial Secretary, 4 November 1856, No.802, CO129/59, p.26.

一般是社會上事業生意有成的人士，在審判案件時會否存在利益衝突的問題？
（3）裁判司的角色究竟是甚麼？是為了協助殖民當局推行施政措施，還是履行司
法責任？這在當時還沒有清晰的界定。假如殖民當局可以動輒就對裁判官們用
"遵守職務命令"，那麼，裁判處的決定是否符合大英帝國最感驕傲的"法治"精
神？到了群體性事件發生當日，上述一連串滋擾法引起的風波並未得到有效地
解決。事發當日華人在下午的表態，也證明了滋擾法是這場風波一個不可忽視的
近因。

三、香港在"亞羅號事件"中的牽涉

1856 年 10 月 8 日，廣東水師在珠江河面逮捕窩藏在 Lorcha（中國商船或稱
華艇）"亞羅號"上的 2 名中國海盜和 10 名有嫌疑的中國水手。本來，廣東水師
緝私拿犯是職責所在，在自家境內緝拿中國嫌疑犯純屬中國內政，但是英國駐廣
州領事巴夏禮（Harry Parkes, 1828–1885）硬說亞羅號為一艘英國船，要求兩廣總
督葉名琛立即釋放被捕人犯，並向英國道歉。

學者茅海建在敘述"亞羅號事件"時，認為該事件在中英關係惡化過程中根
本沒有發生很大的衝擊。[1] 的確，"亞羅號事件"只是英國人的藉口，事件的真相
對開戰與否不是關鍵因素。香港史學家亦覺得"亞羅號事件"與香港關係不大。[2]

然而，今天我們仍嘗試從香港角度審視"亞羅號事件"，除了想在歷史中多
留一個印記，也是因為"亞羅號事件"並不是單一事件。英國人利用香港獨特的
地位，為其帝國在處理中國事務時帶來許多方便，直接間接地增加帝國的利益。
一方面，英國希望各地的商人（尤其是在港的華商）獲得英國旗號下的"保護"，
從而擴展貿易（包括走私勾當）；另一方面，帝國要顧全其大國面子，不容"非
我族裔"的華人沾上其優越的威望。英國佔據香港，就是要在東亞設立一個"駐
腳點"，提供軍事、政治與貿易上的方便。"亞羅號事件"讓我們先睹在政治與貿
易上，香港怎樣發揮其角色。在隨後的時段內，我們會繼續看到香港在這幾方面
所能起到的獨特作用。

有英國學者詳細分析了"亞羅號事件"，通過分析外交函件，指出英國人對
於亞羅號擁有有效香港登記文件的辯駁非常無力，但該文的焦點在於當時究竟有
沒有掛上英國旗。[3] 澳大利亞華裔學者黃宇和曾對"亞羅號事件"做了較為詳細的

1　茅海建：《近代的尺度——兩次鴉片戰爭軍事與外交》，北京：生活·讀書·新知三聯書店，2018 年，第
　169 頁。

2　弗蘭克·韋爾什著，王皖強、黃亞紅譯：《香港史》，北京：中央編譯出版社，2007 年，第 237 頁。

3　J. Y. Wong, "The Arrow Incident: A Reappraisal", *Modern Asian Studies*, Vol.8, No.3 (1974), pp.373–389.

研究，在其文獻中有整整一章是討論亞羅號是否能受英國國旗保護的課題。[1]黃先生翻查的史料源於英國議會文件，其關注點很大程度上是從英國這一宗主國的角度出發，討論的範圍主要涉及在較高體系的層面，例如法權或港督寶寧在大英體制裏的職權問題等。既然這一事件與香港多少有些關係，筆者還是希望在黃先生研究的基礎上，利用殖民當局與英國的書函系列 CO129，從本地角度出發，再探索幾點與香港船牌登記法令的細節，希望對解讀 "亞羅號事件" 有新的補證。

畫家筆下的商船 "亞羅號"
來源：Alamy Stock Photo (Antique Print Gallery)

　　"亞羅號事件" 中，中英雙方最大的爭議點在於：（1）該艘船隻是否獲得香港註冊（登記）牌照，這是其能否被視為一艘 "英國船隻" 的直接依據；（2）究竟清官員上船時，船上有否掛上英國旗幟，這是判斷該船國籍的另一依據；（3）清廷官員直接上船抓人，而沒有通過英領事館，是否觸犯了中英之間的條約。

　　後兩個問題黃宇和已有詳細論述，筆者亦完全同意其見解。首先，清官員上船之前，是沒有英國旗掛在船上的。筆者唯一想補充的是在清廷獲悉亞羅號有香港船隻登記文件後，葉名琛曾去函巴夏禮，聲明外國人不應該從中國人手中購買船隻，因為這樣極易引發混淆。但結尾居然承諾 "以後" 中方不會在沒有合理理

1　黃宇和：《歷史偵探：從鴉片戰爭到辛亥革命》，廣州：廣東人民出版社，2018 年，第 89–100 頁。

由的情況下，登上外國船隻，抓捕船上的人。[1] 這樣的承諾，無形中就承認了中方是理虧的，沒有仔細研究這艘船的國籍就亂上船、亂拉人。另外，船上的英國旗有否揚起已經不再是問題，因為有發現在船艙裏有一面摺疊起來的英國旗。起初，巴夏禮不斷以國旗被扯下的所謂 "侮辱事情" 為藉口，要求回應。後來，似乎雙方的辯駁並沒有再深究這一點，英方藉機轉了方向，只聚焦中方對他們的國旗不尊重，究竟是對揚起了的國旗不尊重，抑或是對藏在船倉裏的國旗不尊重，並沒有再釐清。

筆者想利用香港船牌的法令裏面的條款來試補足黃宇和沒有顧及或存疑的地方，從而對英國人的橫蠻指控作出申訴。要聚焦的問題是 "究竟亞羅號是否一艘 '可以' 掛英國國旗的 '英國船'"，因此有權利獲得外交上的獨特處理（例如抓船員水手等要通過英領館）。當然，中方是否定這個說法，葉名琛的理據是上船的時刻沒有掛起英國旗，船員都是中國人，船的樣貌也是一艘本地（中國國內）製造的船隻，因此他們沒有觸犯條約，因為亞羅號就是一艘本地船。而後來幾個被抓的華人船員的口供，更證實它根本就是由一名蘇姓華人船匠建造的，唯一在船上的洋人也並非船主，只是僱來的工人之一，是充當 "船長" 而已。而在英國人方面，因為後來找到一張已經過期的香港船牌登記證件，就馬上將亞羅號被視作一艘英國船。

首先，筆者要指出的是：葉名琛最初認為只要是中國人建造的船，就一定不是英國船隻。但是 1856 年 11 月 6 日《德臣西報》（*China Mail*）曾刊登出一封英國駐廣州領事巴夏禮爵士 11 月 1 日發表的公告，提到在香港，任何國家的船舶船東在付過了必要的保證金後，都有權利通過適當的官方渠道向最高當局申請 "殖民地登記本"。而登記冊一經簽發，船就可以揚起英國的旗號，在各方面都會被視為是英國的船，船上的船員也因此有權獲得英國的保護。巴夏禮爵士指出，這項殖民地船牌登記的新規定，已在 "數月前" 由港督寶寧傳達給葉名琛，並隨函附上了該份法令的譯文，即 1855 年第 4 號法令（簡稱《香港船牌登記法》）。葉名琛的說法顯然仍停留在新的法令之前，對 "香港牌照登記" 的新做法似是一無所知。假如葉名琛一早注意到，也許他能更好地理解在新的法令下，確實存在貌似中國船隻卻拿著香港登記證件的船隻的情況。但是如果他能仔細翻看這份法令的細節，肯定會聚焦這艘船究竟是不是依據 "正式手續" 辦好登記事項，由此找出漏洞而據理力爭，不至於讓英國人佔了上風。除了船牌是過期外，其實香港

1　Yeh to Parkes, 14 October 1856, FO17/251, No.37, pp.253–257.

船牌登記法令的其他條款亦應足以作為中方反駁英國的理據。

黃宇和並不完全同意這個看法。首先他認為 1855 年第 4 號法令在法權層面上不能立足。他指出其實這個問題也屢次在英國議會裏被提出，有人甚至認為港督寶寧在英國之外發出英國的船牌，實屬越權。黃宇和花了大量篇幅討論究竟在香港發出的船牌能否被稱為 "英國船隻"。但是終究樞密院並沒有採取行動反對，因此第 4 號法令確是一項有效的法律規條。黃宇和也指出當時外相克拉蘭敦伯爵（Lord Clarendon）就針對這一問題說過："如果按照殖民地法例而發出英國船舶執照，當然抵觸了大英帝國的法令。但是按照殖民地 1854 年第 4 號法令發的只不過是殖民地船隻牌照，僅適用於往來中國內地和香港之間的貿易，所以尚不算抵觸大英帝國的法令。"[1] 筆者覺得這個是沒有必要再爭議的問題，以下的討論也是以這個說法作為大前提下產生的。

其次，黃宇和認為由於方姓船主是華人而非英籍，是不能獲得英國籍人士的優惠，因此斷定他不能領取香港的船牌。黃先生引述律政司曾指出的，當時香港有 6 萬多華人居民，但是能稱得上是英國臣民（British subjects）的不多於 10 人。當時對華人歸化英籍有諸多限制，就算在香港出生也不能自動成為英國臣民，因此亦可斷定方姓船主一定不是英國國籍。[2] 黃宇和認為一名非英籍的中國籍華人不可能獲得英國船隻牌照。

的確，身為非英國人（泛指在港的華人）而打著英國旗號，獲得各種 "保護與益處"，在倫敦曾亦引起不少的爭議。英國樞密院的貿易委員會曾將這議題提出給殖民地部考慮，[3] 並指出 1855 年的第 4 號法令並沒有注明申請香港船隻牌照的華人必須要是英國子民。殖民地部回應解釋，整份法令的用意就是要鼓勵更多的華人商船利用香港船牌增加與中國的貿易來往，如果在港華人不是英國子民就不容許登記這個船牌的話，就是捉錯用神、本末倒置。因此，這個問題顯然已經被考慮，也已經在條款中兼顧到了。法令條款 6 訂明，假如香港的華人居民想要申請牌照，必要條件是：（1）在香港擁有土地（物業）；（2）有另外兩位在港有（相當價值）業權的擔保人，每人的資產值要超過 2000 元。這個第 6 款的作用就是要把非英人 "通過金錢搭夠"，被接受為 "英國子民"。亦只有靠著第 6 款

1　黃宇和：《歷史偵探：從鴉片戰爭到辛亥革命》，廣州：廣東人民出版社，2018 年，第 91 頁。

2　J. Y. Wong, "The Arrow Incident: A Reappraisal", *Modern Asian Studies*, Vol.8, No.3 (1974), p.375.

3　Committee of Privy Council for Trade, Whitehall to Merivale of Colonial Office, 11 June 1855, No.957, CO129/53, pp.44–50, 60.

的方法，這些在港華人才能通過"在港業權"成為英國的"子民"。[1] 從這裏看來，當時葉名琛應該提出的問題是，這位方姓人士是從蘇姓建造商買來亞羅號成為船主的，他是否能否滿足第 6 款的要求？這一點是黃著中沒有討論的問題。此外，法令中還有其他對於船隻轉手後新船主種種的要求，包括重新登記、重新再付牌照費與保證金等。[2] 假如這些手續都沒有辦好，那即使是有一紙船牌，也只能作廢。可惜，葉名琛沒有提出，也真的不懂這些問題。

另一個黃宇和有所關注的問題是牌照過期之事。筆者與其看法一致，就是牌照確實是過期了，而且船牌到期的前幾天，該船的航運軌跡也證實了它沒有接續辦好船牌。根據法令中第 10 項規定，到港後要"馬上"續辦，該船顯然不符這一要求。[3] 筆者可以補充的是，法令中還有一項額外的要求，說明每一艘在香港登記過的船隻，要每 6 個月拿著牌照往海事總監處加印，否則登記作廢。[4] 那麼，亞羅號拿到為期一年的牌照後，有沒有按照法令規定，至少 6 個月要到海事處去確認一下？有的話，在牌照上會有印章證明。假若答案是沒有，那基本上船牌是有等於無，實際上已經作廢。

英國人打著事事根據法律處置的旗號，當年的葉名琛其實可以根據以上香港船牌法令裏的要求，質疑究竟這個英方堅持亞羅號擁有的香港牌照是否有效。然而，葉名琛似乎連這條新的法令的存在都不很清楚，遑論有能力去挑戰這些法律細節。

最後，筆者想指出，英方是完全知道牌照已經過期，因此亞羅號在清官員登船當天不是一艘"英國船隻"；不但知道，還已經承認了。然而，這"承認"並沒有公開，只是駐華公使（亦即港督寶寧）在 10 月 11 日給英國領事巴夏禮的一封公函中透露了這一點。[5] 寶寧的原話是這樣說的：

> 中方並不知道牌照已經過了期，然而對於他們登船的行為等等，中方除了依賴自己的假設，認為亞羅號不是英國官船外，也沒有其他合理的解釋。但是究竟亞羅號是不是一艘英國官船是發牌機構（就是我們政府）的事情（可以決定的事）。因此他們就是觸犯了條約裏的第 9 款。[6]

1　Bowring to Lord Russell, MP, 04 September 1855, No.130, CO129/51, pp.209–212.

2　香港法律編章 1855 年第 4 號法令第 9 款。

3　香港法律編章 1855 年第 4 號法令第 10 款。

4　香港法律編章 1855 年第 4 號法令第 5 款。

5　Bowring to Parkes, 11 October 1856, No.127, FO17/251, pp.181–183.

6　Bowring to Parkes, 11 October 1856, No.127, FO17/251, pp.181–183.

在這一點上，筆者認為，從法理的角度來看，究竟亞羅號是否為一艘英國官船，只有是或否的判決。而是與否應該是根據客觀事實（究竟有沒有通過一個"合法"程序而取得的"有效"香港船牌）來證明，而不是像寶寧所說，只是英國政府的事。無奈中方當時並不知情牌照已經過期，因此也不知曉完全可以戳穿英方的說辭。

信中，寶寧還吩咐巴夏禮馬上把與牌照相關的文件送回倫敦殖民地部（不知道是否要毀滅證據，至少是沒人會再提起這個議題）。[1] 之後，在巴夏禮給葉的公函中，再沒提到究竟亞羅號是否一艘英國船隻，而是聚焦批評中方對英國國旗的不尊重，因此要求道歉與賠款等。但是在 10 月 21 日，巴夏禮最後 24 小時通牒的函件中，[2] 還是提到"英國官船"亞羅號，這明顯是顛倒是非，因為 9 月 27 日船牌到期後，亞羅號已經沒有資格掛英國旗。在 10 月 22 日，在另一給法國領事的函件中，寶寧特地告知，"中國方面登上了掛上英國國旗的一艘船（就是指亞羅號），船上的船員被強行帶走。"[3] 英國人措辭是何等小心，他並沒有說亞羅號是一艘"英國官船"，只是說亞羅號是"掛上英國旗"的一艘船，因為到了此時，英國人已經心知肚明亞羅號並不滿足作為一艘英國官船的條件。

第二節　1856、1857 年間群體性事件

一、外圍環境的變化

10 月 8 日"亞羅號事件"發生後，英國領事巴夏禮、駐華公使寶寧與兩廣總督葉名琛之間有多番的來往書信，英領事在 10 月 21 日對葉發出了最後通牒，24 小時後假如葉仍未滿足之前發出函件內的要求，英國將訴諸武力。[4] 10 月 22 日晚上 7 點，英領事亦發出公告，"遺憾地"通知英國和外國社群，由於清廷專員尚未遵守先前提出的要求，事件決定實時移交給海軍軍官西馬糜各里（Michael Seymour, 1802–1887）將軍。[5]

1　Bowring to Parkes, 11 October 1856, No.127, FO17/251, pp.181–183.

2　Parkes to Yeh, 21 October 1856, No.76, FO17/251, pp.370–371.

3　Superintendency of Trade to The Count de Courey, Charge d'Affaires of HIM in China, 22 October 1856, No.222, FO17/251, pp.367–369.

4　Parkes to Yeh, 21 October 1856, No.76, FO17/251, pp.370–371.

5　Circular–British Consulate, Canton to the British & Foreign Community Canton, 22 October 1856, FO17/251, p.373.

10 月 23 日，西馬糜各里率三艘英戰艦從香港出發，越過虎門，沿途炮擊珠江上的清軍炮台。身兼英方駐華代表（也是女王在華的商務總監）的港督寶寧，在西馬糜各里與巴夏禮的力求下，於 11 月 16 日匆匆離港趕去了廣州，保護英國子民與財產。在動身前，他收到了西馬糜各里的函件，通知美國亦在 17 日決定從商館區（factory）撤出，因此要求安排部分駐港英軍（約 100 人）調派到廣州，負責保護商館的工作，協助在廣州作戰的英軍。[1] 寶寧離港後，由堅偉（也是警察裁判司）擔任副總督，暫時管理香港事務。[2] 11 月 17 日，寶寧在廣州吩咐堅偉按照西馬糜各里的要求照辦。[3]

11 月 20 日，寶寧亦致函倫敦殖民地部，要求增援，或從印度調撥士兵支持香港。寶寧估計在中國異常混亂的情況下，可能會有大量的人湧進香港。他認為這些人流複雜，將對香港構成治安上的威脅，亦對商業製造障礙。寶寧直言危急關頭徵召英國軍隊救駕，是在於保衛殖民目的，香港居民的安全與福祉並非主要考慮因素，原話是："不只是要保護普遍的利益，而是對殖民地的發展有特別的影響"。[4] 堅偉通知倫敦殖民地部，在 11 月 21 日 100 名士兵（當時駐港英軍是第 59 兵團）已經乘西馬糜各里派來的護衛艦 Barracouta 出發前赴廣州。[5]

10 月 30 日的《德臣西報》報導了自 10 月 22 日來在廣州商館發生的一連串事件。報章稱關於事端起源的種種 "作假新聞" 四處流傳在華人中間，包括在香港以及在中國內地，但卻不明為何有關當局（英方或殖民當局）不採取果斷行動，對流言作出澄清。該報還特地刊登了一段沒有日期，但號稱是 "廣東士紳" 的公開陳述。[6] 該段陳述表明中方對亞羅號事件的取態（就是非英國船），以及華人對英人動武的憤怒。輯錄部分如下：

> 這 27 號商船（即亞羅號）根本不是一艘英國的商船，它與其他外國的船隻或戰艦有很大的區別。
>
> 我們軍隊的職責只是發現和抓獲劫匪，他們不理解條約，我們不必對此感到驚訝。我們的官員聽過這事，並且非常仁慈，按照所有的理由，已經釋

1　Superintendency of Trade to the Earl of Clarendon, 18 November 1856, No.369, FO17/252, p.89.

2　1854 年，第三任港督般咸退休，堅偉擢升為副港督（Lieutenant Governor），是當時殖民當局控制開支、精簡機構的政策之一。接任的港督寶寧是義務不支薪的港督。

3　Canton Consulate to The Honorable Lieut Colonel Caine, 17 November 1856, No.265, CO129/59, p.198.

4　Bowring to Labouchère, 20 November 1856, No.194, CO129/59, pp.191–193.

5　Caine to Labouchère, 21 November 1856, No.195, CO129/59, pp.194–195.

6　*China Mail*, 30 October 1856, p.2.

放了早先帶走的十二個人。

　　但是，出乎意料的是，英國軍官明顯違反了條約，向堡壘開火打傷，殺死了士兵。我們想問一下，這種行為是否有任何理由？……凡有血氣之人，誰不憤怒。

　　我們只能揭發英國官員的這種不正當和不合理、違反條約的行為，也通知所有尊貴國家的官員和商人，以及英國的主要商人，並（要求他們）一起調查，而不是淨說我們中國人違反原則。[1]

　　筆者認為上述的公告，就算是真確的，也只是表明立場而已，並沒有像西文傳媒說的"妖言惑眾"。裏面講的只是"亞羅號事件"發生的過程而已。況且，公告是張貼在廣州，也是本國的地方，何罪之有？但是這些就成為英方的口實，指控是中方（官方）在造謠生事。

　　另一張在廣州城內貼出的告示也受評擊，[2]據說它是來自廣州西關的士紳。如上一張公告一樣，它申明清關員上船時並沒有看到英國旗，還說被英國人殺死的人不是進去騷擾英國人，而是去防衛土匪搗亂。告示在最後懇請英國人儘快把他們的戰船遣走，把炮台修建好，早讓對大家都有好處的生意恢復正常。

　　兩張告示都是以商人的名義，這次更是以西關大戶的名義，目的不外是要給英國人壓力（非政府性質的壓力）。報紙繼續指出，英國政府終於對這些告示有反應了，其中有一份以巴夏禮名義寫的中文公告被刊登出來。公告指出葉名琛散播謠言，英國政府感到有必要向"廣州城內外"的士紳與居民作出澄清。[3]這一份公告就是 11 月 1 日巴夏禮給葉名琛的信件，對英方動武極力論爭。他首先解釋了香港有關船隻登記的系統怎樣運作，接著作出英方對亞羅號整件事的描述，"本來對中方的要求並不嚴苛，但是一直拖下去的結果就是這樣……這次的爭執並不是衝著人民而來，採取的行動也不是針對任何市民的"。另一方面，卻又警告"整座廣州城所有人口的生命與財產都掌握在我們（英國人）手中，加上我們的設施……可以把所有一切都徹底地毀滅"。[4]除了恐嚇威脅，還可以怎樣形容這些話？這居然是出自一個歐洲大國領事之口。"我們並不是在自豪地告訴你這一點。我們國家的力量眾所周知，不需要這樣沉迷於自我美化。"[5]這樣充滿霸權與

1　*China Mail*, 30 October 1856, p.2.

2　*China Mail*, 06 November 1856, p.2.

3　*China Mail*, 06 November 1856, p.2.

4　*China Mail*, 06 November 1856, p.2.

5　*China Mail*, 06 November 1856, p.3.

令人膽怯口吻的公告發出後，難怪在廣州甚至香港都引起相當大的反感，不難理解，一股反英情緒隨之而急劇醞釀。

二、兩次群體性事件發生過程

1856 年底發生的群體性事件

11 月 21 日，港督寶寧仍然在廣州，堅偉作為副總督留守香港。早上 10 時，香港街道上的華人居民突然起哄，大量人群聚集在城中的街上，所有的市場與店舖都關門了。一名正在站崗的印度籍警察被人群趕走，幸好及時走脫了，也沒有受傷。混亂剛開始，堅偉就接獲署理警察總監亞歷山大·格蘭·皮爾（Alexander Grand-Pre）的通報消息，馬上通知駐港英軍，要求派 100 名士兵幫忙維持市面的平靜，[1] 他亦親自趕到現場。有人估計過當時在街頭起哄的人數，可能有三、四萬之多，但是根據堅偉的現場目測，聚集在中央警署下面的皇后大道上的大概有一萬多情緒高漲的人在大聲叫囂。[2]

由於沒有翻譯人員在場，警察並不知道人群起哄的原因為何，因此很難讓他們平靜下來。堅偉答應讓人群派代表向他陳情，但前提是要讓街市與商店再度開門。儘管警察不停地作規勸，群情仍然洶湧，人們口裏喊著"打、打、打"的口號。當 59 團的軍隊到達，人群就被嚇壞了。士兵在街上逗留了兩個小時，部分人散去，也沒有發生暴力行為。在一些英商與太平紳士的要求下，士兵撤回到軍營裏，堅偉逗留了大約一個半小時候後亦離開，讓人群代表隨他回到政府大樓。他重申聆聽他們要求的大前提，是商店必須重開，所有人要從街上撤離回家。

值得注意的是，本身曾是警察裁判司的堅偉收到出事的消息後，第一時間通知的是軍方，並不是警察，立刻趕到現場的也是軍隊，不是警察。堅偉對這一決定沒有解釋，但筆者估計有兩個原因：一是警隊人手、配備、素質的貧乏；二是警隊缺乏有力之領導。根據堅偉的報告，當時的署理警察總監格蘭·皮爾"與華人相處並不理想"，而且是新手，只履行新職幾個月而已。幸好當了 12 年警察總監、已經升級為助理裁判司的梅查理自願回隊擔任職務，堅偉稱他為"正式的警察總監"。[3] 而堅偉在 11 月 21 日晚上才獲得梅查理的答允，在事發之初，唯一有把握的就是先通知軍方。此外，軍隊一般是用作防衛外來敵人的，這次卻是帶頭先出動，明顯是英方覺得事件對殖民管治有威脅。威脅解決後，英商人又要求士兵要離開，想必是不想影響市面安寧、打擾營商環境，這裏可以看到商業與管

1　Caine to Labouchère, 22 November 1856, No.196, CO129/59, pp.199–202.

2　Caine to Labouchère, 22 November 1856, No.196, CO129/59, p.202.

3　Caine to Labouchère, 22 November 1856, No.196, CO129/59, p.203.

治上一直存在有矛盾。另外，假如街上真有保守估計的一萬人在鬧事，而僅 100 名士兵就可以在短時間內控制平定，那麼鬧事的人群明顯不是有意肇事。可能只是因為滋擾法對於市民的困擾實在甚大，引起群情洶湧，但是看到有備槍械的軍隊，人群馬上就散開。

好不容易到了下午四點，人群代表（大都是一些頗有名望的華人店主，也有歐籍商人與太平紳士）呈上一份要求信件。堅偉傳來說話，要等到所有的店舖街市復市、街道回復正常，他才會研究這份要求。有代表表示翌日商店街市都會恢復開市。當晚士兵一直駐守在城中，除了一些人企圖禁止商店晚上點燈外，市面上大致平靜。

堅偉打開人群的請願信，發現要求幾乎都與 1856 年第 8 號、第 12 號法令（滋擾法）下的罰金有關。在報告倫敦殖民地部的函件中，堅偉承認：“確實，這些罰金雖然在法令下是合法的，但畢竟是太嚴厲了。我也擔心，特別是印度籍的警察在執行一些讓人討厭的差事時，有可能過分了點，因此惹惱了市民。”[1] 堅偉出身軍人，作風出名硬朗，居然也承認警察執法的表現引起公憤，亦暗示了法令雖有根據，但其實是無理，也首次承認用印度警察管治華人會發生的問題。

堅偉果然是經驗老到，從現場回到辦公樓後，在群眾的要求還未上呈之前，他已經指示馬上發出公告，由輔政司默瑟簽署，並在翌日刊登憲報。[2] 這麼一個（重要）公告公報，堅偉並沒有按慣例徵求過行政局（議政局）的意見，就獨行獨斷地發出了。公告全文如下：

> 為禁止非法集會，讓殖民地上華人居民的信心恢復，現在對殖民地的居民宣告，我們有理由相信，在過去幾個星期從中國進來了一些可疑人物。近幾天這個城市被人煽動而發生的示威，可能滲進了鄰近廣東省一些對抗女王部隊的不守法壞分子。女王陛下決定在殖民地馬上執行 1846 年第 7 號法令登記法令的條文，對所有沒有在這裏登記的華人勒令離開殖民地。雖然殖民地官方（副港督）隨時願意聆聽女王陛下的子民的投訴，假如是合理的會儘量糾正，但是一旦有不守規則的表現，任何的投訴就不會被理會。
>
> 女王陛下政府要求所有子民，這些示威行動都要止步。趕緊回到自己的工作崗位上，重開商店。在這公告發出後，仍然進行的動亂馬上會被軍方鎮壓。[3]

1　Caine to Labouchère, 22 November 1856, No.196, CO129/59, p.202.

2　Hong Kong Government Gazette Extraordinary, 22 November 1856, Vol.II, No.73, p.1.

3　Proclamation by Lieut Colonel Caine, 21 November 1856, CO129/59, p.211.

這份公告很清楚表達出殖民當局的思維，當時與人群的唯一接觸就是那封仍未打開的請願信，而政府馬上就發出這般 "嚴厲" 的公告，有可能是鋪好路子，方便以後向倫敦交代，記錄在案這並非因為政府辦事不當而出亂子（例如滋擾法引致市民的不滿），而是與廣州（特別是那幾份公告）事態引起的民憤有關。當然，也可以說堅偉有備而戰，為了避免一般群體性事件過程中發生的自然步驟，就是群眾會被那些被認定為 "壞分子" 的騎劫策動，上策是先發制人，把責任先推到 "壞分子" 頭上，然後馬上採取驅逐行動，不讓他們有機可乘。

堅偉的這份公告開宗明義地說要挽回華人居民的信心，可能因為當時有華人紛紛離港，返回內地。記得 10 月 16 日的公眾會議，洋商、華商、華人居民都有參加，證明大家都覺得是滋擾法擾民，勸諭軍隊可以離開的也是洋商。但經過一個月時間，由於廣州發生的事情，殖民當局深信所有不滿都是因為有壞分子從中國內地滲透進來，因此，維持本港治安穩定最徹底、最快速的辦法就是把壞分子轟走。今天重看當日堅偉這種聲東擊西、欲蓋彌彰的伎倆，堪稱是政壇高手。

無論如何，公告中提到的 1846 年第 7 號法令是把香港原有的人口登記系統再優化，法令的前言開宗明義地說："為了保護殖民地上的人身與財產安全，為了防止罪行，所有海盜、盜賊與 '其他壞分子' 一概不准逗留或居住在殖民地上。"[1] 法令的第 13 款是殖民當局的殺手鐧，警察裁判司可以發出驅逐令，讓沒有領登記證的華人離開香港，不准回港。[2] 這份法令目的就是要把控人口（其實是華人）的數目與合法性，務必能做到滴水不漏。當然它就帶有明顯的歧視意味，因為說明登記系統只是針對華人。之後的幾次群體性治安事件發生時，政府都是利用這個人口登記系統內的數據，把懷疑（或有可能）滋事者列出並驅離香港，讓市面儘早回復平靜。

翌日（22 日）早上，街上又發生小型的騷亂。本來早上 7 點以前，當局已經派人接觸過皇后大道上的一名主要店主，獲答應商店會重開，但是商店最後都沒敢開門，街市也沒人做買賣。梅查理在早上 11 點向堅偉報告說他已經與店主接觸過，並擔保會保護他們的店舖，之後就陸續有店開門。梅查理還安排一隊強大的警力站崗，以保護那些開門營業的店舖，不會讓丟石拋磚這類打砸行為發生。在海旁的西面還有一些人在反抗，店舖都不敢開門。但是後來派軍隊過去後，部分店舖就開門了。到了正午，所有三個市場都已經在警察的保護下重開，並能進

1　香港法律編章 1846 年第 7 號法令。"An Ordinance to repeal Ordinance No.18 of 1844, and to establish a more effectual registry of the Chinese Inhabitants and a census of the population of the Island of Hong Kong."

2　香港法律編章 1846 年第 7 號法令第 13 款。

行正常買賣。

從 21 日早上 10 時到 22 日早上的一天裏，沒有人因為亂事而喪生。堅偉認為軍隊與警察都非常克制。但是，這天早上，59 軍團一名糾察員企圖拯救一名警長時，被人群扔擲的石頭砸中。兩名暴徒被抓，關進監牢。

堅偉在 11 月 22 日繼續報告倫敦。[1] 除了陳述兩天來事情的發展以外，還透露了前一天他與華人見面時的重要發現，即"聽說"大概四、五百名非香港居民的壞分子在威脅華人店舖不准開店，有可能是三合會的成員。堅偉更加深信這次的擾攘與廣州正在發生的事情有關連，他甚至覺得有可能是清廷的專員派密探，利用華人的害怕心理，在香港製造事端。他報告倫敦說："我們的開放讓任何種類的華人都有機會進來，藏身在華人區。看到我們這裏既有富庶的廣州商人，也有美國人與波斯商人，那些亡命之徒，自然看準所有機會在這裏搞事，以便搶掠財富。"[2] 在堅偉的報告裏，多次提到香港擁有的財富、多元化的人口對於宗主國都是極重要的，因此要求增加軍事力量。[3] 不知道是否因為堅偉本身是軍人的關係，他大力表揚駐港軍隊司令與他軍營的人，認為軍隊能很好地控制群眾治安事件。在此需加提醒的是，堅偉是香港警隊的創建者，亦是警察裁判司（警隊的上級），但是並沒有看見他對警隊有任何鼓勵的舉措。不表揚可以理解，因為警隊當時確實是不成氣候，但他只是一味要求增加軍力，卻沒有考慮任何加強警隊的措施。這種思維的定勢，有可能就是制約或影響警隊早期發展的一大元素。

值得注意的是，堅偉的這個報告，除了是從華人處聽到的"傳言"外，並未提供任何潛進香港的"壞分子"的實際行動資料，也沒有提到看到葉名琛的甚麼海報之類。但 1847 年的法令已經啟動了，隨時準備驅逐任何華人出境。

港督寶寧在 11 月 22 日晚上回到了香港，在 11 月 25 日舉行了行政局會議，討論 21 日收到的民眾要求。新近被委任的撫華道高三貴被邀出席。會議上，華人店主交給堅偉的一份投訴清單被傳閱以供討論，並由高三貴傳譯。會議也有幾個華人代表（都是上環、中環及太平山的保長）出席。高三貴亦代表政府向他們詳細解釋了兩份滋擾法的目的。會上，殖民當局決定：（1）就罰款而言，須提交港督考慮扣減或減免；（2）會發出一個中文通告，說明任何從事合法貿易的船隻，假如被任何人士扣押或搶劫，這些人士均會以海盜行為論處，並請華人要協助警方逮捕；（3）指示警察不得對華人使用暴力，除非有人反抗法律；（4）不

1　Caine to Labouchère, 22 November 1856, No.196, CO129/59, pp.202–206.

2　Caine to Labouchère, 22 November 1856, No.196, CO129/59, p.203.

3　Caine to Labouchère, 22 November 1856, No.196, CO129/59, p.203.

得在公共通道上放置貨物，造成不必要的障礙；（5）警方不得毀壞小販的財物，亦不得自行提走他們的貨物。警員必須把所有這些事情交給他們的上級處理。另外，關於地保們要求注意被罰款的案子，會上決定釋放兩名因欠付罰款被囚的華人，罰款取消，其他五宗的罰款都大幅度地減低，有兩宗要等高三貴調查後，再作出決定。[1] 這些後來都在寶寧 12 月 4 日的 132 號公告中落實，也就是對 11 月 21 日收到的請願信件的正式響應。[2] 公告不忘提醒市民警察執法最終是為了維護市民權益。

表面上看來，這次行政局的會議好像是殖民當局作出妥協了。但與此同時，市民（華人）被告知必須服從法律，所有混亂的喧嚣行為都將立即受到制止。這似乎也是為了下一步的行動鋪路，至少先對華人居民伸出橄欖枝，防止他們進一步與潛存（政府認為）的外來肇事分子連手合作。對於警察，政府明顯忽略了他們對執行滋擾法的努力，也缺乏應有的尊重。起碼，軍方與總登記司，甚至是區域保長都被邀出席這個本地的最高決策會議，就只差警隊的代表。再者，看第 3 與第 5 項，特別是第 5 項，很明顯是把警察的執法範圍和程度都加以限制，以換取民心。在那個警政為主的時代，這樣的妥協不常見，明顯是用 "警察的威信" 換取了暫時的舒緩。這種不重視警力的取態，也間接導致了普遍市民對於警力的冷淡與漠視，且暴露了殖民當局貪圖敷衍了事，不謀長遠發展，為了能在最短時間內恢復市面安寧，不惜犧牲警隊應有的權力與尊嚴的做法。

緊接著，港督寶寧在 11 月 29 日發佈了一份政府公告，[3] 對象是 "殖民地上的華人居民"。政府發這份公告有雙重目的，既 "安撫良好市民"，同時也 "警告肇事與懶惰的人"（懶惰是指無所事事，不務正業的人）。這個公告儼如一封公開的家長信，篇幅很長，又苦口婆心地勸導 "孩子"（市民）不要頑皮，也嚴厲地批評肇事者，聲明觸犯法律可能受到懲罰。這個公告最想傳達的訊息，是在最後一小段："因為此刻在殖民地上確實有許多這些壞分子，為了保護那些良好的市民，我們必須採取一個登記的系統⋯⋯要讓政府更好地掌握哪些是好人，哪些是壞分子。"[4] 政府也特別勸諭華人社區的市民要協助警察執法，實際上也就是在警告華人不要去包庇壞分子。警告是適時的，因為驅逐出境行動馬上要啟動

1　Executive Council Meeting Minutes, 25 November 1856, CO131/03, pp.218–222.

2　第 132 號政府公告，1856 年 12 月 04 日，CO129/59, p.362.

3　第 127 號政府公告，1856 年 11 月 29 日，CO129/59, p.361.

4　第 127 號政府公告，1856 年 11 月 29 日，CO129/59, p.361.

了。[1]

港督寶寧 12 月 13 日通知倫敦殖民地部華人"動亂"已經完全平靜下來了，[2]
卻在 12 月 16 日收到廣州商館兩天前被大火夷為平地的消息。同日，寶寧發出一
項公告給城裏所有的華人，[3] 通知晚上 10 點後進入戒嚴階段，到早上鳴炮之前，
任何在街上的人都會被帶走。凡是有公職或私人聘請，接受命令要在晚間出去
的，都必須有准許證以及提一盞燈。儘管口頭上宣稱暫時不會有更多的亂事，殖
民當局措施也明顯收緊。一個星期後，政府也對船公司發出了一份相應的通告，[4]
即從珠江（或其他地方）而來的客船，不能在晚上十點到天亮時間抵港，因為有
宵禁令的關係，抵港乘客都不准許上岸。

殖民當局已經前後三次懇求倫敦加派軍隊來港救急，無奈倫敦沒有做出任何
回應。雖然寶寧一直對印度派士兵支持抱期望，而印度總督卻在 12 月 11 日的回
覆中婉拒了，沒有提到原因。[5] 倫敦終於在翌年 2 月初正式通知寶寧，正在交涉從
毛里求斯調派第 5 隊士兵部隊，以支持香港第 59 團步兵。[6]

1856 年底發生的為期兩天的群體性治安事件，很少受到史學界的注視，連
蔡榮芳關於社會群眾運動的文獻也只有兩小段述及這段歷史，而且焦點還是放在
"亞羅號事件"。[7] 在香港回歸前有學者曾經簡略在文章中提到這次事件，[8] 認為香港
（港島）人是積極參加新安抗敵會組織的封港活動，並稱其為"香港人民抵抗鬥
爭中的一個重大勝利"。史界對這次事件的關注度遠不及之後的"毒麵包"事件，
但它其實是"毒麵包"事件的前奏曲，只不過及時被制止了，沒有機會爆發成更
大的群眾性治安事件，上面敘述的行政局會議決定對此發生了作用。假如要先作
總結，1856 年的兩天小型群體性治安事件，其實是反映：（1）華人不滿殖民當局
處理其措施的態度，特別是滋擾法，擾民並且不講理；（2）民眾普遍對警察表現
不滿意，華人不滿執法嚴厲，外國人不滿執法不力，警隊缺乏凝聚力；（3）中產
（店主們）由於利益關係，很快就回歸理性；（4）殖民當局並不重視警隊，寧可

1　第 127 號政府公告，1856 年 11 月 29 日，CO129/59, p.361.

2　Bowring to Labouchère, 13 December 1856, No.215, CO129/59, pp.358–362.

3　Government Notification, 16 December 1856, No.136, CO129/59, p.392.

4　Government Notification, 23 December 1856, No.137, CO129/59, p.393.

5　Edmonstone to Bowring, 11 December 1856, No.114, CO129/62, pp.89–90.

6　Labouchère to Bowring, 05 February 1857, No.13, CO129/59, p.193.

7　Jung-Fang Tsai, *Hong Kong in Chinese History (Community and Social Unrest in The British Colony, 1842–1913)*,
New York: Columbia University Press, 1993, p.52.

8　王芳、陳顯泗：〈19 世紀下半葉香港同胞反殖民侵佔的鬥爭〉，《文史雜誌》，1997 年第 3 期，第 8–10 頁。

犧牲警察威信尊嚴，以舒緩緊張民心。這次的事件帶來一個額外的好機會，讓殖民當局名正言順地通過公告，再一次收緊對華人的人口登記政策（上一次是 1847 年），亦即對華人實施更嚴厲的監控。

事發後幾天，《德臣西報》在 11 月 27 日的簡略報導中，也認為 1856 年的小型爆發反映出殖民當局對華人的處理方法有問題，而且有人（意指殖民當局）刻意試圖"混淆"視聽，"讓混亂行為看起來像是廣州在這裏的特務煽動起來的"，"如果真的是政治運動，它不會那麼容易地被消除"。[1]

1857 年（1857 年 1 月 13 日）"毒麵包"事件

短暫發生 1856 年 11 月底的群體性事件後，市面很快恢復平靜。但其實社會中一直瀰漫著不滿情緒，蓄積了不少怨氣，果然沒有多久就浮上檯面了。

起初是零星的事件。12 月 26 日晚上，大概 60 個攜帶武器的華人攻擊位於香港島東面怡和洋行附近的商店。他們中間一定有人受了重傷，因為一路上可以看到血跡。兩個怡和洋行的印度籍侍衛受了重傷，幸好沒有生命危險，還有報導說一個警員的手也被打傷了。這一場的襲擊看似只是搶劫，與當時的形勢沒有關係。另外也有一家洋行被偷竊，是他們自己聘用的苦力幹的，與此同時，港督府的升旗繩索也被剪斷了。因此，港督寶寧上年底定下的華人晚間戒嚴措施真正執行，[2] 倫敦也同意了（但是是在翌年的 3 月）。[3]

自 12 月底開始，香港流傳著幾個謠言，[4] 有說從英國來的物資都可能會停止，有說華人錢莊（大概有 7、8 家）都會撤資離開，有說到了農曆春節為洋人打工的華人工人會從香港撤走，還有說城中會被水淹，[5] 甚至有說假若有人在城裏放火，會有獎賞。12 月 22 日寶寧致倫敦的函件中，首次提到由於廣州發生的事情，有人四處張貼公告教唆香港的華人離開。寶寧對於香港的物資供應也表示擔心，因為這裏一切的物資都仰賴鄰近區域。[6] 據他的揣測，一定會有廣州的密探抓緊機會來擾亂香港的安定，讓殖民當局蒙羞。因此，增加香港警隊的人手迫在眉睫。

當年的春節是 1 月 26 日，寶寧在 1 月 9 日就公告要求取消所有春節慶典，[7]

1　*China Mail*, 27 November 1856, p.2.

2　Bowring to Labouchère, 30 December 1856, No.219, CO129/59, pp.387–389.

3　Colonial Office to Bowring, 04 March 1857, No.27, CO129/59, p.391.

4　Bowring to Labouchère, 30 December 1856, No.219, CO129/59, pp.387–389.

5　Bowring to Labouchère, 30 January 1857, No.22, CO129/62, pp.105–107.

6　Bowring to Labouchère, 22 December 1856, No.217, CO129/59, pp.378–380.

7　Government Notification No.9, 09 January 1857, CO129/62, p.103.

並嚴格執行禁止煙火法令，不容許華人夜間往來，商店要在黃昏之前就關門。1857 年 1 月 10 日，政府特別發出了一份防火的公告，並明確警察的職責。[1] 寶寧後來也反思他只對縱火案件特別警惕，有點懊悔沒有注意其他方面。[2]

各種謠言聲中，寶寧在 1857 年 1 月 13 日致函倫敦時，仍表示基本上不擔心 "華人會起義"，[3] 另一方面，卻在進行一切的預備。他告知倫敦，為減低風險，最好能夠管制華人晚間在街道上遊走。最重要的是，寶寧還請求通過香港的首份 "緊急治安法" 法令，[4] 兩天之後再次上呈倫敦，告知法令需要立刻在立法局通過。[5] 與此同時，寶寧認為既然警隊力量需要加強（增加 50 名歐籍與 50 名印度籍），就該把差餉提高，以應付增長的開銷。

1 月 15 日，正當港督預備發函的當天，香港發生了大事。供應幾乎所有在港外國人社群的麵包店 "裕盛"，被懷疑在麵包裏下毒，受影響的外國人有 300–400 名左右。化驗結果顯示麵包裏面有大量的山埃，大概是因為用毒太多令腸胃受不了，受害人全都嘔吐出來，沒有人因此喪生。有當天的報紙稱，麵包店的老闆阿林在付清過店裏的幾筆欠款後，在客人用早餐吃麵包前，已經帶著家人離港往澳門去了。[6] 港督馬上發信給澳門總督請求幫忙，並派警察坐皇后號往澳門尋找他。

港督寶寧因覺得事態嚴重，懇求倫敦能應緊急需求，把不少於五千人的部隊（軍隊）馬上從印度調撥到香港。他說："這不單是為了防衛殖民地，還是（保護）我們條約下的權力、貿易的安全以及維護我們在華的地位"，[7] 一時間香港被緊張的氣氛籠罩著。這一次受影響的都是歐籍人士，無論是政府官員或者商人都有可能受到傷害。從寶寧要求的（1）緊急軍隊支持與（2）支持人數，可以看到態度向強硬轉變，與上個月發生商戶停業事件時的安然鎮定有別。

裕盛的阿林當天就被帶回香港，經裁判司調查，阿林、他的父親與 8 名其他人士（總共 10 人）等，被控企圖向社區下毒，於 1 月 29 日在高等法院刑事法庭受審。[8] 店裏所有人一旦被判罪名成立，就要面對應有的懲罰，還有可能被驅逐

1　Government Notification No.10, 10 January 1857, CO129/62, p.104.

2　Bowring to Labouchère, 15 January 1857, No.14, CO129/62, pp.92–104.

3　Bowring to Labouchère, 13 January 1857, No.9, CO129/62, pp.59–60.

4　香港法律編章 1857 年第 2 號法令 "An Ordinance for better securing the Peace of the Colony".

5　Bowring to Labouchère, 15 January 1859, No.14, CO129/62, pp.92–95.

6　*China Mail*, 15 January 1857.

7　Bowring to Labouchère, 15 January 1859, No.14, CO129/62, pp.92–95.

8　*China Mail*, 22 January 1857.

出境。阿林的兩個文員阿麟與阿財逃掉了，[1] 但是殖民當局已經出了 1000 元的報酬，相信找到他們也不會困難。1 月 29 日的報章報導阿林的案件有 30 名控辯雙方的證人被傳召出庭。[2] 由於事件已經進入司法程序，任何人在審訊前都不能發表任何的意見，報紙上也不能刊登任何對他們有利或有害的說法。因而阿林被捕整整兩星期內，都沒有進一步的消息。兩個星期後，寶寧正式向倫敦殖民地部報告 1 月 15 日發生的事情，亦未多言，只是說：「可以想像，公眾此刻的情緒非常高漲，還沒有平靜下來⋯⋯可能會有動亂發生。」[3]

1857 年 "毒麵包" 事件發生後在倫敦也有報導
來源：《倫敦畫報》，1857 年 3 月 28 日

---

1   *China Mail*, 22 January 1857.

2   *China Mail*, 29 January 1857, p.2.

3   Bowring to Labouchère, 29 January 1859, No.20, CO129/62, pp.161–162.

審訊過程：狂妄的律政司彰顯英國司法獨立？

1857 年 2 月 6 日，五天對"裕盛"的審訊在高等法院刑事法庭結束。報導稱這是"開埠以來最哄動的事件"。[1] 在陪審團 5 對 1 的結果下，10 個罪犯全部無罪釋放。控方律政司托馬斯·安斯蒂（Thomas Anstey）一早表明，這宗案件在搜集直接證據方面有困難，因為幾乎所有證據都只是環境證據，不過他還是有信心認為陪審團會一致同意疑犯有罪，當然，陪審團全部都是歐籍人士。代表辨方的威廉·布里奇斯（William Bridges）律師承認確實存在一個企圖毒害社會人士的行為，但是證據未能證明就是這 9 個或 10 個人所為。布里奇斯也大膽指出律政司對犯人有個人的敵意（因為律政司的家人也是受害者）。

對於阿林，大法官對陪審團的指引是雖然 14 日下午他在店裏，但是如果陪審團不清楚究竟阿林與下毒是否有關連，或者對企圖下毒這件事情有無認知，那麼就不能給他定罪。法官也注意到阿林家人也帶了麵包上船吃，吃後也感不適，即是也遭下手。另外，阿林曾經對船長提出付 50 元請他當晚將他們載回香港（另付 100 元給中介）等等，這些都是有利阿林的證據。[2] 關於那 9 個罪犯，大法官提醒陪審團應該考慮到證據薄弱，最多只能認出他們"與裕盛麵包店有關連"，而不能認定就是下毒之人。

正當這 10 名人士最後被判無罪要離開法庭時，卻因 1857 年第 2 號新的緊急法令出台而再次被抓捕，再度被羈留。[3] 各方面對於這事反應頗大，眾說紛紜。有認為在決定驅逐出境之前的羈留是沒有法律依據的，被羈留的犯人可以向法庭提出人身保護令（Habeas Corpus），要求被釋放。[4] 對於人身保護令，寶寧對倫敦說："我已經私下與大法官溝通過，他說假如有人提出人身保護令的申請，他會頒令說獄卒宣佈阿林是在港督命令下羈留的，這樣的回覆就足夠了。"[5] 這缺乏詳細的法律解釋，簡單來說就是港督的行政指令可以凌駕一切。不把這 10 個人送到法庭前，就不用作出進一步的法律裁決，然後又剝掉申請人身保護令的權利，只能說讓英人感到自豪的"司法獨立"形同虛設。

1　*China Mail*, 07 February 1857, p.1.

2　*China Mail*, 07 February 1857, p.1.

3　Bowring to Labouchère, 11 February 1857, No.28, CO129/62, pp.217–219.

4　人身保護令是在普通法下由法官所簽發的手令，命令將被拘押之人交送至法庭，以決定該人的拘押是否合法。這是以法律程序保障個人自由的重要手段。任何人士如果被拘押，皆可以由自己或他人向法院質疑拘押的合法性。

5　Bowring to Labouchère, 14 February 1857, No.33, CO129/62, p.278.

各方對於審判結果的反應

全部無罪釋放的結果顯然不是歐籍人士希望看到的。之後不同的組織團體發出各式各樣的請願函件，發到不同的官員處投訴。其實案件在高等法院審判前，律政司安斯蒂已經猜到會有這樣的反應。他發話說即使這 10 名人士不能在法律下受死，亦會有很多人用其他方法把他們置於死地。[1] 他更認為陪審團身份平庸，受到像阿林這種有點錢的小販的影響。聽說城中已經到處張貼起要幫助阿林脫罪的告示，不難想像其中有買辦與掌櫃之類的人，會替阿林在歐洲人面前講好話。安斯蒂甚至提到應該考慮香港進入戒嚴狀態，也提議要增加一條專門懲治下毒的法令。[2] 他對此案的強硬態度，讓人覺得肯定是有私心。

港督寶寧有感於此，在這件事上非常謹慎。他不但吩咐安斯蒂要把所說的寫下來，還要把這封信抄送倫敦殖民地部。[3] 原來安斯蒂曾經請求港督用 "其他" 方法處理阿林等人。但是寶寧堅決要讓法庭（法律理據）來解決事情，他表示不會 "跨過法律，濫用私刑"（expost facto Martial Law）。[4] 不過，當 3 月中旬倫敦殖民地部收到這信時卻質疑港督作這份報告別有用心，就是先做好備案，以防範安斯蒂跨過他打小報告。這裏有幾點值得注意：（1）安斯蒂身為司法機構的主管，卻提出了干預司法公平的建議；（2）殖民當局裏各官員之間存在明爭暗鬥的情況；（3）倫敦殖民地部對於遙遠的香港發生的事情，監管不力，愛理不理。

這次的審判結果令在香港的歐洲人不悅。來自不同社群組織的請願信件反映出英國人普遍的矛盾情緒：既要秉持高尚的情操，維護法治精神；又充滿報復心理，不想讓 "裕盛" 案的罪犯留在香港。

2 月 7 日，有一封請願信送至港督，信中提到對阿林與其他 9 位人士再次被捕與羈留。同一案件，案中犯人被抓兩次不合法理，這是讓英國法律在華人居民中丟臉的做法。但這批人士又強烈感到為了香港的利益，"裕盛" 案件裏的每一名犯人，都應該 "被馬上逼使離開香港"，[5] 還有建議離開前要他們付保證金。至於阿林，就容許他多點時間去安排自己餘下的事情，他脫逃風險較大，當局應向他索要更高的保證金。也許這一群組的大洋行老闆們更關心的是讓自己能夠先收

1　Attorney General to Mercer, Colonial Secretary, 20 January 1857, CO129/62, p.112.

2　Attorney General to Mercer, Colonial Secretary, 08 February 1857, CO129/62, p.256.

3　Bowring to Labouchère, 20 January 1857, No.15, CO129/62, pp.108–111.

4　Expost facto Martial Law 與 the Law of Lynch 是法律上一些頗橫行的手段，把人為的手段凌駕於法庭的判決之上。

5　Memorial to Governor in Council, 07 February 1857, CO129/62, p.237.

回阿林的欠款，[1] 也間接令政府多收一些"保證金"而已。沒有甚麼法律意識的其他歐洲人也有請願，[2] 直接表示對法庭的判決不滿，主張用新通過的法令，將之全數驅逐出境。[3]

至於城中華人，譚阿財[4] 與其他 38 名華人在 2 月 7 日宣判那天也上書請願。一方面他們對法庭的判決表示歡迎，但亦要求把阿林遣送回鄉最適合，而不是將其驅趕至海南島，[5] 頂多就不再讓他回港。[6]

上述幾封請願信雖然來自不同群體，各自有不同的顧慮與不滿，但底綫是一樣的，包括華人群組，都是認為犯人應該離開香港，相信大家最希望的是讓市面儘快恢復平靜。

事實上，立法局已於 1 月 6 日悄悄地通過第 2 號法令，賦予政府臨時可以驅逐鬧事者出境的法律依據，還有頒發夜間通行證等預備 "戒嚴" 的權力。怎料 1 月 15 日就爆出 "毒麵包" 事件。假如沒有第 2 號法令，政府將對此事件束手無策，而且對於法庭釋放的 10 個人，也沒法理再行抓捕與羈留。殖民當局這一次非常高招。

第 2 號法令通過後，殖民當局相應地貼出了幾個有關的公告，把市民的心理都調教好，預備有大事情的發生：1 月 9 日，政府頒佈第 7 號公告，[7] 內容是推行通行證以及申明申請手續（向警察總監申請）的細則說明，還說明警察有責任監管新法令的執行。

同一天，政府再公佈中文的第 8 號公告，[8] 特別申明在香港的華人圈子裏傳遞，內容是警告那些無業人士或者付不出保證金的人士，要在 12 月 15 日（陰曆）正午之前離開本港。假如被警察抓到不但要罰錢，還要被驅逐出境。公告裏特別申明本港立場：反清或協助清廷的，一律都不受歡迎。這明顯是殖民當局預感將有事情會發生，而假設肇事的人都是從內地來的。

---

1   16 名請願者簽名，CO129/62, p.239.

2   Memorial to Governor in Council, 09 February 1857, CO129/62, p.240.

3   Bowring to Labouchère, 13 January 1859, No.9, CO129/62, pp.59–60.

4   早期來港的建築工人，積聚財富後，成為香港的有名 "鄉親"，也有份出資建立文武廟。

5   當時的海南島是比較落後之地，也不能與家鄉比較。之所以建議驅逐到海南，是因為當時時節是東北季候風季節，想要逃回來的人要面對的將會是漫長的、危險的海上航行。

6   譚阿財（與其他人）上書請願書，CO129/62, p.242.

7   Government Notification No.7, 09 January 1857, CO129/62, p.101.

8   Government Notification No.8, 09 January 1857, CO129/62, p.102.

NOTIFICATION.

Notice is hereby given to all persons who have no employment, or who cannot find security for their good behaviour, to depart from this Colony on or before Noon of the 15th day of the 12th Moon, on penalty of apprehension by the Police, and punishment of deportation.

All persons calling themselves Rebels against the Chinese Government, or persons acting in any way for, or being Emissaries or Agents of, the Chinese Government, come within the scope and meaning of this Notification.

C. MAY,
Superintendent of Police.

香港總差役官 狽 諭

為曉諭事誌本港各式人等知
悉凡在本港之人若無正道營
生又無工僱及無保領者一概
准于本月十五日午刻離港毋
許逗遛倘敢不遵定必嚴拿驅
離本港發歸異地凡有稱洪賊
並有在港與唐官接濟者一體
按法究辦各宜凜遵特示

一千八百五十七年新正初十
丙辰十二月十五諭

殖民當局 1857 年第 8 號公告
來源：《政府憲報》，1857 年 1 月 9 日

　　當天又有第 9 號公告，[1] 內容通知農曆除夕夜與新年慶典將會全部被取消，商店要在黃昏之前關門，禁用煙火的法令將會被嚴格執行。最後一份第 10 號公告，[2] 在 1 月 10 日被翻譯為中文，並張貼在公共場所，讓華人居民通曉要遵守或注意的防火措施。[3] 這份公告還申明警察的諸多雜務，例如晚上巡視區內門窗、檢視有否儲藏易燃物體、幫助居民逃生、檢查居民的防火措施等。[4] 最後，公告勸諭城中市民應當向總登記司高三貴先生通報無業遊民或可能影響到本地公共治安與貿易來往的人物。這般關於公共治安事宜，不是通知警察，而是通知高三貴，是與常理有異的做法。

三、警察在 1856、1857 年事件中的角色

　　自 1856 年上半年，警隊成員似乎都忙於執行新法規，包括三四月出台的兩份衛生條例（第 8 號與第 12 號），還有較早時候的防火條例。亦因如此，警察與市民發生衝突的機會增加不少，本來已經非常脆弱的警民關係更見緊張。在執

1　Government Notification No.9, 09 January 1857, CO129/62, p.103.

2　Government Notification No.10, 09 January 1857, CO129/62, p.104.

3　群體性事件中，肇事分子喜歡運用的一招是縱火，這招到了今天發生的暴亂中仍然是沒有變更的，可能是因為火最容易把現場範圍擴大，而不用很多人力。同時，縱火的行為一直不被支持，因此最容易被演繹為唱反調的最佳方法。

4　Government Notification No.10, 09 January 1857, CO129/62, p.104.

法時，警察也常被批評過分使用武力。[1]即使如此，警隊也不見獲得殖民當局其他部門的支持，報紙曾經報導："上星期梅查理與他的警察在皇后大道上的陽台攻擊，現在看起來是不必要的，明顯沒有得到港督、輔政司或總測量司的批准。"[2]當警察動手拆掉一些伸展到街道上的陽台時，就有人認為他們把那些花巧的窗框都弄壞了，引來相關居民的不滿。警察似乎經常只對華人區動手，連西文報紙都評論說處理方法應該覆蓋外國人才公平。[3]而這些華人區的舊房子，確實有些是危房。一星期後，就有太平山區的三棟樓塌了，把三個路人壓死。政府要委任特別調查委員會來追究責任；總測量處則發聲明說他們沒有能力兼顧所有可能有問題的房子。[4]最後這些責任也是落在警察的肩膊上。有時候，這些工作都是負責一些雞毛蒜皮、吃力不討好的雜務，例如，西報裏記載了一位讀者要求警察處理從一棟在鴨巴甸街的建築物（海員宿舍）漏出的髒污物，髒水一直流到皇后大道。報紙的評語是："香港警隊一定是群龍無首，沒人管了！……（此事）才會 6–8 個星期都沒人管。"[5]

　　當真正有事發生時，例如 1856 年 11 月 21 日發生商店關門停業的事情，署理港督堅偉第一時間要求駐港英軍增援平亂，軍方也迅速派出了 100 名 59 團的士兵。至於要求增加警察人手，一直到 12 月 22 日港督寶寧才首次向倫敦提出。"毒麵包"事件發生後，寶寧也是第一時間要求倫敦把不少於 5 千人的士兵從印度調撥到香港。[6]很明顯，這時候的殖民當局應對危機的第一道殺手鐧就是出動軍隊鎮壓。11 月 21 日首份公告申明假如繼續有人肇事，軍隊會進行鎮壓，並沒有提及警隊的參與。[7]其實當天也有警察在現場，起碼有一個印度籍的警察站崗，被人群追打，幸好逃脫了。雖然事發當天也有警察在場規勸人群離開，但是並不奏效，直到 59 團的軍隊到場，人群就安靜下來了。翌日，警察安排了"一隊強大的警力在站崗"，史料沒有交代具體有多強大，1856 年，警隊總人數（管理層除外）232 名，警員級有 209 名（歐籍 20 人；印度籍 155 人；華人 34 人）。[8]假如現場真的是有一萬人的話，就算總動員 209 名警員，都是一個絕望的情況，況且

1　*China Mail*, 17 April 1856, p.2.

2　*China Mail*, 24 April 1856, p.2.

3　*China Mail*, 17 April 1856, p.2.

4　*China Mail*, 24 April 1856, p.2.

5　*China Mail*, 23 October 1856, p.2.

6　Bowring to Labouchère, 15 January 1859, No.14, CO129/62, pp.92–95.

7　Hong Kong Government Gazette Extraordinary, 22 November 1856, Vol.II, No.73, p.1.

8　"Civil Establishment", Blue Book 1856, pp.186–188.

他們幾乎全是沒有武裝的，所以只好求助於軍隊。假如只有堅偉原來要求的 100
名駐港 59 團軍隊成員，卻能讓群眾馬上安靜下來，相信理由只有一個，就是與
軍隊裝備有關。相比之下，當時警察的武器裝備非常不理想。簡單來說，根據梅
查理 1854 年 9 月的報告，[1] 警隊只有簡單的武器裝備（Fuzees，即綫膛步槍、火槍
與短劍等），而且都是 1844 年警隊設立時採購的，早已年久失修。這裏可以看出
一個端倪，當時警隊的規劃十分落後，其職務只是維持每天的例行職務，並沒有
任何危機處理的能力，哪怕是最小型的群體性治安事件，209 人的警力都應付不
來。再者，根據英帝國慣例，防衛之事是軍隊的責任，一般在 "移民墾殖" 殖民
地上（Settlement）[2] 設有殖民地警察。但英國取下香港的目的從來不是希望讓它
成為移民墾殖殖民地，因此早期的香港警察並沒有殖民地警察的特色與裝備。

人群聚集，政府方面卻不知道究竟所為何因，堅偉的說法是缺乏翻譯。當
年警隊裏華人大概總數是 39 名，沒有一位是專職擔任翻譯的。整個警隊只有一
位署理警察總監格蘭・皮爾稍懂粵語，既是助理警察總監，也負責翻譯。這人
在 1855 年 8 月才到任（高三貴辭職總翻譯後接任）。正因當時的總監梅查理也要
調任，整個警隊的重任就都落在格蘭・皮爾身上。他的委任在警隊裏並不是很歡
迎，有可能因為他是葡萄牙與法國混血兒，本來是在澳門當一個小小公務員，就
想來香港尋找升職機會。[3] 他的母親是澳門人，因此他懂幾種語言，包括馬來語、
葡語以及粵語。[4] 在 1856 年底的亂事中，本來已經調職的梅查理回朝，掌控警隊
的工作，可見這位格蘭・皮爾在警隊沒有很大的貢獻，連報紙也是這樣揶揄他，
說假如他的職位是由高三貴來擔任會是最合適不過。[5] 有研究覺得格蘭・皮爾在香
港仕途上的挫折，不無與當時英國人的種族歧視有關，特別與 "貌似" 正統英國
出身的高三貴比較，更是明顯。[6]

在 12 月 22 日的行政局會議上，副港督堅偉的報告提及警察不夠人手的情
況。當時歐洲人、馬來人、菲律賓人（大都是無業）都可以加入警隊當臨時增

1　May to Mercer, 01 September 1854, No.24, CO129/47, pp.97–98.

2　高岱、鄭家馨著，《殖民主義史（總論卷）》，北京：北京大學出版社，2003 年，第 207 頁。

3　Crisswell and Watson, *The Royal Hong Kong Police (1841–1945)*, Hong Kong: Macmillan Publishers (Hong Kong)
　　Ltd, 1982, p.35.

4　Catherine Chan, "Empire Drifters: The Macanese in British Hong Kong, 1841–1941", PhD History Dissertation
　　with University of Bristol, 2019, pp.83–88.

5　*China Mail*, 27 November 1856.

6　Catherine Chan, "Empire Drifters: The Macanese in British Hong Kong, 1841–1941", PhD History Dissertation
　　with University of Bristol, 2019, pp.83–88.

援，以增加巡邏（行咇）的頻密度，就是沒有考慮人口最多的華人。堅偉也建議從 59 團步兵調派人手，負責晚上 7 點以後的站崗。堅偉的發言，表明政府在預計會有亂事發生，也說明警隊當時面對的困難。[1]

儘管常說警察是執法的機構，但是這一時期其他個人或機構也可以擁有執法權。1857 年 1 月初通過的第 2 號法令，[2] 就賦予太平紳士執行該法令的權利。太平紳士即使沒有搜查令也可以抓捕可疑人物，還可以羈留被抓捕的人，直到送官究治。太平紳士也可以授權其他人替其執法。除了抓捕，太平紳士亦可以直接罰款，不用等候法庭的決定。這兩項賦予太平紳士的權力，在 7 月的修正法令裏依然保留。[3]

市民普遍對警察的觀感不好，不僅是對華人成員，對洋警察亦如此。報章上常有對他們的揶揄，最差的一個例子說及警察對市民開槍，卻又不及時進行搶救，最後傷者因為失血太多而掉命了。法庭對死因仔細研究後，判定疏忽在警方。[4]

> 我們做一個總結，早上大家不太緊張有事會發生。但是晚上，警察的責任仍然很重。所以假如晚上有些協助會更好。不須要很多人，簡單一點，是想要這些新請來的人（指警察）多點盡責任，而不是在崗位上睡懶覺。[5]

這些批評，甚至對香港警隊的開隊功臣梅查理都不放過：

> 我們聽說梅先生有退休的打算，作為初步步驟，他正在處理每年 600 英鎊所能積蓄獲得的大量寶貴財產！他已經處置了所有的中國財產，包括在擺花街的妓院。我們對他並沒有絲毫的個人敵意，我們確實有理由讚揚他的行為，特別是在履行助理裁判司職責時，但我們對他作為警察總監的資格一直持不樂觀的態度，並將其退休視為一項公眾福利，尤其是應該從英國指定一名適合的人選來補充警察辦公室。[6]

"香港的黑洞"

在市民對警察印象普遍不佳的背景下，1857 年 2 月 5 日，《德臣西報》刊登

1　Executive Council Meeting Minutes, 22 December 1856, CO131/03, pp.253–259.

2　香港法律編章 1857 年第 2 號法令第 6 款。

3　香港法律編章 1857 年第 9 號法令第 6 款。

4　*China Mail*, 12 February 1857, p.2.

5　*China Mail*, 29 January 1857, p.2.

6　*China Mail*, 19 February 1857, p.2.

了一段完全沒有先兆的、令人震驚的報導。這段節外生枝的情節，更讓警隊臭名昭著了。報導是關於"毒麵包"案件中，除了29日在高院受審的10名疑犯外，原來還抓了其他42名華人。有人"爆料"[1]這些人被羈留的情況是極度不符合"人道"立場的。連西報也有這樣的評語："今天見證了一幕，沒有人會相信，即使在做壞事最多、最專制的政府也不會發生，更加做夢都不會相信發生在一個英國殖民地上。"[2] 以下是描述42人羈留情況的節錄：

> 這42名華人，擠在一個16英尺長，15英尺闊的牢獄裏（等於240平方英尺或22.2平方米）。裏面只有一個小孔用來通風。他們總共被關押20天！床是又硬又濕的石地，大小便也在這裏面進行。他們當然不需要任何被鋪，因為可以想像，這個地牢像個熱鍋。……無論如何，都不能受著像現在這樣殘暴的對待。可能乾脆把他們驅逐，或問吊、甚至是槍斃，都比目前要好。[3]

當天的報導把這次事件形容為"香港黑洞"，並號稱有幾個人可以作證，保證報導的都是事實。根據其中一位的醫護人員說，在他的專業經驗中，從來沒有看見過這樣噁心的情景，那裏的氣味能讓任何一個"歐籍人士"實時反胃。就算在那地牢的門邊多站幾秒鐘，也會覺得頭暈想吐，幾個小時都沒能緩過來。

至於這個"黑洞"，報導說是剛剛建好的，連牆上的灰、地上的土都沒有乾透。最駭人的是這42名被關的人士都不是定了罪的重犯，亦不是被控罪的人，都只是沒有被撿控的"疑犯"。其中有些是行將就木的老人，有些是還沒到青年期的男孩。唯一的共通點是事發之時，他們確實都在裕盛麵包店裏打過工。更糟糕是，自從1月20號（報導是2月5日出版的，即整整16天）警察帶過食物給囚犯後，就沒有再提供過膳食了，當然還是有慈善機構或親友帶來食物的。關於這點，報紙評論道："我們看到了在一個英國的屬地上，在警察的羈留與監管下，可能會有42個人活生生被餓死，而政府居然是不管的。"[4]

最致命的是，據一名警員披露，警察高層其實是知道這些事。有下層的警員兩次向中央警署報告，要求至少可以把門打開，但都不獲允准。報導還說有一名太平紳士了解過情況後，也馬上向裁判司發出緊急投訴，警告說如果不趕緊把這

1　爆料可能是廣東方言，是指向公眾揭發他人可疑罪行的行為。這種行為不同於正式的檢舉，並沒有正式地向司法檢調機關提報案情，且不需負責。

2　*China Mail*, 05 February 1857, p.2.

3　*China Mail*, 05 February 1857, p.2.

4　*China Mail*, 05 February 1857, p.2.

些人送離那個黑洞的話，很快會有疾病傳播開來。不過信還沒有來得及送到裁判司手上，警察總監已經收到醫務人員的警告，就把其中一些人搬到正規的監牢裏面去了。

最後，報章要求港督能馬上徹查事件，對負責人予以最嚴的懲罰和處治，並批評說解除其公職已經是最輕的懲罰了。

翌日，輔政司要求警察總監立刻作出響應，並須用公告形式在政府憲報裏公開回應。[1] 警察總監梅查理在 2 月 6 日致函輔政司，[2] 敘述在 1 月 15 日抓捕所有人後，等待進一步調查，最後有 10 人被帶到高等法院接受審訊，除了幾個要再盤問外，其他的 42 人還在押候審。他們是根據 1857 年第 2 號文件，被視為對本地治安有威脅而監禁的。另一方面，監獄全都滿了，中央警署也要騰空應付每日所需，所以一直到 2 月 3 日，這些人都是被關進交叉路上新警署地下的一個房間。梅查理認為這是合適的，亦是唯一可以騰空的地方。

當然，梅查理對於各項的指責都試圖作出合理的解釋，包括那個小房間的通風情況，他的下屬錯報消息等。他甚至說自己也親自去視察過情況，而不察覺被關的囚犯有甚麼異樣。他總結那個地方的條件不如報紙寫的這麼差，而且當那位醫務人員向他反映時，他就馬上反應過來，並採取行動了。他保證這些囚犯所有的安排，都是以他們的安全羈留與公眾便利為依歸，完全沒有讓他們受辱待的企圖。至於給犯人們的食物，從一開始監禁，就由政府提供，是充足及理想的。但後來犯人的朋友們詢問可否由他們自己提供，也被批准了，梅查理說甚至見過那個受犯人朋友所託的供貨商。另外，梅查理也指出在 1 月 23 日深夜，高三貴（根據私人情報）抓了 146 名犯人，也是由警局作羈留安排。供貨商說因為人數眾多，他未能在平常時間供應，當日值班的警員已經催促好幾次了。

得悉梅查理這樣的解釋，報紙並沒有放過他。首先，記者指出這篇回應帶懺悔的口吻，而且出現在一本政府的刊物，有轉移大眾視綫的企圖，讓大家不再追究此事，亦相信如此解釋會被"無能的港督"接受。再者，從梅查理的回應來看，警隊基本上是完全知道這些惡行的，但是梅查理一人承擔了所有責任，因為他說已經視察過兩次，都不覺得有問題，直到 2 月 3 日經一位醫務人員提醒，他才反應過來，採取行動把犯人遷移。這等於 42 人已經在那"黑洞"裏度過了 20 天！當然，媒體也猛烈抨擊梅查理對於惡劣環境缺乏感覺的解釋是牽強的，並質

1　Hong Kong Government Gazette, 14 February 1857, Vol.II, No.73.

2　May to Mercer, 06 February 1857, No.9, CO129/63, pp.246–247.

疑港督在聽過這樣的解釋後，會否問責或解僱警隊負責人，還是一味包庇維護犯了錯的官員。最後，這份西文報紙的辦報人帶著恐嚇的口氣，說隨時可以向倫敦報媒反映這事，引起國會的注意。

對於這些嚴厲的抨擊，梅查理在 2 月 13 日再次作出回應，[1] 在翌日刊登憲報。他繼續解釋不理想的情況，並堅稱不相信任何警隊的人會刻意虐待這些犯人，而他自己更是沒有企圖要用虐待手段，實在沒有意識到他們在被虐待。梅查理提醒大家，通常他是被（歐洲人）質疑對華人太容忍、太仁慈的。不幸地，他承認曾對醫務人員講過："他們（犯人）中有些人是罪有應得的，皆因他們對我們是冷血的。"[2] 這句話顯然被報紙大造文章，描繪成他認同在沒有理據下把犯人監禁是合理之事，梅查理反駁這樣的指控。

這一段插曲，給警隊或殖民當局委實添了不少的麻煩，也對警隊的名聲，甚至整個殖民當局的名聲造成損害。從中我們看到幾點關於警隊的死結：(1) 參與執法的人很多，但是之後的處理只是扔給警隊。也由於這個問題，抓來的人數過多，引致監獄爆滿；(2) 監獄設施不足夠，但是本港並沒有相應地建設新牢房；(3) 當時的政策與匯報機制似乎並不清晰、不完善，例如囚犯的日常配給誰來負責沒有明確規定；(4) 警察的角色是甚麼？只是監管犯人，安排供貨商提供膳食，加上收過擔保費後就釋放的善後工作？而撲滅罪行的抓捕工作，卻是由總登記處（總登記司）作主導？(5) 部門之間缺乏協調，總登記司高三貴在幾天之內抓了 300 多人，[3] 關於羈留、膳食等後續安排，卻沒有事先與警隊商量好；(6) 梅查理第二次回應中的最後一段，也許暴露了警隊的總體問題，就是沒有善用人才（抑或無才可用）。他說，警隊"高層"都忙著應付城中可能會發生的持械搗亂，實在沒有空檔管別的事情。現代管理學中很注重的"職責分配"，似乎沒有體現在警隊的管理中。

上述所述，加上"香港黑洞"這一段，不難讓人看到，警察系統出了問題了。這些嚴重的紕漏，就給報媒大造輿論的機會。《德臣西報》是一份西文報紙，但似乎對於殖民當局也有諸多不滿，正好藉此機會來挫挫港督的銳氣。

1　May to Mercer, 13 February 1857, No.11, CO129/63, pp.246–247.

2　Hong Kong Government Gazette, 14 February 1857, Vol.II, No.73.

3　Hong Kong Government Gazette, 14 February 1857, Vol.II No.85, CO129/63, pp.246–247.

第三節　殖民當局採取的應對措施

一、香港首份緊急法的出台

1844 年 8 月港督德庇時在立法局通過《人口登記法例》，引發了全港大罷工。在事件平息後，為了應對往後可能再發生類似的群體性事件，立法局於 11 月 26 日通過只有兩項條款的《戒嚴法》，[1] 規定港督在 "緊急狀況" 下無需獲得立法局的通過，在取得行政局同意後，就可以公告形式宣佈任何區域進入戒嚴狀態。法令引言說明 "當時警隊沒有足夠實力為女王的子民提供保護"。

12 月 28 日，德庇時把這份法令送到倫敦，請女王批准。[2] 這裏還有一重要的歷史背景要介紹一下：英皇制誥（Letters Patent）是英皇頒發給香港總督的一種特別授權證書，是殖民當局一切權利的淵源。英皇制誥共有 21 條，其中有一條說明由香港立法局（舊稱定例局）制定的法律，英國有權進行審查，並享有否決權。因此，儘管 11 月 26 日已經通過了該法令，港督還是要循例把法令遞送英國殖民地部，申請英國的同意。

過了幾個月，直到 1845 年 5 月倫敦才有回覆。在各部的討論中，有人解釋 "緊急法" 最大的效果就是其可以凌駕於所有法律之上。通過這樣的法令要非常慎重，一定要能夠證明它是 "必不能缺"，才可實施。倫敦認為假如真的有戒嚴的需要，香港還是要遵從正常途徑，每次要通過立法會授權後才可以實施戒嚴令，不能直接賦予港督這個權力。這等於女王是反對批准這一份法令。[3] 這份法令隨即在 8 月 19 日宣告失效。[4]

由於 1844 年的《戒嚴法》被倫敦否決，香港一直到 1856 年都沒有 "緊急法" 的存在，直到寶寧建議的 1857 年第 2 號法令——《進一步加強殖民地和平法令》。這份法令由香港立法局在 1857 年 1 月 3 日首讀，經修訂後在 1 月 6 日獲得通過，並決定馬上刊憲。[5] 當時香港剛經歷過商戶停業事件，而 "毒麵包" 事件還沒有發生。

1　香港法律編章 1844 年第 20 號法令。

2　Davis to Lord Stanley, 28 December 1844, No.78, CO129/07, pp.333–334.

3　Colonial Office to Davis, 24 May 1845, CO129/07, pp.335–337.

4　*The Friend of China*, 23 August 1845, p.2.

5　Government Notification, 07 January 1857, Hong Kong Gazette.

No. 20 of 1844.

An Ordinance to empower the Governor of Hongkong with the advice of the Executive Council thereof in cases of exigency, to place any Districts or Public or Military Stations of the said Island under Martial Law. Title.

[26th November, 1844.]

WHEREAS, it has been found that from the vicinity of the said Island to the mainland of China a facility is afforded to armed and predatory parties of landing in considerable numbers on the said Island of Hongkong: And whereas from the yet unformed state of the Colony a considerable Police force is not of sufficient ability to afford Her Majesty's subjects resident thereon adequate protection. Preamble.

1. Be it therefore enacted and ordained by the Governor of Hongkong with the advice of the Legislative Council thereof that from and after the passing of this Ordinance it shall and may be lawful to and for the said Governor with the advice of the Executive Council of the said Island when and so often as the exigency of the case may seem to him and them to require such procedure, to declare by any public proclamation or proclamations made in the usual manner and form that in and throughout any certain district or in any public or military station of the said Island martial law shall prevail, or that such place shall be under the control and government of such law by the force and effect of such proclamation. Power to Governor with the advice of the Executive Council to declare any district or public or military post of the said Island to be under martial law by proclamation.

2. And be it further enacted and ordained that any such proclamation shall from and after the publication thereof have the full force and effect as of an ordinance passed by the said Governor with the advice of the Legislative Council of the said Island. Proclamation to have the effect of an ordinance.

[*Disallowance Proclaimed, 19th August, 1845.*]

沒有通過的 1844 年第 20 號法令：《戒嚴令》
來源：香港法律編章

　　法令通過後的一星期（即 13 日），港督去信倫敦，循例將法令上呈，[1] 並提到基於當時正處在困難與危險時刻，特別需要通過這項法令。其實這已經是第二次提及此事。第一次是 1 月 9 日，政府發佈第 7 號公告，關於 1857 年第 2 號法令中華人申請通行證（硬板卡）的詳情。[2] 幾天前，寶寧已經發出一項中文公告，[3] 是面向城裏所有的華人。公告通知晚上 10 點後進入宵禁戒嚴階段，直到早上鳴炮之前，任何華人如出現在街上都會被帶走。凡是有公職或由私人聘請，受召要在晚間出去的，都必須有准許證以及提一盞燈。這實際上是把 2 號法令的部分內容用簡單的公告形式通知華人居民。

　　且看一下這份緊急法令的內容。序言說："鑒於目前殖民地面對的情況，本法是為要採取實時以及進一步措施以維持此地的治安與太平。"法令一旦通過實

1　Bowring to Labouchère, 13 January 1857, No.9, CO129/62, pp.59–60.

2　Government Notification No.7, 09 January 1857, CO129/62, p.101.

3　Government Notification No.136, 16 December 1856, CO129/59, p.392.

時生效，直到政府在憲報中刊登通告暫緩為止。如是者，以後有需要就利用公告宣佈法令生效，又通過公告予以暫停。其實新法令的啟動機制與 1844 年被廢的並無兩樣，也是以公告代替立法程序。不同的是，這份新的法令內容更廣，措施更嚴厲，反映殖民當局的管治手段已見收緊。

1857 年 1 月 6 日以後，法令已經生效，一直沿用至 1887 年，中間經過了整整 30 年。1 月 6 日通過的法令總共有 16 項條文。整份法令是否生效的權力全握在港督的手中。運作方面，法令也有關於市民申請夜間通行證的手續指引。[1] 這些通行證的發落取消，是警察總監的權力範圍。[2] 華人在戒嚴時段上街，而沒有通行證的話，要被罰款或監禁或施笞刑。[3] 華人隨時可能因被太平紳士懷疑而抓捕羈留，等候發落。[4] 然後港督連同行政局可以下令把這些被抓捕的華人驅逐出境，"到中國的任何一處地方"。[5] 任何抗命（違抗警察總監的命令）、拒絕與消防人員合作的人士，都要罰款。這條款居然說明：假如不合作的是華人，太平紳士可以決定用笞刑（5 到 15 藤）。[6]

No. 2 of 1857.

An Ordinance for better securing the Peace of the Colony.

[6th January, 1857.]

Preamble.

WHEREAS it is expedient, in consequence of the present circumstances of this Colony, to adopt immediate and further means for the preservation of the peace and security thereof: Be it therefore enacted and ordained by His Excellency the Governor of Hongkong, with the advice of the Legislative Council thereof, in manner following, that is to say:—

Operation of the Ordinance, and power to suspend and revive it.

1. This Ordinance shall take effect within this Colony until His Excellency in Executive Council shall, by Proclamation published in the Hongkong Government Gazette, suspend the operation of the same; and His said Excellency in Council is hereby authorized from time to time, by any Proclamation so published as aforesaid to revive the operation of this Ordinance and again to suspend it, so often as shall be deemed meet.

1857 年第 02 號法令：《進一步加強殖民地和平法令》
來源：香港法律編章

1　香港法律編章 1857 年第 02 號法令第 2 款。

2　香港法律編章 1857 年第 02 號法令第 4 款。

3　香港法律編章 1857 年第 02 號法令第 5 款。

4　香港法律編章 1857 年第 02 號法令第 6 款。

5　香港法律編章 1857 年第 02 號法令第 7 款。

6　香港法律編章 1857 年第 02 號法令第 8 款。

法令第 11 條是最 "辣" 的一條。假如負責巡邏的人士，於戒嚴時段內（晚上 8 點至翌日清晨 5 點）在街上發現可疑的華人，查問時若遇不合作或抗拒，可以實時開槍（無論是有意奪命與否）。[1] 華人任何時候不准身上攜帶武器。[2] 第 13 項則把受罰人的所有合理權利剝奪了，因為所有依據這項法令執法的行為，都不能告上法庭。[3] 第 14 項賦予英國（甚至盟國）的軍隊（無論是步兵或海軍）執行這項法令的權力，儼如在一個戒嚴的環境下。[4] 而第 15 項說明這些部隊不會受到軍事法庭的審判。

從上面的介紹可以看到，該法令對於華人委實是充滿歧視、不公平以及不人道，且賦予執法的權力和可以執法的人員範圍過大，但對於警察的權力界定卻是模糊不清。

1863 年警察總監簽發的夜間通行證
來源：香港警察博物館

上述幾點也正是倫敦的關注點。接到港督的函件後，倫敦一直都沒有表態，直到 4 月 7 日才簡單地說對於這份法令會在另一份函件中回應。[5] 其實在背後，倫敦對法令的敏感性肯定清楚，作出了詳細的研究。殖民地部首先在 3 月 20 日把法令傳至皇家律政司貝瑟爾爵士（Richard Bethell, 1800–1873）的手中徵詢意見，[6]

1　香港法律編章 1857 年第 02 號法令第 11 款。

2　香港法律編章 1857 年第 02 號法令第 12 款。

3　香港法律編章 1857 年第 02 號法令第 13 款。

4　香港法律編章 1857 年第 02 號法令第 14 款。

5　Colonial Office to Bowring, 07 April 1857, CO129/62, p.99.

6　Colonial Office to the Attorney General, 20 March 1857, CO129/62, p.65.

又在 4 月 1 日送到外交部，[1] 可見其對於這項法令的內容有不少的質疑。在草擬的回覆裏，倫敦殖民地部的要員們覺得該法令威力太大，可能傷及無辜。另外，能夠運用這一權力的機構和人士太過廣泛，連英國的盟友也被覆蓋。此外，這種威力過大的法令不能長時期實施，因此要有制衡，當然這一制衡的權力要歸屬英國。[2] 殖民地部表示很能理解該法令的必要性，因此不想斷然拒絕批准，但是有些地方確實不能建議女王批准，希望寶寧收到倫敦指示時，已經對有問題的條款加以解決了。但由於這條法令已經在實行，倫敦只有吩咐必須暫停，如要恢復，必要獲得女王批准。另外，關於驅逐出境的一項也要修改，讓寶寧參考以前直布羅陀與馬爾他的類似法令，把驅逐期的上限定為 5 年。就是按照上述各點，5 月 2 日殖民地部正式回應了寶寧。[3]

接到英國的回應後，香港殖民當局於 7 月 13 日才在行政局召開會議。[4] 會議上，港督宣讀了倫敦 5 月 2 日的第 54 號快件，轉達其對 1857 年第 2 號法令的評論。隨後，港督提出下列決議，獲得一致通過：（1）1857 年第 2 號法令在 7 月 15 日後暫停生效，未經女王政府明確授權，不得再次實施該法令；（2）將女王陛下政府認可的上述條例，連同重新制定的條文，呈交立法局；（3）根據女王陛下政府的指示修改驅逐條款，並使其符合 1843 年 2 月 1 日議會的命令。上述第 11 款（可疑的華人可以隨時被槍殺）、第 14 款（盟國軍隊）以及第 15 項（軍隊行為受軍事法庭控訴）全部刪掉。這樣修訂後就成為了另一個法令（1857 年第 9 號法令），在當日通過，名為《進一步加強殖民地和平修訂法》。[5] 序言裏說："港督同行政局會隨時公報暫緩或恢復這項法令。"

2 月 12 日報紙曾經報導了 "毒麵包" 事件的 10 人釋放後，[6] 在法庭門口又再度被抓、被安排驅逐出境，但是以甚麼理由就沒有說了。可能他們就是按照 1857 年第 2 號法令第 6 與第 7 條，政府有意要放逐的可疑人物（因為當時還沒有接到倫敦的指示，因此第 2 號法令還是生效的）。輿論普遍認為，再次的抓捕，在英國任何法律下都是沒根據的。更引人議論的是，抓捕他們的決定，是由六個太平紳士與其他社會賢達簽署的，這也是法令第 6 條賦予太平紳士的權力。總之，各方對於這 10 名本來被判無罪釋放的人士，因 1857 年第 2 號法令再度被抓

1　Colonial Office to Foreign Office, 01 April 1857, CO129/62, pp.97–98.

2　Draft Reply to Bowring, April 1857, CO129/62, pp.73–77.

3　Colonial Office to Bowring, 02 May 1857, No.54, CO129/62, pp.61–64.

4　Executive Council Meeting Minutes, 13 July 1857, CO131/04, pp.115–116.

5　香港法律編章 1857 年第 09 號法令。

6　*China Mail*, 02 February 1857, p.2.

捕和羈留的事情莫衷一是，此事在香港司法界、政府內部與社會上都掀起熱議。

二、1856 年警察調查委員會及其報告內容

其實在 1856、1857 年事件發生之時，殖民當局針對當時社會對香港警隊的各種不滿情緒召開了特別調查委員會。這一節將論述香港首次有記錄的警察委員會，以更能反映政府處理 1856、1857 年事件的取向與因由。

1854 年到 1855 年間，因為"滋擾法"的執法與懲罰，警察與市民間的衝突增加，警民關係緊張。1856 年 10 月 16 日，市民舉行了公眾會議，當日也有人嚴厲批評警隊效率低劣。[1] 無論如何，港督已決定了召開調查委員會，並委任了兩名主腦，[2] 分別是輔政司默瑟與律政司安斯蒂，其獨立性確實不能算高。

1856 年的調查委員會在該年 10 月 24 日完成報告。[3] 總的來說，在 11 月 4 日的公開信中，[4] 輔政司默瑟承認公眾對警隊的一些投訴是有理的，並指出在剛收到的警察調查委員會報告書中有同樣的評核。他亦申明無論是在制度還是在財政上，警隊都是一個非常困難的問題。最後，他表示調查過程中並未獲得很多社區的支持。筆者把報告全文放在本書附錄六，以供參考。以下列出幾點特別值得注意的事項或建議：

報告中最重要的建議並非警隊怎樣能有改善，而是怎樣加重軍隊在香港治安中的角色。報告建議至少要有一個團的英軍駐港。在這個前提下，僱用駐軍團裏質素較好的士兵，作為改革後警察部隊的補充。建議包括從軍隊中挑出一些士兵，讓他們穿上警察制服，受警察總監監管，駐紮城中據點。報告有指出如果海港與岸邊是完全缺乏防衛能力，提議設立一隊不少於 30 人的水警部隊，可以說是香港水警的雛形。

上述建議涉及開支的增加等問題，也是最實際的問題。委員會認為香港警察的開支不應僅靠本地財政承擔，建議進行重新分配：由英國政府、殖民當局稅收及地方稅收負擔，各付三分之一。[5] 報告更破天荒地希望改變自由港裏對進出船隻的免徵稅優惠政策，以應付警察改革的額外支出，並具體建議實施噸位稅（可能是每一噸不超過 5 分錢的稅項）。

除了正規警察外，報告也提到可以讓居民組織（更練團），特別是在華人社

1　Newspaper Cutting of Correspondence Colonial Secretary to Public Meeting, CO129/59, p.26.

2　Bowring to Labouchère, 10 December 1856, No.203, CO129/59, pp.236–255.

3　Report of the Police Commission, 24 October 1856, CO129/59, pp.243–252.

4　*China Mail*, 13 November 1856, p.2.

5　Report of the Police Commission, 24 October 1856, CO129/59, pp.249–250.

區協助警察，維持當地治安。其實到了 1857 年，差餉收入有 65% 都來自華人，顯示華人在社會上的經濟能力已超過洋商與洋居民。然而，華人商賈還是寧可自費組織自己的治安隊，可見一則一定是有實際需要，二則正規警隊對華人社區提供的保衛不足夠。

報告是 10 月出台的，港督寶寧細讀了近兩個月時間，在 12 月 10 日才把報告上呈倫敦殖民地部。[1] 在給倫敦的總結裏，寶寧指出，他對報告裏的"重要"內容並不認同，亦沒有準備實施，因此沒有打算把所有文件送交倫敦。所謂重要的內容是關於由增加警力引起的額外開支。報告裏建議市民只負責差餉的三分之一，但港督不認為市民的負擔可以減輕。至於向進港船隻收取噸位稅，寶寧完全反對，認為會影響香港作為自由港的地位，有損推動自由貿易的根本意義。至於報告中借用英軍之力增強警隊力量的提議，寶寧沒有直接反對或同意，只是輕輕推說牽連很多，要多作考慮。總的來說，對於大部分報告裏的建議，寶寧只是敷衍了事，推說都是有價值的，以後會關注，並沒有具體述說怎樣落實或跟進。

對於警隊本身的劣評，寶寧總結是與警隊成員的種族特質有關：歐洲人不適應氣候，致使他們酗酒、染疾乃至死亡；而主要從事下級工作的警隊人員（有色人種）很少受到信任。寶寧與其他殖民官員普遍覺得華人最容易受賄賂，因此也是最腐敗的。[2] 這種把警隊管理不善的責任全部推到複雜的種族問題的想法，也是早期殖民當局官員一貫的表現。換言之，任何改革短期之內無法有很大的改善，亦只是一種推脫之詞。

倫敦直至 1857 年 3 月 17 日才作出回應，回函只有 123 個字。大意是說，既然港督都並未同意報告中的建議，倫敦也沒打算要採取任何行動。

從殖民當局與倫敦處理這份調查報告的態度中，可以看到整頓警隊並不是英國人心中的要務。儘管報告提出了幾個值得考慮的提議，出於種種原因，沒有人願意去落實，當然最大的阻礙是開銷問題，不清楚多花的錢可以從哪裏來，就索性把這些提議擱置。倫敦的底線是國庫不能為香港多花一元。[3]

這份報告的作用幾乎是零。唯一被認真採取行動的是通過把總登記處（總登記司高三貴）的權力放大，加強香港的人口登記系統，務求更嚴密地掌握外來人口的情況，杜絕搞事分子出現。

然而，人民是歷史的創造者，是決定自己前途的根本力量。有一些建議在委

1　　Bowing to Labouchère, 10 December 1856, No.203, CO129/59, pp.236–255.

2　　Bowing to Labouchère, 10 December 1856, No.203, CO129/59, pp.236–255.

3　　Labouchère to Bowing, 17 March 1857, No.31, CO129/59, p.242.

員會提出後逐漸被重視，最終成為現實。如華人要求自費組織自衛隊，雖然被寶寧推搪拒絕，但是在 10 年後的 1866 年，"更練團"正式獲政府批准，成為一支被認可的部隊，效用幾乎等同正規警隊，在群體性治安事件的處理中出力不少。這正好反映這份委員會報告的原意：基於香港的主體居民是華人，警隊必須用華人警察，才能在維持整體治安秩序工作上獲得成效。然而，華人警員作為香港警隊的主力，是 1877 年軒尼詩港督提倡後，才稍微打開了一扇門。

三、1856 年底行政局對於局勢的建議

港府在 1856 年 12 月 22 日召開特別行政局會議，港督寶寧考慮到在廣州發生的事件可能對香港造成影響，須要行政局加強警覺，以保護香港市民的生命及財產。[1] 儘管寶寧幾乎完全忽略 1856 年的警察調查報告，但當時的副港督堅偉在 12 月 20 日致函輔政司，作出一系列的建議，與警察調查報告裏的內容幾乎一致。寶寧不得不召開會議，讓行政局討論堅偉的這封書函。

當時"毒麵包"事情還沒有發生，而 1855 年的群體性事件已經平息，但從堅偉的建議可以看出事態的緊急性與嚴重性：例如，所有 15 歲以上的葡萄牙和其他外國男性居民的名單，連同他們的住處，都必須立即送交輔政司，以便他們能保護自己住所的區域。值得注意的是，堅偉說應該可以假設"每個外國人都是備有武器裝備的"，因此，這支隊伍不僅可以幫助軍隊與警察維持秩序，在鎮壓區內擾亂方面也能發揮作用。然而，剛通過的首條"緊急法"中提到沒有通行證的華人任何時候都不准攜帶武器，違規者重罰，這裏可以看出政府對於洋人與華人需要保護自身與財物的尺度，差異確實很大。

同時，那些寄宿處所也需要提供寄宿者的名單，以便需要時，湊合一支臨時輔助警隊（費用可以由政府支付）。這些人（應該是指非歐洲人的非華人）"就算是武器不足夠，就是有根棍子也可以"。根據估算，應該有 50 到 60 名無業的菲律賓或馬來人士，再加上 40 名歐洲人，就能湊合臨時警察部隊，主要協助晚間巡邏工作。對於商船上的船員，也會要求他們在必要時提供協助。由於軍營設在赤柱，離市中心太遠了，又建議第 59 團應該調配至少 50 名帶刺刀的成員，每天傍晚 7 點在城中心駐守，翌日清晨 7 點回營去。

堅偉進一步建議組織一個公眾安全委員會，成員包括重要的殖民當局文武官員、洋商代表以及三位最有名氣的華商。每條街道設置關卡，早上拆去。每一區都有負責人，一半是從居民中選出來。他明白這兩項可能會引起公眾（主要指華

1　Executive Council Meeting Minutes, 22 December 1856, CO131/03, pp.253–259.

人居民）恐慌，所以可以推遲實施。

晚上 7 點後，本地船隻一概不准開駛，只允許運載歐洲人船隻到港，且只開放兩個碼頭。海港上應有不少於 3 艘的戰艦（一艘可以是蒸汽船 Steamer，另一艘是雙桅橫帆船 Brigs），可以隨時駛進香港水域，每船派出 50 名備武海員。一旦有船運送華人來港，被發現攜帶武器，即送交警察局處理。對於一切遊蕩的無業華人，移送警察局，並隨即到其家中搜查武器。堅偉的部分建議，明顯都是極度歧視華人的。這倒不讓人意外，因為不信任華人是此君一貫的取向，對於在警隊中起用華人，他始終是一股阻力。

翌日續會，輪到總登記司高三貴與警察總監梅查理兩人呈上聯合報告，關於應採取何種額外的措施來確保香港的和平，他們都認為混淆視聽的煽動行為是引起恐慌的最大緣由。對於市面狀況，他們的判斷是："華人社會希望維持一個和平而有秩序的狀態，決不想擾亂他們在香港現有的貿易和生活方式，但亦難免情緒激動，擔心中國政府會用甚麼形式把他們弄回鄉，有可能牽涉他們在鄉下的家人或財物。"[1]

他們提出的預防措施包括：向外僑社會徵召一支特別警隊（除了海員與其他沒有能力擔負責任的人士），並規定這些部隊的管理架構，而整個機構由首席裁判司與警察總監負責。

至於正規警察的人數也要增加：歐洲人 20 人，印度人 50 人。這項應該是根據梅查理早前提出的，印度警員是部隊真正的工作人員，對城鎮的監視責任都落在他們身上。歐籍人士不容易找，特別是在當時的情況下。他們同時也建議調整正規警隊成員的職責安排，加強夜間值班（巡邏），值勤時間從每天 6 小時增加到 8 小時；將整個警察部隊的核定薪酬（從督察以下）提高 20%，並惠及新加入的成員。不過，華人成員的任何貢獻被完全漠視，人數沒有增加、加薪也無望，建議中寧可從犯輕罪被判刑的歐洲囚犯中提拔出一支由 40 人組成的後備部隊，由兩名曾當過兵的看守人訓練。此外，為防止特務等，未經總登司的明確許可，華人不得開設任何新商店。地保與其他店主也有義務報告他們附近的新商店。對此項措施，應當發出公告，以示市民。

以上這些建議大都獲寶寧採納。31 日最後開會決定，由於法律法規的限制，亦因涉及宣誓的問題，自願警察部隊不能成事，最後只能象徵性地在正規警

1   Executive Council Meeting Minutes, 23 December 1856, CO131/03, pp.260–264.

隊裏多增加名額。[1]

　　然而，英國卻一直沒有回覆他們的要求。殖民當局只好自己想辦法，連消防隊也是自願性的組織。新舉措從 1857 年 1 月 1 日起實施。律政司被指令為保護香港安全進行多項立法，包括：（1）組織消防隊；（2）規定華人夜間通行證的形式和違約處罰；（3）將可疑人物驅逐出境；（4）港督有權逮捕和監禁可疑的中國特務人員。

　　從這些措施可以很清晰地看到殖民當局對華人失去信心，全力依靠歐籍社群來維持社會治安，亦設下不少針對華人的不公平法例。

第四節　總登記處、總登記司、撫華道

　　本章經常出現高三貴的名字。無論是在擺平亂事過程中，抑或是善後工作，似乎都有他的功勞。在 1850 年代，從殖民當局致倫敦的函件中到報章上的報導，他的名字常被提及，其間總是充滿讚譽。其實，他在香港擔任過不同的公職，在本章討論的時段內，其主要身份是總登記處的總登記司。總登記處在殖民當局架構裏一直扮演著不輕的角色，也在一定程度上與警察角色時有重疊甚至衝突。筆者認為，殖民當局對於這個部門（職位）的取向對警隊的發展有一定影響，故先從總登記處的歷史與功用說起，然後回頭細看高三貴這位總登記司。

一、香港人口登記系統的歷史

　　1843 年 5 月初開埠之初，首任港督璞鼎查報告倫敦殖民地部說香港的"登記處"（Registry Office）大致上已經構思成熟。[2] 他指出儘快成立這個部門的必要性："由於這個島嶼（指香港）與中國大陸毗鄰，必須設立總登記處，否則該殖民地將在短時間內成為殘渣的收容所，各階層的罪犯將湧向香港，以掠奪為生並逃避懲罰。"[3] 在香港設立"總登記處"或人口登記系統的目的非常清晰，就是要控制華人數量與性質，防止壞分子進港，以保持本港的治安穩定，營造一個適合營商的環境。

　　其實，在報告倫敦之前，璞鼎查已經做過很多調查，也與許多人進行磋商。在一封殖民當局的內部文件裏，璞鼎查與當時的三位重臣：副警察總監莊士頓、

1　Executive Council Meeting Minutes, 24, 27 & 31 December 1856, CO131/03, pp.280–281.

2　Addington to Stephen Foreign Office, 3 August 1843, CO129/03, p.247.

3　Pottinger to Lord Aberdeen, 5 May 1843, CO129/03, pp.260–261.

警察裁判司堅偉與海事裁判司威廉·畢打（William Pedder）談到登記處的重要性，就是"不允許任何沒有作登記的人在此島上居住……為確保該島（香港）的發展，這是一項重要的政治措施"。上述三位官員應邀組織一個"註冊處委員會"，"還需要至少一位受薪的成員，其職責是與所有居住或來此島上的人相識（混熟），並把整個登記系統置於其直接領導下"。[1] 這個"受薪成員"就是總登記司的雛形。

就港督提出的方向，委員會召開了首次會議。討論的議程與初步決定包括如下：理事會應每周開會，並從總監處收到所有登記申請，對合格或不合格人士的登記做出建議；理事會做出的決定提交港督批准；任何人除非已登記，否則不得在島上居住；有關人士需按季提交所有出生、死亡及婚姻的申報表；登記時每人每年需繳納一元的費用；未滿 12 歲的兒童不得（不用）登記在冊。要出動港督批准，可見這項"工程"在殖民當局內確實被視為重要項目。另外，理事會也擬定了標準的登記表；登記人需要填寫的數據非常細緻，包括職業、抵港日期、特徵，甚至身高等；每個登記都有編號。[2]

比較嚴厲的措施包括：沒有已知謀生手段或公認名聲不佳的人將被剝奪註冊資格；未經登記許可而潛返港的人應根據其是否積犯而被判處 1、2 或 4 個月的監禁；所有登記人要出示兩份完整的擔保書。

對於某些情況有臨時居留的寬容，但必須在抵港 24 小時內往登記處申請，確定其可能停留的時間，如果停留時間超過 3 個月，必須獲得港督的特別許可。所有資料都得交給他們在港的同住人，以保證他們的安全並對他們的行為負責。這些規定亦適用於大量來港的苦力，加上印發臨時的登記票，離開的時候要歸還。建議中還顧及船舶的中英文執照、註冊和編號（按部門劃分）等問題，非常詳細，還定下船隻登記的費用等。

實行方面，立法局在 1844 年 1 月成立後，在 8 月份大致按照上述決定，制定了首份關於登記人口的法令，[3] 原計劃 11 月開始實施。法令規定 21 歲及以上男士才需要登記，還訂明登記費用，以收入多少來定收費。[4] 船主也要替船隻及整個船隊船員登記。華人船隻進出港口都要登記。須注意的是其中第 3 段賦予總登記

1　Pottinger to Johnston, Caine & Pedder, 15 April 1843, No.166, CO129/03, pp.262–265.

2　Minutes of a meeting held in Harbour Master's Office, CO129/03, pp.266–271.

3　香港法律編章 1846 年第 16 號法令。

4　每月收入超過 20 元的店主，登記費是 5 元；每月收入不超過 20 元、不低於 10 元的登記費是 3 元；每月收入少於 10 元的苦力或船工或勞動工人，登記費是 1 元。

司調查登記人資料的權力,來核實登記的明細。第 7 段說明苦力的登記手續是苦力"頭人"(headman)的責任。這等責任也就間接導致了後來"苦力頭"與"苦力館"(Common Lodging Houses)在港的蓬勃發展。這個法令引起的軒然大波,前人已經多次研究過了,不必在此多費筆墨。不到兩個月,16 號法令就被 18 號法令取替了。

至於 11 月 13 日通過的 18 號法令,首先將部門改名為"人口普查與登記處"。[1] 第二,由於 16 號法令引起軒然大波,18 號法令多加了很多豁免群組,主要就是安撫不滿的歐洲人與富有華人等。獲豁免群組包括:軍方人員與公務員、東印度公司的職員、有學識的專業人士、商人、店員以及"每年支付 250 元租金或以上的戶主或租客"或"每年收入超過 500 元"的人士等。[2] 一看就知道法令對歐籍人士、有錢人的妥協,亦即這塊土地歡迎的人口限於歐籍、商人與有錢人。

對於無業遊民、流浪漢等,一概不發登記證,也就是不允許留港。[3] 假如這無業遊民和流浪漢本來出生在香港,第 3 項並沒有明確說明能否登記,只說要考慮別的法律。筆者相信,根據當時已有的法令,例如警察法令、衛生法令等,這類人也是難逃厄運。在苦力勞工方面,16 號法令容許工頭聘僱沒有居留證的苦力,但是到港後要馬上帶到登記處臨時登記。新的 18 號法令收緊了這一項,不容許工頭聘用沒有居留證的工人,[4] 違規者罰款。這份法令還增加了一條關於以後在本港進行人口普查的條文。香港的首次人口普查是在 1845 年 3 月,[5] 是由當時的總登記司塞繆爾 · 費倫(Samuel Fearon, 1819–1854)[6] 一力承辦的,當局稱非常成功。普查收集了島上華人的廣泛數據,增強了監控華人人口的力量,旨在防止任何可能威脅殖民當局的地下活動。筆者在本書附錄二加進 1845 年香港首次人口普查的報告摘要,以供參考。

1846 年 12 月 31 日,1844 年第 18 號法令又被新的法令取代:1846 年第 7 號法令。這份新法令最重要的改變是提升了總登記司的權力。過去兩份法令中,總登記司的權力範圍限定在登記處內,最多是負責主辦人口普查。在第 7 號法令裏,他的職務範圍擴展了很多,包括被委任為聯席警察總監、太平紳士以及撫華

1　香港法律編章 1844 年第 18 號法令第 1 款。

2　香港法律編章 1844 年第 18 號法令第 2 款。

3　香港法律編章 1844 年第 18 號法令第 3 款。

4　香港法律編章 1844 年第 18 號法令第 7 款。

5　Report by Census Registration Office, 24 June 1845, CO129/12, pp.304–310.

6　費倫亦是倫敦國王學院的首位中文教授,曾在鴉片戰爭中擔任翻譯。

道（Protector of Chinese Inhabitants）。[1] 為了要執行這些額外的任務，總登記司的工作範圍也擴展了，包括：（1）防止罪惡發生；（2）查明與抓捕罪犯，主要是為"保護殖民地的華人居民"。1844 年 13 號（保甲）法令下委任了的保長與保甲，[2] 以後都要聽命於總登記司。本來這些人員是聽命於總警察裁判司與警察裁判司的。[3]

審閱並通過第 7 號法令時，港督曾經委任以堅偉為首的專責小組，1846 年發佈的報告中，首句是這樣說的："華人的登記（系統）只是用來協助警察的（工具），不可能是其他。"[4] 另外，報告特別"投訴"總登記處平日雜務太多，令登記事宜不能暢順進行。這樣的說法，筆者覺得應該是警隊希望限制總登記處的權力，當然也是警隊多少有覺得權力被其削弱。無論如何，從關於總登記處的早期法令，已能看出總登記司的職權、職務與警隊有重疊，及後越見嚴重，更出現衝突。這些衝突在群體性治安事件中屢次凸顯，相信在平日發生的頻率也不低。

至於總登記司要兼顧的"撫華道"職務是何時新設的官職，這一點未能從史料裏找出究竟。首任總登記司費倫的履歷及其與倫敦的信件裏，[5] 只是提及總登記司與"華人收入長官"（Collector of Chinese Revenue），也沒有提到"撫華道"三字。有理由相信這個官職首次出現是在 1846 年 12 月 31 日通過的總登記司法令（1846 年第 7 號法令），可能就是把費倫集於一身的職務（中文翻譯、與華人周旋等）系統化的結果。

根據 1846 年的新法令，每個華人住戶都要取得號碼並將其油漆在門上。總登記司會對一些"素質良好"的華人住戶發放登記票據，以便辨認。法令也說明，為"保護歐籍居民"，所有在這裏工作的華人，取得僱主的證明和擔保以後，可以向總登記司領取票證。另外，小販不能在街頭擺賣，除非獲得總登記司的准許、領有牌照。[6] 對於小販的監管，相信香港是開了全亞洲的先河。為了執行這些法令，總登記司可以隨時進入（登上）華人居住或管理的房屋或船隻。[7] 這樣的安排間接讓總登記司權力坐大，也給他從中取利或進行不公平、不透明勾當的機會。"撫華道"一職有名無實，倒不如說是"控制華人司"更為貼切。

---

1 香港法律編章 1846 年第 07 號法令第 2 款。

2 保甲與保長制度是香港歷史中重要的"以華制華"制度之一。

3 香港法律編章 1844 年第 13 號法令第 4 款。

4 Extract of a report from the officiating Registration General, 01 October 1846, CO129/19, pp.62–65.

5 Colonial Office to Davis, 02 February 1846, No.18, CO129/12. pp.298–302.

6 香港法律編章 1846 年第 07 號法令第 10 款。

7 香港法律編章 1846 年第 07 號法令第 02 款。

這份法令也為驅逐出境開了先河。假如一個華人沒有獲得永久居留權而以任何理由被帶到裁判處，警察裁判司可以要求他為將來 12 個月留港找擔保，假如不能找到擔保，警察裁判司"也許"可以命令此人離開香港，不准回來。[1] 這份法令一直生效，直至被 1857 年第 6 號法令取代，新法令對過去賦予警察總監可以監管警隊的權力有所削弱，警隊需要同時聽命於警察總監與總登記司。[2] 法令對總登記處與總登記司的法律地位再次被確認，即他在執行職務時，可以行使作為太平紳士或警察總監的權力。

總登記司的權力範圍在 1857 年進一步擴大，這與 1856 年、1857 年的事件有著極大的關係，筆者暫且不討論 1857 年及以後對法令的修改。下一段先探討當時的總登記司高三貴在香港錯綜複雜的牽涉。

二、一位濫用職權的總登記司：高三貴

總登記司高三貴是早期殖民當局的官員，曾數度引起風波，以下對此人的經歷作一介紹。高三貴英文名字是 Daniel Richard Caldwell，中文名字本來是譯作"高和爾"，因為後來捲進了風波醜聞，有人改口把他叫做"高三貴"，"貴"字源於"吳三桂"，厭惡之情可見一斑[3]，高三貴的名字也就廣為人用。他出生於 1816 年，有多國血統，他的出生地一說是在聖赫勒拿島（St. Helena），[4] 又或在新加坡。

沒人知道 1840 年前他混跡在哪裏，他自己所講也不大可信。可以肯定的是，在英國海軍出征隊來到中國海岸之前，他已經住在新加坡很長一段時間。這點與他對馬來語、葡萄牙語和印度斯坦語的知識相符，也是他懂粵語的原因。隨後於 1840 年 6 月他與堅偉乘同一艘戰艦，從新加坡前往舟山，當時他是軍需處的一名小職員，由此開始了他在香港一帆風順的仕途。對幾種亞洲語言的了解，使他幾乎是早期殖民當局必不可少的人才。[5] 儘管如此，他仍是一個很有爭議性的人物，先後兩次辭職，一次被解僱。

鴉片戰爭結束後，1843 年 1 月，高三貴在堅偉的建議下成為一名口譯員，主要在香港的裁判處工作，月薪 50 元。到了 7 月，這筆費用增加到每月 125

1　香港法律編章 1846 年第 07 號法令第 13 款。

2　香港法律編章 1857 年第 06 號法令第 06 款。

3　關詩佩：〈翻譯與管治：早期香港史上的雙面譯者高和爾（1816–1875）〉，《現代中文文學學報》，第一〇卷第二期，2011 年，第 174–194 頁。

4　聖赫勒拿島也是拿破侖被放逐及最後去世的一個小小島嶼，位置在大西洋南面。

5　G. B. Endacott, *A Biological Sketch-Book of Early Hong Kong*, Hong Kong: Hong Kong University Press, 2005 Reprinted, p.95.

元。1844 年 9 月，香港最高法院成立，高三貴又被任命為該法院的翻譯，年薪 400 英鎊。他擔任的兩個職位的收入總和為 712 英鎊。在當時來講，這個年薪十分高，輔政司（殖民當局二把手）也不過是 1800 英鎊。不久，他從兩個職位拿支薪水的事情被倫敦發現，被要求做出解釋。當時的港督德庇時懇請倫敦不要追查，因為香港太缺乏翻譯，沒有高三貴，法庭難以繼續運作，這點也獲得法庭首席法官的同意。[1] 這種包庇，反映當時英人缺乏良好的管理香港的初心。

儘管事情沒有再查下去，高三貴也不得不在 1846 年放棄最高法院的職位。同年，他被任命為助理警察總監（兼翻譯），每年又額外增加 125 英鎊的收入。1847 年 10 月，他突然因債務被捕而請辭。設法與債權人達成協議後，他居然能從監獄中出來，並於 12 月被重新委任，條件是他必須住在中央警察局，因為梅查理認為這樣才能使他有較好的經濟條件與較有規律的生活。[2]

1854 年 12 月，高三貴要求加薪。[3] 這一次，一手提攜他的堅偉倒戈相向，吐出了真相，儘管覺得他 "表現熱誠，頗有貢獻"，但批評他的翻譯功夫（中文）其實並未達標。[4] 倫敦因而不批准加薪的申請，甚至質疑他究竟是否勝任每日的工作。[5] 到此，高三貴二度辭職，與一名華人做生意去了。生意並不很成功，於是他又回到香港來。但 1856 年 11 月香港發生商戶停業事件時，高三貴並不在港。因此，他在 "風波後" 的出現，讓殖民當局更能感覺得他的重要性。

其實，高三貴離開不到一年時間，就已經在盤算著回港重投政府懷抱。他還寫了一封自薦信，信中提到雖然投資的生意很賺錢，但是始終有風險，又影響他本來安穩的家庭生活，因此想重回政府工作。這一次他要求的薪金更高了，是 700 英鎊一年。[6] 港督寶寧對於他的回歸當然感到高興，馬上遞送申請到倫敦，更提到假如梅查理退休的話，高三貴將會是合適的接班人。[7] 倫敦似乎對這一任命不甚滿意，除了再次提醒寶寧一年前堅偉對其翻譯能力的質疑外，還反問寶寧難道不應由當時已是助理總監的格蘭‧皮爾接任。不過，任命高三貴的申請還是被批

1 Davis to Gladstone, 20 June 1846, No.78, CO129/16, pp.485–489.

2 G. B. Endacott, *A Biological Sketch-Book of Early Hong Kong*, Hong Kong: Hong Kong University Press, 2005 Reprinted, p.96.

3 Caldwell to Mercer, 19 December 1854, CO129/49, pp.70–75.

4 Caine to Sir Grey, 03 February 1855, No.11, CO129/49, pp.64–65.

5 Colonial Office to Bowring, 28 April 1855, No.8, CO129/49, pp.66–67.

6 Caldwell to Mercer, 15 May 1856, CO129/56, pp.276–277.

7 Bowring to Labouchère, 09 June 1856, No.100, CO129/56, pp.270–271.

准了。[1]

在函件來往過程中，商戶停業事件就發生了。港督寶寧於 12 月 22 日向倫敦報告事態發展，[2] 裏面提到："感謝從廣州來的高三貴，一直協助……高三貴在那段時間沒有甚麼正式的職銜，但還是勞心勞力熱切地協助殖民當局開始著手安排華人登記，值得讚譽。"[3] 至於任命時間，史料中並無確切記載，估計是在 11 月 22 日到 28 日間，因為 28 日政府發出公告，宣佈委任高三貴為總登記司兼撫華道，以及政府傳譯官，同時也是太平紳士。[4] 而早在 24 日的行政局會議，高三貴已經有資格出席，還向議員們解釋前兩日華人觀見堅偉的備忘錄，並接受委派去調查兩宗滋擾法的情況。

其實倫敦對於委任高三貴沒有太多的想法，只是覺得他要求的年薪有點過分。不過，由於當時剛剛經歷過商戶停業事件，廣州的事情也鬧得熱哄哄的，整個殖民當局幾乎都視高三貴為救苦救難的觀音菩薩，倫敦也就不再對此爭執，直接批准了，[5] 甚至同意了他要求的薪金額度；[6] 但也不忘提醒寶寧政府已經有格蘭·皮爾先生擔任傳譯官，不應再將這個職務加諸高三貴身上，以致政府架構重複。

之後的兩個星期內，所有發給華人的公告中都提到了高三貴。例如，12 月 4 日，政府發佈了兩個公告，首份是為了回應 11 月 22 日華人的請願信件。除了對他們的要求逐一回應外，該公告多次提到高三貴。第一，政府通知市民如獲知港內船隻有被人滋擾情況，可以通知警察或 "新委任的撫華道高三貴"，違法人士將被馬上抓走，會當作是海盜或盜匪處理。第二，如對於街上商店有建議的話，可以向高三貴提出，指出他同時也是總登記司。[7] 另一份給華人的公告中，除了通報高三貴是新任總登記司外，還重申香港實施登記制度的必要。最特別的是，假如市民對法律規定有理解上的問題，或對殖民當局的管理有任何問題，可以前往高三貴的辦公室（上午 10 點到下午 4 點辦公）；在緊急情況下，甚至可以前往高先生在歌賦街的家中陳情。公告並鼓勵城中受人尊敬的居民要積極向他反映意見，最好以書面形式向他提交建議，使他能夠根據自己的經驗設計登

1　Colonial Office to Bowring, 12 August 1856, No.96, CO129/56, pp.274–275.

2　Bowring to Labouchère, 13 December 1856, No.215, CO129/59, pp.358–359.

3　Bowring to Labouchère, 13 December 1856, No.215, CO129/59, pp.358–359.

4　Government Notification No.121, 15 November 1856, CO129/59, p.226.

5　Colonial Office's comments, 18 March 1857, No.32, CO129/59, p.224.

6　Colonial Office to Sir Trevelyan of Treasury, 28 February 1857, No.96, CO129/56, pp.221–223.

7　Hong Kong Government Gazette No.132, 4 December 1856, CO129/59, p.362.

記系統。[1]1857 年 1 月 10 日，在一份提醒市民防範火災的公告中，提到假如知道有無業遊民或有可能影響到本港公共治安與貿易來往的人物，都應當向高三貴通報。[2]在這公告中，警察相對地只是負責一些雜務而已。

與此同時，寶寧去函倫敦，解釋要賦予高三貴太平紳士身份的理由，他作為總登記司與撫華道，假如沒有裁判處的權力，是不可能履行其重要職責的。寶寧順道也激讚此人，表示連海軍西馬糜各里爵士也認為他是“唯一”有能力處理戰艦附近中國船民的人，提到在 11 月底的事件發生後，高三貴與華人的溝通交流最為有效，寶寧明示暗示香港能夠恢復平靜，高三貴功不可沒。另外，寶寧也預告會對登記制度進行全面更新，正好高三貴的履職可以為新條例的制定收集數據。總之，他認為“高三貴為殖民地提供的服務是如此寶貴”。[2]

關於高三貴復職的消息，報紙上也有報導。1856 年 11 月 27 日有個節錄第 73 號憲報的政府公告，正式通知市民對高三貴的委任。從這段公告中，可以看出殖民當局把他捧得很高，一人兼任數職；另一方面卻對時任副警察總監的格蘭·皮爾的表現不太滿意。全文記錄如下：

> 高三貴先生被任命為總登記司，同時亦擔任殖民地的撫華道——任命是實至名歸，其實已經是拖延太久。這項（任命）將使社會獲得非同尋常的滿足感，而且沒人能如此出色、有資格地擔任這些職務。高三貴先生的其他職務中，還包括殖民當局的總翻譯官。如果它們包括警察局局長的職責，而摒除總登記司的職責，那麼我們認為殖民管治者（政府）將從這一變化中更加受益。現在顯而易見，格蘭·皮爾先生更適合擔任總登記司的職務。[3]

除了轉載這份公告外，報紙還做了如下評語：“假如高三貴當時是在香港，而不是去了廣州，香港在 11 月初的‘騷亂’根本就不會發生。”[4]媒體攻擊殖民當局（或英國）把他派往廣州，認為他應該在“香港島、其周邊及水域”履職。最重要的是，報章覺得假如高三貴在出事現場，他一定會因為聽到“Tafankweilo（打番鬼佬）”的聲音而出招的。從中可以看到高三貴的用處始終是他對於中文（或粵語）的熟悉，可以第一時間明白群眾的情緒與要求。相對地，群眾知道他

1   Hong Kong Government Gazette No.132, 4 December 1856, CO129/59, p.362.

2   Hong Kong Government Notification No.10, 10 January 1857, CO129/62, p.104.

2   Bowring to Labouchère, 09 December 1856, No.198, CO129/59, pp.218–220.

3   *China Mail*, 27 November 1856, p.2.

4   *China Mail*, 27 November 1856, p.2.

明白這種語言，也不會肆無忌憚地喊一些容易激發情緒的口號，亂事就不會在短時間內升級。

在港督 1856 年的行政報告裏，也視高三貴的復職為該年度的成就之一。

> 對高三貴先生服務的讚頌，以及對他所提供的援助的高度評價，我衷心贊同。殖民地經歷了一年多動盪時期，我們欠下的人情債沒有高得過對高三貴。[1]

> 登記處在年底時，再次由高三貴先生領導。在我看來，他對漢字和本地方言的了解不僅使他最適合擔任這個職位，而且讓他成為女王在這個殖民地中最不可或缺的僕人。[2]

1857 年 1 月 15 日 "毒麵包" 事件發生時，高三貴已經全面復職，榮耀更勝前月。在 2 月初的警察總監報告裏面，提到 1 月 23、24 日期間，高三貴根據私人情報，抓了幾近 350 名犯人。[3] 2 月 20 日，港督向倫敦報告 "毒麵包" 事件抓捕人士的處理方案，提到撫華道高三貴在 19 號也到了行政局面前，把收集到的保證金交上。[4] 甚至在 2 月 16 日的行政局會議中，也有高三貴的出席記錄。[5] 當天出席的都是殖民當局的重量級官員，包括港督、副港督、署理輔政司、（三軍司令的）將軍。可見高三貴當時在殖民當局中的超然地位，果然如寶寧所言，是 "女王陛下在香港最重要的僕人"。接下來的 2 月 19 日行政局會議，高三貴又再度出現，報告收取保證金的情況。[6]

香港首份警察調查報告在 1856 年底出台了。港督寶寧對大部分的建議都不予接納，卻提出未來要與上層的華人多作接觸，因為他們以後會隨著香港的日益繁榮而變得更加富裕與有影響力，這 "也是在高三貴的寶貴協助下" 推動了一個簇新的機制。華人人口登記計劃也會被更新。[7]

這段時間內，報媒上也經常提到高三貴的名字。總體來說，不單是殖民當

1　Robert. L. Jarman, *Hong Kong Annual Administration Reports, 1841–1941*, London: Archive Editions, 1996, No.36, p.234.

2　Robert. L. Jarman, *Hong Kong Annual Administration Reports, 1841–1941*, London: Archive Editions, 1996, No.236, p.236.

3　Hong Kong Government Gazette, 13 February 1857, Vol.II No.85, CO129/63, p.246.

4　Bowring to Labouchère, 20 February 1857, No.38, CO129/62, pp.306–308.

5　Executive Council Meeting Minutes, 16 February 1857, CO129/62, pp.312–313.

6　Executive Council Meeting Minutes, 19 February 1857, CO129/62, pp.314–317.

7　Bowring to Labouchère, 10 December 1856, No.203, CO129/59, pp.236–241.

局，整個歐洲人社會都對他評價甚高。例如，在 1857 年 1 月 29 日，報導說許多密探（從內地來的）在市內亂散播謠言，而高三貴就抓了好幾個，並把他們當作可疑分子驅逐出境。[1] 2 月 5 日的報紙說又有人在牛奶中下毒，高三貴與家人都是受害者。

可是，高三貴叱咤風雲的日子並沒有持續多久。1856 年 1 月，另一位在殖民當局任職期間引起相當爭議的律政司安斯蒂到任了。律政司安斯蒂的確威力不小，例如他堅持滋擾法的原意是有追溯期的，由於看不慣那些有私人利益的裁判官濫用權力，他與港督曾發佈過"遵守職務命令"，還建議解散與重組太平紳士群組等。1857 年春季，輔政司默瑟休息期中，暫由安斯蒂的眼中釘布里奇斯律師代任。這時安斯蒂與寶寧的關係已經到了互不理睬的惡劣程度。布里奇斯被指利用職權私相授受，政府無奈召開特別調查委員會，調查也牽涉了布里奇斯的好友高三貴。由於高三貴的妻子是華人，而他首次離職後合夥做生意的也是位華人，更與海盜有牽連，高三貴被指與華人勾結。另外，他也被指控在私人物業裏開妓館，一共是 19 項罪名。此時，寶寧已經離職，新的港督羅便臣並沒有對高三貴作任何協助。這就是靠人事的弊處，一朝天子一朝臣，人事變動，沒有靠山，位子就坐不穩了。報告稱高三貴確實與海盜有過從甚密的不法勾當，本來只是要求其部門歸還一些漏掉的帳目，但是高三貴當時還是趾高氣揚，不願合作，還威脅要辭職。總之他對調查採取不合作態度，還撰寫了一份長達 329 頁的自辯書，最後還是因為被判與海盜有不法勾當，不合適擔任公職，而被斥退了。高三貴自此離開官場，不過仍然留在香港，從事商業有關的工作。最後，高三貴在香港過世，埋葬在跑馬地的墓園。

154　　1　*China Mail*, 29 January 1857.

高三貴（**Daniel R. Caldwell, 1816–1875**）在跑馬地天主教墳場的墳墓
來源：作者攝於香港跑馬地天主教墳場

1859 年 3 月底，寶寧即將結束他港督的任期。在提交到倫敦的年度報告裏，居然還有一段提到高三貴：

> 我在別的地方也提到了高三貴先生的服務，這些服務是如此之多與大，但是他卻受到如此殘酷和不公正的待遇。如果女王陛下政府對這些服務的價值表示某種贊成意見的話，我是很欣慰的。我謹提請你注意海軍上將在離開本港時發出的一封信中對高三貴應得的榮譽所作的可敬的證詞，該信的副本已由本郵件轉寄。高三貴先生曾多次向我暗示，希望離開殖民地的公務系統。他的聲譽受到了如此嚴重的攻擊，他的影響力也受到了安斯蒂先生的損害，這些攻擊仍然在我們臭名昭著的媒體（報章）上引起反響。我不得不說，殖民地失去高三貴先生是無法彌補的。我個人懇求把他挽留在這裏。[1]

1　Robert. L. Jarman, *Hong Kong Annual Administration Reports, 1841–1941*, London: Archive Editions, 1996, No.18, p.254.

至於警察部分，輔政司默瑟也提到："警隊的狀態是我從未見過的強勢。以前總是聽說他們的情況很糟糕。我想一定是梅查理與高三貴努力的成果。"[1] 此時高三貴早已離職，然而，殖民當局對此人的溺愛未斷。

筆者認為，高三貴的崛起，甚能反映殖民當局當時不信任華人的取態及其後果，以致在無可選擇的情況下對這個其實只有三腳貓功夫的"口譯員"過分依賴。這種缺乏"實質"的小人物，很快便暴露其性格修養上的弱點，利用權力進行斂財貪污等惡行，他從殖民當局架構裏退出來是自然會發生的事。在離職後，他居然充當了華人圈子的顧問。政府也繼續利用他的人脈網絡，特別是在對付海盜問題上，認為他出力不少。[2] 雖然關佩詩的研究提到其實還有華人支持高三貴，[3] 但這種支持是否因為其任撫華道期間對華人的關照，還是因為利害關係，就不得而知了。

對高三貴是貪污舞弊抑還是劫富濟貧，史學界一直存有爭議。關詩佩的研究本來希望從翻譯角度探討高三貴的政績，從而指出翻譯工作的性質及文化封閉主義並不一定導致翻譯者身份低微，但是文中提到高三貴在翻譯方面的實證材料不多，反而是德庇時、費倫、威妥馬（Francis Wade）等政府架構裏的漢學專家的翻譯業績更為突出，這與堅偉對於高三貴翻譯文件的能力的質疑相符合。高三貴在史料中留下的翻譯筆跡稀少，也很可能是他的口譯能力較高，因為經常能看見他參見各種會議，替政府最頂層的官員作傳譯（口譯）的服務。

無論如何，筆者非常認同關詩佩小結中的評語：

> 早年的殖民當局，一方面對譯員求才若渴，但另一方面因譯員的種族身份而自設有多重歧視，要找到理想的英國籍翻譯人員，溝通上下，可說是難上加難。因此，我們可以相信，只要找到一位有能力，並願意在香港工作的翻譯員，政府便大加任用，亦因此造成了像高三貴一樣的翻譯人員，轉眼成為管治者的親信，也同時成為管治者的心腹大患。[4]

1　Robert. L. Jarman, *Hong Kong Annual Administration Reports, 1841–1941*, London: Archive Editions, 1996, No.18, p.256.

2　G. B. Endacott, *A Biological Sketch-Book of Early Hong Kong*, Hong Kong: Hong Kong University Press, 2005 Reprinted, p.99.

3　關詩佩：〈翻譯與殖民管治：早期香港史上的雙面譯者高和爾（1816–1875）〉，《現代中文文學學報》，第一○卷第二期，2011 年，第 174–194 頁。

4　關詩佩：〈翻譯與殖民管治：早期香港史上的雙面譯者高和爾（1816–1875）〉，《現代中文文學學報》，第一○卷第二期，2011 年，第 190 頁。

另一方面，關詩佩也指出了高三貴當時在殖民當局幹翻譯工作，有機會洞悉先機，了解政府政策及認識傳達政府政策的前綫人員。就是這些因素造成了他前段仕途的成功。不過，筆者不一定同意他的衰敗是因為成為了任何人的心腹大患。任何人假若自身貪婪，在利用這些獨家數據與人脈時，能發不少財，但正因這樣的"利益衝突"也遲早會出事，讓他在後段受到更大的挫折。

高三貴的經歷也表明殖民當局過於依賴這個看似"獨一無二"的口譯員，其過分程度讓整個政府政策都出現了轉向。由於有這個口譯員與華人的人脈網絡，殖民當局把所有解決民情爆發、維持治安的策略，都聚焦於把不良分子掃出香港，以達到"免疫"程度。當然，這是最快捷、最省錢、最不用動腦筋的做法。不過，殖民當局在這個過程中，首先沒有注意發展維持治安的警隊；其次造成了總登記處（總登記司）的坐大；再次讓警隊的聲威、公信力長期處於低沉狀態；最後阻礙了兩個部門（或更多的部門）間應有的溝通。這些負面影響長期聚積，一旦遇到像 1856、1857 年發生的群體性治安事件，更是毫無保留地表現出來。這裏說到的弱點繼續影響警隊發展，其後果在以後發生的事件中陸續暴露出來。

為了更好地應付 1856、1857 年發生的事件，接下來殖民當局通過新定人口登記法令，配合新委任的總登記司。但其權力過分膨脹，已到了不合理的程度，連倫敦也感覺到要進行遏制了。

三、1857、1858 年人口登記法令之修訂

講畢高三貴，可以回到 1857 年的人口登記法令之修訂，其目的是要增強人口登記系統的力度，讓政府更好地掌握在港華人的資料。

1856 年 12 月，寶寧決定任命高三貴的同時，也一並知會倫敦將會修訂人口登記法令。他說修訂是獲得華人的高度認可，而高三貴亦已開始搜集資料的工作。[1] 倫敦內部對此展開了討論，考慮到本來人口登記事宜是由警察總監管轄的，但是 1856 年底卻因從內地來港華人增加，要特別加重總登記司的職權，本來這也是必要的。[2] 香港早期的幾任港督在防範華人的方針上是一致的，前提是假設來港的華人都是鼠竊狗偷，甚至汪洋大盜，都需要嚴厲的監控系統，以分辨出哪些是宗主國"需要"的人口。這個其實可以說是移民政策的雛形版，但是甄別的準則是否公平、是否帶有歧視才是問題所在。

寶寧又在 1857 年 5 月 21 日致函倫敦，報告 5 月 5 日通過的第 6 號法令，即

1　Bowring to Labouchère, 09 December 1856, No.198, CO129/59, pp.218–220.

2　Labouchère to Sir Trevelyan, HM's Treasury, 28 February 1857, CO129/59, pp.221–223.

全新的"華人登記、管理與人口調查法令"。[1] 寶寧提到 1846 年通過的第三條登記法令以後，登記系統一直都是形同虛設，沒有實行，但是香港人口從 1846 年已經翻倍幾次（1846 年 22453 人，1857 年 71730 人）。而 1856 年底、1857 年初發生的事情，讓殖民當局看到了潛在的危機，登記問題又重新浮現。這再次突顯了高三貴的重要性，因為他是唯一有可能實行登記制度的人，也是唯一與華人有"較良好"交往的政府官員。

其實法令在經立法會討論時，警察總監曾懷疑它的可行性，並批評其效用有被誇大之嫌疑，也指出假若登記系統不包括船上居民就是完全沒意義了。但高三貴認為增加部門人手，就可以把船民都包括在登記系統內。無論如何，法令最終還是被通過了。寶寧還"通知"倫敦，他已利用女王賦予的特別權力推行新法令，因為已是十萬火急，不容再拖延，並請倫敦儘快批准。

6 個月之後，倫敦才對此做出反應，是緊急叫停法令第 28 款，因為英國軍方與法律部均提出嚴厲反對。[2] 翻看該法令第 28 款：總登記司可以對符合條件的華人船隻發出許可證，讓該船獲得英國海軍協助其抵抗海盜的保護。[3] 就算不看殖民地部的反對意見，也可以感覺到賦予總登記司的權力確實過大了。倫敦直斥這樣會把英國也捲進本地的事情中，而英國並不打算負此責任。

兩個月後，倫敦又再度致函寶寧，表示願意讓法令以實驗形式施行，但是對其成效或成功率期望很低。此外，倫敦又指出另外兩處問題。首先，根據 1844 年的警察法令，本來所有關於警察事宜的權力都是屬警察裁判司的。但新法令第 6 款卻說明，以後警隊要分別聽命於警察總監與總登記司。所有與人口登記、人口普查與"撫華"有關的事宜聽命於總登記司，餘下的其他事務聽命於警察總監。[4] 倫敦敏銳地察覺到，這樣的安排會造成混淆，原話是："即使這兩名官員（指警察總監與總登記司）的職責明確分開，也很難指望這種並行的權力制度能夠有效地適用於一支需要統一指揮和迅速行動的部隊。"[5] 倫敦進一步指出，根據這個運作模式，中間肯定會有衝突，到時殖民當局亦不會有解決方法。[6] 倫敦建議再作考慮，最佳方案是始終只由一位官員負責，另外一位官員可以以協助的方式提供

1　Bowring to Labouchère, 21 May 1857, No.84, CO129/63, pp.151–158.

2　Labouchère to Bowring, 10 November 1857, No.133, CO129/63, p.161.

3　香港法律編章 1857 年第 6 號法令第 28 款。

4　香港法律編章 1857 年第 6 號法令第 6 款。

5　Labouchère to Bowring, 14 January 1858, No.4, CO129/63, pp.163–167.

6　Labouchère to Bowring, 14 January 1858, No.4, CO129/63, pp.163–167.

意見。除此之外，倫敦亦強烈反對總登記司為苦力與勞工規定酬金，[1] 因為這樣是違反了"勞工自由"，是極不合理的做法。其實，這與英國在本土一直提倡的市場經濟、利伯維爾場制度 [2] 是背道而馳的。

　　雖然倫敦只是對三個條款有異議，但筆者也想通過分析法令的其他條款，以佐證總登記司不斷強化的權力。總登記司同時也是太平紳士、聯席警察總監與撫華道。他的職務是：阻止罪惡的發生，一旦罪惡發生了，要負責偵查並把罪犯抓捕歸案。另外，總登記司還要"監控與保護"華人。因此，他可以運用警察總監與太平紳士之權力，進屋（有華人）上船（有華人）調查。[3] 雖然與 1846 年第 7 號法令第 2 款在字眼上只有些微的分別，但其實是對總登記司權力的擴大。"一旦罪惡發生了"是新加上去的，自此他的職務就基本上與警察沒有分別了。這一次明確了他可以進屋上船抓人，顯示其權力大大加強。

　　法令的第 13 到 18 款都是有關華人區內"地甲"與"地保"的安排，第 19 款訂明"地甲"與"保長"聽命於總登記司。[4] 本來保甲制度在 1844 年 18 號法令裏已經做好安排，但在 1846 年第 7 號法令裏消失了，又再次出現在 1858 年總登記處的這份法令中。因為以前的保甲制度是警察裁判司下轄管理的，現在正式歸屬總登記處（總登記司）管轄。此前保甲制度有自己獨立的法令，現在全都被這份總登記處的法律取替了。[5] 這再度證明了總登記處權力的膨脹。保甲制度在"毒麵包"事件出現後就被叫停了，其性質其實與後來（1866 年後）崛起並發展良好的更練團有異曲同工之妙。

　　特別要提到的是對於華人提供擔保事宜的一款。一直以來，殖民當局都很注重華人在許多情況下要提供擔保（人事或金錢），其實這也是一種以華制華的手段。替人提供了擔保的華人，為了不想惹麻煩或者有金錢上的損失，在當事人真的出事時，會願意提供資料給政府（警察或總登記司），政府由此達到制衡華人的成效。1857 年第 6 號法令訂明一旦有人因為種種原因上了法庭，而不能提供裁判處或太平紳士要求的擔保，就會被定性為 1857 年第 2 號法令（就是本章論述的戒嚴法）裏所說的"危害殖民地安全"的人物。這一條明顯針對 1856 年底、1857 年初發生的事件，旨在製造更多藉口，以便把"有問題的"華人抓捕、羈

1　香港法律編章 1857 年第 6 號法令第 29 款。

2　Libreville Field System（古典自由主義）。

3　香港法律編章 1857 年第 6 號法令第 4 款。

4　香港法律編章 1857 年第 6 號法令第 19 款。

5　香港法律編章 1844 年第 13 號法令與 1853 年第 3 號法令。

留或驅逐出境。筆者認為這一款極不合理，不符合現代的人道主義觀念，但倫敦卻不以為意。這可能與當時英國或殖民當局對華人的態度有關，就是"寧枉無縱"，反正香港只需要那些有資金、做貿易的華人。

華人的生活無論大事小事，都要受撫華道的"監管"，例如殯葬、[1] 小販、[2] 船隻登記、[3] 建房、公眾聚會等。[4] 由此明顯可見，英國人對華人戒備之心加重了許多，這當然是與 1856、1857 年發生的事情有關。第 4 款賦予總登記司作為"撫華道"的"監管"職務，但是看不到這個官員能怎樣"保護"華人。關於歐籍人士的家傭要嚴格遵守登記系統的規定，實際上是"保護"歐籍人士。[5] 最後，增加了監管範圍，提高了登記各種牌照、許可證的費用，擴充了政府庫房的收入，這也是殖民當局與倫敦歡迎的。輔政司說："本條例其餘部分如妥為執行，所帶來的額外收入，將遠超上述指明的開支，而且該等開支對總登記司官辦公室的效率是不可或缺的。額外的開支，卻能增加成效與政府收入，可稱是明智的經濟。"[6]

基於倫敦指出的問題，寶寧修改後變成 1858 年第 8 號法令，並於 5 月 10 日通過。他承認法令試行的一年裏，實際執行遇到不少困難，"新的條例旨在調和意見，但又不違反殖民地部大臣閣下的積極指示"。[7]

新登記法令對於警隊混淆不清的聽命經修改後，這樣寫道："總裁判司可以要求警察總監調派成員協助其工作。調派來協助的警隊成員會按照他們的總監或督察的指示，聽從總登記司的指揮行事。"[8] 這樣的修訂，在文字上也算是盡了最大的努力。但是在實際運作中，相信還會存在不少的混淆。新的法令也對總登記司的權力有輕微的收斂，例如把對於建房 / 建築物的管理交給總測量處負責。[9] 關於不能提供擔保的人士一律當作危害本港安全人物的一款，在 1858 年法令裏，當然是原封不動地保留下來，[10] 作為殖民當局的一項殺手鐧，反正倫敦從未反對。

可能因為在 1858 年，對高三貴的調查已經開始了，因此法令特別定有"利益申報 / 利益衝突"（現代概念）的條款，說明總登記處工作人員與家屬都不能

1　香港法律編章 1857 年第 6 號法令第 24 款。

2　香港法律編章 1857 年第 6 號法令第 22 款。

3　香港法律編章 1857 年第 6 號法令第 27 款。

4　香港法律編章 1857 年第 6 號法令第 34 款。

5　香港法律編章 1857 年第 6 號法令第 34 款。

6　Colonial Secretary to the Governor, 13 May 1857, No.456, CO129/63, pp.170–174.

7　Bowring to Lord Stanley, 18 May 1858, No.68, CO129/68, pp.45–48.

8　香港法律編章 1858 年第 8 號法令第 6 款。

9　香港法律編章 1858 年第 8 號法令第 20 款。

10　香港法律編章 1858 年第 8 號法令第 21 款。

擁有或有利益於本條例中涉及的房產或船隻。[1] 相信當時安斯蒂對於政府公職人員的大控訴令大家人人自危，特別是掌握大權的總登記處，所以先表態撇清利益輸送的可能性，以求自保。

倫敦在 5 個月後回信，表示對法令中一般的條款沒有意見，只是對其中針對"把乞丐驅逐到中國任何地方或其他地方"的條款存有疑慮。倫敦認為該條款認定可供驅逐的範圍太廣，隨時會被人濫用，還舉例說明："一名窮困潦倒的英國人可能會被送到廈門，而華人卻被送往古巴或美國。"倫敦覺得殖民地當局可以行使的最大權力，就是讓乞丐登上一艘開往自己祖國的船。[2] 這一款最終還是遵照了倫敦的意願，被刪掉了。倫敦想必是比較關注前者會發生的機會，被送到中國內地去對於驕傲的英國人來說，即便是多麼的"窮困潦倒"，也是不能接受的事情。

這份法令一直沿用至 1888 年，後來被 1888 年第 3 號法令所代替，中間 30 年發生了許多其他事情，該法令也相應做出了很大的修改，這些留待後文交代。

小結

經歷了 1856、1857 年間發生的群體性治安事件，殖民當局學懂了運用一個鐵三角系統來對付這些事件中的華人肇事分子，進行"有效"的鎮壓與管治。

（1）立法制度。通過立法，例如：1857 年第 2 號緊急安全法，賦予警察或太平紳士（及其授權人）權力，可以在非常時期，對威脅本地安全的人物進行抓捕、懲罰甚至是驅逐離境。1846 年第 7 號法令也賦予總登記處一定的權力，一樣可以抓捕對本地安全有威脅的人士，並做出適當懲處。

（2）行政手段。總登記司由於完全掌握華人資料，因此要隨時列出一份疑似擾亂香港良好治安的人員名單絕對不難。這個名單直接上呈港督，就能夠達到預期結果，把一干人等趕離香港。

（3）執法手段。警察在擔任其維持治安與秩序的執法角色。

在以上的鐵三角系統中，警察的角色非常微弱，反而總登記處（總登記司）的權力廣泛且龐大。究其原因是殖民當局對華人的不信任與歧視態度，引致：第

1　香港法律編章 1858 年第 8 號法令第 27 款。

2　Colonial Office to Bowring, 01 October 1858, No.44, CO129/68, pp.53–54.

一，警隊或整個政府架構裏缺乏華人為溝通媒介，過分依賴像高三貴這樣拙劣素質的口譯員，無論是口譯抑或是與華人的溝通，都聚焦在一個人身上，此舉是不理想的做法。第二，管治方面只是側重對在港華人的"監控"，而非"溝通"以謀融洽地共存。監控只是為了留下香港"需要"的華人人口，把"不需要"的通通趕走，以便達其殖民目的：提供表面看似天下太平的局面，讓商業得以發展。第三，對華人的不信任，導致政府抗拒在警隊中設置偵探（情報）人員，引致對罪案的防止與跟進都束手無策。這樣的施政方針直接造成罪案頻生，以及警隊在社會上不受重視甚至被鄙視的局面。總登記處權力過大，與警察執法不但重疊，有時候甚至越權。這也造成了警察職務被削減為一些非常不起眼的後勤工作，例如罰款、收監等瑣碎事情。加上管控治安未見成效，亦使社會普遍對警隊印象欠佳。

進入 19 世紀 60 年代，香港警隊儘管已經建立了 16 年，仍然稱不上是一支有成效的部隊。如要提出阻礙香港警隊發展的問題何在，可以簡略地用一個"人"字來總括。這個"人"字包括：人手、人種、人物、人事、人脈，最後是人言。人手是簡單的數目問題，當然也涉及資源問題。人種是關於警隊的人選，是種族的問題。人物（如港督、殖民當局官員等）對事物的取態，也間接影響警隊的發展。人事與人脈關係，即這段時間內，殖民當局內出現的數個領導人的性格與取向，影響了警隊的措施，時致其成效不高，時對其有中興作用。由於到此時為止，警隊還沒有設立明確的方針，因此發展都是走兩步退三步，未能平穩。用緊急法為例子，看出英國與殖民當局取向有時有異。香港早期的港督都急於表現自己，以便謀算撈取下一個在各殖民地的好位子，因此最快捷、最能收效的辦法都會力推，而且都是用人唯親。最後，人言泛指媒體對於警隊的批評，影響群眾對警察的信心。殖民當局為平民憤，以召開警察調查委員會為安撫工具，這會陸續在以後幾章有更為詳細的論述。

第三章

1864 年軍警衝突及其暴露的政治弊病

1864 年 9 月中旬，在香港的太平山區爆發了一場種族毆鬥事件，駐港英軍兵團士兵是其中涉事的一方。後來警察到場企圖控制騷動，事件驟變為軍警衝突。在幾天的亂事過程中，受傷者為數不少，居然有數人喪命。事後，軍方進行了調查審訊，殖民當局也召開了死因聆訊法庭，調查喪命人士的死因。西文報紙《孖剌西報》連續多日報導事件發展，態度偏向軍隊，對警隊多有譴責。

　　嚴格來說，"群體性事件" 一般是指包括一方為民眾的衝突，相比而言，軍警衝突屬另類。然而，這次事件肯定是 "聚眾滋事"，甚至是 "聚眾械鬥"，亦屬 "群體性事件" 的闡釋範疇，因此筆者覺得將其納入 "群體性事件" 加以研究應可成立。無論如何，這次事件涉及的兩個群體（軍隊和警隊）都是公營（政府）部隊，雙方擁有武器甚至火器，因此死傷數目不少，可謂一件大事，所以筆者認為有必要將其作為獨立事件加以探討。特別是這一次毆鬥事件暴露了當時殖民當局面對的一些難題，直接影響了其管治的成效。這些難題包括軍隊與政府的權力鬥爭以及由軍費問題等引起的不和，而一直不受重視的香港警隊夾在中間備受折騰，直接受到衝擊與影響。

　　雖然該事件中有人死傷，但由於牽涉軍隊，殖民當局特意低調處理，甚至在每年的警察報告和港督向倫敦述職的行政報告裏，都沒有提到該宗事件。香港的史學界也沒有針對這次軍警衝突的詳細研究，除了軍事史中略有提及參與善後工作的 "香港義務軍"。[1] 就算是英軍退伍軍人自己寫的回憶錄，都忽略了出事的這一團士兵。本章將對這一事件的大量細節作出描述。

　　1864 年的軍警衝突在短時間內獲得解決，而肇事的部隊也很快被調離香港，但對於警隊的不滿情緒卻繼續在香港發酵。在機緣巧合的情況下，一位有著軍事背景的代理港督暫行管理香港期間，警隊內部的種種弊病，特別是武器管理之缺乏被盡數揭發，最後導致 1872 年警察調查委員會的召開。委員會報告作出的某些建議，為警隊以後的發展設置了一個大致方向。與此同時，新到任的港督麥當奴作風強硬，與倫敦的不協調更見明顯，特別是在處理警察貪污與本地賭博的問題上。本章最後兩節將對以上內容有所論述，以完整呈現 19 世紀 60 年代至 70 年代初香港警政的發展及其局限。

1　Kwong Chi Man and Tsoi You Lun, *Eastern Fortress: A Military History of Hong Kong, 1840–1970*, Hong Kong: Hong Kong University Press, 2014, p.18.

第一節　防衛香港的工作

一、港督羅便臣的管治年代

1860 年第二次鴉片戰爭後，英國的殖民管治擴展到九龍半島。港督羅便臣在年度報告裏沾沾自喜地向倫敦匯報："自從去年（1860）發生的事情，香港在政治方面的地位不能再被質疑。"[1] 殖民當局一直認為，由於九龍此前未受英國管制，它成為了所有壞分子特別是海盜的藏身之所，一直是香港安全的威脅和隱患。代理港督默瑟曾說過："它（九龍）當然是中國的地方，但那裏的官員並沒有好好地執法。它的罪惡會一直滋長下去，直至有一天九龍成為香港的附屬區。這點我是十分贊同的，而且覺得不會太難達到。"[2] 英國人覺得，奪取九龍對於香港的警政大有益處。除了安全上的考慮之外，英國人對於九龍虎視眈眈久矣。在港督向倫敦上呈的年度報告裏，屢次提及這一點："事實上我們的人口已經超越了可居之地。唯一的出路就是把海對面的九龍也拿過來。那裏有平地與極方便的水源，可以供應大量人口使用，因此會吸引人們來定居，貿易亦會得益。"[3] "這個本來就沒有用處的九龍可以割讓給我們，與香港合併。"[4] 從上所觀，英國人對九龍半島的貪婪，出發點並非只是如其號稱的為整體 "安全"，其實商業的利益肯定是在考慮之列，並佔不少的份額。狼子之心，昭然若揭。

此外，因為第二次鴉片戰爭的關係，1860 年間有相當多的英國和法國海軍駐紮在香港，有時候會駐紮長達 5 到 6 個月，人數不少於三萬多人。[5] 香港島就缺乏一塊平闊的土地來安頓這些軍人。[6]

1859 年 9 月，新港督羅便臣爵士上任。他是英國特別派來整頓香港頹風的年輕有為之士，到港時只有 35 歲。雖然任期只有短短四年，中間還有 18 個月左

1　Robert L. Jarman, *Hong Kong Annual Administration Reports, 1841–1941*, London: Archive Editions, 1996, No.20, p.272.

2　Robert L. Jarman, *Hong Kong Annual Administration Reports, 1841–1941*, London: Archive Editions, 1996, No.18, p.257.

3　Robert L. Jarman, *Hong Kong Annual Administration Reports, 1841–1941*, London: Archive Editions, 1996, No.21, p.267.

4　Robert L. Jarman, *Hong Kong Annual Administration Reports, 1841–1941*, London: Archive Editions, 1996, No.21, p.267.

5　Robert L. Jarman, *Hong Kong Annual Administration Reports, 1841–1941*, London: Archive Editions, 1996, No.20, p.274.

6　Robert L. Jarman, *Hong Kong Annual Administration Reports, 1841–1941*, London: Archive Editions, 1996, No.20, p.274.

右在英國因病休假，但他任內頗有建樹，例如建成了香港首個水庫，解決了飲水問題；讓香港郵政局脫離英國，可以獨立印發郵票等，最重要的是落實了已經拖延了很久的警隊改革。

羅便臣也是一位很有遠見的港督，他對香港的一段評價，即便到了 20 世紀甚至今天都是適用的：

> 除了擁有一個良好的海港，以及身處中國的最南端點，形成它獨有的門道（Gateway）地位之外，香港其實甚麼都沒有，要自給自足本地居民一天的糧食都做不到。除非香港能擁有獨一無二的龐大行業，例如海上貿易，可以僱傭百萬人以上的工人。否則，香港永遠不會成為一個華人的聚居點，如果只能靠這裏本地疏落的行業，永遠只能吸引一些劣質的工人。[1]

1860 年到 1862 年間，由於九龍半島的併入，香港的人口大增，羅便臣認為這是內地華人看到香港政制優勝，因此尋求機會來港營商所造成的結果。[2]

對於警察，1860 年的港督行政報告中仍然認為，由於警隊缺乏基本的 "元素"（人種、人材的選擇），成效依舊不高，但是他們 "防罪" 的職能還可以接受。殖民當局一直希望警隊能夠以一支 "地區部隊" [3]（Constabulary）[4] 的形式運作，就像是當時的皇家愛爾蘭部隊。這說明當時的殖民管治還停留在鎮壓的階段，並沒有打算把警隊建設成一支像倫敦都會警隊的 "民警"。這點與黃錦就教授 [5] 與克里根 [6] 的看法都不同，他們認為由於英國人武力奪取香港以至其後的過程中，都沒有碰到像在愛爾蘭、非洲或印度的民眾反抗，因此沒有必要建設一個軍隊形式的警隊。從羅便臣港督的報告可以發現，把香港警隊建設成 "Constabulary" 的意願一直存在，只是限制於基本條件，主要是 "元素" 的缺乏令它不能成型而已。

1　Robert L. Jarman, *Hong Kong Annual Administration Reports, 1841–1941*, London: Archive Editions, 1996, No.20, p.272.

2　Robert L. Jarman, *Hong Kong Annual Administration Reports, 1841–1941*, London: Archive Editions, 1996, No.20, p.272.

3　Robert L. Jarman, *Hong Kong Annual Administration Reports, 1841–1941*, London: Archive Editions, 1996, No.20, p.273.

4　Constabulary 的一個含義是：軍事或半軍事形式的隊伍，當中有受過軍事訓練的士兵執行警察任務。

5　Kam C. Wong, *Policing in Hong Kong: History and Reform*, Florida, Boca Raton: CRC Press Taylor & Francis Group, 2015, p.44.

6　Austin Kerrigan, "Policing A Colony: The Case of Hong Kong, 1844–1899", A Dissertation Submitted to the Cardiff Graduate Law School, University of Wales, PhD Dissertation, 2001, pp.295–299.

1862 年 5 月，警隊裏加入了新的力量，有 150 名印度籍警察抵港。香港警隊剛按照 1862 年第 9 號法令完成改革，但是這些改革的成效還沒有完全顯現出來。1863 年的港督述職行政報告中，除了對警察總監甘賢個人的熱誠與睿智有所讚譽外，港督羅便臣提到實在不能指出警隊有其他的優勢。[1] 他承認港島上充斥著各種不法分子，也提到無論是歐籍或印度籍的警員，自身都缺乏警察應有的操守，香港發生的罪案也一直在增加。同一份報告裏，港督卻似乎對香港的義勇軍有很高的評價。筆者有考慮過為甚麼 1864 年的港督報告提到罪案增加了 412 宗，但是可以控訴的比例卻沒有增加，其實這可能是反映當時警隊缺乏以華人為骨幹的情報部門，引致偵查能力不足。然而，羅便臣對警察的普遍評價卻似乎有些軟化，他說雖然警察的表現可以更好，但是因為從廣州來港的渡輪船費大幅減價，來港的壞分子增加不少，因此警察面對的罪案問題難度頗大。有數據顯示，光一條船就載了 1500 人來港。香港的天氣依然不適合歐籍人士，何況他們的酗酒問題仍然嚴重。到了 1865 年，輔政司表示 1862 年警隊改革後推動的從印度孟買招聘警員的政策仍然是失敗的，因為印度籍警察經常有敲詐勒索的行為，而這些行為在華人中也常發生。總之，只要警隊的業績不加改進，香港也不會具備良好的治安環境。[2] 到此為止，殖民管治已經過了 20 年，英國人還是認為英國的法律不能對華人起到阻嚇的作用，亦堅持不會嘗試信任人口中最多的華人當警察，連在考慮範圍中都沒有。[3]

1864 年，當其他中國沿海港口的經濟情況處在低迷之際，香港卻因其轉口貿易的興盛保持經濟的穩步發展。[4] 殖民當局覺得香港能夠獨善其身，是因為居民感到生命財產在香港受到保障，安居樂業，是得自大英帝國恩澤下的護蔭。這種思維在早期來港的殖民當局官員中很普遍，亦是一股維持他們不放棄香港的動力。在這思維的推動下，一切施政是以締造營商環境為大前提，但英國卻不願意投放資源在這塊地方，因此保護生命財產的重要任務往往要依靠商人居民（無論是洋人或華人）自資提供。

1　Robert L. Jarman, *Hong Kong Annual Administration Reports, 1841–1941*, London: Archive Editions, 1996, No.24, p.289.

2　Robert L. Jarman, *Hong Kong Annual Administration Reports, 1841–1941*, London: Archive Editions, 1996, No.24, p.298.

3　Robert L. Jarman, *Hong Kong Annual Administration Reports, 1841–1941*, London: Archive Editions, 1996, No.24, pp.294–295.

4　Robert L. Jarman, *Hong Kong Annual Administration Reports, 1841–1941*, London: Archive Editions, 1996, No.24, p.292.

二、歐洲海員在港情況

根據 1864 年的藍皮書，當年香港的臨時人口大概只有 100 名，還有二千名的無業人士（列為有色人種）。[1] 就這無業人士數字可看出對華人的嚴重歧視。根據人口登記法令，無業華人一律不能登記，等於沒有留港權利，[2] 但是城中卻能容納下二千名其他種族的無業人士。至於那 100 名流動人口，並沒有被歸為有色人種或華人，因此有理由相信是歐籍人士。

英語有一生詞 "Beachcombers"，《牛津大字典》的解釋為 "海灘拾荒者"，是在太平洋島嶼上以拾荒為生的白種人。在香港，這類人大都指被解僱的海員。其中一些人可能是在船泊岸後等待下一份工作，也有一些因為酗酒、毒品或縱色等問題而使其工作能力大大降低，甚至是以戴罪之身在逃。[3] 在港循道會的傳教士曾這樣投訴過："每一次有船到岸，殖民地就被打擾，因為水手們都像失控的野獸一樣：醉酒生事、到處叫囂。"[4] 曾經有文章指出，英國水手醉酒源於 18 世紀，由於航海事業發達，水手在船上旅途時間很長，船上儲藏的水很容易變壞，英國海軍會特地供應烈酒，還有予之解悶的作用，於是漸漸造成水手們酗酒的壞習慣。

其實，海員們之所以經常喝酒、吸毒或嫖妓，不只是長期以來的壞習慣，還與其在香港社會中的失落生涯有關。他們在這個以商業為主的城市中浮游，既不能與本地居民（主要是華人）交流，與其他的白人亦沒有共通之處，是被社會摒棄的一群人。從一名海員的家書可以看到，他的情況其實是一個很典型的例子。他於 1859 年離開英國，在遠東謀生，整整 5 年後才回到家鄉。在 1862 年的元旦，他這樣寫道："從窗戶看出去，盡是這種擁擠骯髒的生活，喧鬧與充斥著臭味的華人區。"[5] 儘管他不喜歡，但這裏就是他每次停船落腳的處所。由於缺乏社群活動，消遣之處也就離不開酒館、妓館之類。在一個（西方人）慈善團體的年報裏，主席報告了那一年需要幫助的貧病交加的人，海員就佔了其中一半。[6]

1　這個數字不包括停靠香港碼頭的船上的船員。

2　香港法律編章 1844 年第 18 號法令第 1 款。

3　H. J. Lethbridge, "Condition of the European working Class in 19th Century Hong Kong", *Journal of the Hong Kong Branch of the Royal Asiatic Society,* Vol.15 (1975), pp.88–112.

4　J. A. Turner, *Kwang Tung or Five Years in South China*, Hong Kong: Oxford University Press (China) Ltd, 1982, pp.108–109.

5　H. J. Lethbridge, "Condition of the European working Class in 19th Century Hong Kong", *Journal of the Hong Kong Branch of the Royal Asiatic Society,* Vol.15 (1975), pp.88–112.

6　*China Mail,* 24 July 1851.

喝醉的英人水手：據說每天必要喝過蘭姆（Rum）酒才能開工

來源：**https://www.vice.com/en/article/z4gqge/a-brief-history-of-drunken-british-sailors**

　　西文報章也經常報導，英國水手並不是香港鄰近海域商船所需要的理想勞
動力。[1] 述說原因眾多，並非全是體格問題。首先，這些商船的船主社會地位不
夠高，因此沒有獲得立法局或議員們的特別關注。要對英國船員實施適當而有效
的管理，卻沒有相關的法律依據，因此很難規範船員的個人德行。這不也就是助
長歧視的 "社會化" 的一種？英國船員憑甚麼特權需要被特別關注？第二，船主
始終以利潤為前提，減低成本是他們採取的基本措施，包括起用工資較低的馬來
海員。而且，船主節約成本也影響到海員的生活條件，例如削減住宿、餐膳開支
等令海員的生活質量下降、悶悶不樂，引起心理問題。最後，也有可能是以往制
定的關於商船的法規已然不合時宜，硬套在船主與海員身上，中間往往引發衝突
與仇恨，很多人鬧上法庭。惡性循環之下，不少海員厭惡工作，醉酒生事，誤入
歧途。

　　據報導，當時在港的閒散英國海員達 300 多名，多處於極度貧乏、飢寒交迫
的境地。[2] 有人甚至覺得本地應該立法，當在岸上遊走的船員總數達到 100 名時，
船主有權阻止海員跳船（即趁著泊岸時棄船留在香港）。但是似乎殖民當局相關

1　*HK Daily Press*, 15 September 1864.

2　*HK Daily Press*, 17 September 1864, p.2.

部門並沒有關注這個問題。[1] 另一方面，由於旅館宿舍稅負繁重，前來投宿的海員正是他們源源不絕的金主。一旦錢用光了，就會被驅趕，唯有變成露宿者、流浪漢。有些甚至主動觸犯法律而被關監，以求兩餐一宿，避免餓死街頭。1864年，監獄最多時有 115 名歐洲囚犯被監禁。[2] 曾經有人建議這些棄船的英國海員可以入伍，參加海軍。但是他們糟糕的表現，讓人覺得他們是社會廢物，會影響女王海軍的聲譽；[3] 其最後的命運只能是淪落街頭，或者成為階下囚。

有一位讀者直接指出，許多歐籍海員處於赤貧狀態，最終成為社會的負累，殖民當局應該正視問題、提供協助。[4] 也有讀者認為從船主的角度來看，歐籍船員不被聘用亦有另一番解釋，商人始終都是看重利益，歐籍船員薪水顯然比較高，而且常常醉酒鬧事，管控上也有困難。[5]

歐洲水手頻頻生事，也是不容忽視的事實。報章上經常報導英國水手和其他種族的海員 "搶飯碗"，或對有色人種船員施用暴力。[6] 另一方面，由於同民同種的關係，這些海員與駐港英軍卻有著良好的關係。倫敦的英國陸軍部有人認為，在港英軍一直令人擔心的酗酒問題便與這些海員有關，因為他們口袋裏有錢時，常邀請英軍在酒館裏喝酒，然後到處鬧事。[7]

三、駐港英軍的軍費與九龍用地問題

這次軍警衝突的主角之一——英軍第 99 團（蘇格蘭拉納克郡部隊），從 1860 年起參與了第二次鴉片戰爭。戰爭結束後，兵團依然留在廣州一年多，後來赴上海協助抵抗太平軍。

回頭來看，英軍最早涉足香港應該是在 1841 年 1 月 25 日。當時琦善與義律正在討價還價，希望締結《穿鼻條約》。英國方面的指揮官愛德華·貝爾徹（Edward Belcher）接到命令，要把水手和海軍送抵香港，在一個叫做水坑口（之後叫 Possession Point）的地方登陸。東亞的英國軍隊本來要到舟山去，但是因為生病的人眾多，他們決定在香港紮營暫住。1842 年，英軍在對中國的戰事中，不斷將軍隊從印度派來增援，都以香港作為駐腳點。中英雙方簽訂《南京條約》

1　*HK Daily Press*, 15 September 1864, p.2.

2　"Gaols and Prisoners", Blue Book 1864, p.335.

3　H. J. Lethbridge, "Condition of the European working Class in 19ᵗʰ Century Hong Kong", *Journal of the Hong Kong Branch of the Royal Asiatic Society,* Vol.15 (1975), pp.88–112.

4　*HK Daily Press*, 17 September 1864, p.2.

5　*HK Daily Press*, 17 September 1864, p.2.

6　*HK Daily Press*, 17 September 1864, p.2.

7　Chambers to Stephen, 24 April 1843, CO129/4, p.126.

後，香港也順利成章成為英國在中國沿岸的軍事基地和後勤中心。即便如此，在
1842 年之前，英國人在此沒有建造永久性的建築，因為香港這個小島只被視為
交換舟山的籌碼，當時只有一個臨時炮台以及一個海軍儲備基地。後來，駐港英
軍一直面對疾病的威脅。有人認為是因為沒有永久性軍營，因此開始在島上建造
軍營，總共花費了十五萬銀元，另有十萬元作地價。《倫敦畫報》還指出，由於
疾病頻生，海軍不願意安裝任何永久性的海岸設施。[1] 直到 19 世紀 40 年代末，海
軍司令部都設在退役的皇家戰艦閔丹號（HMS Minden）船上。

有記錄稱，從 1842 年 11 月到 1843 年底，第 55 步兵團的 526 名成員中，有
242 人因病去世。[2] 最致命的疾病是瘧疾，駐軍的高死亡率導致成員頻發逃跑、自
殘、酗酒，甚至自殺。[3] 這期間，香港的主要防禦依靠在 1844 年成立的英國皇家
海軍中的東印度群島和中國分支站。英國海軍的存在一方面是為威脅清軍，另一
方面被用來威懾英國外交和經濟利益的潛在敵人。由於都是為了"帝國"的利
益，這些皇家海軍的船隊究竟應否聽從港督指揮，在當時爭議頗大。一直到後來
通訊進步，倫敦才得以直接控制英國在東亞的政治和軍事行動。

由於生病的士兵太多，倫敦對這一情況也十分關注。1843 年，達圭勒將
軍（General d'Aguilar, 1784–1855）抵港，隨即開始建造一所大型軍營。1846 年 5
月，香港首個永久軍營 —— 美利軍營落成，引來不少讚譽。軍營一直在擴展，
後來包括了海軍用的海旁大道一帶。直到 1997 年 7 月 1 日，這個軍營隨著香港
回歸，也成為了中國人民解放軍駐港部隊的總部。

駐港英軍一般是兩年一換。1853 年，克里米亞戰爭爆發，駐港部隊也出動
前往日本，防範俄羅斯軍艦侵入日本港口。根據統計，1854 年 5 月到 6 月期間，
駐港英軍大約有 565 名各個職別的人員，其中只有 357 人適合作戰，大部分都是
第 59 團的步兵以及少數炮兵而已。[4]

到 1861 年，香港已成為繁忙的軍事基地。在建立了軍營和醫院之後，香港
作為英國後勤基地的地位變得更加重要。例如，香港是 1863 年英日（薩英）戰
爭期間英國軍隊的集結地。1863 年，第 20 步兵團的一位音樂家指出："香港的
軍營被公認為世界上最好的 …… 因為它擁有可以容納 800 名士兵的出色軍事醫

1　*Illustrated London News*, 03 December 1857.

2　Kwong Chi Man and Tsoi You Lun, *Eastern Fortress: A Military History of Hong Kong, 1840–1970*, Hong Kong: Hong Kong University Press, 2014, p.10.

3　Bowring to Labouchère, 08 April 1856, No.56, CO129/55, pp.103–105.

4　Kwong Chi Man and Tsoi You Lun, *Eastern Fortress: A Military History of Hong Kong, 1840–1970*, Hong Kong: Hong Kong University Press, 2014, p.14.

院……這裏所有一切可以媲美任何一個歐洲的大城市，的確是一個東方貿易的大商場。"[1] 也有人認為，由於其穩定的食物和燃料供應，香港比澳門更適合作為軍事基地。此外，在郵政方面，它比澳門能早一天收到來自中國和世界各地的郵件。[2]

其實當時軍隊與殖民當局有諸多不協調之處，上面有提到究竟英軍是否聽命於港督也是混淆不清了很久，接下來也有關於香港負擔軍費的問題。對於香港的防守問題，在港的英國人與宗主國持有不同的看法。前者認為，香港是帝國在亞洲的基地，無論在軍事上或商業上都為宗主國帶來利益，並且可以弘揚帝國的榮耀，因此軍費應該由英國政府負擔。但英國卻本著"用者自負"的原則，認為軍費是殖民當局的責任。就是在英國國內，這個議題也爭議頗多。大英帝國在1840年總計有103營士兵，當中只有22營駐守英國本土。[3] 從另一個角度看，一營士兵在海外的平均時間是13年8個月，而很少會有軍人能持續待在英國超過四年。因為他們長期在外，英國本土人民很難與之接觸。議會內的政客也不支持用大量國庫資金來支付軍費。在外地駐守的軍隊福利全靠當地的司令官為他們爭取，因為實在離母國太遠了。總之，軍費問題一直是困擾香港的主要問題之一。

1840年代後期，香港面臨財政困難。港督般咸在1849年經評估計算後，認為香港只需要3個英軍的連，加上3個錫蘭來復槍步兵團，總共1200名士兵就已足夠。另外，最高軍事領導人從司令官降至上校就可以。般咸認為香港的防衛應由皇家海軍負責，因此建議大幅削弱陸軍。上述舉措使得軍費從8萬英鎊減至5萬，令倫敦方面大為高興。[4]

1863年，英國開始向毛里求斯與錫蘭徵收部分軍費，要求香港緊隨其後，繳納2萬英鎊（1865年約等於92000元）軍費，佔該地區軍事總支出的20％。1864年港督羅便臣多次試圖反駁，認為軍費不該是香港本地的負擔。當時他正在積極推動建設香港首個鑄幣廠，也曾嘗試以此作為不願支付軍費的原因之一——當時估計鑄幣廠投產後，會使帝國收益不少，不過本地卻要獨自承擔大約5萬英鎊的前期投資。羅便臣略帶威脅地提出，本地財政無力負擔2萬英鎊的

1   D. H. Oxley (Lieut Colonel), *Victoria Barracks (Hong Kong) 1842–1979*, Hong Kong: Headquarters British Forces Hong Kong, 1979, p.34.

2   Kwong Chi Man and Tsoi You Lun, *Eastern Fortress: A Military History of Hong Kong, 1840–1970*, Hong Kong: Hong Kong University Press, 2014, p.17.

3   D. H. Oxley (Lieut Colonel), *Victoria Barracks (Hong Kong) 1842–1979*, Hong Kong: Headquarters British Forces Hong Kong, 1979, p.25.

4   Philip Bruce, *Second to None, the Story of Hong Kong Volunteers*, Hong Kong: Oxford University Press, 1991, p.5.

軍費，要選擇放棄鑄幣廠或開徵新稅項，前者損失重大，後者將引起民怨。後來，羅便臣態度軟化，建議將軍費推遲兩年，又或者"現在就提前支付 2 年半所需的軍事捐款，即 5 萬英鎊，但帝國政府預付 5 萬英鎊用於鑄幣廠，並最終從利潤中償還"。[1]

可是，倫敦方面的態度非常堅決，不但沒有同意羅便臣的建議，更直接告訴他就算需要開徵新稅項也在所不計，不能以任何形式拖延付款。最後倫敦指示，假如真的沒辦法，香港本地可以安排債券（即貸款）。這就定下了香港以後要每年繳納軍費的慣例。[2]這種做法直到 1890 年代初倫敦要求增加軍費時才改變。[3] 1890 年，香港同意增加軍費的支付，從 2 萬英鎊加至 4 萬英鎊，但是也設定了最低人數以及歐洲人比例的要求。

除了軍費，殖民當局也因為割讓後的九龍土地分配問題而與軍方產生了磨擦。首先，英國陸軍部認為九龍的租約是他們爭取簽訂的，羅便臣對此不以為然。他申明租約是由他簽訂的，因此九龍的管轄應該交給殖民當局。陸軍部最初想把整個九龍撥作軍事用途，亦等於此後與對岸的殖民當局分割開來（因為陸軍部直屬英國議會管轄）。羅便臣指出，根據《北京條約》，割讓的九龍是香港殖民當局的屬地，也就是說九龍的一切（包括土地的分配）應該由殖民當局掌握決定權，而非英國陸軍部。但殖民當局申明會考慮到兼顧廣大市民以及駐軍的需要。[4]

羅便臣認為在九龍有發展商機的可能，因此土地不能完全用於軍事需要，並堅決表示駐守九龍的警察必須隸屬於香港警隊。總之，把整個九龍半島歸於英國陸軍部（軍隊）管轄是萬萬不能的。港督建議在比較合適的石鼓洲建軍營，特別是考慮到季候風這一對於駐紮海軍重要的因素。[5]但軍方並沒有接受該建議，後來殖民當局就在石鼓洲建立了一所規模較大的監獄。

倫敦殖民地部接到羅便臣的來函，除了趕緊把信轉發給英國陸軍部之外，也作了內部討論。期間有官員提到，在佔領香港的初期，軍方確實要求頗多，殖民地部也曾經為香港的利益與英國陸軍部據理力爭。據殖民地部的估計，軍方態度可能會軟化，一切還得等待特別委員會的評估，內部討論的結果是支持港督爭

1　Robinson to Duke of Newcastle, 09 April 1864, No.30, CO129/98, pp.2–10.

2　Colonial Department Internal Memorandum, CO129/98, pp.11–15.

3　Kwong Chi Man and Tsoi You Lun, *Eastern Fortress: A Military History of Hong Kong, 1840–1970*. Hong Kong: Hong Kong University Press, 2014, p.18.

4　Robinson to Duke of Newcastle, 13 February 1861, No.20, CO129/80, pp.119–126.

5　Robinson to Duke of Newcastle, 13 February 1861, No.20, CO129/80, pp.119–126.

取最大利益。[1] 在正式回覆羅便臣的函件中，殖民地部採取了較為體面的態度。第一，以"上級部門"的身份提醒港督，必須以軍隊的福祉為最大前提，尋找一片"最健康"的土地撥給軍方，因為駐軍是為了履行國家職務，相比之下商人只是賺錢而已。殖民地部也提醒，健康對軍隊是重要的，因已經有許多士兵因病離世。第二，在滿足軍方要求後，殖民地部不反對其他土地可以以租約形式轉讓給商人。日後有需要，也可以向他們徵地回購。[2]

另一方面，羅便臣回英國陸軍部的信函也充滿政治智慧，他除了交代將會有委員會研究他們的要求外，略微提及在九龍的華人居民，以及許多酒館、賣酒的商店，言外之意是那裏將充滿軍方最顧忌的敵人——"酒精"與"華人壞分子"，藉此表明九龍應該歸殖民當局管轄，才可以嚴控這些潛在的危險。[3]

以上在羅便臣管治期間發生的種種事情，反映了倫敦英國陸軍部與香港殖民當局之間出現了不協調，也暴露出殖民當局與軍隊之間已經產生了前期的磨擦，有可能軍隊已經積聚了一些對殖民當局不滿的情緒，後來毫無保留地釋放在秋季發生的衝突事件中。

第二節　1864 年軍警衝突事件

一、衝突發生經過

9 月 13 日（周二）的晚上，本來是一年裏難得的乾爽天氣，晚飯後的街上，比平常多了幾個人散步。這安靜的環境卻被太平山區[4]（當時的華人區）發生的一場武裝衝突打破了。翌日的報章稱之為"嚴重毆鬥"（serious affray）。[5] 警察總監威廉·甘賢也隨即給輔政司打了報告。[6] 事件的起因是兩幫不同族裔的海員（水手）在爭執後發生打鬥。可能歐籍人士因為失業問題而遷怒於馬來船員，當晚闖進馬來人的住宿處進行報復。

1　Colonial Office internal notes, CO129/80, pp.126–127.

2　Colonial Office to Robinson, 24 April 1861, No.38, CO129/80, pp.135–136.

3　Mercer to War Office, 13 February 1861, No.75, CO129/80, pp.128–132.

4　太平山區（Tai Ping Shan District），位於香港島中西區皇后大道以南，東起城隍街，西至東邊街（水坑口除外），南至堅道、般咸道，因為位於扯旗山東山腰而得名。亦因地名容易被人混淆，常被誤以為上環的一部分，實際上太平山區比上環社區更早存在，為維多利亞城四環九約中的第四約。

5　*HK Daily Press*, 14 September 1864 (Second Edition).

6　Quin to Colonial Secretary, 14 September 1864, No.101, CO129/100, pp.287–290.

報章披露了衝突發生前已有先兆，歐洲海員對不同種族的海員因 "搶飯碗" 事件而動粗。起初，西文報紙還是對歐籍海員的暴力行為挺反感的。

幾個月前，當我走在皇后大道上時，注意力被一個暴力鬥毆場面所吸引。我感到（羞恥地說是）歐洲人，應該是一些英國水手，其中五個人正在實施暴力，用腳踢、用手打，以及踩著趴地上的人，那人用雙手和手臂遮住臉和頭，以免受襲擊者的皮靴所傷害，鮮血從他的鼻子和嘴巴流過手指間。

究竟是甚麼惹惱了這些本來是十九世紀文明勇敢標誌的英國男孩？……我說他們應該知道想要一頓豐盛的飯菜是怎樣賺來的。他們如果有這樣想過，那麼受害人就不會因為 "較低勞工工資" 要遭受他們可怕的毆打。而且這些歐籍海員有時候會叫價比別人高……嘗試打破供求自然規律……就不應能指望別人的可憐了。[1]

據 9 月 14 日（周三）的報章，原來事發前一天即 9 月 12 日（周一）早上，兩名海員在一艘貨船上發生爭執，一人遭到另一人的猛烈毆打和傷害，被送去醫院。到了晚上，英軍第 99 兵團的幾名士兵還有其他歐籍人士，闖進了荷里活道的馬來海員宿舍鬧事，很有可能是因為早上的傷人事件來尋仇。大約二十來個馬來人受到突然襲擊，馬上予以還擊，他們把幾名英兵包圍起來，用刀攻擊，混亂中有人開了槍。英軍方面有三名傷者，受傷不輕，都是致命傷。根據報導，還有另外一名傷者在醫院處於危險狀態，生存機會渺茫。警察總監翌日的報告提到，鬧事者還放火燒屋，幸好很快就被撲滅了。[2] 報章以 "謀殺三名歐籍人士" 為標題，首句說大量馬來人攻擊 99 團士兵與其他歐洲人。[3] 除此之外，該報章的第二版證實了事發後有人喪生，評論稱 "對第 99 兵團的士兵，就是當日毆鬥事件的受害者感到惋惜"。[4] 另外，也有解釋稱，其實士兵是因為聽見吵鬧聲，想要阻止事件鬧下去（才動手）。[5]

13 日早上，裁判處的（副）警察裁判司發出一封私人信件給 99 團的指揮官鄧恩（Major Dunne），[6] 告知有士兵喪生的消息，並勸告他要注意團裏的其他士兵，擔心他們因為隊友不幸的消息而情緒高漲，再生事故。下午 2 點，指揮官回

1　*HK Daily Press*, 17 September 1864.

2　*HK Daily Press*, 17 September 1864.

3　*HK Daily Press*, 14 September 1864.

4　*HK Daily Press* 14 September 1864 (Second Edition).

5　*HK Daily Press* 14 September 1864 (Second Edition).

6　Second Police Magistrate to Colonial Secretary, 16 September 1864, No.36, CO129/100, p.297.

覆稱，那個死去的可憐士兵本來只是醉酒躺在水溝裏，但被在附近打鬥的人刺傷了。[1] 言外之意是指喪命士兵並非鬧事者，他被殺害是有違法律。

9月13日晚上大約7點，99團裏的幾名士兵企圖為死傷同僚報仇，再次襲擊馬來人宿舍，報章稱"沒有造成任何傷亡"。但根據警察總監在9月14日晚上第一次向輔政司的報告，說9月13日晚上，有200至300名手持棍棒的士兵強行闖進一所馬來海員的寄宿房，"他們拆除房間設備，將家具和衣服扔到街上，嚴重毆打住客，其中六人被送往醫院……宿舍也被搶走了超過300元的鈔票。"[2] 警察總監14日的第二份報告中，語氣已經變得嚴厲，他稱："謹向港督閣下報告，殖民地的和平再次受到第99軍團大約40名士兵的干擾，其中有12人手持步槍。"[3] 另外，有士兵在往宿舍的途中，遇見正在值班的一名警察與一名苦力，就把他們推倒並施以毆打。晚上在碼頭站崗的一名警員失蹤了，後來有人發現附近的一灘血，海中漂流著一頂警員帽子，懷疑有人被士兵們在路上殺死或淹死。屍體後來在16日被發現，證實是被槍殺或刺死的。[4]

整個14日的晚上，似乎受到襲擊的都是有色人種，明顯是在報仇。一名警長和兩名當值警員都是受害者，因遭受暴力毆打而被送往醫院，情況不穩定，另外兩名馬來人也有類似的遭遇。警察總監馬上通知了第99兵團的指揮官，派出40人到場。本來9點之前，街上已經恢復平靜，警察總監稱"暴徒"回到"軍營"。明顯地，從警察的角度來看，當天鬧事的"暴徒"，指的就是這些士兵。

至於殖民當局方面，9月17日，輔政司收到警察總監的兩封函件後，馬上將第一封轉發給英軍總指揮官穆迪（Lieutenant Colonel Moody R.E），並轉達港督的建議，要求他馬上把第99軍團的人限制於軍營裏，不要再出來生事。[5] 顯然，殖民當局聽從了警察方面的講法——第99軍團士兵是亂事的始作俑者。事實上，在警察總監的第一份報告中，已經明確表明這一立場："對於我來說，我觀察到整個'暴動'是由軍方發起並僅由軍方進行的，平民未在任何時候以任何形式參與其中。"[6]

其實在9月15日清早7時，港督的私人秘書把警察總監14日的第二份報告發送給軍團指揮官，並稱："該報告是剛剛從警察總監處收到的，其中詳

1　Major Dunne to Police Magistrate, 14 September 1864, CO129/100, p.298.

2　Quin to Colonial Secretary, 14 September 1864, No.101, CO129/100, pp.287–288.

3　Quin to Colonial Secretary, 14 September 1864, No.102, CO129/100, pp.291–292.

4　*HK Daily Express*, 16 September 1864 (Second Edition).

5　Colonial Secretary to Commandant of Garrison, 17 September 1864, No.805, CO129/100, pp.293–296.

6　Quin to Colonial Secretary, 14 September 1864, No.101, CO129/100, pp.287–288.

細描述了昨晚 99 軍團再一次對警察和城中居民的一系列可恥暴行（disgraceful outrages）"，[1] 語氣明顯屬嚴厲。這封由港督直接發出（沒有再通過其他官員）的函件中，港府 "建議"[2] 指揮官要把第 99 團整團遷離香港，移至九龍，除了部分需要當值的成員外，其他一概不准來訪香港島。港督甚至不願意讓他們擔任一些在港島政府部門的侍衛工作，可見他對生事的士兵非常厭惡，而這項建議也獲得軍隊司令的同意。除了立刻發函報告騷亂情況外，警察總監甘賢也向港督作口頭匯報，指出軍團士兵似乎處於非常激動的狀態，形容他們 "幾乎沒有服從軍事紀律"，[3] 並警告如果繼續把他們留在目前的處所，會產生嚴重的後果。

9 月 16 日（周五），士兵在美利軍營附近也有報復行為——兩名正在執行監犯工作的警員遭到了第 99 軍團兩名人員的襲擊。一人企圖搶奪警員的步槍，另一人則從一名警員的劍鞘裏拔出了劍，如果沒有獄卒的及時干預，他們可能已經得逞並逃脫了。在獄卒的抵抗下，他們在警員頭上揮舞長劍並威脅及辱罵警察。警員與獄卒能夠識別出這兩名罪犯，因此已經向軍隊申請認人手續。此外，編號 113 的一名印度籍警員在當天晚上 7 點值班時，亦被兩名士兵虐待並毆打。為避免再有其他有色族裔的警察成員被襲擊，警察總監把本來駐守九龍的 6 名印度籍警員通通調離，送返港島。[4]

9 月 16 日，報紙第二版稱："我們希望這次是我們聽到的最後一場暴力了。" 報導有稱攜帶武器的 "義勇軍" 的炮兵與來復槍步兵隊伍被徵召進場，接替第 99 團在政府庫房和其他哨點的職務，只是恐怕他們雖然攜帶武器，但裝備可能不夠。

17 日後沒有再發生事情。到了 9 月 24 日，應該舉行的法庭審判也就陸續完成，事件漸漸平息。是次衝突事件雖然只持續了短短的不到一個星期，但死傷人數也達到了 6 名。

二、警察的角色與表現

下文聚焦警察在事件中扮演的角色，以便更清晰地觀察他們的表現以及各方的態度。

9 月 12 日（周一）晚上馬來海員宿舍首次被闖，雖然有 3 人傷亡，警察總監

1　Private Secretary of Governor to Commandant of Garrison, 15 September 1864, CO129/100, pp.289–290.

2　由於駐港軍隊直接由倫敦英國陸軍部管理，縱然港督是香港最高領導人，對軍隊只可以 "建議"，不能 "命令"。

3　Private Secretary of Governor to Commandant of Garrison, 15 September 1864, CO129/100, pp.289–290.

4　Quin to Colonial Secretary, 17 September 1864, No.104, CO129/100, pp.300–302.

隨後的兩份報告中並未提及警隊在現場的角色。[1] 但是報章有寫 17 名馬來人被警察帶走，其中五人被其他人供出都曾用刀傷人。[2] 原來在中央警署的警隊亦首先接到報告，得知軍團的士兵出事了，警察裁判司馬上通知軍團副官，並要求他們立即派遣軍隊 "控制自己的人"。[3]

9 月 13 日晚上士兵回到這家位於荷里活道的海員宿舍時，發現宿舍已經交由兩名警察看管。以上均說明警察有盡其 "保護市民生命財產，維持治安" 的責任。包括：（1）在肇事地點維持秩序；（2）抓走疑犯；（3）事發後繼續看守，免再生事。但是此舉卻被（軍方）認為是事件的轉折點，因為這令士兵更加憤怒，於是繼續鬧事。[4] 軍方司令官的說法，顯得有點橫蠻無理。

根據後來法庭聆訊的供詞，[5] 12 日晚上，是警察把傷者（後來死去）送到醫院，證明警察一直在出事現場。在 9 月 15 日的西文報章中，[6] 也特別更正說周一晚上，命令前往騷亂現場的警察在中央警署對面齊集，說明對於當晚發生的事件，警隊適時地作出了反應。另外一名證人也證實，他們把抓到用刀捅人的馬來疑犯交給了一名警察。他們當時在不同的街道上，證明警察趕到了各個出事現場，並非像報紙所言不知所終。[7] 而且，當時馬來人正拿著刀逃跑，頭部也受傷了，因此警察先把他帶到醫院，將頭包紮好，最後才將其帶回警察局錄取口供。[8] 從這些證人（都是歐洲人）在法庭上的證詞來看，警察一直盡忠職守。就算疑兇在手，也是首先處理他的傷口，沒有不人道的表現。

9 月 13 日（周二）出事之際，由於中央警署首先收到消息，警察總監甘賢一方面通知軍方派人控制自己的士兵，也馬上派出一支由警官詹姆士·賈曼 (James Jarman) 負責的 50 多人小組，目的是 "保護居民"。根據軍事調查法庭的證供，當日賈曼帶領的這 50 多名警察並沒有配槍。[9] 此外，甘賢自己也迅速抵達現場。究竟是誰平定了當時的混亂局面，各方說法不一。報章認為警察的到來反而添亂，但根據甘賢的報告，從軍營派出的部隊比他到達還遲，"在部隊到達之前，

1　Quin to Colonial Secretary, 14 September 1864, No.101 & 102, CO129/100, pp.287–288, 291–292.

2　*HK Daily Press*, 15 September 1864 (Second Edition).

3　Quin to Colonial Secretary, 14 September 1864, No.101, CO129/100, pp.287–288.

4　Commandant of Garrison to Colonial Secretary, 22 September 1864, CO129/100, pp.306–309.

5　*HK Daily Press*, 15 September 1864 (Second Edition).

6　*HK Daily Press*, 15 September 1864 (Second Edition).

7　*HK Daily Press*, 15 September 1864 (Second Edition).

8　*HK Daily Press*, 15 September 1864 (Second Edition).

9　Extract from Court Proceedings, 22 November 1864, CO129/104, pp.89–94.

警察已平息了騷亂，騷亂者也消失了"。[1]

　　甘賢在翌日（9月14日）的首份報告中承認有警隊成員開了真槍，並將一名第99軍團的士兵打死，另外一名受傷。他的理由是"為了制止在增援到達之前的毆鬥行為，似乎值勤的警員（們）已經使用了他們的火器（槍）協助"。[2]甘賢勇於承擔責任的公平公正態度值得讚許，其實外界對當時的情況並不了解，多為胡亂猜測。例如，9月15日的西文報紙稱："從小巷中有人射出了槍，造成了致命的後果。這次大約有26名馬來人被拘留，其中2人被確認為殺死第99軍團那名士兵的人。"[3]這些猜測都沒有事實根據，最終並沒有出現在法庭供詞。

　　9月16日的《孖剌西報》報導了15日召開的威廉·朗斯代爾（William Lonsdale）（13日被殺的士兵）死因聆訊法庭。根據一位馬來人宿舍住客的口供，13日晚上的騷亂大約持續了半小時，士兵和水手全都逃跑了。先是糾察隊人員到來，約半小時後，警察總監甘賢才帶著一支警隊前來，亦即等於是"警察是騷亂結束了半個小時後才抵達"。[4]這名印度籍證人說，事發期間，他沒有聽到任何槍聲，也認不出參與此事的任何士兵或水手。他看到警官賈曼和警察在一起，但警察是甚麼時間到達現場，是誰首先平亂，這個證人與甘賢所言並不一致。另一名馬來人證人所說剛好相反，事發之時，他在宿舍門口，在警察到場後就聽到槍聲。士兵到達時，騷亂已經平息。第三名證人是歐籍人士，當時正站在宿舍的陽台上，因此可以清楚地看到現場。他看到一名士兵被兩名警察抓住，有另一名警察開步槍將其擊中。他又看到一名站崗的警察在士兵逃跑時舉起步槍並開火，但他沒有看到是誰開的槍。儘管無法確定開第一槍的警察是誰，但能確定是一名黑人。可見，馬來人、印度人與歐籍人的證詞截然不同，雖然大家都說是在宿舍，但是在宿舍的不同位置。

　　聆訊進行了兩天還沒有完結，但是警察總監甘賢預備了一份3名印度警察在庭上提供的口供。這3名警察都有被第99軍團的士兵毆打或襲擊過，後來甘賢還帶著其中一位前往事發的守衛站交涉，但因未能認出士兵的容貌，最終不了了之。甘賢明白事關重大，涉及警隊的名聲與前途，因此唯有依靠上報機制來解決事件。他發函件給輔政司再轉交港督。[5]結果，這份函件很快就被上呈到軍方手

1　Quin to Colonial Secretary, 14 September 1864, No.101, CO129/100, pp.287–288.

2　Quin to Colonial Secretary, 14 September 1864, No.101, CO129/100, pp.287–288.

3　*HK Daily Press*, 15 September 1864 (Second Edition).

4　*HK Daily Press*, 16 September 1864.

5　Quin to Colonial Secretary, 17 September 1864, No.104, CO129/100, pp.300–302.

中。[1] 這個負責任的做法值得肯定。他適時地把法庭上的證供整理好，發給有關官員和部門，使其早作準備，以便需要時利用。法律程序繁瑣，政府部門結構也很複雜，他這樣作好準備，第一不會礙事，第二也不會讓對方藉故拖延，妨礙事情的處理，第三信函內容是法庭已經確立了的事實，不會有爭拗。果然，軍方在回應中對港督提出要求——"指示有關民事當局將可能的證據全部提交軍事法院，讓他們可以考慮近期暴亂的全部範圍和性質，以及軍隊所佔的份額。"[2] 該回應是 9 月 22 日作出的，警察部門在 17 日已經做了他們該做的事情。從中也可以看到，軍隊並不打算承擔這次暴亂事件的所有責任，只答應會考慮應該負的"份額"而已。但至少他們同意港督的建議，把第 99 軍團遷離港島，搬移到九龍，並在翌日（或事發的 10 天後）召開軍事調查法庭，查明情況。

在死因調查法庭的聆訊過程中，幾位證人都表示，出事後甘賢馬上親自檢查警隊成員槍械與子彈。可見，警隊的確馬上採取適當措施，企圖找出是誰對士兵開槍。奈何當時警隊根本沒有武器記錄系統，也沒有更科學化的辦法來做鑒定，但至少甘賢並沒有試圖掩人耳目、包庇隊員。

如果警察的天職是維護公眾治安，防止罪案發生，那麼筆者認為在這次事件中，警察有擔當地扮演了自己的角色。第一天宿舍出事，警察馬上到場，把肇事的十幾人帶走，還把傷者送到醫院，並在出事現場留守。現場抓捕的疑犯中有和警察對抗的士兵，但是警察也先顧及他的傷勢，然後才帶回警署處理，這是專業的表現。第二天，派員看守前一天出事的宿舍，證明警察盡忠職守，免再生事，這也顯示出警隊行動上的安排部署算是具有計劃性。第二晚，警察是奉命到達現場，面對 30 到 40 名怒氣衝衝的士兵，其中有 10 多名攜帶槍械，有人先開槍，有人隨即倒地。誰是誰非，確實不容易找出真相，有待法庭的審訊釐清。筆者始終認為，警察只是在盡忠職守，假如沒有人直搗民區、大肆鬧事，警察則不會出現，因此軍方號稱是因為警察來到現場才導致事態惡化的說法不能成立。除此之外，警察總監也把 6 名印度籍警察調離了九龍，因為他們受到了第 99 團士兵的威嚇。士兵剛遷到九龍，就鬧出事端，不過警察總監採取克制的做法，先撤回了自己的人，避免亂事再生。然後甘賢也在隊裏進行子彈調查，都是負責任的做法。

還有一點值得注意，在幾天的"暴亂"中，受害者似乎都是有色人種的警察

1　Colonial Secretary to Commandant of Garrison, 19 September 1864, No.806, CO129/100, p.299.

2　Commandant of Garrison to Colonial Secretary, 22 September 1864, CO129/100, pp.306–309.

成員。沒有歐籍成員受傷，究竟是因為他們基本上沒有出勤，抑或暴徒對他們手下留情，不得而知。但是當時晚間巡邏一直都是印度警員的職責，不知道在緊急情況下，歐籍成員是否受到照顧，以免出勤，因此不會受傷。當然，整個過程中沒有報告華人警員的參與，或許是因為華人沒有武備，無法處理暴亂。

三、軍隊與警察的矛盾

甘賢 14 日的首份報告中透露了一個訊息，原來（軍方指揮官）鄧恩在回覆他會否派遣軍隊時，曾經提醒甘賢最好也派一支強大的警察部隊，"用以逮捕所有平民暴徒"，甘賢覺得實有需要澄清事件並沒有平民參與。[1] 鄧恩的字裏行間流露出軍隊的恃勢凌人，明明是士兵生事，卻想要抵賴，將責任推到平民身上。

當天（9 月 14 日）的第二份報告中，甘賢更加直白地投訴："軍方在回應我時，建議我將所有警察撤走，否則可能會有流血事件。現在，我謹向港督閣下表示，當這種騷亂持續發生並且讓居民受到野蠻虐待時，將警察撤走是根本不可能的。"[2] 這一要求表現出軍隊的傲慢與自大，亦暴露了對警隊的極度不尊重。甘賢還向輔政司表示，必須徹查該事件，因為有人喪命，所以可能會涉及謀殺罪。

其實軍方的傲慢一開始就顯現出，當獲悉有人喪命，軍隊司令官馬上就詢問能否參加日後的死因裁判庭，以便能對情況多加了解，但死因聆訊法庭一般不允許任何人參加調查，可見軍隊是希望特權特用。[3]

這些傲慢並不只是書面上的感覺，實際上，甘賢給輔政司的報告中，[4] 提到他到事發地點了解衝突情況時，親身也感受到軍隊的紀律出了問題。當他說話時，值班哨兵不但沒有立正聆聽，反而擅自離開，這讓他頗為詫異。後來港督指令輔政司將這一報告直接轉發給軍隊司令，並強調了警察總監的評價："似乎揭示了第 99 軍團缺乏紀律和從屬，這是需要盡早並認真調查的"。[5] 甘賢自己也曾受過軍事訓練，他對第 99 團士兵紀律表現的評核並非無理。

軍方司令官收到輔政司 9 月 19 日的函件後，於 9 月 22 日作出回應。[6] 首先，雖然軍方承認事件確實是由軍方（99 軍團）發起，並"深感遺憾"，也承認士兵們把法律操控在自己手中是錯誤做法，但是軍方認為，事件的癥結在於"當涉嫌肇事的房屋由警察掌管時，而且兇手也據稱落在民事當局（指警隊）手中，暴動

1　Quin to Colonial Secretary, 14 September 1864, No.101, CO129/100, pp.287–288.

2　Quin to Colonial Secretary, 14 September 1864, No.102, CO129/100, pp.291–292.

3　Major Dunne to Police Magistrate, 14 September 1864, CO129/100, p.298.

4　Quin to Colonial Secretary, 17 September 1864, No.104, CO129/100, pp.300–302.

5　Colonial Secretary to Commandant of Garrison, 19 September 1864, No.806, CO129/100, p.299.

6　Commandant of Garrison to Colonial Secretary, 22 September 1864, CO129/100, pp.306–309.

就開始了"。[1] 指揮官直言這次暴動"據稱是由警察引起的,現在可能要為此召開一個民事司法調查"。這樣的說法表面上只是把事實列出,但其實明顯是要保留追究的權利。

其實,軍方與警隊的關係漸趨緊張,兩份公告顯示這種緊張關係已經表面化、白熱化。9 月 17 日的西文報紙登載了這樣的報導:[2]

以下兩份"告示"以中英雙語在街道上張貼

注意——最近參加過在 13 日傍晚發生在嚤囉街(Lascar Row)的暴亂的一名第 99 軍團的士兵被槍殺,另一名軍團糾察隊的士兵亦受了傷。現懸賞 $150 的獎勵,以鼓勵任何可能提供關於當時開槍人身份消息的人士。

按 警察總監甘賢 命令

獎勵!

14 日的晚上,第 333 號警員查爾斯・克勞福德(Charles Crawford)在畢打碼頭(Pedder's Wharf)執行職務時,被不知名的人或人們故意殺害:

無罪赦免並獎勵五百元——將發給任何能提供消息,能令一個或多個犯罪被逮捕和定罪的綫人(實際謀殺或串謀肇事者除外)。

按 警察總監威廉斯・甘賢 命令

幾天後的 9 月 20 日,《孖剌西報》以中、英文登載了這樣的"廣告":[3]

《孖剌西報》,1864 年 9 月 20 日,第 1 頁

1　Commandant of Garrison to Colonial Secretary, 22 September 1864, CO129/100, pp.306–309.

2　*HK Daily Press*, 17 September 1864, p.2.

　　3　*HK Daily Press*, 20 September 1864, p.1.

首先看 9 月 17 日的一則，是以新聞的形式報導由警察總監發出的中英雙文告示。第一段申明是為在 13 日"參加了暴動"的兩名第 99 軍團士兵（一死一傷）之事，懸賞 150 元給任何可以提供當天開槍者身份信息的人。第二則是關於 14 日一名編號 333 的警員克勞福德在碼頭執行職務時被人謀殺，提供的酬金是 500 元。

至於 9 月 20 日的一則，是軍方的軍官福利奧特（P. H. Ffolliott）直接刊登在報章上的廣告，主要針對 13 日被槍殺的第 99 軍團士兵朗斯代爾，內容更為豐富。首先，軍隊似乎已經認定了當天開槍的是一名警員，而且是印度籍（或別的有色人種），但是並不知道這位警員是誰，因此向任何可以提供資料的人士懸賞 500 元，以便抓捕這位警員歸案。廣告申明，這 500 元是除了警察總監的 150 元外額外的酬金。這則廣告一直刊登到 10 月 15 日，總共 25 天，反映出軍隊想要抓捕兇手的決心。

這兩則廣告一定程度上可以反映出軍隊與警隊的不協調情形：17 日警隊發的廣告可以清楚地反映出警察有親疏之別，涉及士兵的賠命（加上另一名受傷的士兵）酬金只付 150 元，但警員的命卻值 500 元。警察總監並未明確說出兇手是警員且是印度籍，但是 20 日的軍方廣告已經作了這個指控。須注意的是，無論軍事調查法庭還是死因聆訊法庭，9 月 20 日都還沒有召開：軍事法庭於 9 月 23 日首次召開，而死因聆訊庭是在 10 月 14 日才由死因裁判官梅查理作出聲明，最終定案，裁定士兵是被一名（不知名）警察"蓄意謀殺"。然而，軍方早在 9 月 20 日就已經"公開地"作出這個"未審先判"的聲明，可以看到英軍（直屬英國議會）在香港的超然地位，其委實不尊重香港本地的任何制度，包括英國人最推崇的"法治／司法"制度。[1]

倫敦對是次事件的正視是在翌年的 4 月中旬，即半年以後。函件中也只是簡單告知，已把港督的報告轉發給英國陸軍部的各個領導，亦得悉英國陸軍部會對生事的第 99 團採取嚴厲的譴責行動。[2] 縱然回覆很簡單，但其實殖民地部內部有不少的討論，並作出了總結。[3] 首先，雖然多人（7 名）死亡，但殖民地部只提到第 99 軍團的兩名士兵：9 月 12 日出事的喬治·豪吉爾（George Howgill）與 9 月 13 日出事的朗斯代爾，其他無論是歐洲人或有色人種都沒有提到。另外，殖民地部似乎只關注"開槍"的問題。港督羅便臣也說過他個人認為槍是警察開的，

1　Coroner's Report, 14 October 1864, CO129/101, pp.55–56.

2　Colonial Office to Robinson, 26 April 1865, No.67, CO129/108, pp.377–378.

3　Robinson to Earl Cardwell, 13 January 1865, No.07, CO129/104, pp.74–75.

但是抱歉地說，"他們（警隊）總是不懂掌握不應該採取太強硬措施的情況"。[1] 倫敦殖民地部卻認為，那一槍無論如何都是不應該開的，因為朗斯代爾當時並沒有參與打鬥，而是企圖逃脫。倫敦方面顯然認為港督羅便臣有些偏袒警察。[2] 另外，雖然港督在 2 月 14 日已把死因聆訊庭的結果報告給倫敦，倫敦方面只是輕輕提到那些士兵疑犯已經受到審判，而且也確認那些士兵的暴力行為對軍團不利，但是除了吩咐把副本發送給英國陸軍部，沒有其他（能）做的了，原文表述為 "…with this, Mr. Cardwell has nothing to do beyond sending a copy of this despatch to the War Office"。[3] 這在某種程度上反映出英國政府的官僚主義。香港出了這麼大的事（7 條人命），負責殖民地事務的部門居然束手無策。或者說，軍隊的勢力實在很大，不但在殖民地上如此，而且在英國政府架構中也是一樣。沒有強勢的軍隊支持，這個帝國就不能擴張，道理就是這麼簡單。

當然，倫敦一向最關注的是與金錢或財政有關的問題。1865 年 1 月 13 日，港督發函給殖民地部，主要是上呈軍事法庭在 9 月 23 日的審訊報告，[4] 其中提到軍方對 1864 年 9 月發生的事件作出正式承認，是因為 "第 99 軍團的人可恥的暴行行為"，並且對對生事的暴徒未能逮捕或識別，承認是 "因為負責官員的嚴重疏忽"。既然承認了過錯，就需要有人承擔損失。港督在這份函件中首次提到，在 9 月 13 日晚騷亂中遭受損失的市民要求從帝國基金中獲得賠償，但是駐港英軍總司令表示，任何賠償都要獲得英國陸軍部大臣的准許才能支付。[5]

倫敦殖民地部表示，這種暴行的受害者要求賠償並非不合理，儘管明白這樣的先例會給以後帶來諸多不便，但還是相信政府順應市民要求帶來的益處更大。然而，這只是殖民地部單方面的想法。由於這是軍方的問題，決定權不在殖民地部，於是只能轉交英國陸軍部。1865 年 3 月，這一議題轉到英國陸軍部。5 月 8 日，英國陸軍部回覆殖民地部，同意如果需要賠償，不應該由公眾負擔，而是應該由軍團負責，但是這種賠償是有條件的。英國陸軍部認為，每一宗賠償的具體情況都不同，因此需要單獨審核，才能確認賠償金額。[6] 這種方法實施起來困難重重，實則不了了之。殖民地部內部討論賠償問題時的交流，寫法甚為隱晦，筆者讀了數遍，才能體會箇中玄機，最終就是 "機會甚微" 的意思：

1　Robinson to Earl Cardwell, 24 September 1864, No.150, CO129/100, pp.276–284.

2　Coroner's Report, 14 October 1864, CO129/101, pp.55–56.

3　Robinson to Earl Cardwell, 13 January 1865, No.07, CO129/104, pp.74–75.

4　Colonial Office Internal Discussion, CO129/104, pp.75–78.

5　Robinson to Earl Cardwell, 13 January 1865, No.07, CO129/104, pp.74–75.

6　War Office to the Under Secretary of State, Colonial Office, 08 May 1865, CO129/108, pp.384–386.

無論是考慮對一個人還是對一百人採取何種法律補救措施，我都懷疑在實踐中是否能夠存在像羅便臣爵士建議的補救措施。正確的思維可能會帶來甚麼情況還有待觀察，與此同時，此函件可能應該轉發給英國陸軍部。[1]

四、傳媒對第 99 軍團的偏頗立場

雖然 9 月 12 日與 13 日兩天內都有第 99 軍團的士兵受害，但在事件真相還沒有確定的前期階段，報章[2]首次對事件的報導中，特別提到對士兵的傷亡感到遺憾，顯示出偏向軍方的立場。9 月 14 日報紙第一版關於 "意外與犯案" 的專欄，有一篇題為〈謀殺三名歐籍人士〉的文章，文中簡單敘述了周一發生的衝突。"星期一晚上，大量馬來人對第 99 軍團的一些士兵和其他歐洲人進行了一次絕望的**襲擊**。"[3] 標題很煽情，加上內容的描述本末倒置，事實是歐洲人先闖進馬來人的宿舍，馬來人才作出自衛的還擊。

9 月 14 日報紙的第二版，比較詳細地記載了前兩天發生的事情。編輯用了同樣 "偏向歐洲人" 的立場，第一句就是："歐籍和馬來水手之間發生了一場嚴重的鬥毆事件，有人喪生，我們感到遺憾的是，有第 99 軍團的士兵是受害者。"[4] 這樣的新聞報導有欠公允。第一，究竟誰是受害者，法庭還沒有定性；第二，12 日晚上不僅有 99 軍團的士兵受傷，還有其他兩個歐洲人（水手）；到了 13 日，有受傷甚至失蹤的警察，為甚麼只對軍團的士兵感到遺憾？當然，對事件的詳述不能偏離事實太遠，不過卻隱瞞了重點。它報導了 "99 軍團內的幾名男子企圖報仇，**襲擊**了衝突現場的馬來寄宿房……他們搗毀了其中幾個場所，但沒有造成任何傷亡"，但當晚肯定是有傷亡的。

接下來的報導又再次顯露出報章的偏頗立場。首先，"從軍營派出了一支由軍官負責的糾察隊，以防可能發生的災難。軍官的淡定舉止似乎很罕見……99 團軍官的行為贏得讚賞，因為即便如此，他還是控制了自己的士兵"。相對而言，對警察的描述與評價是負面的、偏頗的，甚至具有侮辱性。"如果沒有一隊警察趕到現場，一切可能都會悄悄地結束。據了解，他們當然趕在糾察隊後面，

1　Colonial Office Internal Discussion, CO129/104, pp.75–78.

2　1864 年發生的事件，當時只有西文報章有作報導。而且幾乎只有孖剌西報（*HK Daily Press*）有詳盡報導。*China Mail*（德臣西報）當時是周報，對整件事件只報導過 3 次，而且是非常簡單，所以本章說及 "報章" 或 "西報" 泛指孖剌西報。

3　*HK Daily Press*, 14 September 1864.

4　*HK Daily Press*, 14 September 1864 (Second Edition).

沒有進行任何詢問就在士兵中開槍,在現場殺死了兩名士兵,並傷了另一人。"[1]現場情勢危急,豈容局外人作如此批評。"當然"一詞也暴露了對警隊的不信任、不尊重。更為偏頗的是,"我們假設警察是埃利斯(Ellis)警官負責的,或是差不多的惡棍,也或者可能是一名警官……後來更藏起來了"。第一是亂猜;第二把警官描述成"惡棍",卻沒有把證據確鑿的生事分子(士兵們)標籤為"暴徒"。對於軍隊的偏愛和警察的藐視,由此可見一斑。

9月15日,當時另一份周報英文報紙——《德臣西報》也稱事件"令人震驚",並說這些騷亂最初是由水手們進入一家寄宿所引起的,那裏有許多馬來人在鬧事。後者"當然很容易便使用刀子",三四名水手受了致命傷。對於13日天晚上英軍被槍殺的事件,該報形容為"另一名99團的男子被一名警察的'失誤'擊中"。[2]

接下來的一周,報章登載了許多第99軍團要離開港島、前往九龍的消息。9月16日西報的第一版,有報導五名人士的死亡,但沒有報導13日晚上黑人警察失蹤的事件。9月16日的第二版,刊登了軍隊道別宴的啟示,要在"九龍軍營餐廳,而非港島的美利軍營"。[3]出了這麼嚴重的事件,卻仍然大咧咧地舉辦晚宴,軍方的囂張態度可見一斑。而且,對於軍團調離的根本原因,報紙避而不談,"讀者"明顯是擁戴軍隊的人士,因此其立場是站在軍方一邊,也就不難理解了。

這個第二版的調子有些改變,或許是因為前一天晚上在碼頭失蹤的黑人警察的屍體已經尋回。這一次報導用"不幸被殺"四字來形容喪命的警察,因為已經證實死者是被槍殺或刺傷的,誰是兇手呼之欲出。接著,報導稱第99軍團在前一天(9月15日)晚上已經遷往九龍,這是防止進一步衝突的最明智措施。[4]

9月17日的報章,登載了整整一欄對第99軍團離港的"評論",類似報章的"社論",部分值得分析,節錄如下:

> 必須說,我們對第99軍團表示強烈同情,他們最近的事情很可能變成悲劇。迄今為止,他們在這裏駐軍期間的舉止一直如此出色,外表、舉措與他們的光榮服務本來相合。他們熱情洋溢的演練,出色的音樂、戲劇和體操

1　*HK Daily Press*, 14 September 1864.

2　*China Mail*, 15 September 1864.

3　*HK Daily Press*, 16 September 1864 (Second Edition).

　4　*HK Daily Press*, 16 September 1864 (Second Edition).

表演等，為殖民地的娛樂做出了巨大貢獻，使他們成為整個社區的最愛，損失了這個隊伍將被視為災難。本來辛苦得到的人氣，只因幾個小時的瘋狂放縱就全扔掉了，這確實是令人憂慮的。我們仍然懷有希望，希望此事能夠得到解決，可以讓我們最喜歡的軍團恢復他們暫時失去的信心，並希望他們的一次錯誤行為可以被淡忘。[1]

以上描述很清晰地道出第 99 軍團在社區中一直受到熱烈歡迎，當然這個社區只是局限於歐籍人士。他們在工作之餘的活動，是打開與市民隔膜的最佳良方，成為市民的最愛，"為殖民地上的娛樂做出了巨大貢獻"。[2] 但對於他們的暴力行為甚至令人喪命的舉動，報紙僅僅稱之為 "幾個小時的瘋狂放縱"，[3] 不但可以完全獲得諒解，還希望大家可以 "淡忘" 這些牽涉人命的 "錯誤"。

相比之下，雖然警察每天與居民的接觸比軍隊多，卻沒有獲得同樣的愛戴。這篇社論更鼓吹大家厭惡警隊，後面提到假如以後英國真的撤掉軍隊，把香港的治安完全交給本地警察管理，情況會更加糟糕。評論提及警隊裏有歐籍警察和印度警察，不同種族之間可能會產生爭執，然後使香港陷入混亂。雖然有點危言聳聽，但也解釋了警隊不受白人社區歡迎的原因：警隊裏面的族裔龐雜，不像第 99 軍團全是歐洲人。幾天的衝突發展下來，最後演變成族裔鬥爭。兩股本都是維持治安、保衛家園的勢力卻成為敵人。第 99 軍團士兵打破一切紀律，變得囂張跋扈，僅僅因為皮膚顏色不同，就衝到街道上殺掉執勤的警察，真是可怕的行為。

這篇社論的其他部分還帶出了幾個其他問題，有些是嚴肅的香港管治問題，還有些是更為複雜的英國政治問題。第一，關於香港駐軍問題，有些人認為本地不需要駐軍，香港的駐軍也不全是出於本地防衛的需要。當時仍然有人在反對每年付 20 萬英鎊軍費這事，甚至有華人在上書請願。第二，如果殖民當局貿然把事件的 "真相" 傳送到倫敦去，可能會因為這一次第 99 軍團的事端而引發英國陸軍部與議會的極大不滿，可能構成對整個英國軍隊的詆毀。第三，這也會給反對派一個藉口，稱駐軍是在危害香港本地的治安，乾脆將軍隊撤離。最後，這樣的做法也會影響宗主國作為 "House Guard Office" 的形象，甚至有損英國軍方一

1　*HK Daily Press*, 17 September 1864.

2　*HK Daily Press*, 17 September 1864.

3　*HK Daily Press*, 17 September 1864.

向擁有的優良成績。[1] 這些都是極為嚴肅的、影響國家體面的議題。這篇社論甚至勸告殖民當局應該謹言慎行，因為最終可能會揭起事件的根本原因，即 300 名失業的歐籍水手處於赤貧狀態而沒人管。這個問題會讓殖民當局蒙羞，也可能需要向倫敦解釋一番。後來港督給倫敦的報告中，並未提及事端的起因可能與失業歐籍水手與馬來水手爭搶工作有關。

這篇文章的中段有嚴正地批評第 99 軍團士兵的惡行，還算公正，不過最後表示期盼未來第 99 軍團重返香港——"我們真誠地希望該團很快就能重返軍營，並把這次的破口修復，讓公眾對他們的信任能完全恢復"。[2]

9 月 21 日，第 99 軍團已經離開快一個星期了，報章上又出現了一則短短的報導，十分直白地申明："99 軍團是人們的最愛，大家都不喜歡港督，但也必須作出解釋，由於沒把握能夠把 99 軍團的士兵關在軍營中，唯有把他們調離香港。但是，有個假設就是，一旦軍官能夠保證這些人的行為，港督就不能反對該團返回。"[3] 延伸一點看這話，士兵不是最講求紀律嗎？居然是"沒把握"把士兵們關在軍營中，究竟是誰沒有把握？

同日的報紙刊登了一封讀者來信，篇幅甚長，署名是"在打鬥期間在場的平民"。在此節錄其中的幾句，以便討論：

> 港督羅便臣僅僅由於幾個行為不端男人的輕率，突然把女王陛下的軍團之一，在幾個小時之內送到九龍。我能準確地指出，香港社會的大部分歐洲人，此刻都與整個第 99 軍團同在，賦予最關切的同情。
>
> 殖民地幾乎所有人都認為，港督羅便臣把軍團送到對岸是最嚴厲、最敵意而沒有理由的行動。[4]

稱一場有 7 人喪命、多人受傷的衝突為"幾個男人的輕率"，有欠公允；攻擊港督羅便臣安排第 99 軍團離港遷往九龍則是無理取鬧。如果真像這位讀者所言，大部分歐洲人都站在軍團一邊，那真暴露了當時軍隊受歐洲社群的歡迎程度，與警察受到的輕視與偏頗正好形成一強烈的對比。這裏又再一次反映英國人在香港的"社會化"，讓歐洲人處處享受優越感，為種族歧視這種害蟲餵飼肥沃的養分。

1　*China Mail*, 15 September 1864.

2　*HK Daily Press*, 17 September 1864.

3　*HK Daily Press*, 21 September 1864.

4　*HK Daily Press*, 21 September 1864.

這個議題最後一次刊登在報紙上是 9 月 24 日，這也是最清楚地向整個管治制度宣戰的一篇報導。這篇報導體現了報紙的立場，直截了當地說明希望引起讀者對該事件的注意，並且申明是"在真理的精神支配下"寫成的。簡而言之，報紙試圖引導公眾輿論。西文報章的目標讀者是以英國人為主的歐洲人，一股對殖民當局甚至母國有影響的力量。有時傳媒不滿殖民當局對於某些事情的處理方法，可以直接上書倫敦。這份西文報紙的總編默羅先生（Y. J. Murrow）就曾經這樣做過。[1]

> 像所有想得志的小人一樣，港督羅便臣一直不喜歡軍方的獨立權威。加上我們已經描述過的這樣的警隊，以及一個不用良心投票的議會，我們將何去何從？[2]

這是該文的最後一段，它表達了這份報紙的態度與取向：第一，對港督進行人身攻擊，稱他是"志大而才疏的小人"；第二，殖民當局對於軍隊特別地位的不服氣，證明了軍隊在香港確實擁有很多特權；第三，反映英國的管治架構並不像外界看起來這麼協調，至少英國政府與殖民當局有很多不協調；第四，對英國感自豪的議會制有質疑；當然，最後，是對警隊的嚴厲批評。整篇文章的調子不和善且具有煽動性。

該文也有不少直接對於警隊能力低下或偏袒成員的嚴厲指控與抨擊，節錄如下：

> 無論第 99 軍團士兵如何被指責為這次騷亂事件的罪魁禍首，我們認為還是警方應該受到更多的譴責。把殖民地的安全與效率放在我們最近目睹到這樣不濟事的警察機構手裏，我們開始表示強烈的懷疑"。[3]
>
> 警察總監和副總監都在現場，或者至少在附近。負責糾察隊的軍官要求警察總監召集所有人員，進而找出開槍者，但是他們以最笨拙而無效的方式執行該建議。最後找不出來，從此兇手就一直被警察無恥地掩蓋和遮擋"。[4]

1　*HK Daily Press* 的總編 Y. J. Murrow 先生在 1862 年 3 月，幾度上書倫敦殖民地部，投訴殖民當局某些部門和官員的某些行為不符合規則等。倫敦對這些投訴也作過簡單調查，經港督解釋後，覺得沒有問題，就授命港督回覆他不需要採取甚麼特別行動，也就是投訴不成立。這個 Murrow 先生也是 1856 年警察調查委員會裏曾經被"諮詢"的成員之一。CO129/85, pp.231–249.

2　*HK Daily Press*, 24 September 1864.

3　*HK Daily Press*, 24 September 1864.

4　*HK Daily Press*, 24 September 1864.

此外，該文還煽動民情，斥責殖民當局偏幫警隊，亦挑唆仇警情緒：

> 很多人當時見證了謀殺朗斯代爾的發生，但兇手卻被隱藏起來……假如警察可以這樣暗殺人民，然後通過他們隊伍的能力掩護行兇者，那麼生活會安全嗎？[1]

> 我們真誠地說，把殖民地的唯一保護權交給這樣一支隊伍是絕對不安全的。近來的事情已經證明香港警察對職責如此地疏忽，如此膽怯和殘酷，而且卻能夠如此有計劃地結黨起來為彼此掩護。此外，因為政府也站在警方一面，因此部隊將變得越來越糟，而不是越來越好。我們希望在還有時間的時刻發出警告的聲音。[2]

對於死因聆訊法庭的裁決，報章也覺得不公平，認為總警察裁判司梅查理本身就是警察出身（於 1845–1862 年擔任警察總監長達 17 年），因此總是偏袒警隊。這不僅是對警察的指控，也是對司法制度的嚴重指控，其中有幾點是這樣說的：

> 更不用說，在整個調查過程中，死因裁判官的行為對 99 軍團顯然不公平，但對警察卻優待有利，以致沒有針對謀殺案的情況作出很好的解釋，反而加劇了矛盾。

> 這就是梅先生的問題。他一生都在警察部門工作，對該部隊的尊嚴也一樣的瘋狂……我們隨時可以講述一些有關梅先生的荒謬故事，光是講他有一次責難那個哭泣的證人，已經足夠證明他的為人。

> 警察們都知道誰謀殺了朗斯代爾……警察當局的守密和死因裁判官的偏見，加在一起，使整個警察部隊等於參與了謀殺案。[3]

嚴格來說，這篇文章其實觸犯了香港的法律。因為 1860 年殖民當局曾經通過一項法令，企圖限制報章詆毀當局與散播謠言。[4]但是這項法令只要求罰款，並沒有顯著效果。

雖然立場較中和的《德臣西報》在整件它自己也認為是"大事"中的報導極少，但這些"極稀少"的報導也不無洩露了點滴。9 月 29 日的報導提到一系列

---

1   *HK Daily Press*, 24 September 1864.

2   *HK Daily Press*, 24 September 1864.

3   *HK Daily Press*, 24 September 1864.

4   香港法律編章 1860 年第 16 號法令。

在進行的調查沒有多大進展，但也提到他們的一位"戰友"（意指《孖剌西報》）站在士兵的一邊，是持反對警察的立場，並就此發表了一些評論，"這種各種的調查其實旨在隱瞞重罪"。[1] 10 月 20 日是《德臣西報》最後一次對此事作報導，裏面提出"有人"質疑為甚麼死因聆訊法庭的裁決中，決定了 99 團的 11 名士兵被指蓄意謀殺，並在接受（軍方）審判，但是警察卻被放走了，因此看得出來兩方審理的處理有明顯不同。[2]

綜上可見，報章的新聞和評論充滿對軍隊的偏向，挑動民眾對警隊的仇恨情緒。雖然事情的來龍去脈很清晰，但通過報章的選擇性報導，該講清楚的內容變得模糊，模糊曖昧的部分卻被渲染和誇大，乃至顛倒黑白。

五、事後的法庭調查與裁決

1864 年 9 月 23 日，香港軍營指揮官穆迪在港召開了一次軍事調查法庭 (Military Court of Enquiry) 會議，調查"有關 9 月 13 與 14 日暴動情況"。[3] 軍事調查法庭與真正的軍事法庭（Court Martial）不同，因為有涉及非軍方部門，不能以軍事法庭的形式來審訊。然而，調查法庭仍按照英國軍事法（Army Act）的程序開展，而且審訊是由軍隊指揮官命令召開的，有三位軍官出庭。那兩天發生的事情在庭上一律統稱為"暴動"，部分生事的人被稱為"暴徒"。放在今天，在法庭或有關方面沒有確認之前如此定性，可能會受到質疑，而當時卻並未注意用詞的嚴謹性。

經過傳召證人，閱讀大量證詞後，調查法庭最終總結出三點：[4]

第一，如果（軍方）糾察隊能採取更多措施，或許可以制止 1864 年 9 月 13 日的暴動；

第二，由於已經發生過騷亂，軍營外面在沒有糾察隊的情況下，9 月 14 日有必要採取更多預防措施，並在內部設置更多哨兵；

第三，9 月 13 日，有關方面未能認出或逮捕一名暴徒，在第二天晚上從營房突圍時，也沒有人能認出或逮捕任何一名士兵。這似乎是一個很大的疏忽。

以上這些看法，其實沒有任何意義，亦等於軍隊不打算為這兩天發生的事情承擔任何責任，只不過是檢討軍營的管理系統有漏洞。

雖然軍事法庭有裁判這次不當行為源於 12 日軍隊中的同僚被暴力處置而

1　*China Mail*, 29 September 1864.

2　*China Mail*, 20 October 1864.

3　Military Court Proceedings, 23 September 1864, CO129/104, pp.79–85.

4　Military Court Proceedings, 23 September 1864, CO129/104, pp.79–85.

死，但是語調比較謹慎：既承認士兵有暴力行為，但也認為是因他人（馬來海員）的招惹引起，因此對方才是有錯誤的一方。"錯誤"一詞並未用在自己的士兵身上。

另外，軍事調查法庭還確認了事件並非突發，而是（士兵們）有預謀的，但是卻沒有證據證明軍團長官事先了解士兵的計劃。既然未能阻止是基於不知情，那就沒有人失職。雖然警察裁判司一早通知軍隊領導要注意士兵情緒，但軍方卻沒有採取相應措施，還是讓士兵在 14 日晚溜出來再次生事，法庭居然認為一個士兵的死亡不足以讓軍營過分擔心，因此沒有加強守衛工作不算是特別的疏忽。

綜合而言，這是把軍隊各個職級的人士須負的責任降至最低水平。法庭最後不得不承認，軍團未能認出參與不當行為者，這是不能令人滿意的，但也僅是不滿意，由於無人被認出，刑事責任或軍法懲罰也就無從談起了。總而言之，縱使發生如此嚴重的騷亂，軍方都沒有提到士兵要受到任何處罰。事發第三天，整個第 99 兵團被遷往九龍，半個月以後離港前往日本。究竟惹起事端的士兵命運如何，已經再無人考究了。

最早的一個死因聆訊法庭是在 9 月 14 日召開的，調查騷亂首日（9 月 12 日）晚上在鬥毆中喪生的三名歐洲人。一共傳訊了六位證人，五位應該都是歐洲人。當時的法庭審訊過程沒有保存下來，只有報紙的特別法庭記者有所記錄。即使如此，《德臣西報》（當時是周報）申明立場是為免妨礙公正，不會作太多報導，[1]只有《孖剌西報》有當日的詳細記錄。另外，事件中死亡的第 99 軍團士兵朗斯代爾是各方關注的焦點，舉行了三次相關的死因調查法庭聆訊，持續了近三個星期。初步聆訊證實，9 月 13 日晚上他是糾察隊成員之一，負責平息太平山區一宗士兵與馬來人之間爆發的騷亂，在沒有武備的情況下被殺，法醫斷定他應該是中彈後當場死亡的。

被傳召的證人有馬來人，也有歐洲人，供詞也有出入，好像是各自立場不同。證人在庭上的供詞中，最有價值的證供來自一名警察，暴露了警隊對於殺傷性武器的混亂管理情況，就是槍械與子彈的管理毫無系統可言。警察督察詹姆斯·克羅寧（James Cronin）透露，除非事後有報告，否則無法得知警察是否開槍。每個警察都有自己的步槍，但步槍沒有編號。警隊守則裏有一項規定，任何警察假如開動火槍，應在其值班回來時向督察報告。克羅寧已經在警隊任職六年，其中擔任督察五年，但期間從來沒有經歷定期的軍火檢查，對武器的狀態或

　　1　*China Mail*, 22 September 1864.

需要維修否也不清楚。警隊裏也沒有軍械庫。他當天晚上在中央警署當值，雖然檢查過那些派出執勤的警察，但從來沒有注意過他們的口袋。然而，根據警察總監甘賢的檢查，每人應該有三發子彈。[1]

至於警察總監甘賢的供詞，則證實賈曼警官手下的五十餘名警員未攜帶步槍，只是拿著小型武器與棍子。他馬上通知軍隊指揮官，請他派員前往，因為據說有 800 名士兵在製造騷亂。甘賢自己騎馬到達現場，隨即聽到軍隊負責指揮的傑利科（Jellico）中尉說，第 99 軍團中有一名士兵被警察開槍打死，一名糾察隊員也受了傷。指揮官詢問總監，通過檢查這些人的口袋，是否就可以找出兇手。總監則認為不能憑此確定，因為警察攜帶彈藥筒的數目可能並不一致。總監回到警署後，馬上命令值班的警官盡力找出開槍者。他總共查看了五名警察的火器，沒有一個顯示出開槍的痕跡。不僅如此，總監還派人檢查 5 號區所有警員的武器，但沒有任何發現。翌日，軍方的鄧恩少校到場，他們一起對前一天晚上扣押的武器進行檢查，亦無所獲。總監再次表示，他在 9 月 14 日早晨已經向政府報告了 13 日的衝突經過。他說執勤的警察在努力平息騷亂的過程中開了槍，承認在警隊裏做到嚴格遵守紀律確實不容易。

1864 年 10 月 14 日，死因裁判官梅查理根據已經舉行的聆訊，做出關於裁判結果的聲明。6 名（包括兩名 99 團士兵）喪生人士，全都被裁定是被一名（或多名）未知名人士謀殺罪。[2] 而那名站崗的警察，就被裁定是被 11 名（被指名的）第 99 軍團士兵與其他不明人士謀殺。前者雖然定罪，但其實是沒有罪犯可言，因為全都是不知名。後者知道是軍隊士兵，但是因為士兵必須交給軍方處理，最後究竟如何，也不得而知。

第三節　港督麥當奴對賭博經營的矛盾態度

一、賭博問題與警隊貪污的頑疾

1864 年軍警衝突嚴重暴露了殖民當局與英國（政府）的不協調。這種不協調不但未見改善，而且隨著香港經濟的自給自足越見明顯。隨著港督羅便臣在

1　*HK Daily Press*, 05 October 1864.

2　Coroner's Report, 14 October 1864, CO129/101, pp.55–56.

1865 年離任，香港迎來了一位新港督——麥當奴。[1] 這位港督處事作風強硬，與倫敦的不協調更見明顯，其管治中的一些措施也引來不少非議，特別是他對博彩業的監管。本節對麥當奴的此項措施特別加以論述，因為它對警政有著直接的影響。有幾點需要特別說明：(1) 殖民當局與英國的不協調持續；(2) 英國政治架構中殖民地部與議會的分歧；(3) 在直轄式殖民管治 (Crown Colony) 下的香港，港督的權力極大，有時候可以擺脫立法的掣肘，實行完全的行政主導，甚至是專政主導。

殖民當局早期牽扯的人事問題，在這一時段也有出現：總督的變動引致用人唯親的情況。在軍警衝突中算是盡忠職守的警察總監甘賢的仕途也遭受挫折：首先，1866 年下半年，他抱恙在身，回英國養病。這個時候剛好是新任港督麥當奴接任，新官上任，當然不喜歡看到一個經常缺席 (absentee) 的警隊領導，何況還是前朝官員。10 月中旬麥當奴委任沃爾特·迪恩 (Walter Deane) 為署理警察總監。1867 年 1 月，當麥當奴致函倫敦時，不忘報告關於甘賢的情況，大意是告知倫敦，即使甘賢能痊癒，相信也不再適合擔任香港的警察總監一職。麥當奴表示，他對這個職位的要求十分高，尤其是考慮到警隊成員的受賄情況嚴重。他說："在我到達時，有一半以上的警員每月領取來自妓館和博彩場所老闆的津貼，高於自己的工資……每一條新的法令對他們（警察）來說都是一個新的利潤來源"。[2] 對於警隊，麥當奴有著極大的厭惡與鄙視。當時香港警隊共有大概 600 名成員（90 名歐籍、377 名印度籍與 132 名華人）。他說："在倫敦，這樣人數的警隊可以應付比香港多 5 倍人口的治安了。"[3]

麥當奴打從一開始，便認定貪污賄賂的問題是發展一支高效的警隊最大的障礙。[4] 提到一個被他解僱的妓院督察，他說此人的工資只有 60 元，但每月收取至少 300 元的賄款。另外，貪污的問題不只是發生在華人警員群體裏，麥當奴提到另一名被解僱的警員，在離職前居然匯了 7000 元回英國，應該是一名英國人。對此，他認為歐洲警員的工資顯然是太低了，再加上他們出身社會底層，沒有受過足夠的教育，因此才會受到引誘。但是他並不認同僅僅靠增加薪水就能提到警隊的素質，而是認為需要進行改革。除了開始選用其他族裔（如錫克人）警員代

1 雖然羅便臣在 1865 年 3 月離任，新港督麥當奴却是 1866 年 3 月份才到港接任，其間由當時的輔政司默瑟擔任署理港督。

2 MacDonnell to Earl of Carnarvon, Sec of State, 07 January 1867, No.183, CO129/120, pp.42–43.

3 Robert L. Jarman, *Hong Kong Annual Administration Reports, 1841–1941*, London: Archive Editions, 1996, No.2, p.303.

4 MacDonnell to Earl of Carnarvon, Sec of State, 07 January 1867, No.183, CO129/120, pp.42–43.

替印度人外，他其實已經在盤算一項重大的措施。[1]

　　對麥當奴稍有了解的人都知道，他是首位在香港推行 "賭博合法化" 的港督。1867 年 4 月，麥當奴上任剛好一年，開始按部就班地推動政府採用 "發牌制度" 監管賭館的措施，雖然他預期將會碰到不少的釘子。在一份報告中，[2] 警察總監迪恩描述每一次警察要對賭館經營作出突擊行動時，總是有人走漏風聲，讓經營者有逃脫的機會。另外，他也報告城中增加了許多賭館，釋理由有二：（1）由於裁判處的一個判例，認定賭館對警隊成員行賄並未構成違法行為，因此 "派片"[3] 成為常規。迪恩說他其實知道警局內誰人負責 "收片"，因此不會信賴這幫人，也不會起用，但賠上的就是警隊的整體成效。（2）有一天，四方街的一家賭館被檢控，還被高等法院重罰。罰金之重觸怒了賭館的東主，揚言出酬金 50 元把編號 14 的華人警員殺掉。這名華人警員嚇壞了，連警隊裏應有的獎金都不要就逃掉了。此後，其他華人警員也都不敢出去對賭館經營執法。[4] 除了賭錢外，迪恩還指出這些賭館對於華人有許多其他好處，例如提供收贓物的場所、壞分子藏身的處所等。他估計長此下去，至少有三分之一的警員會被牽涉，假若解僱他們，就會嚴重影響警隊的成效，再招聘亦須額外花費。他認為，一天這些賭館不是 "制度內" 之事，鍋裏的老鼠屎（警隊裏的問題人物）都會有辦法繼續這種勾當，採用發牌制度使之合法化是唯一辦法。

　　建議書中說假若發牌，還會獲得 "超過 20 萬元的牌照費，如果造幣廠關閉，香港仍能運用這一筆收入恢復其軍事貢獻"。在這一段旁邊，有人（可能是殖民地部的人）加了一句 "最好省略這一段"，[5] 暴露了當權者的虛偽。麥當奴更指出 "在這裏（香港）討論遊戲的抽象道德是一個錯誤……事實上，英國的情況不適用於香港的華人人口"。[6] 似乎女王的代表認為英國的價值觀（甚至法治）是能夠有選擇性的。麥當奴還提出必要時到澳門取經，因為當時博彩業在澳門已經合法化，那裏 "維護秩序和保護其壟斷的責任由合作夥伴承擔——政府在必要時向其（指博彩業）提供警察援助"。最後他指出，在澳門博彩機制下，發生任何類型的糾紛或騷亂都極為罕見。[7]

1　MacDonnell to Earl of Carnarvon, Sec of State, 07 January 1867, No.183, CO129/120, pp.42–43.

2　Quin to Mercer, 25 April 1867, No.82, CO129/122, pp.23–26.

3　"派片" 是香港俚語，意思是派保護費給警察，也是犯罪集團如三合會經營的娛樂場所中需要支出的費用。

4　Quin to Mercer, 25 April 1867, No.82, CO129/122, pp.23–24.

5　MacDonnell to Duke of Buckingham & Chandos, 09 May 1867, No.280, CO129/122, p.16.

6　MacDonnell to Duke of Buckingham & Chandos, 09 May 1867, No.280, CO129/122, pp.13–20.

7　MacDonnell to Duke of Buckingham & Chandos, 09 May 1867, No.280, CO129/122, p.20.

預知到倫敦將會有的反應，麥當奴特意將發牌制度的法令安排在一份維持社會秩序與"風化"的法令裏，只佔全部 24 款條文中的一款。這一款條文的文字堪稱是精心雕琢的作品："賭博之風盛行於香港，目前的禁賭條例不能收到肅清之效。為要逐漸監控與最終打擊賭風，政府在未來將會設立法規以達到最終全面（目前逐漸）肅清賭風。"[1] 但對於實際要怎樣做，條文並沒有講出來。換句話說，發牌制度、賭博合法化等敏感字眼並未出現，箇中的深意落在"逐漸"與"最終"兩個字上。[2] "最終"是會打擊賭博，但目前是"逐漸"，意思就是不會打擊。事實上，不但沒有打擊，還給發牌制度做好鋪墊。

這樣避重就輕的安排，目的是逃過倫敦的法眼；但是在討論階段，也免不了要徵求殖民地部的意見。一方面，麥當奴提出向賭館徵收牌照費，每年高達 20萬；同時亦強調賭博合法化（發牌制）純粹是為了改良治安與提高警隊成效，政府收入並不是考慮因素。在這個前提下，殖民地部欣然同意了。對於徵收得來的牌照費，他設立了一個特別基金，確定只可以用作警隊的支出，還規定出每年的上限，防止為增加開支而胡亂發牌以增加收入。其實這無疑是掩耳盜鈴的做法，但是倫敦卻樂於接受與批准。由於這個特別基金不太光彩，對外披露的數據不多，日後經常被批評缺乏透明度。倫敦殖民地部批准的方式也是"推手式"的，當時新任的殖民地部外務大臣錢多斯公爵（Duke of Buckingham and Chandos）這樣回應："我的前任卡納文伯爵（The Earl of Carnarvon）在其 11 月 22 日的第 84號文件中批准將賭館置於'發許可證'或其他監管制度下，前提是該措施不被視為收入問題，而被視為警察問題。"[3] 第一，這就是說批准的決定是上一任作出的（他本人立場不明確）；第二，批准的理由是因"警察免受貪污的問題"，而非看重"來自殖民地的收入"。

二、否定賭博合法化之矛盾

到了 1870 年與 1871 年，也就是發牌制度運行了若干年後，在香港掀起了對這一制度的大控訴。大家覺得本意是為了能夠杜絕警察受賄的發牌制度，反而令罪案增加不少，成為了城中熱議的焦點，甚至有各華洋團體向政府發出請願信，要求正視賭博業對社會治安帶來的不良影響。這些投訴不單局限於本地，也鬧到倫敦，甚至英國議會都對這一議題有討論。[4] 事實上，根據議會下議院的記錄，

1　香港法律編章 1867 年第 9 號法令第 18 款。

2　實際做法是從賭博的盈利中抽取 7%–8% 作為牌照費。

3　Duke of Buckingham & Chandos to MacDonnell, 18 July 1867, No.76, CO129/122, pp.21–22.

　4　Whitfield to Earl of Kimberley, 25 September 1871, No.145, CO129/152, pp.55–56.

1869–1871 年間，總共有 5 次發到殖民地部的各類請願、信件等，請求考慮阻止讓賭館繼續在發牌制度下經營。[1] 因此，殖民地部的外務大臣金伯利勳爵（Lord Kimberley）也不得不作出回應，勒令港督告訴請願者，已經責成署理港督徹查香港的治安情況，包括警隊的狀況以及禁賭的事情。[2] 與此同時，到了 11 月，本地的三位傳教士聯名上書，投訴總登記司史密斯在回應一份華人請願書時的一些言論與態度。[3] 在倫敦殖民地部的內部討論中，指出一封由香港 947 名華人居民簽署的請願書發往倫敦，要求禁賭。總登記司史密斯表示，這 "只能被視為傳教士的另一項努力"（英文原文是 "This petition can only be considered as another effort on the part of the missionaries"），還指明是倫敦會（London Missionary Society）的傳教士。這三人包括理雅各，厄恩斯特・歐理德（Ernst Eitel）與弗雷德里克・丹拿（Frederick Turner），都是當時頗具名氣的倫敦會傳教士。三人自然聯名抗議這一言論：他們表示的確有建議華人準備請願書，但否認史密斯提到的 "他們有積極參加簽名拉票活動"。其實，根據議會記錄，除了這份華人的請願書，理雅各的確也曾 "協助" 一群商人（300 名洋商），在 1871 年 2 月份上陳另一份請願書。[4] 殖民地部在回信裏，提到史密斯無意質疑傳教士的行為是否得體，也不希望請願信的意願因這事而受影響。[5] 但是在內部討論中，有人反駁說其實史密斯態度溫和，而且這種事不值得浪費議會的時間，也不值得與這些傳教士動氣，簡單替史密斯澄清即可。有人還加了一句："隨著年齡的增長，史密斯先生將學會應該非常小心地談論神職人員。"[6] 這裏可以看出兩點：首先是證明了人際關係在當時的英國與殖民地關係中是何等重要，倫敦會傳教士從來都具影響力；其次是倫敦殖民地部的態度是偏向發牌制度的，畢竟收入可觀，除非壓力真的很大，否則根本不想處理此事。

接下來，因為治安狀況的惡化，反對賭館發牌制度的呼聲越來越大，甚至引起了市民在集會上的公開要求。解鈴還須繫鈴人，麥當奴只好把自己先前定下的措施與想法完全推翻，從頭再來，而警察在新措施中的角色是既無奈又尷尬的。

1　Correspondence and Papers relating to Gambling House Licence System in Hong Kong, House of Commons Papers 1871, No.379, Vol.47, XLVII.855, pp.54–59.

2　Earl of Kimberley to MacDonnell, 01 December 1871, No.148, CO129/152, pp.86–88.

3　Missionaries to Colonial Secretary Austin, 05 October 1871, CO129/152, p.119.

4　Correspondence and Papers relating to Gambling House Licence System in Hong Kong, House of Commons Papers 1871, No.379, Vol.47, XLVII.855, pp.70–71.

5　Lord Kimberley to MacDonnell, 14 December 1871, No.158, CO129/152, p.124.

6　Colonial Department internal Discussion, CO129/152, p.118.

麥當奴並沒有通過一貫採用的立法程序，而選擇只用行政手段執行禁賭之事，這裏再一次顯出直轄殖民地港督施政的權力是何等超然。

1872 年 1 月 20 日，殖民當局發佈一個中文公告，部分內容如下：

重要通知

在 20 日，香港公共博彩館的執照被吊銷，從此以後，維多利亞城與九龍以及該島的村莊禁止任何種類或形式的博彩活動。在過去四年，政府在某些嚴格條件和規定下允許在某些場所內進行賭博活動，這一計劃結束了警察部門腐敗的有害根源，根除了眾多小偷、流浪漢和其他人對殖民地和平與良好秩序有著邪惡想法的人士，明顯減少了大量的僕人盜竊案件。通過這種手段，非法博彩活動在香港已經很長一段時間都不為人知。因此，由於和平與良好秩序已回島上，本來允許在幾個固定地點進行賭博的控制系統現在被壓制。[1]

通告的最後一句其實是自說自話。事實上，從 1869 年到 1871 年期間，關於警察的種種投訴、埋怨、不滿以及警方自己的辯護與檢討等等，都無法打消社會各界對警隊的質疑。在 1871 年的秋季，非官守的太平紳士終於召開了一個公眾會議。當天會議上居民（當然是洋人）都表達了對於當前治安的擔心，對於警隊表現的不滿以及警察法令的不足。有人批評政府怕事，基於大部分人口是華人，因此不敢對罪犯執行嚴厲的法律。會上暴露的事例頗有意思，例如警隊只有數名警長可以進入賭館，其他普通警員不能進去阻止或調查罪案，還有洋人家中的僕人帶賊贓進去作為賭本。[2] 這些發言也反映香港社會存在的很多利益衝突，例如殖民當局因貪圖發牌制度下收取的可觀牌照費，即使明知是罪惡的溫床，也容許賭館繼續開放。

至於涉及警察的措施，是本節特別想要論述的議題。殖民當局除了通知居民發出的牌照實時失效外，也告知市民今後警察在禁賭事宜上的角色。回到上面的通告，關於警察的部分如下：

部門將盡一切努力防止建立對社會安全和舒適構成大傷害的罪惡收容所。在兩名政府的負責人官員的監督下，加上一小組偵探員即將開展工作。他們職責是搜查賭徒經常光顧的地方，以期將他們抓獲並嚴懲。別讓賭館認

---

1   Notification by Colonial Secretary, CO129/156, pp.294–296.

2   *HK Daily Press*, 29 September 1871, p.2.

為可以像以前一樣，通過賄賂警察來換取有罪不罰。

　　我已經發佈命令，要求警察部門不得從事非法賭博活動的偵查工作。因此，賄賂該機構（警隊）的成員，使其不提供關於賭館的消息的做法，將不會成功。[1]

麥當奴對倫敦解釋通告內容時的原話是："除了禁止街頭賭博外，警察不再被賦予對賭徒的任何特別權力。"[2] 禁止街頭賭博仍然在執法範圍內，只是為防止阻塞交通而已，與禁賭沒有關係。實際上，殖民當局將要採取的辦法，基本理念是把警察摒除在"賭博生態圈"之外。麥當奴號稱這是一項新嘗試，但有信心會走得通，他說禁令出台後 16 天，沒有一家賭館重開，賭場東主找不到可以收買的"法律保護人員"。[3] 麥當奴果然是相當進取的官員，對於推翻 1867 年他親手推動的賭博合法化，他恬不知恥地對倫敦承認錯判，現在正好趁機會糾正，補救的方法他認為也是名正言順的。他告知倫敦，除非動用立法局修改法例，實施一系列禁賭措施，否則就只可選用他的方法，反正 1867 年法令中的第 18 款已經提供了足夠的彈性與空間，港督可以隨時（from time to time）通過法規作出全面的禁止。[4] 關於警察的禁賭權力的條款也只適用於當時實行的規則或規例，因此，在那些規則已經失效的情況下，所提及的權力就不可能發揮作用，[5] 這是對英國法律體系高明而靈活的運用。然而，支持禁賭的大法官約翰‧斯梅爾（John Smale, 1805–1882）曾經兩度上書，甚至草擬了一份正式的法令，預備在香港實行立法禁賭。[6] 最後，倫敦殖民地部在 1871 年 5 月份回函副港督，正式提到待麥當奴回港後，馬上責成他考慮"禁止"整個發牌系統，[7] 不必採用正統的立法方式而達到施政目的。這確實是快而準，但是這樣隨時改動政府法規，對於要作預算的營商生意人來說並不是好事。

　　另外，和軍警衝突一樣，賭博問題也反映出英國與香港本地存在的分歧。成立倫敦都會警隊的原意，包括推動新教的某些價值觀，例如盈利應該建立在勞動

1　Notification by Colonial Secretary, CO129/156, pp.294–296.

2　MacDonnell to Earl of Kimberley, 06 February 1872, No.941, CO129/156, pp.285–289.

3　MacDonnell to Earl of Kimberley, 06 February 1872, No.941, CO129/156, p.287.

4　香港法律編章 1867 年第 9 號法令第 18 款。

5　香港法律編章 1867 年第 9 號法令第 20 款。

6　Correspondence and Papers relating to Gambling House Licence System in Hong Kong, House of Commons Papers 1871, No.379, Vol.47, XLVII.855, pp.57–64.

7　Correspondence and Papers relating to Gambling House Licence System in Hong Kong, House of Commons Papers 1871, No.379, Vol.47, XLVII.855, p.75.

的基礎上，而不是從事賭博這等活動。因此，英國議會中有不少禁賭的擁護者。但殖民當局以及倫敦殖民地部均認為發牌制度既可以平定警心（至少在最初實行階段），又能為殖民當局賺來不少的進帳，因此並不抗拒。假如不是驚動了像倫敦會傳教士這般有影響力的組織，並鬧到英國議會裏去，相信砍掉這一政策並不是倫敦急於要辦好的事情。

最後值得一提的是，警察從此以後不能對賭館執法。能夠破門而入和鎮壓賭場的權力，只頒授給警察總監與總登記司以及人數極少但"高效"的華人偵探。[1] 這些"華人偵探"並非警隊人員，在筆者看來，這只是換湯不換藥的做法，背後的理據是站不住腳的。無論如何，這兩位領導定期（每隔幾天）向麥當奴報告華人賭館東主與華人社區對於禁賭公告的反應。根據警察總監迪恩的一個報告："華人模糊地認為，任何人在一所房子裏賭博，都會受到嚴厲的懲罰，房子本身也可能被沒收。這種感覺是如此強烈，以至於買辦們對在俱樂部內聚賭也變得猶豫不決，婦女們也不再玩天九了。"[2] 但是警察總監與總登記司都不約而同地觀察到"街頭聚賭"的情況有所增加，不過這些只被當作是"堵塞交通"的輕微罪行，沒人會注意。

另外，20 日的通告還說明更練團也會盡其所能，使其所在地區不會受賭館的影響，並提醒道，不履行這一職責的更練團成員將受到最嚴厲的處罰，包括罰款、監禁和解僱。更練團在 1864 年的軍警衝突以及禁賭工作中都扮演了一定的角色，這一點值得思考：不准正式受政府僱用並支薪的警隊成員執行禁賭的職務，而更練團嚴格來說只是華人區內的私人保安隊伍，既無名也無份，卻要負起區內"不受賭館"的影響，辦不好這職責更練團就要受罰。箇中的思維與常理有點不協調，事實上當時也有被市民質疑。

到三月初，禁賭已經實行了七周的時間，當時有讀者向報紙投稿，質疑政府採取的措施：禁止警察干預賭博（或賭徒），實際上是在變相"鼓勵賭博"。[3] 除此之外，把警察的這一職能交到幾名非警察的華人偵探手上，而不認為他們同樣會成為被賄賂的對象，也很難讓人信服，這幾名華人提供的訊息數據是否可信也是一個問題。

這名讀者的質疑並不是無理取鬧。但麥當奴在給倫敦的回應中，[4] 並未對這

1   MacDonnell to The Earl of Kimberley, 06 February 1872, No.941, CO129/156, p.289.

2   Deane to MacDonnell, 29 January 1872, No.308, CO129/156, p.291.

3   *HK Daily Press*, 02 March 1872.

4   MacDonnell to Earl of Kimberley, 06 March 1872, No.957, CO129/156, pp.396–417.

些質疑作出解釋。他只能夠提出當時的"事實"確實如此，就是自從禁令開始，沒有一家賭館在運作，警隊亦沒有受賄的情形出現。對於文中說仍然有多處賭場在經營，麥當奴推說是子虛烏有之詞。他解釋說，不熟悉華人的習性，就不會了解為何新的舉措能成功打擊賭博活動與貪污。他指出有影響力的華人圈子在香港漸趨成熟，因此希望他們會比以前更願意與政府合作，提供正確訊息，這樣就不用完全依靠那幾名華人偵探。對於日益增多的路邊非法賭檔，麥當奴承認無法阻止，因為喜愛賭博是華人的特性，只要不阻塞道路就可以了。雖然新的制度是否成功言之過早，但他認為肯定比此前更好。麥當奴不忘指出，以前的發牌制度其實是成功的，但"奈何因為一些在英國的人士所願，而這些人的影響力讓他們所信成為主流"。[1] 這裏又再證明，殖民當局與英國政府不同的觀點一直都存在。綜合來說，麥當奴的這份報告實屬言之無物，用現在的詞匯來說，是"硬挺"罷了。

三、港督麥當奴有關警隊的其他施政

新港督麥當奴一上任，就對警隊表現出不耐煩和不滿意之情。1866 年下半年，其實他已經關注到警隊的建設，並在 1867 年 1 月 7 日向倫敦作了詳細報告，[2] 裏面描述了針對警隊的改革重組計劃，主要是他認同任副警察總監克雷格新近引進的 100 名印度錫克警察非常成功，因此計劃繼續聘請錫克警察。[3] 對於印度人，麥當奴評價不高。他也察覺到警隊裏面人才的質素一般較低，因此容易受到賄賂，故他在積極尋找可以替換的人選，曾經考慮過中國北方人或者滿族人，但是困難重重。這裏看出英國人在殖民地的一貫作法，也就是引入"外來人"來制衡本地人。從遙遠的北方挑選滿族人，而不選臨近的廣東人，就是這個原因。

麥當奴透露了招聘錫克人來港擔任警員的想法，也首次提到聘用克雷格為下一任助理警察總監的可能性。這可以依靠他在印度的關係，從當地招聘錫克人，這和當日港督羅便臣聘用甘賢的情況是一樣的，殖民當局官員都是在自己熟悉的圈子裏打轉。不過，麥當奴也算是知人善用，他很早就表明克雷格性格上不適合作警隊領導，但有足夠能力勝任警察總監（迪恩）的副手，分擔迪恩的重擔，可見麥當奴還是一個頗有前瞻與經驗的殖民地官員。先前提過麥當奴覺得前朝的警察總監甘賢可能不再適合香港警隊，倫敦對此表示應允。麥當奴的一句話很能形容這些殖民地官員的悲歌："不幸的是，他的服務在不同的部門和不同的殖民地

1 MacDonnell to Earl of Kimberley, 06 March 1872, No.957, CO129/156, pp.396–417.

2 MacDonnell to Earl of Carnarvon, 07 January 1867, No.183, CO129/120, pp.42–53.

3 Robert L. Jarman, *Hong Kong Annual Administration Reports, 1841–1941,* London: Archive Editions, 1996, No.2, p.304.

之間如此的分散，以至於他對其中任何一個部門都沒有明確的建樹。"[1] 此外，這或者可以解釋為甚麼一些比較進取的官員會儘量利用職權，圖謀個人財富或者是更高、更穩定的權力，以謀取下一個地方的官職，有時候甚至做了一些對殖民管治下居民無益處的行為。

對於招聘錫克警察，他直截了當地知會倫敦，在等待他們的回覆時，他已經安排了 100 名錫克人到加爾各答，等候乘船來香港。對於這個先斬後奏的做法，麥當奴在函件結尾說了一句與以前的港督很不同的話，表現出這位港督至少在初臨香港時，充滿理想與幹勁：

> 香港在目前的財政狀況下，有許多事情必須推遲，甚至有些必須放棄，但警察職責仍然需要履行，這是每一個文明政府的道義義務。我希望能夠做得比我先前的更令人滿意。然而，如果不徹底改革和重新組織警察部隊，就不能期待這樣的結果。[2]

無論如何，香港警隊進入一個新的時代，此後錫克籍警員一直在警隊服務，直到 1997 年回歸後還存在。招聘錫克警察的做法其後在上海的英租界和公共租界都被採用。然而，一朝天子一朝臣，還是有人不服氣、不同意，例如建立香港警隊的梅查理對此看法截然不同。梅認為從孟買招聘印度警員不算是不成功的嘗試，只是沒有獲得足夠的時間與機會去試驗。然而梅查理卻堅決表示，起用華人是不會有成效的。由於他已經調職出任警察裁判司，就也沒有太多的話語權，但他的看法在下節所論述的警察調查委員會中有所表達。

招聘錫克人的計劃進行順利。1867 年 6 月，第一批 116 名錫克警察首次抵港。港督視察後報告倫敦甚為滿意。這批錫克人平均身高 5 英尺 10 寸（179 釐米），當中多人曾經因良好表現接受過獎章。麥當奴也對新聘的克雷格表示讚許，特別是讚揚他會說兩種印度語言的能力，相信是能夠掌控警隊大部分成員的一大優勢。[3]

然而，只有兵卒，沒有將領是不行的。1867 年 12 月，港督報告中說本地已有不少於 16 次的縱火企圖，目的是掠奪和燒毀整個香港。麥當奴還收到情報，稱有 30 到 40 名 "廣州壞人" 抵達香港。因此，需要一支更為可靠的歐洲人警隊來

---

1   MacDonnell to Earl of Carnarvon, 07 January 1867, No.184, CO129/120, pp.80–83.

2   MacDonnell to Earl of Carnarvon, 07 January 1867, No.183, CO129/120, pp.52–53.

3   McDonnell to Duke of Buckingham and Chandos, 8 June 1867, No.291, CO129/122, pp.135–140.

做領導。他表示"無論如何，香港警隊並不是物有所值"，[1] 其實是暗示歐洲警員的數量不理想，對於歐洲警員的需要是迫切的。麥當奴說不用等到所有人都招聘好然後來港，可以兩三個一批就先安排送來。雖然這樣的成本較高，但是這時的香港財政已經較好，能夠負擔。倫敦一如既往地沒有甚麼意見，但是義正言辭地提醒港督，雖然有從賭館牌照費中積累的特別基金，但是萬萬不能超過每年 3 萬英鎊。港督必定答應，才會繼續在英國招聘。[2] 最終，倫敦的代辦人從蘇格蘭等地找到了 20 名年輕人，他們於 1872 年 1 月 25 日抵港。一個月後，麥當奴報告倫敦，對於這 20 名新來的警察十分滿意，並說他的繼任者應該會增聘至 100 名。[3]

麥當奴的任期要到 1872 年 3 月才結束，從 1870 年底至 1871 年，當他在英國休假時，由一位軍官亨利‧惠特菲爾德（Henry W. Whitfield）代理港督。賭館引起的治安問題令民心不穩，加上殖民當局內部架構頗為混亂，可謂是政不通、人不和。這位代理港督的一連串動作，在香港掀起了大風波，導致 1872 年警察調查委員會的召開。

第四節　1872 年的警察調查委員會

一、警察調查委員會召開的背景

1870 年 9 月初，港督麥當奴與警察總監迪恩都正在休假，有軍人背景的惠特菲爾德擔任署理港督。[4] 接到一項投訴後，他親自闖進警察宿舍突擊檢查，結果發現裏面一塌糊塗，衛生狀況非常糟糕，武器也四處亂放，掀起了一場大風波，事情亦鬧到了倫敦殖民地部去。惠特菲爾德在事件過程中，冒然起用了自己的親信賴斯（T. Fitzroy Rice）搶奪了助理警察總監一職，這涉及了本書講過的"人脈關係"問題。倫敦居然也指令這位新丁對香港警隊作出觀察與報告，由是掀起更大的風波。但及後被發現其身份資歷不詳，"有欠誠信"，證供最後不能被接受。事件其實掀起了一場殖民地官員角力的爭霸戰，不過這並不是本章想要討論的，就不在此多費筆墨了。

1　McDonnell to Duke of Buckingham and Chandos, 14 December 1867, No.416, CO129/126, p.276.

2　Colonial Office to MacDonnell, 08 October 1869, No.167, CO129/139, p.48.

3　McDonnell to Earl of Kimberley, 21 February 1872, No.949, CO129/156, pp.356–359.

4　惠特菲爾德是軍人出身，隨英軍駐守印度，1868 年調職成為遠征中國部隊的總司令。1869 年，因為麥當奴病假，他調任香港代總督。這次事件後，香港廢除了港督不在港時由軍人代管的做法。

筆者覺得惠特菲爾德代職期間，對警隊武器裝備的查察很有價值，其中對警隊武器分配系統的批評最嚴重，也最有建設性，既反映了警隊武器管理的惡劣情況，也可以解釋早年但凡有群體性事件發生時，警隊成員信心不足以致缺乏戰鬥力，只能依靠軍隊作主導的原因；再者，也揭示了為甚麼在 1864 年軍警衝突事件中，警隊無法通過檢查警察使用過的火槍來指認出槍殺士兵的兇手。1862 年的警察法令要求離開警隊的成員要交回武器，[1] 但實際上這項措施並未有被好好地執行：退伍警察交回的武器，缺乏較好的安排與整理；有時警員丟失配槍，既沒有受到懲治，也不一定有補發，甚至隨便在市集購買普通手槍替代；配備的彈藥當然會有差異，因此武器和裝備在許多情況下都是不能使用的。總之就是缺乏記錄，不成系統。各個警署保管的武器種類繁多，因此需要各種彈藥，以至於在緊急情況下出動部隊時，必然會出現混亂和無序的情況。惠特菲爾德稱他突擊檢查警察宿舍時，居然在一名督察的床下或抽屜裏發現了彈藥，[2] 可見武器的監管是何等的鬆懈和隨意。1869 年 4 月的另一宗震驚社會的打劫殺人案中，[3] 警察數度拔槍不靈，暴露出武器質量、管理或訓練都很糟糕。[4] 後來，惠特菲爾德要求警隊對於武器需要多加清潔，並安排專人負責及定時巡查。惠特菲爾德更命令從各分局調回步槍和手槍，集中統一清點，然後將同一樣式的步槍和手槍與適配的彈藥送回各分局。這是一項早就應該採取的舉措。

無論如何，惠特菲爾德的短暫出現，雖然引起不少風波，但亦確實暴露了警隊的一些弊病，在倫敦看來，也算是一宗好事。這也顯示出英國管治殖民地的高明手段，深諳"制約與平衡"（Check & Balance）的原理，不忘評價惠特菲爾德提供了"有價值的服務"。[5] 殖民管治是帝國的大業，然而在一個直接統治方式的殖民地的成功與否，大程度上取決於殖民地官員的經營策略，特別是在 19 世紀通訊不發達的年代。

惠特菲爾德掀起的風波，加劇了香港社會各界長期以來對警隊與警察的不滿和質疑。1871 年下半年，報章上有很多關於警隊的負面消息，包括諷刺警隊總監迪恩總是躲在辦公室內，是個懦夫。[6] 輿論亦不放過港督麥當奴本人，特別耿

1　香港法律編章 1862 年第 9 號法令第 14 款。

2　Whitfield to Earl of Kimberley, 9 November 1870, No.102, CO129/146, pp.110–116.

3　*HK Daily Press*, 18 April 1869, 筲箕灣打劫殺人案.

4　Robert L. Jarman, *Hong Kong Annual Administration Reports, 1841–1941*, London: Archive Editions, 1996, No.68, p.345.

5　Colonial Office Internal Discussion, CO129/145, p.420.

6　*HK Daily Press*, 31 August 1871, p.2.

耿於懷的是他對推行賭博發牌後又禁賭的決策以及措施都違反了警察部隊應有的原規，亦覺得他的權力太驕橫。[1] 由於迪恩是麥當奴一手提拔的，這歸根結底又是"人"的問題，由"人事"拉攏進體系裏的"人物"有時候會變得身不由己，最後落得萬人譴責。

終於，1871 年 8 月底，有一位立法局首席非官守議員芬理斯·賴里（Phineas Ryrie）[2] 發動了太平紳士，要求政府召開調查委員會，討論香港的人身與財物安全。此舉表明他是不支持政府，在社會引起眾多爭論："究竟立法局非官守議員應否對政府的政策進行公開的抨擊？"報章上有不同的聲音，[3] 有一種非常能反映殖民管治者（政府支持者）的想法。首先，這一類的殖民主義擁護者（colonists）認為，非官守議員不應該把政府放在尷尬的位置上，"既不恰當也不公平"。他們的思維邏輯如下：在一般的"移民墾殖"（Settlement）殖民地，[4] 帝國為了吸引英國人到這些地方定居，其中一項誘因是讓他們有權管理這些"新天地"。

> 但是香港有別於這些傳統的殖民地，殖民誘因是反向的。在港經商的洋商最初是須要大英帝國的保護，才要求英國在香港進行殖民管治。因此，英國不須要設置各種誘因去吸引英國人到這片新土地……你們可以選擇去香港，是有條件的。其中一項是你們沒有權力影響那裏的政府管治，除非我們（英國）認為有需要徵求你們的意見。[5]

根據這種思維，在港的洋商無權要求殖民當局對管理香港的措施作出任何解釋，因為後者是英國（帝國）的代表，只需要向英國交代。這一想法主導了早期甚至是整個 20 世紀香港的殖民管治方向。試想連洋商都無權過問，又何況是華人？就算後來讓（極少數）華人擔任立法局的非官守議員，[6] 背後的誠意也讓人質疑。非官守議員在管治體系內的存在，只是因為"英國人認為'有需要時'徵求

1　*HK Daily Press*, 30 August 1871, p.2.

2　"非官守"議員：香港於 1843 年設立了立法局，最初由港督出任當然主席，另外設有當然官守議員及委任官守議員的席位。但由於局內一直沒有代表居民的議席，因此一直為人所詬病。直至 1850 年，港府首次委任兩名商人加入立法局，當中來自渣甸洋行的戴維·渣甸遂成為了香港歷史上首位立法局首席非官守議員。至於首位的行政局首席非官守議員，則要遲至 1896 年遮打爵士獲委入行政局才開始出現。簡單來說，可以稱為代表"民意"的議員。"首席"的意思就是資歷最長、地位最高。

3　*HK Daily Press*, 28 September 1871, p.2.

4　高岱、鄭家馨：《殖民主義史（總論卷）》，北京：北京大學出版社，2003 年，第 207 頁。

5　*HK Daily Press*, 28 September 1871, p.2.

6　香港歷史上立法局首位華人非官守議員是伍才（又名伍廷芳，1842–1922），他於 1880 年成為首位獲委任為立法局的華人非官守議員。

他們的意見"，並非實行英國感到自豪的"代議政制"。通過選舉產生的立法局非官守議席（代表議會民主化），要到《中英聯合聲明》決定了香港回歸祖國後，在 1985 年後才首次出現。

無論如何，公開會議終於在 1871 年的 9 月 25 日召開了，參會者多達 350 人。會後決定成立一個調查警察部隊狀況的委員會，並提交了一份有 400 人簽名的請願信。

二、1872 年警察調查委員會的報告

警察調查委員會終於在 1871 年 12 月 22 日召開。這次的委員有 8 名，幾乎全部都是商人，這亦是公眾請願的要求，即讓"非系統裏"（非政府內）的人來擔任，體現其"獨立性"。這次委員會召開的目的，是對香港警隊的成效與組織、防止罪惡發生這兩個議題進行調查，曾傳召 14 人作證，其中比較有代表性的包括梅查理、問題人物賴斯與傳教士理雅各（James Legge, 1815-1897）等，總共開了 40 次會議，委員會更有通過報章徵求公眾意見。[1]

委員會最後的報告在 1872 年 6 月完成。報告指出，要推行有成效的警政，困難主要來自香港本身的地理位置、氣候、語言以及華人的特性等，這些都是無法克服的障礙。[2] 委員會同意其中一名委員 Edmund Horny（1825-1896）的評語："我認為為香港提供警察是一種邪惡和低效率的選擇"[3]，這一評論顯出不甚積極的態度。

委員會認為可以將港督提出的議題分為三大調查部分：警隊當時的組織（報告佔 29 小段）、警隊未來的組織（佔 39 小段）與罪案（佔 15 小段），報告亦是跟據此而撰寫。報告共 20 頁，83 小段。由於成員中有三人不完全同意委員會的結果，因此報告也包含這三人的反對事項與理由。最值得注意到是第二個議題，也就是警隊未來的組織。委員會採納了傳教士理雅各的意見。他是著名的漢學家與教育家，兩任港督羅便臣與麥當奴均對他十分尊重，每每向他請教華人之事。報告中也有稱譽理雅各對於華人的認識是無可置疑的，對這事的態度也是不偏不倚的，因此他的證供（意見）的比重是無與倫比的。

1　Printed Report of Police Enquiry Commission, CO129/158, pp.290-309.

2　Printed Report of Police Enquiry Commission, CO129/158, pp.290-309.

　3　此委員曾經是駐上海（通商口岸內）的英國高等法院首席法官。

REPORT

OF THE

POLICE COMMISSION.

To His Excellency Sir Arthur Edward Kennedy, K.C.M.G., C.B., &c.

Hongkong, 27th June, 1872.

The Commission.   By a Commission bearing date the 22nd day of December, 1871, under the hand of His Excellency Sir Richard Graves MacDonnell, K.C.M.G., & C.B., and the Seal of the Colony, the undersigned and Mr. G. B. Falconer were appointed Commissioners to institute enquiries into the efficiency and organisation of the Police Force and the prevention of Crime in this Colony. By a contemporaneous memorandum His Excellency requested the Commission to enquire especially into the following subjects, viz. :—

1872 年警察調查委員會報告
來源：CO129/158, pp.290–309

　　理雅各的發言指出他自己一直堅信香港警隊如要有成效，必定要大量起用華人，但亦須要有歐洲人的部分。他不認同由完全不懂中文及華人習慣的"外國人"組織警隊，特別是"華人徹底藐視有色人種"（就是從東西部來的印度人）。理雅各更指出在港華人質素已經改變了，變得富有，亦注重此地的繁榮，因此殖民當局必須要與他們有相當理解。他建議把華人區分成社區，裏面有負責人，而華人警員應該獲得這些華人的推薦才能加入警隊。這種以華治華的做法，可以消除以前一直存在的勒索與貪污之類的罪行，這制度對財產提供很大的保護，因為支持華人警員的都是財產擁有人，但是理雅各承認華人警察系統無法阻止暴力的罪行。此外，理雅各不認為需要特別提高華人的工資來杜絕貪污，他深信杜絕賄賂的唯一辦法是在發現此罪行時要嚴懲。[1]

　　委員會最後接納理雅各的建議，警隊此後應當徵募華人作為主體，許多以前強力反對採取此舉的理由現在都不再存在了，其他的反對聲似乎都沒有很多理據。委員會更指出假若能夠選出一些素質良好者並加以照顧的話，華人可以是能力強、適應力強、接收教育能力強的人選。以他們能勝任其他工作的範例估衡，招聘他們當警員也應一樣。至於理雅各提出華人天生對於有色人種的感覺，委員

1　James Legge's speech in the Printed Report of Police Enquiry Commission, CO129/158, p.295–296.

會也認為一直以來利用印度人、錫克人來對華人執法，可能就是引起敵意與麻煩的源頭。最後，委員會指出就算華人只能當很平庸的警察，他們都較印度人、錫克人便宜划算。[1]

委員會因此決定建議殖民當局應該組織一支只有華人與歐洲人的警隊。[2]

有學者認為，起用華人是香港警隊發展的一個轉折點，功勞應歸於理雅各。[3]

倫敦會傳教士理雅各肖像
來源：香港郵政局 1994 年首日封發行

至於三位反對的委員，他們主要針對的亦是起用華人的建議，都是老生常談的那些理由，如華人沒有誠信、不能依賴等等。但是某些討論，特別是仁記洋行的亨利·洛考克（Henry Lowcock, 1837–1901）先生關於偵查（偵探）隊的意見，可以解釋為何香港警隊一直沒有設立偵探隊（Detective Branch）。他的部分原話是這樣的：

> 大家都很清楚，在偵查犯罪時，華人比沒有用處還要糟糕，雖然他們擁有發現犯罪情報的智慧，但提供（達偵查成效和預防罪案發生）這些情報，完全與他們的利益背道而馳，在大多數情況下其實就是他們可觀利潤的來源。
>
> 至於僱用他們為特別偵探，我可以想像出是更危險的，雖然我確信他們是唯一可以在這裏用來成功地對付那些狡猾罪犯的人。但同時，幾乎所有與華人打交道的人，都會同意梅查理的講法：當偵探的華人警察會對拒絕服從的同胞用最為不利的方式來進行調查，從而產生類似恐懼來達到他們的要

1　Printed Report of Police Enquiry Commission, CO129/158, p.296.

2　Printed Report of Police Enquiry Commission, CO129/158, p.296.

3　Norman Miners, "The localization of the Hong Kong police force, 1842–1947", *The Journal of Imperial and Commonwealth History,* Vol.18, No.3, pp.303–304.

求。我相信，當地人對他們的不信任和懷疑，與他們對自己下屬官員的不信任和懷疑是一樣的，因為大家很快就會經歷類似的壓迫過程，這是任何控制權都無法阻止的。[1]

筆者想藉此處也引述一段梅查理在委員會中的說話，佐證他是早期警隊未能發展的一大因素。他說：

> 我有份草擬的 1862 年警察法令沒有預華人警員的份兒，因為我認為他們是絕對的沒誠信，而且體格上與道德上都是廢材。我曾經說過他們只適合做船夫與傳譯。我就希望能夠把所有華人成員都解散。行吥都不會用他們……總之華人就是危險元素。沒有華人會不利用手中的權力來爭取盈利的。[2]

另一位反對的委員是太平洋行代表威廉斯‧萊曼（William Lemann）。他的話一定程度上反映了 19 世紀英國人殖民管治香港的主流看法：

> 一天我們希望把歐洲的道德和思想強加給中國人的思想和教育，我們就應該"用恐懼和反感來統治中國人，使用的工具應該是中立或沒有憐憫的"。[3]

萊曼甚至認為把華人變成警隊的主力，就等於英國人完全放棄了在香港的警隊管治，亦即等於把市民的生命與財產都交託給警隊"想要對付的敵人"手上。[4] 又有人認為警隊也可以由錫克人、孟買（印度）人和華人組成，但不能讓他們做到高於警員的級別。[5]

雖然有這些反對聲，調查報告最後還是得出一個最重要的結論 —— 香港警隊應該是一支"華洋合璧"的隊伍。[6]

1872 年 9 月，堅尼地將這份報告呈送倫敦殖民地部。[7] 倫敦對大部分建議都沒有表態，說要留給新上任的這位港督決定。事實上，倫敦一開始就不同意召開

1　Lowcock's section in the Report of Police Enquiry Commission, CO129/158, pp.303–304.

2　May's evidence to the Police Enquiry Commission, CO129/158, p.295.

3　Lemann's section in the Report of Police Enquiry Commission, CO129/158, pp.304–305.

4　Stewart's section in the Report of Police Enquiry Commission, CO129/158, p.306.

5　Lowcock's section in the Report of Police Enquiry Commission, CO129/158, p.304.

6　Colonial Office on Printed Report of Police Enquiry Commission, CO129/158, p.287.

7　因為堅尼地認為一方面要完全消化報告內容，另一方面已經著手改革警隊，然後才把報告轉交倫敦，只有這樣才更有條件附上自己的評語與想法。

這次調查委員會，亦把意見傳達給了前任港督麥當奴。[1] 1873 年 10 月 11 日，倫敦回覆堅尼地的函件非常簡單，一方面同意委員會對於全面 "增加警隊華人" 成員的建議，但是規勸港督堅尼地只可以是試驗性質，因為也需要考慮三位委員所持的反對或保留意見。[2] 只能說倫敦對起用華人的態度仍然是模糊不定的，亦反映出英國殖民管治者自始至終的優越感。到此雖然香港已經被殖民管治了 30 年，但其實委員會內部討論只關注一點，就是用華人代取錫克人與印度人，此舉至少可以節省兩萬八千多元，倫敦對此大表贊同。[3]

小結

1860 年代的香港，已經脫離了殖民管治的襁褓期，在貿易發展順利的條件下，經濟步入穩定，殖民當局自主意識增強，無可避免地與宗主國接連出現分歧，具體表現之一是軍費與九龍用地的問題，這令英國陸軍部與殖民當局陷入關係不佳的情況。另一方面，自由貿易主導了香港商業的發展，追求利潤成為商人的主要考量。船主（僱主）偏向選擇工資低但效率高的馬來船員，釀成了種族間（歐洲白種人與有色人種）的衝突。以此為導火索，演變出 1864 年的軍警衝突，造成了嚴重的人命傷亡。這場衝突頗為特別，沒有涉及任何香港本地華人，嚴格來說，只是兩個群體（私下）的鬥毆，但是這兩個群體都是公職人員，還負有保衛家園、維持治安的責任。該衝突暴露了英國人自己的矛盾：第一，殖民當局與英國的分歧；第二，英國政府架構內的陸軍部與殖民地部之間的分歧；第三，香港存在的種族衝突；第四，殖民地軍隊與警察的不和；第五，警隊內部管理制度的缺陷。最後，這次衝突中有 7 人喪命，這不是小事，但殖民當局似乎想低調處理，大事化小。發往倫敦的報告也沒有道出衝突是由英國水手與馬來水手爭搶工作引起，只推說是一般的種族鬥毆。

另一方面，倫敦殖民地部與英國陸軍部是不同的政府部門，彼此間是橫綫關係，而軍隊隸屬英國陸軍部，香港政府隸屬殖民地部。對於這次事件，雖然大家心知肚明軍團士兵是罪魁禍首，但殖民當局對於軍事法庭的裁決雖不滿意卻束手無策，甚至反映到殖民地部也無濟於事。軍隊有恃無恐的態度從 1856 年開始就

---

1   Telegram MacDonnell to Earl of Kimberley, 18 December 1871, CO129/153, pp.204–206.

2   Colonial Office Initial Response on Report of Police Commission, CO129/164, pp.225–269.

3   Colonial Office Initial Response on Report of Police Commission, CO129/164, pp.225–269.

已存在，其後不僅沒有改善，甚至是有所惡化。

　　至於警隊在這次衝突中的表現，可算是盡忠職守地執法，至少在其能力範圍內循規蹈矩。與前一章的群體性治安事件處理相比較，可以看出香港警隊已有輕微進步。這一次警察的表現尚算專業，出事過程中及之後，警察沒有鬧事，也沒有尋求報復。警察總監甘賢的表現不偏不倚，辦事效率高，事發不久就承認有警員開槍，雖然最後未能查出是誰。殖民當局對警隊也很支持，在發給倫敦的報告中，都說明並同意甘賢採取的措施。奈何報章（西文）偏向軍隊，讓一般市民（歐籍人士）產生錯覺，認為警隊又做了錯事，且警隊領導刻意包庇其下級。其實，交不出兇手的確是警隊的問題，但其原因可能是系統（武器管理）的不完善，而非刻意矇騙或包庇。

　　雖然當時歐洲人佔香港人口的比例很小，但香港的有權有錢者都是白人。相比之下，有色人種在社會上的地位低微，是為白人服務的一般勞役。軍隊與這些歐洲人種族相同、文化相通，當然相處融洽。而早期警隊以印度人、馬來人為主，言語不通、文化差異讓警察在社群中不受歡迎。歐洲人與有色人種的接觸比較頻繁，發生爭執的機會也隨之增加。警隊在 1860 年代仍然處於資源貧乏階段，人手不足、配備簡陋、系統紊亂，也令其名聲一直不佳。死因聆訊法庭負責事件中各個死者的死因調查，卻沒有審查出兇手，更加難平民憤。

　　軍隊與殖民當局的不協調亦表現在其他方面。駐港英軍最高司令在港督麥當奴休假期間擔任副港督，代行其職，有意無意掀起風波，揭露了警隊管理的諸多弊病。與此同時，港督麥當奴一意孤行的賭博發牌制度在實施短短四年後，受到極大非議。在港洋人深信發牌制度令治安變壞，華人則因賭博引起的貧困問題而群起反對，加上賭館不許洋人踏足，讓受害者只限於華人，引致華人不滿。這一事件牽涉甚廣，包括倫敦會的傳教士。事情鬧到倫敦甚至是英國議會裏，最終麥當奴屈服，取消發牌制度，但做法同樣缺乏理據，甚為馬虎。賭博發牌制度與及後的取消措施，不單引起大眾對警隊角色的質疑，還暴露出港督的權力過大，港督個人的看法、取向可以對事情的處理產生主導作用。總之，積聚已久的不利警隊的消息在整個社會中流傳，惹來許多非議，無論是洋人還是華人，都要求徹底調查警隊，最後直接引致 1872 年警察調查委員會的召開。1872 年調查委員會的重要結論是起用華人為警隊骨幹，也成為啟發以後警隊真正改革的啟蒙點。

第四章

1884 年反法罷工群體性治安事件中的香港警隊

1884 年爆發的中法戰爭一石激起千層浪，香港當時雖然受英國殖民管治，但人口主要是華人，當中國與法國發生政治衝突後，香港華人自然不會亦不能置身事外。事實上，當年 9 月底，香港裁判處對華人船工拒絕法國僱主的處罰令香港碼頭的駁船船主、船工、黃包車夫、煤炭工人等發起了大範圍罷工乃至帶有排外性質的治安事故，此次反法罷工風波極大地衝擊了香港的社會治安和經濟發展，反過來也令底層華人苦力生計堪憂，困頓混亂之中殖民當局及地方紳士階層等各方勢力開始尋求解決辦法。學界此前主要從華人民族主義的萌芽角度分析了罷工運動的爆發原因，同時也討論了內地（廣州）的影響及秘密社團三合會、東華醫院紳士等華人群體在罷工事件中扮演的角色諸因素。有把這次事件當作是具有政治意義的反帝鬥爭，[1] 又或者是首個在中國發生的帶有政治暗示的大型罷工行動；[2] 但也有企圖對當時輿論質疑 “民族情誼” 的成熟度作出理解，認為當時華人的水平還沒有達到這樣的高度，因此認為香港的工人階層是因為受到內地清朝官員的威嚇才會有罷工行動。[3] 也有曾研究香港群體性事件的學者認為草根為主的三合會在這次事件中扮演著相當重要的角色，踩著守法犯法的界綫。[4] 前人也有對華人商人與精英的參與，即從鼓吹抵制法人到後來企圖協助平息罷工作出分析。[5] 甚至有分析當時（清廷）官員的先鼓吹、後協助抑壓罷工的歷程與底蘊。[6] 筆者傾向一個綜合的看法，就是：無疑拒工、罷工可能是有受到外來力量的鼓動，而香港工人階層自身在響應中亦顯示了華人民族主義情緒的啟動，但是鑒於實際對於生活的需求，最後也只得投降，但這並不表示剛冒起的民族意識就此被全盤扼殺。1884 年發生的事件不但能反映出英國在殖民地的管治模式以及香港社會的緊張情形，更重要的是反映了香港的華人人口中已經在萌發一種愛國情懷與反帝的潛在意識，亦可以看作是培育民族情懷的一個播種階段。

　　然而，本章想聚焦的卻是殖民當局對此次罷工與群體性事件的管控手段。筆者通過回顧堅尼地到寶雲時期歷任港督對警隊的改革，觀察警隊在平息 1884 年

1　方漢奇：〈1884 年香港人民的反帝鬥爭〉，《近代史資料》，1957 年第 6 期，第 20–27 頁。

2　李明仁：〈1884 年香港罷工運動〉，《歷史研究》，1958 年第 3 期，第 89–90 頁。

3　Lewise M Chere, "The Hong Kong Riots of October 1884: Evidence For Chinese Nationalism?", *Journal of the Hong Kong Branch of the Royal Asiatic Society*, Vol.20 (1980), pp.54–65.

4　蔡榮芳（Jung–fang Tsai），"The 1884 Hong Kong insurrection: Anti–imperialist popular protest during the Sino–French War", *Bulletin of Concerned Asian Scholar,* Vol.16, No.1 (1984), pp.2–14.

5　Elizabeth Sinn, "The Strike and Riot of 1884 — A Hong Kong Perspective", *Journal of the Hong Kong Branch of the Royal Asiatic Society,* Vol.22 (1982), pp.89–92.

6　陳曉平：〈1884 年香港反法法罷工始末〉，《澎拜新聞》，2020 年 9 月，https://baijiahao.baidu.com/s?id=1676593765546898700&wfr=spider&for=pc。

事件中發揮了甚麼作用，尤其關注警隊與軍隊的合作，以及華人警員在情報收集方面的突破。本章也希望從觀察港府懲治華人船工的舉措，看出兩個涉及範圍比較大的國際（外交）問題：中法的"宣戰"問題、英國在中法戰爭中究竟有否遵守其中立國的守則，這是研究中法戰爭中較少有人注意的問題。

由於本章的範圍必須設置限制，因此不可能涉及是次戰爭與在港發生的事件的所有領域。因此，筆者想在進入真正討論之前，申明本章只是提出幾個議題，討論之餘也可以留待日後再深入研究。

第一節　19 世紀 70、80 年代香港警隊的演變

一、港督堅尼地時期警隊的中興

堅尼地任港督之初就交接了 1872 年警察調查委員會的報告，詳細分析其建議後，立刻表明自己對理雅各意見的推崇，即積極起用華人構成警隊骨幹成員。[1]從 1872 年 4 月到任，他就馬上增加香港警隊的華人成員，亦把印度人人數縮減了許多。堅尼地在 1873 年 5 月份首次就委員會報告發表意見，裏面表示增加華人人手的舉措是成功與令人滿意的。[2]堅尼地可以算是香港警隊歷史中，首開先河起用大量華人（代替印度籍）的港督。

然而，堅尼地心底裏還是認為要多招幾個較高層的歐洲人來監督和訓練華人。他剛到任後 4 個月（1872 年 8 月）就正式向殖民地部提交信函，希望能從歐洲招募 20 名新警員，並且，他似乎格外欣賞從蘇格蘭招募的警員的素質。可是，他的運氣不如前幾任港督，很有可能因為惠特菲爾德的報告揭露了警隊的許多問題，也可能是調查委員會的結果讓倫敦比前更謹小慎微，堅尼地原本向倫敦申請增加 20 名歐籍警察，同時亦有強調相關費用全部由殖民當局的"特別基金"[3]撥付："'特別基金'的用途是用來改善警察隊伍的"，[4]即提醒倫敦不用擔心因此造成任何額外的財政負擔。但倫敦方面拖延了 3 個月後才對此提議作出回覆，期間倫敦對早該留神的"特別基金"進行了調查，之後殖民地部給的回覆措辭嚴

1　Kennedy to Earl of Kimberley, 31 July 1873, No.163, CO129/164, pp.227–240.

2　Kennedy to Earl of Kimberley, 31 July 1873, No.163, CO129/164, pp.227–240.

3　特別基金是 1867 年港督寶雲實施對賭館發牌制度後設立的，就是把從賭館收集來的牌照費加以劃分開設基金。

4　Kennedy to Earl of Kimberley, 13 August 1872, No.79, CO129/158, pp.456–457.

屬：（1）"特別基金"可以啟用，但只能動用基金衍生的利息部分，本金部分不能動；（2）基金的帳目記錄存在問題，堅尼地需要解釋為甚麼半年的時間中沒有利息收入記錄，單單只記錄了第一季度警察的支出。"特別基金"混亂的帳本，很有可能只是一時疏漏所致，但倫敦方面明顯收緊了對香港警隊的監管。當時恰好一位警官的假期薪水需要延長，這樣的小事放在以前的殖民地部是不屑一顧的，但這一次倫敦特意核實了該警官的入職時間，最後因為找不到確切的記錄便沒有批准額外的薪水。

接著，警隊的麻煩事接二連三地出現了。巧合的是，最先製造麻煩的人正來自堅尼地當初新招聘的那批歐籍警員。

1873 年 7 月，一位被解僱的英國警員喬治．布里亞利（George Briarly）請求殖民地部重新恢復他抵港之前在倫敦都會警隊的職務。布里亞利 1872 年經克雷格在倫敦招聘，但次年 3 月才（與其他 19 名英國人一起）抵港。他因拒絕在港接受醫生定時的性病檢驗遭到解僱，這一檢查其實包含在 1862 警察法令條款中。[1] 這批歐籍警員來港之前，曾經簽訂過一些文字協議，表明抵港後遵從香港法律以及本地警隊的規定，但卻聲稱簽字時並沒有被告知這些規則的明細，而這些規定在英國警隊中早已被廢除。除了布里亞利以外，還有其他幾名警員也拒絕接受檢驗。他們隨後被認定為擾亂警隊的滋事分子，最後布里亞利被香港警隊解僱，其他警員亦受到被警告的處罰。行政局也決定廢除警察法令中的相關條款。[2]

布里亞利被解僱後，有 65 名歐洲居民在報紙上發了聯合署名的抗議活動，[3] 其中包括時任立法局（舊稱定例局）的首席非官守議員賴里。也許說明這時候殖民當局在制度上已經變得稍為開放，立法局不再像以前一樣局限於"保皇黨"，至少這位立法局議員敢於公然反對政府的行為。報紙上刊登的這封請願信，更能煽動民情之處在於：（1）這些檢驗是在"有色人種"的協助下進行；（2）華人警員免受這個檢驗；（3）殖民當局已經從警察法令與守則中廢除了檢查的條款。第一點應該不令人意外，歐洲人一直都歧視有色人種，種族歧視就是從這類"社會化"的行為下滋生壯大起來。第二點是無理的比較，因為華人警員的家眷大多都在香港，感染率比外來未婚的歐洲人小很多。第三點是殖民當局自斷經脈，這點倫敦也看在眼內。[4]

1　香港法律編章 1862 年第 9 號法令《關於警隊的成立於關管法令》第 8 款。

2　Executive Council Meeting Minutes, 3 April 1873, CO129/163, pp.243–246.

3　The Briarly Memorial to Earl of Kimberley, 22 April 1873, CO129/163, pp.235–236.

4　Newspaper Clippings on The Briarly Memorial, CO129/163, pp.264–268.

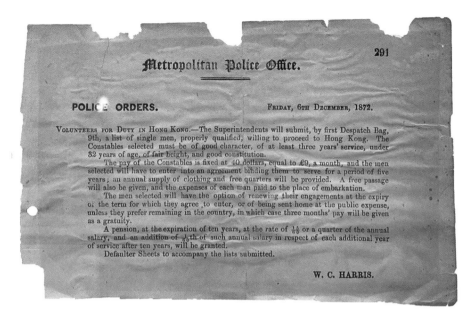

1872 年倫敦都會警隊通告：招募到香港的警隊
來源：香港警察博物館

　　至於倫敦方面，雖然並非不支持民眾的抗議目的，可是鑑於警隊是執法部隊，一旦插手警隊事務必然會使殖民當局威信受損，說不定事情還會進一步鬧到議會去，[1] 殖民地部權衡利弊後決定採取不干涉的態度。布里亞利最後未能在倫敦警隊復職，[2] 而其他幾名歐籍警員也因此事被解僱。儘管此事件中只是幾名歐籍警員遭到解僱，但如若考慮到當時香港警隊的主要管理層成員皆從歐洲招募，就不得不反思過分依靠歐洲警員的做法是否良策。主動招聘過歐籍警員的堅尼地應該一度也考慮過這個問題。其實這些背井離鄉的歐洲警員飽受思鄉之苦，難免心生不願在香港久留的念頭。在一次調查中，一名歐籍警察就曾這樣說：“我不喜歡這個地方，我想回到與我親近的人所在的地方。”[3] 一旦歐洲警員頻繁出現變動，那麼無論從招聘還是訓練的角度來看，警隊的管理都容易陷入混亂和指揮不力的被動局面，可能這也是一直以來，警隊歐籍成員待遇特別好的原因之一。

　　除了歐籍警員外，錫克人也是警隊管理的一大麻煩。1873 年 10 月，堅尼地投訴了兩名錫克籍警員，罰令撤銷其職務遣回印度，因為他們在警隊內結黨不合作，破壞警隊紀律。堅尼地在報告中的一段話特別引人注意，“只要印度人還是

1　Colonial Office Internal Discussion, CO129/166, p.520.

2　Mitchell to the Under Secretary of State, 03 September 1873, CO129/166, p.521.

3　Kennedy to Earl of Kimberley, 14 October 1873, No.226, CO129/165, pp.125–128.

部隊的一部分，我就認為有必要保留像傑馬達爾人（Jemadhar）的服務。簡單來說，他是一名受過教育的人，能把不時發出的命令譯成印度方言，並能與他手下的人溝通，如果沒有這種溝通，他們將被切斷與本縣親友的一切聯繫。"[1] 這段話清楚地反應了當時香港警隊中錫克人不能與其他警員形成有效交流的事實，這無疑令香港警隊的管理多了一重障礙。

除了成分複雜對警隊管理造成諸多不便之外，民眾對警隊的監督與批評亦不時令警察總監感到懊惱。1874 年 10 月，賴里又牽頭另一起民眾請願（要求上呈倫敦殖民地部），批評警察在 9 月 22 日晚的一次火災與颱風中沒有盡責作好救難工作和善後處理。[2] 報紙說當晚狂風肆虐，造成 200 多人喪生，數百所房屋成為廢墟，許多道路完全被塌陷，數十艘船隻滯留在岸邊。在風暴最猛烈的時候，狂風怒吼的上空，在華人區內能聽到淒慘的尖叫聲。而警察總監迪恩出於擔心警員人身安全的考慮，命令警員整晚在室內待命。事實上當晚風災肆虐，中央警署也受到極大破壞，連屋頂都被整片掀起。[3] 迪恩的舉措引起了民眾的抱怨，立法會的非官守議員甚至試圖削減警察總監的薪金，但港督拒絕了要進行調查的要求，認為迪恩表現出色、沒有犯錯，還譴責賴里等人無理取鬧。[4] 殖民地部亦同意迪恩已經是盡力而為，[5] 採取息事寧人的態度。

儘管堅尼地上任初期遇到了殖民地部對警隊管理趨向嚴謹的轉向，然而任內首年的社會治安基本無虞。1873 年 8 月底，堅尼地甚至向倫敦報告，香港的刑事法庭居然沒有案件可審理，香港似乎進入太平盛世了。[6] 輿論將此和平的環境歸功於良好的警隊與監獄管理，一份報紙甚至認為這是自 1861 年以來未曾有過的太平。[7] 直到 1877 年 3 月堅尼地卸任離港，香港治安還算不俗。香港警隊在堅尼地管治期間，尚算經歷了一段小中興。

二、1878 年的香港治安問題和公眾會議

如果我們翻開 1878 年香港本地的報紙，不難發現上半年的犯罪報導無非是關於些小罪。華人多犯些盜竊小罪，竊物是幾件衣服、幾斤白米等等；洋人的違

1　Kennedy to Earl of Kimberley, 14 October 1873, No.225, CO129/165, pp.120–122. 傑馬達爾人是印度軍隊中的一些特定首領，基於宗教原因，可以管轄其他的印度部隊成員。

2　Kennedy to Earl of Carnarvon, 10 November 1873, No.210, CO129/168, pp.343–347.

3　*HK Daily Press*, 24 September 1874, p.2.

4　Kennedy to Earl of Carnarvon, 10 November 1873, No.210, CO129/168, pp.343–347.

5　Crisswell and Wilson, *The Royal Hong Kong Police (1841–1945)*, Hong Kong: MacMillan, 1982, p.60.

6　Kennedy to Earl of Kimberley, 21 August 1873, No.171, CO129/164, pp.310–312.

7　*HK Daily Press*, 18 August 1873, p.2.

法行為不外乎酗酒滋事；高等法院審理的基本是一些欠債的民事案件，或者歐洲船員的鬥毆等等。總體來看，當時的治安尚算有條理，沒有特別嚴重的刑事案件。但從 6 月開始，這個太平的小島卻似乎開始有變化了。盜竊搶劫案陸續頻頻見報，雖然盜竊案涉及的財物損失價值仍不算大，但是性質已經起了變化。具體報導有：

6 月 10 日晚上，看守青洲燈塔的一名歐洲人的住處遭到了襲擊，盜匪開槍後驚動了燈塔裏其他人拉響警鐘，盜匪無奈逃走。但這事說明手槍之類的武器已經在市面上流通。[1]

7 月初，報紙一連 10 天多報導了 "石澳謀殺" 案，[2] 鋪天蓋地的報導還引起民眾對港督軒尼詩懲治罪犯手段鬆懈的質疑與指控。

7 月 12 日，兩名盜匪潛入一座洋人寓所內，偷竊了一個價值 25 元的鐘。其中一名盜匪是一慣犯，之前已被驅逐出境回到廣州。[3] 這不得不令人質疑當時實施的罪犯驅逐令是否有效。

7 月 13 日，鑒於偷竊案件頻繁發生，報紙甚至開始揣測劫匪的作案手段："最近發生的大多數搶劫案都因其行為的大膽和神秘而引人注目……這些惡棍作案的手段可能是在住戶休息之前就已經藏在房子裏……"[4] 報導還勸告大家在睡前要仔細檢查室內，包括床底。

7 月 15 日，一名妓館的女子被謀殺，"昨天中午又發生了一宗謀殺案。就像大多數最近發生的許多謀殺案一樣，受害者是一名婦女……"。[5]

7 月 18 日，一宗涉嫌殺人的疑犯落網，庭審時陪審員花費大量時間作盤問仍不能釐清疑犯和死者的恩怨。翌日，報紙上批評其中一位陪審團成員是剛抵港的德國人，完全不諳英語，怎麼可能讓其擔任一項這樣重要的任務。[6] 當時由於香港的歐籍人數比例甚小，無可選擇之下，連一個不懂英語的洋人也能充當陪審團，這又是一次展現社會化製造歧視華人的例證。

8 月，一名洋士兵喝得酩酊大醉後，在軍營外面被人搶去手錶與財物。[7] 軍營附近都敢犯案，太歲頭上也敢動土，確實令警隊和殖民當局十分丟臉。

1　*China Mail*, 26 June 1878, p.3.

2　*China Mail*, 03 July 1878, p.3.

3　*China Mail*, 12 July 1878, p.3.

4　*China Mail*, 13 July 1878, p.6.

5　*China Mail*, 15 July 1878, p.2.

6　*China Mail*, 19 July 1878, p.2.

7　*China Mail*, 16 August 1878, p.3.

8月9號，一名歐洲官員位於中環雲咸街的家被盜，飯廳裏所有的純銀餐具丟失。其中一名竊匪本是官員家中傭人，犯案時輕車熟路，盜竊時視警察為無物。這宗案件招致洋人勃然大怒，遷怒於警察。[1]

⋯⋯

這些報導除了對案情有相當深入的描述外，還引起了對接任沒多久的港督軒尼詩的質疑與指控，主要覺得他對罪犯非常軟弱。那一時期香港的治安到底問題有多嚴重？一份8月3日的報紙或許能概括出當時歐洲僑民的怨言：

被入室盜竊的損失，大概可以被計入在香港生活的一項經常性開銷⋯⋯幾天前，雲咸街的一所房子，裏面幾乎每一件可以輕易帶走的貴重物品都被洗劫一空⋯⋯昨晚，有一棟別墅發生偷竊⋯⋯小偷用繩子爬了進去。兩宗案件都沒有甚麼綫索，人贓俱獲的機會微乎其微。[2]

我們在早上的問好，"昨晚又是誰被搶了？"似乎已經成為一句習慣性的問題，聽起來像是十分矛盾，現在可以對這些案件定罪的，似乎比警隊腐朽至極的時候更為稀少。[3]

因為盜竊案猖獗頻發，積壓在歐洲僑民胸中的不滿情緒日增。這年9月24日晚，先後發生的幾宗劫案一發不可收拾，其中最為轟動的是上環永樂街的一宗黃金店搶案。連上海的《申報》都對這宗劫案的過程有詳盡報導，裏面說及"盜眾竟達二十餘人"，後來又說多達百餘人。這些盜賊"裸其上體，頭紮各色花布露刃而立"地蜂擁在店中搜刮。總共損失達金葉三兩、英洋一百二十元、銀錶三隻。最離譜的是當時街上"滿街戈矛林立各要隘皆有黨羽阻守，見（鄰）人出門盜黨戒以毋許喧嘩，否則白刃無情不能相貸也"。有人已經通知了警察，但起初只有兩名警員到達，一位還被盜賊的槍所傷，另一名則被長矛刺中。後來5號警局派出人手協助，但卻因沒有攜帶火器，又要折返才能回到現場。此時，盜賊已經有足夠時間逃離現場，登上預早接應的火船。盜匪猖狂，在火船上繼續與水警駁火，最後在海上四散逃走。《申報》的報導繪形繪聲，大程度上表現出警隊的無能，除了當場被擊斃的一名盜匪外，其他的警隊一籌莫展。[4]

其他報紙亦有盜匪80至100人之說，並渲染了盜匪疑似東莞海盜出身，在

1　*China Mail*, 09 August 1878, p.3.

2　*China Mail*, 03 August 1878, p.3.

3　*China Mail*, 03 August 1878, p.6.

4　〈香港盜劫〉，《申報》，1878年10月2日，第2頁。

水上身手敏捷，而水警被圍堵在海灣內束手無策等細節，[1] 這使香港的歐洲僑民對女王威信被撼動深感不安："這一夥可憐的華人竟然冒險組織武裝進攻這個殖民地：這裏是受一支非常龐大的警隊以及一個女王陛下部隊團保護的地方！"[2] 從事發翌日警察總監簡短的早晨報告中來看，當晚匪徒約有 50 多名華人，警察總監申明當晚悉數派遣了中央警署人員到永樂街金鋪緝拿盜匪。事發三天後，港督也向倫敦方面提交了報告。港督將此次事件定性為一宗"海盜襲擊"案，一名被擊斃的匪徒是監獄的"常客"，因此警隊認為這次的襲擊不是外來人士所為，而是香港本地流竄的慣犯。港督還向駐廣州英國領事館表示，提供酬金 200 元，懸賞緝捕逃犯。港督在報告中承認當天晚上派出的警察人手不夠。9 月 28 日，港督再致函倫敦，建議加強警隊晚間巡邏職務，也談及落實要讓晚上巡邏的華人警員裝備武器，因為當時只有三四十名華人警員配槍，但華人警員總數有 185 名。[3]

永樂街黃金店出事的同一天晚上，亦有其他兩處出事：一宗在亞當博士山頂的平房裏，另一宗發生在一棟不比港督府遜色的大宅。[4] 接二連三發生的案件，使得民眾經常發出諷刺又尖銳的質疑："假若不是有人嚴重受傷，我們幾乎可以對這些駭人聽聞的事感到高興，因為這些事最終必定會令當局採取某種更積極的措施，使生命和財產得到更大的保障。當局必須立即考慮這一點……就這些司空見慣的嚴重犯罪而言，為何這個殖民地現在的處境要比當初沒有建立龐大的、昂貴的、有效率的警隊時還要差？"[5]

輿論的矛頭還指向了港督軒尼詩對華人比較人道的手段，即已經醞釀了幾個月的關於廢除公開鞭笞的措施。輿論認為這是一個錯誤的決定，會招致更多的不良分子潛入香港犯案，尤其過去六個月以來，香港幾乎每晚都會發生進屋搶劫案，且罪犯很少會被抓到，這些案子的性質與嚴重性有理由讓人相信是外來人士所為。另外，軒尼詩採取人道主義的感化立場，這也可能通過中文報紙的報導，讓罪犯更加覺得有機可乘、有恃無恐。[6]

香港警隊也是輿論的攻擊目標，民眾批評香港警察制度或其運作存在嚴重缺陷，質疑一支六百多人的警察隊伍中，為何出事當晚只有大約一百人執勤，是否說明警方的安排有誤。同時，警察的武器裝備落後，在當時的情況下，警察只有用

---

1   *China Mail*, 25 September 1878, p.2.

2   *China Mail*, 25 September 1878, p.2.

3   Hennessy to Hicks–Beach, 28 September 1878, No.94, CO129/182, pp.179–191.

4   *China Mail*, 25 September 1878, p.2.

5   *China Mail*, 25 September 1878, p.2

6   *China Mail*, 25 September 1878, p.2.

左輪手槍才能比警棍甚至卡賓槍更有效抵禦襲擊："警察在緊急情況下盡了全力，但遺憾的是他們沒有全副武裝……如果他們及時得到情報，我傾向於認為……傷亡不會那麼嚴重。華人常這樣說，警察在緊急情況下從不磨刀子，步槍也不裝子彈，他們只擅長打倒可憐的小販。這次警隊中的傷亡表明，他們面對這麼大的困難時一定已經盡全力抵抗。但可悲的是，他們沒有足夠的武器應付這些人。"[1]

公眾輿論的不斷發酵，導致民眾要求和警隊直接對話的聲音漸起，10 月 5 日報紙上刊登了立法局非官守議員賴里聯名 63 名市民簽字，要求政府於 10 月 7 日下午 3 時召開公眾會議的呼籲，議題是：（1）審議和討論本地生命和財產不安全的現狀；（2）通過會議決定適當的決議。民情似乎壓不下去了，10 月 5 日警長查爾斯‧桑斯特（Charles Sangster）批准了公眾會議。[2] 政府也做出迅速反應，當天刊登了一則公告，表示軒尼詩已經委任 3 名社會知名人士，組成委員會討論警隊夜間執勤問題，希望可以提出有用建議。[3] 這 3 名委員包括梅查理（署理輔政司）、賴里以及大律師托馬斯‧海拉（Thomas Hayllar）。

在 10 月 7 日會議當天，華、洋商人之間的比例很不協調，現場擠滿了華人，留給洋人的空位不多，以至臨時要把場地搬至外面空地。在選出主席的那一刻，有一名洋人大喊："請舉起手來贊成。"所有的華人"機械式"地把手舉起，最後仁記洋行的吉布（H. B. Gibb）當選主席。[4] 吉布在討論環節發言時，無可避免地提到內地常有不法分子來港滋事，導致本地犯罪活動猖獗，因此香港對犯人懲戒必須保留"九尾貓"（the cat）[5] 等鞭笞刑罰。

怡和洋行的威廉‧凱瑟克（William Keswick）批評軒尼詩把人道主義錯誤地運用在香港這個太近中國內地的小島。他提出建議說：最近 18 個月（軒尼詩剛好到任 18 個月）香港治安明顯變壞，令人對人身與財物的安全擔心。會議認為全因政府對罪犯過於寬鬆。會議結束前通過了幾項提議，並會上呈倫敦。其中主要兩項是堅持必須繼續運用鞭笞懲罰，最多可以詢問醫生對"九尾貓"的醫學意見；另外也堅持驅逐出境政策不能廢除。對於警隊，要認真考慮是否應該歸由商人組成的委員會監管。[6]

1　*China Mail*, 25 September 1878, p.3.

2　公眾會議需要警察總監批准（香港法律編章 1858 年第 8 號法令第 22 款）。

3　Government Notification in Hong Kong Daily Press, 05 October 1878, p.2.

4　H. B. Gibb 是一名英商，即著名的仁記洋行（Gibb, Livingston & Co）的老闆，也是香港立法局非官守議員。

5　是 19 世紀警察對輕微犯罪的一種常見懲罰。這隻"九尾貓"是用山羊腳做成的，樺樹是由剛割下的、柔軟的同名樹枝製成的，在維多利亞時代被用來鞭打監獄的囚犯。

　6　*China Mail*, 07 October 1878, pp.2–3.

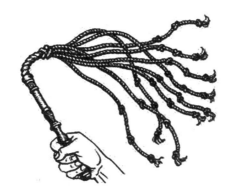

刑具 "九尾貓"

　　這份決議清楚地反映了公眾（尤其是洋人代表）對軒尼詩的不滿。在會議最後進行表決時，華人代表伍廷芳[1] 考慮到華人可能不諳英語，希望先徵求華人意見，但遭到一名洋人反問 "不懂英語為甚麼要來這裏開會"。在伍廷芳的抗議下，華人代表最後迅速四散離開，只剩下洋人代表進行表決。這次的公眾會議不歡而散後，不甘罷休的華人代表上書輔政司，要求依法召開另一個會議，[2] 制定一份代表華人的決議。港督通過輔政司成功地打消了這個念頭，表示政府願意與華人代表會面。[3] 無論如何，按照公眾會議的決議，殖民地部料必會收到報告。這樣的請願在 1850 年代似乎非常普遍，且全都是由洋人主導。不用多說，港督軒尼詩由於對華人採取比較持平的態度，在本港不被受落。也看得出來當時香港社會仍然是以洋商為主導，他們甚至可以動輒就跨過殖民當局，直接送抵倫敦投訴。而華人在這個時段雖然已經積聚一定財力，但在社會上的勢力仍未凝聚，在會議上被洋商忽略甚至公然侮辱的事經常發生。

三、港督軒尼詩對華人警員武器裝備的改善

　　既然會議其中一個動議是要把事件鬧到倫敦，軒尼詩早於 10 月 10 日先向倫敦匯報了，並附上報紙的報導。[4] 10 月 16 日，軒尼詩拿到一份當天公眾會議通過的提議，馬上交倫敦殖民地部，又為自己寫了一篇甚長的辯解，力圖自保清白。[5]

1　伍廷芳是香港首位取得外國律師資格的華人，香港早期華人精英，也是香港首名華人大律師和首名華人立法局議員。後於中國從政，是近代有名的政治家。

2　香港法律編章 1858 年第 8 號法令《華人管理法令》第 22 款規定，華人公開會議需要申請獲港督批准。

3　May to Choy Chan and Mok Sz Yeung, 11 October 1878, No.887, CO129/182, pp.231–232.

4　Hennessy to Hicks-Beach, 10 October 1878, No.98, CO129/182, pp.206–215.

5　Hennessy to Hicks-Beach, 16 October 1878, No.100, CO129/182, pp.217–229.

軒尼詩的自辯寫得確實漂亮,他力證自己上任以後沒有出現所謂的大問題:"我榮幸地向你呈交一份立法會 15 日議事程序的報告,我有責任向立法會呈交過去三個季度有關的各項申報表。雖然財物到目前為止確實變得越來越不安全,但是我仍然可以滿意地說,過去 9 個月是這個殖民地有史以來最繁榮的一段日子。與 10 年前的犯罪率相比,似乎也沒有出現大家所謂的'急劇增加'。"[1] 軒尼詩亦對一些與會人士背後的動機提出了質疑,直指簽了名的 13 名華商除了幾位鴉片持牌人外全都沒有表態,甚至有人聲稱是被一些洋商誤導後才參加那次的公眾會議。其中一些代表之前從未反對他廢除鞭笞或停止驅逐令的決定,在公眾會議上的"忽然熱心"之舉令人費解。針對停止驅逐出境的做法,軒尼詩自辯是遵照了先前卡那封勳爵(Lord Carnarvon)[2] 的指示,這令殖民地部無話可說。而關於醫學委員會調查鞭笞的要求,軒尼詩指出他在幾個月之前已經組織好,報告也即將完成。軒尼詩還澄清上任後並非停用鞭笞,他反對的不是鞭笞這個刑罰,而是"九尾貓"這樣的重刑刑具。

軒尼詩將盜竊案頻發的源頭指向警察晚間巡邏不夠人手,他也同意中國內地的饑荒令大量難民湧進,香港犯罪案件自然就增加了。當然,這些都是老生常談的問題。軒尼詩更表示他在公眾會議兩天後已經約見賴里,賴里講了許多好話,例如沒有見過像他這樣英明的港督、不應該把香港的治安問題怪罪到港督一人的頭上。顯然軒尼詩是在暗示殖民地部,社會上支持他的商賈不在少數。

最終殖民地部未就公眾會議對軒尼詩的指控做出正面批評。從其回覆來看,對於是否公開鞭笞,倫敦認為不妥;但在是否廢除嚴厲鞭笞的問題上,倫敦也拿不定主意。[3] 對於增加措施提高香港警察夜間巡邏的強度和效率,倫敦回覆:"可以通過重新安排部隊職責來提供額外的夜間巡邏,但如果涉及增加人員,我要求你儘快提供增加費用的預算。"[4] 至於公眾要求設置特別調查委員會,倫敦認為沒有必要。[5] 總之,倫敦方面對公眾會議的提議反應平淡,這也並不奇怪,正如殖民地部外務大臣卡那封勳爵私下所說:

> 依我看來這場風波我們就讓它自己蒸發,只需要給他要的。⋯⋯軒尼詩

---

1   Hennessy to Hicks–Beach, 16 October 1878, No.100, CO129/182, p.229.

2   卡那封勳爵(Lord Carnarvon)是 1874 年到 1878 年度殖民地部的外務大臣。

3   Colonial Office Internal Discussion CO129/182, pp.168–170.

4   Colonial Office to Hennessy, 11 December 1878, No.19, CO129/182, p.184.

5   Colonial Office to Hennessy, 17 July 1879, No.81, CO129/184, pp.124–125.

有野心和能力，但抱歉最後他甚至不能從想要拯救的人（華人）那裏得到回報。[1]

到了此時，倫敦出現了一位對帝國主義並不熱衷的首相格拉德斯通（William Gladstone, 1809–1898），反壓迫殖民地人民的思維亦開始孕育，但是這樣萎靡不振的反應，證明殖民地部基本上並不熱衷軒尼詩滿腔熱情的改革之心，就好像是冷眼旁觀地等著軒尼詩碰釘子以看好戲。假如一個僱員出去推銷產品而沒有獲得老闆背後的支持，成功率通常都是不高的，這是頗容易明白的道理。

公眾會議兩天後（10 月 9 日），軒尼詩組織了一個委員會，研究增強警隊夜間巡邏等事宜。此委員會隸屬立法局，成員包括梅查理、賴里與海拉。委員會的調查歷時半年，軒尼詩於 1879 年 3 月初將委員會的報告呈給倫敦。在報告中，軒尼詩承認自 1874 年以來，犯罪率一直在增加，但也不忘替自己做出辯護。最後，委員會全體成員的意見與軒尼詩的是一致的，主要包括：不同意公開鞭笞，也反對對犯人刺青。對於驅逐出境，委員會也說不應濫用。[2]

自 4 月收到委員會報告後的幾個月，倫敦殖民地部內部意見頗大，多位官員都發表了意見。[3] 殖民地部助理常務秘書查爾斯·盧卡斯（Charles P. Lucas, 1853–1931）認為，這份委員會報告書雖然篇幅不短，但實際有建設性的建議不多，感覺只是一份“描述委員會是如何認同港督措施”的聲明，[4] 絲毫沒有提到本來召開這個委員會的根本問題，即永樂街的悍匪劫案，亦沒有針對性回覆 10 月 7 日的公眾審批大會上提出的議題。無論如何，他指出香港警隊並不是省油的燈，雖然從 1871 年已經開始增添華人、削減錫克人，但是警隊開銷並沒有大幅下滑，整個香港警隊有 620 名成員（450 名陸警，170 名水警），陸上警察裏有大概 100 名被派遣擔任其他任務，而且是與警隊工作沒有直接關係的職務。因此，警隊看似組織龐大，實則能力有限，警隊每年的開銷實際上多用在非警務方面，委實應該由其他部門負擔。

至於警察總監迪恩認為香港與別的地方不同，早上的防衛比晚間更重要，殖民地部不同意這個看法。任何比較文明的城市都是夜晚更需要防衛，香港自不例外。解決這個問題只能二者取其一：要麼增加整個警隊的人數，要麼讓現有警隊

1　Colonial Office Internal Discussion, CO129/182, pp.168–170.

2　Hennessy to Hicks–Beach, 07 March 1879, No.26, CO129/184, pp.107–117.

3　Colonial Office Internal Discussion on Report of Legislative Committee, CO129/184, pp.99–106.

4　Colonial Office Internal Discussion on Report of Legislative Committee, CO129/184, pp.99–106.

成員更加賣力。雖然迪恩是屬意前者，但是自從 1873 年這一要求被拒絕後，他就一直沒有再提出增加人手。

　　也有官員似乎對香港警隊還是頗為滿意的，殖民地部官員約翰‧布蘭普頓（John Bramston）說："香港警隊表現令人滿意，是一支很有成效的部隊。讓他們工作過重會對他們的成效有負面影響。"[1] 他提出了幾項建議，以增加香港警隊的實力：（1）讓更多警隊成員配備武器，軒尼詩港督一直推動的這項措施是很好的；（2）讓更練團成員正式成為警隊的協助部隊，最好能夠歸屬警隊管理；（3）隨著蒸汽船隻的購置，水警人數可以減少，撥調人手到陸上部隊。布蘭普頓最後總結說："隨著不斷增長的人口，其實警隊最終要增加人數也是正常不過的事情。"[2] 而至於報告中其他建議的措施，布蘭普頓覺得應該由殖民當局決定，例如是否多增警察局、新增歐籍成員的偵探部門等等。對於報告中關於驅逐罪犯出境的建議，布蘭普頓反而覺得沒有多大價值。他認為 "驅逐出境是有成效的，但是有條件的驅逐出境就讓它變得完全沒用了"。大家亦覺得在現任港督軒尼詩的監控下，相信這個懲罰絕對是不會被濫用的。

　　到了 7 月中旬，殖民地部終於對這份焦點模糊的報告做出了不痛不癢的正式回覆。[3] 外務大臣邁克爾‧比奇（Michael Hicks-Beach, 1837–1916）認為，委員會所謂 1874 年後 "香港整體的罪案有所增加" 的總結沒有反映實際。其實 1877 年與 1878 年犯罪率增加十分明顯，但是委員會卻沒有特別提到。殖民地部也指出這些數字令居民感到不安，再加上 9 月底的永樂街劫案，引致要召開 1878 年 10 月 7 日的公眾會議。軒尼詩認為問題在於警隊人手安排不善，倫敦卻認為是因為警隊人手不足，還叮囑在加強晚間警隊巡邏職務時務必小心。委員會覺得可以讓 2/3 的警隊人手集中在每天晚上 10 點到清晨 6 點工作，但是報告中亦有提及此項建議只能做試驗性質進行，不能讓警員的工作壓力過重，實驗不成功的話，就要認真考慮增加警隊人數。倫敦對於警隊人數不足的說法是認同的，儘管警隊總監迪恩因為不想加重警隊開支而否認這個事實。倫敦得悉警隊中經常有派往其他部門擔任非警察職務的做法，強力建議這些部門應該是用者自負。

　　與殖民地部充滿典型客套式語調相比，媒體輿論的反應則顯得冷嘲熱諷："報告所使用的表達方式是最謹慎的，顯然是經過挑選的，對 '可能存在的力量'

1　　Colonial Office Internal Discussion on Report of Legislative Committee, CO129/184, pp.99–106.

2　　Colonial Office Internal Discussion on Report of Legislative Committee, CO129/184, pp.99–106.

3　　Colonial Office to Hennessy, 17 July 1879, No.80, CO129/184, pp.118–123.

造成最輕微的刺激。"[1] 言下之意，只是為了緩解民憤的應急手段而已。輿論認為，最終的報告並沒有對永樂街發生的事作出解釋，而這件事似乎才是啟動調查的主要原因。對於警察總監解釋警察早上工作繁瑣，導致夜間打擊犯罪活動人手不足的說法，輿論狠批警察早上實際上並沒有忙於執法，例如大路上擠滿小販苦力，警察卻無力管理。有理由相信洋人都是坐在黃包車上，被街上熙來攘往包括小販在內的人群堵著，不能暢通來往，因此不悅。這又是"社會化"導致"歧視"的例證。至於警隊成員被徵召去其他部門的說法，輿論則質疑警察總監為何不拒絕這些不合理的要求，抑或根本是管理混亂導致調動不力。

總的來說，軒尼詩借此委員會之力，達到了增加人手以及加強警隊武裝的願望。他說："希望不久之後，華人警察可能會帶著左輪手槍徹夜巡邏"。[2]

華人警員執勤時沒有武器，對罪犯的威懾作用就十分有限。軒尼詩決定加強華人警員的武力似乎與 1878 年 2 月參觀澳門警察局的經歷有一定的關係。當時澳門警隊為每名出勤的警察都配備一支來復步槍、一把刺刀以及一支左輪手槍的畫面，讓軒尼詩感觸頗深。澳門警隊用的偵查船隻是蒸汽驅動的，相比之下香港警隊當時還在用杖櫓手動撐船。回港後軒尼詩就向倫敦反映，香港警隊的裝備太落後，澳門的華人警隊是一支受過正規軍事訓練並配備武器的部隊，而香港華人警隊卻因一直以來不被信任所以沒有武器，不要說來復槍、左輪手槍，就連刺刀都沒有。[3] 軒尼詩之後首次檢視警隊的訓詞，也能反映出他對加強華人警察力量抱有股切希望：

> 我們不時從英國引進一些訓練有素的警察。我今天看到歐洲部隊的督察，他們在殖民地待了很多年，他們的良好行為使他們獲得了豐厚的報酬。
>
> 至於我右面的部隊（錫克人），它的效率特別歸功於署理警察總監克雷格。所有人都必須感到錫克部隊是殖民地和克雷格先生的功勞。
>
> 至於華人警員這個重要的群體，我們只要回顧一下，近年來香港的犯罪偵查工作，在很大程度上是建於華人隊伍的數量和效率。我最近收到克雷格先生的一項建議，建議我考慮在華人隊伍中增設一批警長，並可能在一段時間內增設一名督察，這項建議正受到我的最大關注。[4]

1　*China Mail*, 14 March 1879, p.2.

2　Hennessy to Hicks–Beach, 28 September 1878, No.94, CO129/182, p.179.

3　Hennessy to Earl of Carnarvon, 27 February 1878, No.23, CO129/181, pp.187–191.

4　News clipping of the *HK Daily Press*, 27 February 1878, CO129/181, pp.191–192.

儘管讚許稍顯含蓄，但這或許是首次有人在公開場合對華人警員加以肯定，亦說明了警隊其實極之需要偵探（情報）工作，而華人是這項工作的核心成功因素。隨後軒尼詩就此向香港各界諮詢，亦與行政局商議，大家基本認為時機已成熟，可以為華人警員裝備武器，但最好還是先選一些洋人信得過、比較忠誠的華人。而倫敦方面當時也沒有反對軒尼詩的建議，很快就批准可以進行一定的嘗試，但只限於華人部隊中的一些成員而已。[1] 當 1878 年下半年香港的社會治安形勢嚴峻以後，軒尼詩開始逐步落實了這一計劃。到 1878 年 9 月底，大概 30-40 名華人警員裝備了槍支（當時華人警員約 204 人），也算是階段性的勝利。

　　軒尼詩一度希望，有一天至少所有夜間出勤的華人警員都可以配備左輪手槍，[2] 但恐怕直到 1883 年這個希望都還是沒有落實。從一封警察總監迪恩上呈輔政司的報告提到，有必要定期向歐籍和錫克籍（警隊成員）特遣隊進行軍事演習並對其進行指導："英國人和錫克教徒都是精挑細選的有實力和身材的人，他們都備有手持步槍和刺刀⋯⋯在外來襲擊或內部爆發的情況下，可以實時組織成一隊最有效的小型守備部隊（包括一支皇家炮兵連和一個防綫步兵營）。"[3] 報告中並沒有交待華人警員的裝備，極有可能他們還是被摒棄門外，在警隊中依然扮演著無足輕重的邊緣角色。由於華人警察不容許備武，晚間的巡邏也儘量不用華人，一旦有大事發生，華人警員總是沒有出現在現場。情況就好像報紙上說，就算看到他們，都只是在拉小販而已。這樣的安排，背後當然是不信任華人的思維，結果就是令華人警察在市民心目中的形象長期低落。洋人當然瞧不起他們，而華人也視他們為只知擾民和與民眾作對的"瘟神"，形成典型的惡性循環。

四、港督寶雲時期香港警隊與軍隊的和解

　　華人警員武器裝備因 1878 年香港治安問題凸顯後曾經一度得到改善，這與軒尼詩個人的決心有很大關係。在他卸任以後，繼任港督一職的寶雲卻將香港警隊的改革引往另一方向去。

　　寶雲畢業於牛津大學法律系，先後擔任牛津巴利奧爾學院（Balliol College）研究員以及愛奧尼亞大學（Ionian University）校長。[4] 其出身是一名學者型的官員，卻十分崇尚軍事力量。1883 年 7 月，寶雲上任沒多久便向殖民地部建議在警

1　Colonial Office to Hennessy, 29 April 1878, No.33, CO129/181, pp.192–195.

2　Hennessy to Hicks–Beach, 28 September 1878, No.94, CO129/182, pp.179–181.

3　Deane to Marsh, 05 May 1883, No.105, CO129/209, pp.508–513.

4　張連興：《香港二十八總督》，香港：三聯書店（香港）有限公司，2012 年，第 132 頁。

隊新設立一名"警察副官"（Adjutant），必要時可以代替警察總監指揮警隊。[1] 這個人既要具有良好教育水平，也需要具備軍事素養，因此最好由駐港英軍司令從軍隊中挑選。除了軍事優勢外，到了 1883 年（殖民管治後 40 年），節省開支仍然是殖民當局的大事。聘請部隊裏的人原本就比聘請非軍人要便宜許多，軍人的另一個優點是留港時間大概是三年，到期後就會調職，因此警察副官不會與本地商賈、市民產生依附關係，能夠保證警察執行職務時獨立而不對任何勢力低頭。再者，萬一這名軍人不適合警察職務，也可以調回軍隊再另請高明，這樣可以對人選有較大彈性的安排，如果聘請外面的人，因為進出的成本頗大，因此不適合也得勉強遷就，這也就造成警隊難具成效。

儘管寶雲說明這個建議已經獲得香港行政、立法兩局的同意，亦反映港內社會人士的意見，所設的警察副官額外花費的 300 英鎊也由香港自行負擔，還附上相關預算說明，[2] 但是殖民地部方面斷然拒絕了這個提議。[3] 殖民地部的堅決，可能與 1883 年 2 月寶雲到任前的代理港督馬什的一封函電有關。[4] 當時馬什申請駁回把副警察總監位置取消的決定。[5] 但是倫敦方面在 1883 年 3 月回覆函中一意孤行，[6] 極有可能是克雷格曾經在一份休假申請書（1881 年 12 月 26 日）裏面透露他的職位其實沒有太多職務。[7] 這麼一來，倫敦便認定香港警隊無需增加一個昂貴而實質上投閒置散的副官職位，頂多設一個二等督察即可。原本 1879 年助理警察總監一職也已經被廢掉了，取而代之的只是一個名叫總督察（Chief Inspector）的位置。在 1883 年，警隊總人數是 678 人，等於是軍隊裏的一營人，但管理階層卻只有總監、1 名總督察與 12 名督察。寶雲認為這是其中一個警隊的死結，也就是警隊高級別的人手不足，另外這時的部隊只有一半人有武器裝備。馬什的這封信又揭露了當時警隊的其他情況，有華人向代港督請求增加臨時警隊人手，包括 8 名額外的更練團成員，費用卻是由華人社區來負擔。可以看出當時警隊人手不夠，並且警隊並不是為華人服務。

雖然設立警察副官這個安排在倫敦 8 月回覆時還是未獲批准，但是寶雲這一封的函件多少透露了一點當時警隊的情況。因為克雷格個人的問題，副警隊總監

1　Bowen to Earl of Derby, 30 May 1883, No.91, CO129/209, pp.494–507.

2　Bowen to Earl of Derby, 07 June 1883, No.99, CO129/210, pp.14–17.

3　Colonial Office to Bowen, 09 August 1883, No.162, CO129/209, pp.516–517.

4　Marsh to Earl of Derby, 5 February 1883, No.27, CO129/207, pp.164–167.

5　取消副警察總監的決定，主要因為克雷格已經另謀高就，不會回港。

6　Marsh to Earl of Derby, 5 February 1883, No.27, CO129/207, pp.164–167.

7　Colonial Office to Sir George Bowen, 21 March 1883, No.62, CO129/207, pp.191–192.

職位的聲名受損，倫敦也為了節省開支裁撤了這個職位。因此，當警察總監休假（或病假）時候，警隊就沒有人做總司令了。[1]警察總監迪恩儘管非常勝任能幹，但由於長期待在香港，受潮濕氣候影響，要不時回英國調理身體。總監休假，副手就要署理職務，但當時下面的督察大多都是些有勇無謀之輩，沒有足夠的資質擔任警隊主管。

對於上文提到的警隊武器裝備問題，寶雲又走回頭路了。他認為只有歐洲人與錫克人才可以配帶來復槍與手槍，寶雲還力薦這些警隊成員要接受定期的軍事訓練。[2]寶雲的報告中沒有交待華人警員的情況，上任港督軒尼詩對進一步改善華人警員武器裝備的構想，顯然在寶雲這裏又被擱置了。

寶雲對於軍事副官的提議起初遭到倫敦的拒絕，他似乎並沒有很大的反應。但是在兩個月後（12月底），聰明的寶雲又向倫敦提交了一份香港治安問題的報告，揚言香港當時出現了大量的刑事案件，而且不乏擁有強力武器的罪犯。"毫無疑問，如此龐大的人群攜帶武器，不論他們在裁判官席前提出何種辯解，必定是危險和有損香港的和平與良好秩序的。"[3]這份報告的要害在於其道出了這些攜帶武器的罪犯主要是在從事鴉片走私的勾當。香港的鴉片經營在1883年是倫敦重視的議題，倫敦特別關注打擊鴉片走私問題。一個皇家調查委員會調查的報告特別指出："禁止未經授權的武裝行動在英國境內以任何目的組織起來"。這個"英國境內"當然包括香港。這句話如護身符，寶雲甚至反問殖民地部，如有人問責為何這個"禁令"沒有在香港生效，又或者原因是香港警隊缺乏培訓與紀律而沒法執行這項禁令的話，責任一定不在港督或香港的行政立法官員。[4]寶雲的這份報告迫使殖民地部立馬改變了主意，批准了其7月份提出的設立一個軍事副官兼操練警長的建議。[5]

有了倫敦的批准，寶雲的信心增強了。他的下一封函件（1884年1月16日）提到幾個與管治香港有關的問題。寶雲指出，要增加的這個所謂軍事副官的費用每年只有300英鎊，不明白為甚麼香港每年的收入達22萬英鎊，卻不能對這小小的300英鎊有自主權。寶雲也提出上海雖然只是租界，但是自由度卻比香港大多了。寶雲更提出有些移民墾殖"如澳大利亞的政府人員素質，遠不及香港立

1　Marsh to Earl of Derby, 5 February 1883, No.27, CO129/207, pp.164–167.

2　Bowen to Earl of Derby, 30 May 1883, No.91, CO129/209, pp.494–507.

3　Bowen to Earl of Derby, 24 December 1883, No.351, CO129/213, pp.236–241.

4　Bowen to Earl of Derby, 24 December 1883, No.351, CO129/213, pp.236–241.

5　Colonial Office to Bowen, 05 February 1884, No.28, CO129/213, p.242.

法局，但是卻擁有無限自治權的普通部委和議會"。[1] 寶雲的這一封信語氣非常嚴厲，言下之意也是對澳大利亞（殖民地或其居民）的貶意。根據殖民地部內部溝通的記錄顯示，殖民地部官員當時反對的主要原因是擔心把軍隊裏的人編進"民職"系統，以後也許會阻礙民職人員的升職機會。[2] 軍事副官另一職務是署理警察總監，特別是總監不在港（如休假）時，殖民地部也不想多種職務落在一名軍部的人手上。這裏可以看出，殖民地部與陸軍部在英國政府架構中是平衡的，因此彼此想要制衡、不想讓另一方坐大的心態是有跡可尋的。最後，考慮到增加軍事副官只是臨時措施，也就不再作反對了。

筆者認為，寶雲成功推動的軍事化改革是香港警隊的轉折點。因為武器裝備有了改善，加上軍事與紀律的訓練，從此，香港警隊開始有振興之動力。警隊實力增強了，對於壓迫市內華人居民的態度也更趨強硬，面對華人群體性治安事件的處理方法較之前似也更加有效了。

寶雲正式發給港英軍司令的信中作出了一些要求，包括替警隊提供訓練與指導給歐籍與錫克警員，也獲得英軍司令的全部同意，並表示會全力配合協助。[3]

此後的幾個月裏，寶雲開始積極推動香港警隊的改革。他從英國進口了新式卡賓槍、刺刀等武器，更換了警隊之前使用的落伍或廢棄的裝備。新任署理警察總監登普斯特（Captain T. C. Dempster，就是軍事副官）投入大量時間訓練警員使用武器，而這位軍事副官比起以前副警察總監的薪金也便宜了 500 英鎊。寶雲性格堅毅不拔，在增加警隊實力方面的改革雷厲風行，恰與警察總監迪恩略帶軟弱的性格形成鮮明對比，迪恩對改善警隊也有各種計劃，但遇到阻力後基本都妥協了。在寶雲的改革下，建立 40 年之久的香港警隊出現了一番新景象，軍警關係變得和諧，警隊管理和武器裝備有了很大提升。事實上，寶雲對整體的警政也有心得，他曾說：

> 沒有甚麼比投資一支軍事性質特強的民警隊伍更符合我的願望或意圖了。看到香港警察部隊的英國（歐籍）和錫克籍部隊都配備步槍和刺刀，在很多方面類似於法國憲兵隊和皇家愛爾蘭警察隊，在外敵進攻或內亂嚴重的情況下，它可望對我軍薄弱的守備部隊提供有效的支持。然而，它應該有一個由軍官操練的優勢，無論是總監還是副官。所有的經驗都表明，沒有甚麼

1　Bowen to Earl of Derby, 10 December 1883, No.334, CO129/213, pp.83–98.

2　Colonial Office CP Lucas' comments, 17 January 1884, CO129/213, p.81.

3　Major General Sergeant CB to The Sec of State for War, 30 May 1883, CO129/213, pp.100–101.

比紀律不健全的武裝部隊更無用，也沒有甚麼比它更危險。[1]

在分析這段話之前，可以看出到了寶雲時代，華人警隊成員又再度跌入“隱形角落”。在他對香港警隊的願望或計劃裏，只有歐洲人與錫克人，沒有華人。之前軒尼詩努力推動起用華人，但只是曇花一現，瞬間即逝。根據寶雲的理念，香港警隊應該是與皇家愛爾蘭警隊有著密切的相似之處，而不是與英格蘭（或倫敦大都會警隊）。他認為警隊應該是一支武裝力量，而且主要的職責是應對影響治安的動亂，在這一點上尤其應該密切關注香港本地如“白蓮教”、“三合會”等秘密社團的活動，他們比愛爾蘭的“費尼兄弟會”或“無敵部隊”[2]的規模更大。香港警方不僅要對付個別罪犯，還要對付從內地潛入的不法分子，這些人是為了犯罪而組織起來的。[3]這是首次有港督開宗明義地明示香港警隊應該是一支軍事隊伍，其水平甚至應與愛爾蘭警隊相提並論。皇家愛爾蘭警隊是一支“殖民地警察”，其最終目的是要捍衛殖民地宗主國的利益。其民警角色並不明顯，至少在 19 世紀並非如此。

值得一提的是，到後來這項軍事副官的任命被眾人攻擊時，寶雲也曾經解釋為之所以要有軍事訓練，事實上並不是要讓警察部隊成為一支軍隊（他說自己也強烈不贊成），而是要訓練歐洲和錫克教警官簡單的步操以及如何使用他們的火器（槍具）。他憶及在 1883 年剛抵達香港時，發現大多數警員們都不懂如何上膛與發射他們的卡賓槍，或者如何應對香港偶然會有的危險暴徒，還有經常潛入的內地武裝強盜和走私犯。他認為當時軍事副官的安排最經濟又能兼顧成效。[4]

無論如何，1884 年 5 月 17 日，寶雲巡視過警隊後，向倫敦表示十分滿意。[5]在致辭時，他把香港部隊與皇家愛爾蘭警隊做比較，“可以肯定的是，香港警察作為一支武裝力量，與愛爾蘭警察類似，而不是與英國的任何民警隊伍相提並論。在香港這個殖民地的情況下，重要的是既要保持軍事演習，亦應注意民事責任。”[6]

這裏又一次顯示寶雲對於軍事力量的崇尚。這次巡視，寶雲特別邀請軍方的

1　Bowen to Earl of Derby, 11 January 1884, No.7, CO129/215, pp.51–56.

2　愛爾蘭的結社組織：Fenian Brotherhood 是 19、20 世紀在愛爾蘭的秘密政治組織，旨在推翻英格蘭統治，建立獨立的愛爾蘭共和國，時有進行暴力衝突。The Irish National Invincibles 亦是從愛爾蘭秘密組織分裂出來的組織，1881–1883 年間活躍於都柏林，經常組織刺殺行為。

3　Bowen to Earl of Derby, 10 December 1883, No.334, CO129/213, pp.83–98.

4　Bowen to Wingfield, 13 August 1886, CO129/226, p.182.

5　Bowen to Earl of Derby, 19 May 1884, No.179, CO129/216, pp.224–230.

　6　*HK Daily Press*, 19 May 1884, p.2.

司令一同前去。在致辭中，寶雲特別提到香港警隊與駐港英軍和睦相處，保持良好關係，並說這種關係在其他駐軍（英國）的城市不是常見的現象。寶雲認為假如有戰事在港爆發，他有信心警隊能與士兵海軍們一起合作抗敵。[1] 警隊能與軍方重建良好關係，也是一改以前的狀況。之前提到因軍費、撥地建軍營等問題，殖民當局與軍隊關係幾近破裂，甚至曾引起傷亡不輕的大衝突，也直接殃及警隊的名聲與其公眾認受性。

然而，接替寶雲繼任港督的德輔（George William Des Vœux, 1834–1909）之後又廢除了軍事副官一職。德輔認為：軍事副官的委任並非完全成功，結果是向警隊灌輸了一種半軍事的形象，而這個形象是過去二十年來警察調查委員會眾多委員一致強烈反對的。[2] 由此可見，殖民當局對於警隊是否需要軍事訓練（事實上是任何警政）的調子是支持還是反對，很大程度上因港督個人的意志而轉換。但德輔並沒有完全廢除警隊的軍事訓練，在本來任職軍事副官的登普斯特卸任後，德輔起用了一位已經退役的軍隊人員訓練警隊，閒時兼職做警隊的"替補警長"，這樣在警隊開銷上可以再省一筆。總體而言，香港警隊和軍隊關係自寶雲引入軍事訓練後有了一定的緩解，這為之後雙方在應對突發群體性治安事件上奠定了合作的基礎，而警隊軍事訓練的系統化，奠定了以後香港警隊帶半軍事色彩的特色，這特色後來一直維持不變。雖說香港的地理環境是會有受外來勢力威脅的可能，但香港長期駐有英軍，可見英人一直嚴守其殖民管治者角色，從未放鬆。

第二節　1884 年香港工人反法罷工事件

一、罷工前夕香港華人的反法情緒

1883 年 9 月，一名英國人在廣州沙面開槍擊斃一名幼童，另打傷一人。英國領事館雖然馬上扣留兇手，但遲遲沒有審訊，廣州民眾對此非常憤怒，認為領事有包庇的嫌疑。一個月後，城外輪船碼頭又有一名英國輪船公司的洋人與華人發生口角，繼而該名華人被踢入水中後溺斃，事發後輪船居然揚長而去。[3] 一月之內居然有兩名華人喪命於洋人手中，民情變得洶湧。一夥中國人隨後放火燒了沙

1　*HK Daily Press*, 19 May 1884, p.2.

2　Des Vœux to Lord Knutsford, 19 Dec 1889, No.380, CO129/242, pp.593–597.

3　楊家駱主編：《中法戰爭文獻匯編》，第五冊，台北：鼎文書局，1973 年，第 1–2 頁。

面洋人的房舍，燒毀英、美、德、法各國洋人房屋十餘間，洋人亦紛紛走避，有些不得不躲到船上去。

沙面事件雖然沒有牽涉香港，但是殖民當局的處境卻非常尷尬。一方面，兩廣總督張樹聲（1824–1884）對香港報紙關於沙面事件的歪曲報導非常惱火。[1] 9 月21 日《孖剌西報》的一篇評論指出，廣州居民排外情緒被激發是受到了香港中文報紙的一篇文章煽動，有人聲稱假如華人能取下法國官兵的頭顱，會有一定的酬金，亦有人把文章內容改造成標語到處張貼。雖然兩廣總督沒有正式向殖民當局提出抗議，但是這些添油加醋的報導令他不悅。署理港督馬什隨後命令總登記司對這些報導的編輯進行調查，對他們發出嚴厲警告，叮囑言辭語氣要特別小心，且以後的出版都會受到監管。[2] 署理港督此舉卻獲得了法國政府的激賞，甚至特別通過法國領事利昂德·賈爾丁（Léon Dejardin）對殖民當局致函感謝。[3]

面對在港華人的反法情緒高漲，港督向倫敦匯報說香港發生騷亂的可能性不大，但也得做好準備，預防萬一。當時的總登記司駱任廷與香港警隊聯合密切注意城中動靜。警隊的情報網絡獲悉三合會有些募捐項目，警隊格外注意其目的是否屬秘密購置武器。此前兩廣總督也通知英國駐廣州領事，必要時有可能不能提供全面保護。1883 年 9 月 29 日，殖民當局發佈了一則針對三合會的公告，大意是假如發現三合會成員必定嚴懲，若政府官員秘密加入三合會則會被立即開除。這則公告也算是英國對廣州政府善意的"回禮"舉措。[4] 事實上，殖民當局在 1882年曾經發過一則類似的公告，獲幾位中方官員親自上門致謝，因為當時的三合會是反清復明的政治組織，鎮壓三合會就等於是協助清廷。

沙面事件中香港報紙媒介涉嫌挑唆激化華洋矛盾的爭議，似乎預演了隨後的中法戰爭中香港無法作壁上觀的處境。中國與越南的朝貢秩序在 19 世紀 70 年代以後受到新興宗主國法國的挑戰，1884 年中法雙方在安南、東京等地的紛爭逐漸蔓延至福州、基隆。而英國與中法雙方皆有利益糾葛，中法關係破裂後英國立場尷尬。頗為諷刺的是，法國在正式宣戰問題上老謀深算，而"中國請各國共守局外之例，其照會遲至七月十六日而始發"，[5] 使得第三方國家對是否遵守"局外之例"有了發揮的空間，而英國當局就在中法是否進入戰爭狀態問題上實行模棱

1　Marsh to Earl of Darby, 21 September 1883, No.240, CO129/211, pp.493–495.

2　Marsh to Earl of Darby, 21 September 1883, No.240, CO129/211, pp.493–495.

3　Déjardin (French Consul) to Marsh, 18 December 1883, CO129/213, pp.199–200.

4　Proclamation issued by Marsh, 29 September 1883, CO129/212, p.14.

5　〈論法人緩兵之意〉，《申報》，1884 年 9 月 24 日，第 1 頁。

兩可的拖延，並最大限度地保全了自身的利益。這些問題都值得細看。

從中法 "開戰" [1] 後的相關報導來看，當時香港華人 "民心憤激之甚"，一項具體的表現就是海旁等地碼頭的船主、船工拒絕為法國人提供服務。"法人在港購煤廠以重價招工，而挑夫無一往者。" [2] "法公司船之上下貨物華工亦不願承運，故法公司船之貨物託他輪船運至上海者，不能在一船裝運……每多濡滯，竟至一次之貨分作四輪船裝運而來，誠費事之極矣。並悉法公司輪船之往來香港東洋者，其中司火華工現亦不願執役，悉數走散，適有由外洋駛來之論船，其司火者皆阿非利加人。該公司船乃招之使來始克成行，人心公憤於此又見一斑。" [3] 香港華人日益高漲的怒火，引起了殖民當局和法國駐港使館的緊張。9 月 9 日，有人向法國領事報告，警察總監對領事與工人的人身安全表示擔心。當天署理港督馬什亦親自到訪法國領事館，叮囑在港法國官員與傳教士注意安全。[4] 此前，本來供應法國海軍煤炭的華人供貨商向法國領事提議，為了避免麻煩最好不要僱傭從中國內地來的中國船工運送煤炭。而一家名為 Messageries Maritimes 的法國輪船公司已經收到威脅，有華人在密謀用炮彈炸掉他們的船。"工役謀將水雷艇擊毀，有法兵聞此消息，即通知水師提督，提督遂請香港差役為之防護。是日有小輪船兩艘載有差隊，即往船塢駐守，而工役之謀乃不得成。" [5]

9 月初，一艘傷痕累累的法國軍艦拉加利桑尼爾號（La Galissonniere）停泊在了香港最大的船塢。這艘船是中法基隆之戰的 "功勳"。"華官已移請港督不准其修理"，[6] 本地中文報紙有言："船塢中都系華人，不願為法人修船，紛然散去。可見華人各懷義憤，法人雖狡，其奈我何。" [7] 但從法國領事的報告來看，應該最終還是有一些華人（就是黃埔船塢的工人）替它修理了防彈鋼板。無論如何，拉加利桑尼爾號駛入香港，殖民當局已經踐踏了 9 月 4 日發佈的執行《外國徵募法》的公告，嚴格來說 "中立" 的殖民當局是不能允許法國軍艦進港休整的。對此，駐港的法國領事百感交集，他既對殖民當局睜一隻眼閉一隻眼的 "中立" 態度沾沾自喜，又擔憂軍艦上觸目驚心的彈孔 "可能激發了一些本來想製造

1 在嚴格的外交規則上，兩國並未有過宣戰。

2 〈民心激憤〉，《申報》，1884 年 9 月 26 日，第 1 頁。

3 〈法貨滯運〉，《申報》，1884 年 9 月 28 日，第 1 頁。

4 Consulat de France à Hongkong to Monsieur de Ministère des Affaires Etrangères à Paris, 13 Octobre 1884, No.60, Correspondance Politique Des Consuls, Angleterre, Vol.54, p.242.

5 〈民心激憤〉，《申報》，1884 年 9 月 26 日，第 1 頁。

6 〈法船抵港〉，《申報》，1884 年 9 月 9 日，第 2 頁。

7 〈各懷義憤〉，《申報》，1884 年 9 月 20 日，第 1 頁。

麻煩的人"，恐怕一艘滿目瘡痍的法國軍艦勢必讓現場圍觀的華人人心振奮。另外，法國領事也有表示，讓這艘法國軍艦中間被砸破的大洞這樣毫無保留地展現在人前，某程度上讓法國人丟臉。[1]

法國軍艦拉加利桑尼爾（La Galissonniere）
來源：**Photo Marius Bar – Toulon**

　　差不多同時，香港的中文報紙上陸續出現一些廣州政府懸賞華民抵制法人的公告。"軍民如見法船往香港、澳門兩處，有能設計擊壞之者，即當賞給銀，重賞之下，必有勇夫。"[2] 新上任的兩廣總督張之洞"諭兩廣、南北洋沿海居民及越南、西貢、新嘉坡、檳榔嶼等處華人，法犯中國，有忠義報效者，僱船置械，馳赴越南、閩、粵海面，欄截法船，充兵毀其械，充匠壞其器，帶水引礁綫，賣食置毒物，有功奏獎語"，[3] 這曾引起海峽總督的警覺，被認為是"中國政府遊說在新加坡、檳城和其他地方的華人，摧毀法國船隻，毒害法國公民"，[4] 海峽總督後將此事匯報英國殖民地部，倫敦方面則訓令英國駐華領事巴夏禮向清政府提出抗議，要求處理這些帶有煽動性質的懸賞公告。9 月 29 日，總理衙門回覆巴夏

1　Consulat de France à Hongkong to Monsieur de Ministère des Affaires Etrangères à Paris, 13 Octobre 1884, No.60, Correspondance Politique Des Consuls, Angleterre, Vol.54, p.242.

2　〈重賞勇夫〉，《申報》，1884 年 9 月 21 日，第 2 頁。

3　趙德馨主編：《張之洞全集》第七冊，武漢：武漢出版社，2008 年，第 275–276 頁。

4　Downing Street to the Under Secretary of State Foreign Office, 12 November 1884, CO129/217, pp.389–390.

禮，澄清北京並未命廣州官員發出先前的公告，但亦申明其實"總督想要激發愛國之心，在中國的土地上張貼這樣的告示，本來是沒有甚麼不對的"。作為泱泱大國，中國不會使用放毒這類不光明磊落的行為，北京已經追責地方官員。總理衙門講得特別好的一句是："法國人不守諾言，採取了沒有原則的行為。所有中國子民自然會聯合起來，同心同德對抗國家的敵人。因此，沒有必要採取其他方法，中國軍隊可以因正義而獲勝。"[1]

總理衙門還勸誡南洋華人不要參加暴力對抗行動，避免橫生枝節，讓事情複雜化。得到總理衙門的回覆後，英國通知法國政府英領事已妥善處理了排法的公告，[2]法國政府對此表示認可。[3]

總理衙門的約束力很快被證明是蒼白無力的，9 月 25 日署理港督又向殖民地部報告，類似海峽殖民地流傳的懸賞公告原文已經登在《華字日報》、《循環日報》、《中外新報》、《維新日報》等香港中文報紙上。[4]筆者將其中《循環日報》9 月 17 日的一則名為〈諭港澳華民示〉的全文內容錄在附錄七，可作參考。[5]這宗告示與先前出現在新加坡、馬來等地者有雷同之處。

在 9 月 25 日的報告裏，馬什指出這些公告的目的是想告誡在港居住的華民，要秘密地殺害一些法國的軍官，或者防火燒掉他們的軍需品，又或者與中國的官員與軍隊合作，裏外夾擊，最終把這些法國人全部掃走。假如照著這些指示去做，以前犯了罪的人都可以既往不咎，還會有可觀報酬。[6]

據英國人說法，有另一份公告，是兩廣總督"張"發的命令，刊登在中文報章上，英國人請一名叫何德的人翻譯了，最後一段大意亦類似〈諭港澳華民示〉的最後一段：

> 如果你執迷不悟，同流合污，那麼你的親戚就會依法得到應有的懲罰。
>
> 至於工作，假如知悉此公告後，還繼續替人（法國人）修船，就會以叛亂罪

1　The Prince and Ministers of the Tsungli Yamen to Parkes, 29 September 1884, CO129/217, pp.516–519.

2　Foreign Office to the Under Sec of State Col Office, 27 September 1884, CO129/219, pp.228–232.

3　Foreign Office to the Under Sec of State Col Office, 10 October 1884, CO129/219, pp.268–269.

4　大部分報導都已失傳，目前筆者僅注意到《循環日報》1884 年 9 月 17 日刊登的一則〈諭港澳華民示〉的報導。

5　〈諭港澳華民示〉，《循環日報》，1884 年 9 月 17 日，第 2–3 頁。

6　Marsh to Earl of Derby, 25 September 1884, No.336, CO129/217, pp.379–382.

懲處。光緒 10 年 7 月 16 日。[1]

公開的媒介已然如此明目張膽刺激華人的反法情緒，不難想像私下華人中間流傳著甚麼樣煽動人心的謠言。需要指出的是，這股反法情緒還夾雜著矛盾，那就是香港華人尤其是底層的華人苦力，可能要為出於愛國心抵制法國人而付出丟飯碗的現實代價。9 月 29 日《孖剌西報》裏的一篇讀者來信，就頗能反映在較早時期，（部分）歐洲人心目中覺得一部分華人糾結且驚恐的心境，在"衙役和間諜"的監視下，那些為了混口飯吃不得不為法國人幹活的華人面臨著被中國官府沒收財產的雙重威脅。雖然拒工讓碼頭幾近癱瘓，但亦有洋人對這些基層華人表示同情，覺得來自廣州的壓力是不遵守香港的法律，亦覺得殖民當局應該出面保護這些其實願意開工的工人。[2]

然而，當時親身經歷這場罷工浪潮的駐港法國領事，卻嘲諷說香港的歐洲僑民對華人苦力寧可餓著肚子也不願意替中國敵人（法國）效勞的心思"很感興趣"，[3] 即是說歐洲人不相信華人會這般愛國。的確，報章上也有明確質疑這些罷工工人表現的"愛國心"，是否只來自背後的威脅和壓力：

> 船民因拒絕為法國戰艦或商船工作而被起訴……非常值得懷疑的是，他們出於愛國情緒拒絕為法國人工作，還是出於恐懼？……廣州總督最近發佈的一份公告提到中國在香港和澳門的叛徒，警告造船木匠不要協助修理法國船隻，也令華人一般不要替法國人幹活，並表示"已決定依法查處漢奸親屬，依法予以懲處"。[4]

甚至有洋人認為，這些罷工行為是蓄意破壞英國的法治與權力。"其實這件事是緊急的，假若罷工繼續一段時間的話，整個港口的生意都要暫停了。我們相信很快就會有對策找出誰在暗中破壞，當然要取得可靠的消息不容易，但並不是不可克服的。警察應該可以追查到這些所謂的'成員'，一旦抓捕，便應該

1　英國人說刊登在中文報章上的"命令"，15 September 1884, CO129/217, pp.383–385。另外，陳曉平注意到，1884 年 9 月 17 日《循環日報》上刊登的〈諭港澳華民示〉正是出自 9 月 12 日張之洞發佈的〈禁漢奸受僱當兵及為法人修船示〉，參見陳曉平：〈1884 年香港反法大罷工始末〉，《澎湃新聞》，2020 年 9 月 1 日，https://baijiahao.baidu.com/s?id=1676593765546898700&wfr=spider&for=pc。

2　HK Daily Press, 29 September 1884, p.2.

3　Consulat de France à Hongkong to Monsieur de Ministère des Affaires Étrangères à Paris, 13 Octobre 1884, No.45, Archives Diplomatiques, p.135.

4　HK Daily Press, 29 September 1884, p.2.

嚴懲。"[1]

對於香港華人中間不斷發酵的仇法情緒,港督一方面向倫敦匯報香港發生騷亂的可能性不大,一方面又未雨綢繆。總登記司駱任廷與香港警隊開始密切注意城中任何的風吹草動,副警察總監下令一旦出現亂象,所有警員務必趕到中央警署集合,這相當於提前部署了統一調動警員的核心樞紐。[2]警隊的情報網絡似乎亦有了很大的進步,獲悉長期威脅香港治安隱患的三合會再度活躍並發起一些募捐項目後,警隊格外注意其目的是否屬秘密購置武器。

至於報紙輿論,尤其關於華人拒絕修理法國船隻的報導,勢必引發香港治安矛盾和法國的責難。殖民當局打算對報社採取刑事訴訟程序,因為恐怕這樣做或會刺激香港的華人群體,因此事先尋求英國政府的支持。[3]殖民地部隨後通知外交部,殖民當局會對某些中文報紙上的煽動性文字採取刑事訴訟。[4]

其實報紙等印刷品在華人中間的影響力,殖民當局早在 20 年前就已洞悉,並於 1860 年通過了第 16 號法令對報紙輿論進行特別管控。然而殖民當局一貫只關心錢的問題,該法令只規定辦報人如果造成嚴重影響,需要交付一筆為數不少的保證金,但沒有明確如何界定報導內容是否違法,於是出現了荒唐的一招,9 月 29 日率先被起訴的《華字日報》出版人譚益橋,被法庭控以"非法勸說某些人犯下謀殺罪"。這些被勸說的"某些人"是指該報章的訂閱者。控罪是根據 1865 年第 4 號法令第 4 款的"謀殺罪"。須知道謀殺罪是刑事罪,原文是:"凡在本港內串謀、串通或同意謀殺的人,或任何應在本港內盡力遊說、鼓勵、招徠或建議他人謀殺任何人,不論是否為女王陛下的臣民,也不論是否在女王領地內,都應構成罪行。"[5]在審判過程中譚益橋交待刊登的公告來自兩廣總督,他的律師沃頓爵士(Wotton)辯護稱,譚益橋的標題不是為了"鼓勵"任何人去犯罪,僅僅是列出了公告全文並簡單地列了一個標題,並沒有"鼓勵"、"遊說"或"招徠(勸誘)"的目的。由兩名擔保人提交 150 元保證金後,10 月 22 日法庭最終宣判被告無罪釋放。[6]注意譚益橋的官司由著名律師替其辯護,多少透露了背後應該有支持者,而且財力甚足。此外,要動用一項嚴重刑事法令"謀殺罪"來控訴一宗以文字為主的案件,也真顯得牽強。可見殖民當局當時處境頗為緊急,唯有

1   *HK Daily Press*, 01 October 1884.

2   Marsh to Earl of Darby, 28 September 1883, No.245, CO129/211, pp.536–540.

3   Colonial Office Internal Discussion, CO129/217, p.378.

4   Colonial Office to the Under Secretary of State Foreign Office, 12 November 1884, CO129/217, pp.389–390.

5   香港法律編章 1865 年第 4 號法令《關於整合與修正殖民地上人身違法的法令》第 4 款。

6   *HK Daily Press*, 23 October 1884, CO129/218, pp.55–59.

孤注一擲。

有論者認為，《華字日報》等報紙刊登鼓動香港華人抵制法國的公告，是早期香港華人民族意識的體現。[1] 筆者認為，結合廣州政府醞釀香港華人排外情緒的手段，加上勞動階層華人現實的生計困難，在港華人中間的"愛國心"是否純屬自覺還有商榷的餘地。無論如何，此時香港華人中間的反法情緒已經發酵到了一定程度，像不久前廣州沙面火燒洋人房屋那樣騷亂事件的再次爆發，似乎只差一個合適的時機。

二、反法罷工群體性事件的爆發

此次大規模罷工事件的發生過程並不複雜，法國總領事向巴黎外交部外務大臣的幾封函件中有詳細的描述，英國公函、報章等也都有記載，但各方對於事件的取態明顯各有側重。

從法國領事 1884 年 10 月 1 日的首封函件來看，[2] 罷工起因是 9 月底香港碼頭拒絕法國僱主的船工陸續受到了法庭的制裁。9 月 25 日，一位法國人文森特（Vincenot）想要運牛隻（有說是多達 25 頭）到港口的一艘法國戰船上，5 艘在香港註冊的華人船主拒絕租船。次日，這些船主被告上警察法庭，理由是"非法"拒絕僱主的生意。本來，這些船主拒絕受僱的理由是"害怕"，但後來在法庭上又改口稱他們當時實際已有其他工作，由於缺乏被僱的證據，法官判處 4 名船主罰款 5 元；[3] 9 月 27 日，法國郵船公司 Messageries Maritimes 又起訴了 11 名華人船主船工，因為這些華人拒絕為他們的郵船 Djemnak 卸貨，而這艘船是為法國政府運輸郵件的。[4]

要把這些拒絕替法國人服務的人治罪，總得有個法律依據。如出一轍的是，華人拒絕為法國人服務，和《華字日報》主筆人譚益橋被控謀殺罪案，都沒有可以援引的有效法律依據以加定罪。事實上，當時香港並沒有針對勞工問題的專門法例，遑論處罰罷工或拒工的法令，法庭只能依照一份管治華人人口登記的"1858 年第 8 號法令"裏面其中一款，對拒絕被僱傭的工人提出控訴。該款法例本來涉及船主和工人不能自行議價，亦不能在不滿官定價目的情況下而拒絕發

1　例如，李明仁認為"中國工人第一次具有政治意義的大規模罷工鬥爭，是 1884 年 9 月至 10 月香港的中國工人罷工運動。這次罷工運動是中國工人階級早期職工運動史上反抗外國資本主義侵略鬥爭的可貴的一頁。"見〈一八八四香港罷工運動〉，《歷史研究》，1958 年第 3 期，第 89–90 頁。

2　Consulat de France à Hongkong to Monsieur de Ministère des Affaires Étrangères à Paris, 01 Octobre 1884, No.44, Archives Diplomatiques, pp.126–129.

3　*HK Daily Press*, 27 September 1884, p.2.

　4　*HK Daily Press*, 29 September 1884, p.2.

生僱傭關係的情況，或者純粹在沒有"合理與足夠理由下"而拒絕受聘。[1] 這款無論是技術上、實際上都根本不適用於華人這一次拒絕為法人服務的特別情況，但實在因為沒有其他可用的法令條款，只能削足適履。這裏能看到殖民當局求勝心切、鋌而走險的本色。一個號稱講究法治精神的歐洲大國，卻將不公平的做法附加於華人，特別是沒有反抗能力的基層華人的身上。既然用這款法例，裁判處需要考慮的法律問題就是："害怕"這個理由是否屬條款裏面提到的"合理與足夠"情況。相對地，被告們也要在這一法令框架內尋找抗辯依據。

　　筆者在此需要指出一個可能沒被關注的細節，那就是到了審訊當天，在裁判官面前，這些船主和工人們都沒有再提起"害怕"，而是改用新的抗辯理由，說他們當時實際上已經有其他工作，因此無暇為法國人服務。奇怪的是，所有的被告都採用了這個新的抗辯理由。當日一名警員曾經到場，隨後報告說，那 5 名拒絕為文森特運牛的船主皆為女流之輩，並表示"害怕"替法國人做事，其中一位女性船主因船太小載不了 4 頭牛隨幾拒絕。[2] 先拋開自覺愛國心不說，結合上文《孖剌西報》對在港華人的處境描寫，有可能是"假如不聽有人警告，在內地的親戚將受到懲罰"[3] 更符合那些女船主的真實內心寫照。耐人尋味的是，《德臣西報》記述審訊當天，全部被告女船主臨陣改變辯護理由。[4] 這實在是一個過於蹊蹺的改動，這些基本目不識丁的女船主應該沒有這般見識或能力可以想出如此高明的抗辯理由。更加奇怪的是，9 月 29 日法庭審判 Messageries Maritimes 公司起訴的 11 名拒絕為法國人幹活的貨船工人時，10 名工人竟然也聲稱他們已經有了僱主，其中 2 人號稱受僱於 Siemssen 公司，2 人受僱於怡和洋行，其他人受僱於私人，包括華人和一位名叫多拉布吉（Dorabjee）的洋人，[5] 經過審判，"八人者不能措辭，乃罰令每人出洋五元，尚有三人更不知所對，判押後七天後再詢"。[6] 其實 5 元的罰款相當於船主一個月的工資，結果，法庭的無理懲罰令碼頭的工人憤憤不平地以罷工作出了反抗。這兩組案件從審判到結果都實在過於巧合，水平不高的船工人會臨時亦同時想出一條抗辯理由，亦恰好能應付法庭生搬硬套的 1858 年第 8 號法令理由，總之，一切都巧妙地能配合好，令人不禁質疑背後是否也有某種力量在統籌辦事。

1　香港法律編章 1858 年第 8 號法令第 17 款。

2　Marsh to Earl of Derby, 01 October 1884, No.338, CO129/217, pp.407–410.

3　Marsh to Earl of Derby, 01 October 1884, No.338, CO129/217, pp.407–410.

4　*China Mail*, 26 September 1884, p.2.

5　*China Mail*, 29 September 1884, p.2.

6　〈滋擾緣起〉，《申報》，1884 年 10 月 5 日，第 2 張。

如果結合清廷總理衙門和英國領事的交涉，也許我們能意識到這些罷工案背後的玄機，"北京總理衙門受到英領事巴夏禮的指責時，曾替香港亂民辯護，說他們拒絕接受法國人工作是為了遵守英國的'中立國'立場"。[1] 香港大學冼玉儀教授認為，這句話聽起來好像帶諷刺性又有點開玩笑似的。[2] 假如注意到這些案子的審判依據有可能涉及英國在中法戰爭中的中立立場這一致命問題，懸疑似乎就都能解釋了。原來中立國的問題是一個不小的外交問題，並不是開玩笑的問題，下文對此會有詳細分析。

9 月 30 日中午，因為質疑法庭的不公正審判，幾乎所有的華人船工駛離海港，前往油麻地或九龍，只餘下幾艘載客的舢板船停在西環海旁。午後兩三點時，突然有人開始向這些留下的船隻扔石頭，現場一片騷亂。據《孖剌西報》報導，當天聚眾滋事的人數最多時達一千人，[3] 到下午 5 時，岸邊幾乎租不到一艘可以出港的舢板船，看不到忙碌的貨運船務工人的身影，碼頭一片死寂，基本陷入癱瘓。10 月 1 日，海港載人運貨的小船與舢板也停工了，不願停工的黃包車夫、轎夫屢次受到騷擾，被扔石頭，最終也不得不停工，屠夫的生意受到影響無法開張。10 月 4 日，舂米的工人也加入罷工行列，之後米價竟因此上漲了12.5%。[4] 幾天之內幾乎香港的苦力、工匠與工人都罷工停市了，10 月 4 日當天，進港補給煤炭的船隻在警察的保護下，才勉強找到工人願意運煤上船，[5] 但是補給乾糧的船找不到工人運貨，只好改道去越南裝貨。

法國領事認為假如這場罷工工潮繼續，損失將會很大，且不單是法國的損失，各國的貿易都受到影響。法國駐港領事甚至有擔心，這樣下去商人會否把損失歸咎於法國，因為始終事端都是因法國而起的。法國人明顯對英國人處理香港工人拒工、罷工的方法有保留，領事說："這些中國人來香港找機會發財，亦在英國的規條下獲得安穩。因此，他們應當停止再聽從廣州或其他地方的說話。不然的話，英國當局在這裏，就只像海中的一條船，任由大浪驅趕擺佈。"[6] 在責備

1　The Tsungli Yamen to Sir H Parkes,10 October 1884, CO129/219, pp.362–363.

2　Elizabeth Sinn, "The Strike and Riot of 1884—A Hong Kong Perspective", *Journal of the Hong Kong Branch of the Royal Asiatic Society,* Vol.22 (1982), pp.65–98.

3　*HK Daily Press*, 03 October 1884, p.2,

4　*HK Daily Press*, 06 October 1884, p.2.

5　Consulat de France à Hongkong to Monsieur de Ministère des Affaires Etrangères à Paris, 13 Octobre 1884, No.60, Correspondance Politique Des Consuls, Angleterre, Vol.54, p.239.

6　Consulat de France à Hongkong to Monsieur de Ministère des Affaires Étrangères à Paris, 01 Octobre 1884, No.44, Archives Diplomatiques, p.128.

船工拒工一事上，法國領事也曾表態，說之所以船工選擇拒工，是因為英國人的懲罰顯然比中國的輕，才導致這個局面。

> 假如工人們接受這些替法國人服務的工作，就會受到廣州官員的發落。而拒絕承擔這樣的工作時，就要接受英國法律規定的懲罰，毫無疑問，這裏的工人和苦力認為他們選擇了 "兩種邪惡中較輕" 的一種。[1]

這些活是駐港法國領事匯報巴黎外交部的函件裏能看到的，是 "心腹話"，不是一般的 "門面話"。法國在 19 世紀是歐洲列強中除了英國之外最大的殖民大國。在殖民管治的層面，看出來法國的取態與英國不同，絕對是一個態度強硬的殖民管治者，因此對於英國表面上有點 "懷柔綏靖" 的態度很不屑，法國認為這是軟弱的表現，認為英國人應該在這時刻表明他們強硬的管治，讓廣州方面得悉誰才是香港的主人。

另外，法國領事當然知曉張之洞在廣州城內發佈的公告，也對巴黎報告了《華字日報》編輯被告煽動殺人的訴訟。他認為從這些公告的內容可以看出中國 "不像其他文明國家般" 地理解戰爭，所以不懂援引可能對他們有利的國際規則。他所指的有利的國際規則其實就是 "中立國" 的一些規則。法國領事也提到，一旦發生一場 "已經宣戰" 的戰爭，這些中立國規條的限制可能對法國就不利了。[2] 無論如何，這裏至少可以肯定到了 10 月 1 日，法國領事仍舊採取與中國只是處於 "衝突" 階段，沒有實際進入 "作戰" 狀態的論調，因為法國知道這是對於他們最有利的立場。美國學者也認為雖然中國堅持英國作為中立國不應該對法國支出供應與服務，但似乎並不了解同樣的規條也適用於中國本身。[3] 這一點上，有人指出其實張之洞未必是全然這樣愚昧，在中法衝突的早期，張之洞的公告確實是給予了香港拒工事件某些影響，但後來引發了大罷工，這又超越了張的底線。由於當時張之洞也需要香港的軍火與貸款來支撐對法的戰爭，因此，他並不希望看見香港真正發生暴亂。[4]

---

1 Consulat de France à Hongkong to Monsieur de Ministère des Affaires Étrangères à Paris, 13 Octobre 1884, No.45, Archives Diplomatiques, p.135.

2 Consulat de France à Hongkong to Monsieur de Ministère des Affaires Etrangères à Paris s, 01 Octobre 1884, No.44, Archives Diplomatiques, p.128.

3 Lewis M Chere, "Great Britain and the Sino-French War: Problems of an Involved Neutral, 1883–1885", *Selected Papers in Asian Studies: Western Conference of the Association for Asian Studies*: Paper No.7, June 2016.

4 陳曉平：〈1884 年香港反法罷工始末〉，https://baijiahao.baidu.com/s?id=1676593765546898700&wfr=spider&for=pc。

法國報章諷刺 "不守規矩，蠻橫行兇" 的漫畫
來源：法國《幽默畫報》，1884 年 10 月 4 日

　　當時中法衝突的緊張情況被法國的政治漫畫報《幽默畫報》(*Journal Amusant*) 報導，法國的行為被本國人諷刺為 "不守規矩，蠻橫行兇"。[1]

　　殖民當局原本希望 10 月 3 日中秋節這天碼頭的工人復工，但這一天卻上演了罷工的最高潮，《德臣西報》更是形容這一天出現了 "香港有史以來最嚴重的騷亂"。[2] 當天清晨，似乎一些舢板與貨船工人有復工的意思，可能因為總登記司駱任廷與工人商談後初步承諾保護工人，但其後他們又受到其他不願復工的華人的教唆威嚇。隨後轎夫與黃包車夫也被要求拒載外國人，但是黃包車夫並沒有妥協。後來一名拉著外國人的黃包車夫被搬貨苦力襲擊，頃刻後就有一大群苦力聚集起哄，怒火亦從拉車的苦力蔓延到附近的外國人身上。率先被襲擊的是一名德國人與三名正在巡邏的警員，他們一起被追打躲到一處旅館中，隨後通知中央警署前來救援。除了這名德國人外，陸續有其他外國人受到襲擊，包括一名從廣州來的工程師，但所幸沒有人受重傷。隨後一名手臂和身體被割傷的男子拚命跑到了另一家德國人開的酒館去躲避，在那裏圍堵的群眾向窗內扔石頭和雜物，打砸長達半個小時，甚至有石塊被扔進第三層的陽台。混亂中一些外國人遭到襲擊，一個人受了重傷，報上說他的金錶和鏈子也不翼而飛。

1　*Journal Amusant*, 04 Octobre 1884.

2　*China Mail*, 03 October 1884, p.3.

到上午 9 時許，趕來鎮壓亂事的一小隊警察基本驅散了這夥罷工的工人。但之後被驅散的人群又浩浩蕩蕩流向西區中央大街，各行各業的工人苦力隨後蜂擁而至，加入罷工遊行隊伍，街道上幾乎所有商店都關門了。當時一名叫霍德（Dr Horder）的醫生正沿著皇后大道西行，路過東興戲院時被一塊磚頭擊中額頭，立刻渾身是血，霍德向不遠處的錫克警察求救，之後警察和霍德被圍困在一條死胡同裏，遭到圍觀的罷工工人用石頭和雜物攻擊，警察無奈之下朝圍觀的人群開槍掃射，打光了幾乎所有的子彈。在騷亂中一名華人被打死，被槍聲震懾住的工人很快散去，退到了胡同口。

顯然，10 月 3 日這一天的罷工已經轉變成不單針對法國人，而是對付整個香港洋人群體的排外運動。有一點值得注意的細節是，這一天在皇后大道西路上，扔向洋人的石頭瓦塊大多數不是來自街道上聚集的華人，而是人行道旁的陽台上圍觀的民眾。這些房屋的陽台大多視野開闊，所居住的是有一定社會地位的華人，這引起了洋人對香港上層社會的華人進一步的不信任，"大家最好牢記這些行為，因為它們反映了這個殖民地上華人暴民毫無意義、不理性和危險的特徵"。[1] 還有洋人甚至認為 "受人尊敬的華人"（就是有錢的華人）肯定是教唆煽動工人罷工的幕後策劃人，在向洋人和警察扔石頭磚瓦時，不時有人喊："殺死番鬼！殺死番鬼！"[2]

香港的華洋矛盾加劇，這樣的後果恐怕當初有份激勵沿海華民排法的兩廣總督張之洞也不願見到。有論者指出，在事發當天，"張之洞打電報給他在香港的代理人何獻墀：'艇夫事如何？港民尚義固嘉，然須有分寸，何、羅諸君可妥為勸導，勿令激成大事，切勿致英人阻我採運軍火、停泊船隻。' 張之洞其實十分清醒，香港華人的愛國行動值得嘉許，但必須拿捏好分寸，避免過火。他要求何獻墀、滙豐銀行買辦羅壽嵩對罷工者加以勸導，避免升級為大衝突，影響中方通過香港採購軍火這些大事。"[3] 到了這裏，殖民當局也不會坐視不管了，10 月 3 日當天，《德臣西報》刊登了一份向華人發出的公告的譯文，據說這份公告張貼在香港的大街小巷，內容主要是警告華人居民不要參加任何的滋事行為，因為背後是有壞分子想趁亂搶劫與偷竊而已。任何違法行為將會被懲處。[4]

1　*China Mail*, 04 October 1884, p.2.

2　*China Mail*, 04 October 1884, p.2.

3　陳曉平：〈張之洞與 1884 年香港反法大罷工〉，《澎湃新聞》，2020 年 9 月 1 日，https://baijiahao.baidu.com/s?id=1676607855776186663&wfr=spider&for=pc。

4　*China Mail*, 3 October 1884, p.3.

在 10 月 3 日召開的緊急行政局會議上，一項重要的決策是警察如果不能鎮壓騷亂的話，政府就可以啟動 "暴動法"，出動軍隊控制局勢。[1] 後來在宣讀暴動法的路上，圍觀群眾因懼怕警察武力而最後四散。殖民當局亦決定抽調軍隊協助警察鎮壓騷亂，針對當時群體性事件相對集中的西環地區，殖民當局從皇家炮兵以及印度步槍隊抽調了 130 名左右士兵組成糾察隊，東華醫院主動提供了一處所作士兵的臨時營房。[2] 4 日早上，士兵行軍至醫院途中遇到舞龍遊行的民眾，或許是因為有 10 多名錫克警察和洋人警官開路，現場並沒有出現極端抗議活動。碼頭附近也有警察看守，在一名洋人警長的帶領下，幾艘水警的船上，警員荷槍實彈徹夜巡邏。[3]

從報紙的報導來看，當天發生的幾次暴力襲擊洋人案件沒有引發進一步大規模的騷亂。一位洋人乘黃包車開往西環途中，被兩三名苦力襲擊，洋人迅速拔出左輪手槍，"向襲擊者開了一兩槍"，[4] 驅散了苦力。午時皇后大道西側發生兩三宗人力車和轎子上的外國人被扔石頭的案件，幸好乘客與車夫都逃脫了。其中一宗案子 10 餘人被捕。[5] 中環榮記店面前聚集了一夥示威的華人，因為懷疑榮記私下給法國船隻供應物資，警隊到達現場後驅散了圍觀的人群。[6] 與此同時，報紙上譴責華人極端行為的言辭更加激烈，《孖剌西報》讚譽警隊的包容與堅持，對軍隊與警察平亂充滿信心，說絕不能與暴力妥協。[7] 也有人登報懸賞，"如有需要，願意給提供幕後主使的人賞金"。[8] 雖然沒有說明誰願意提供賞金，但大抵應是洋商。

大約在 10 月 7 日以後，華人聚眾圍毆打砸洋人的事件陸續平息。"貨艇挑夫皆開工挑運。惟尚有兵一百在海旁巡行，以安民心。及至漢口輪船由省（廣州）抵港，各兵復在埔頭列隊，以防生事，而資彈壓焉。"[9]

據法國領事 10 月中旬的報告，儘管沒有再出現大規模的群體性治安事件，但是華人拒絕為法國人幹活的現象依舊存在。當時碼頭上幾乎所有的船工都刻意

1　Executive Council Extraordinary Meeting Minutes, 03 October 1884, No.41, CO129/217, pp.432–433.

2　*China Mail*, 04 October 1884, p.2

3　*China Mail*, 06 October 1884, p.2.

4　*China Mail*, 04 October 1884, p.2.

5　*HK Daily Press*, 06 October 1884, p.2.

6　*China Mail*, 04 October 1884, p.2.

7　*HK Daily Press*, 04 October 1884, p.2.

8　*HK Daily Press*, 04 October 1884, p.2.

9　〈人心安靜〉，《述報》，1884 年 10 月 12 日，錄自方漢奇：〈1884 年香港人民的反帝鬥爭〉，《近代史資料》1957 年第 6 期，第 25 頁。

避開法國船，"一時間，好像法國'殖民地'被有力的中國人禁足，我們被'抵制'了。"[1] 到處都有間諜來解開一紮紮的煤炭或貨幣，運送和裝載餅乾等的船受到多處障礙物的阻攔，還有華人麵包師威脅說要離開洋人的店，因為他們是軍隊的供貨商。直到 10 月底，警隊還能零星收到因華人苦力拒絕為法國船隻服務的報案。報紙上也零星報導了一些華人工人發現是為法國船運輸貨物後，就會陸續被其他人勸說不要為其搬貨的新聞。可以看出，群體性事件平息以後仍舊有一部分華人默默堅決不再為法國效力，[2] 甚至連法國修道院裏面的修女也感到當時華人對他們的態度還有芥蒂，以至不願意繼續供應食物。[3]

三、不公平審判背後的宣戰、"中立"問題

在論述殖民當局如何動用警隊管控此次群體性治安事件之前，筆者想將此次罷工事件的導火索（殖民當局對拒工的船主及工人的處罰）放置在一個較少人關注的視角：中法戰爭的"宣戰"問題及英國採取中立立場。在此國際外交視角下，筆者意圖審視一個香港史研究的議題：受英國管治的香港本身亦屬"中立"的身份下，殖民當局對拒工華人的處罰，是否有欠公允？筆者亦關注到區區罰款 5 元的雞毛蒜皮事，居然引起倫敦白廳官員的數度討論。[4]

處罰導致後來的大罷工，引致在港洋商、華商都遭受經濟損失，讓本地的商港名譽有損，殖民當局當然想要懲治這些罪魁禍首，況且法國已經多次對英國及殖民當局提出交涉，英國方面自然不敢怠慢，需要趕緊處理。但背後涉及一個棘手的問題，在當時中、法、英三國的外交形勢下，對拒工工人審判的依據，原來牽涉著英國對中法戰爭的中立問題。由此來看，殖民當局在此事的法令依據上的取向，背後折射出的正是英國政府對中法戰爭所持的真正立場。

談及英國在這場中法戰爭中選擇中立立場的研究，就算是外國學者也不多。有一位美國學者切爾曾經有文章〈英國與中法戰爭：有關中立國的問題，1883–1885〉論述過，[5] 但文章聚焦在為何英國當時作為區內最大利益佔有者，卻沒有扮演更活躍的角色，例如拉攏中法的和談過程等。文中雖然也有提到英國作為"中

---

1   Consulat de France à Hongkong to Monsieur de Ministère des Affaires Étrangers à Paris, 13 Octobre 1884, No.60, Correspondance Politique Des Consuls, Angleterre, Vol.54, pp.239–240.

2   Extract from Police Morning Report of 01 November 1884, CO129/218, pp.8–10.

3   *HK Daily Press*, 06 October 1884, p.2.

4   白廳（Whitehall）是倫敦市中心威斯敏斯特市（Westminster）的一條道路和一個區域。這條街道被公認為英國政府的核心。街道兩旁有許多部門與部委，包括英國國防部與內閣辦公廳。

5   Lewis M. Chere, "Great Britain and the Sino–French War: Problems of an Involved Neutral, 1883–1885", *Selected Papers in Asian Studies: Western Conference of the Association for Asian Studies*: Paper No.7, June 2016.

立國"的問題，但涉及香港的部分並不多。然而，筆者也同意該文章的看法：雖然英國並不參與很多，但是卻能處處感受到這場戰爭（衝突）對於它的商業與外交關係帶來的衝擊與影響，更直接受影響的是它在亞洲地區的殖民地與屬地。因此，它在處理政治與外交措施方面看得出來是含蓄中帶謹慎。本節中，筆者擬利用史料證實英國與法國對於"宣戰"與"中立國"問題曾作出的考慮，以及最後採取的做法，是顧及和維護彼此最大利益，始終不失其為當時殖民帝國的兩大強國的霸權本色。而本港船主、工人等"小角色"受到的壓迫（無辜入罪兼罰款），還有群體性治安事件中無辜喪命的華人，是殖民管治下不幸的犧牲品。

　　1884 年中法戰爭的宣戰問題，是一個國際外交史上有爭議的話題。從外界看來，只覺得雙方衝突已經歷時很長，而且越演越烈，但是實際是甚麼時候真正開戰，倒並不是太清楚。可是這個問題，除了中法本身之外，對於英國以及香港這塊受英國殖民管治的地方卻有著重要的意義。中法開戰後英國是否需要嚴守中立地位，英國在其遠東殖民地的利益是否會受到牽連，英國如何才能獨善其身，這些都是英國當局謹慎考慮的問題。雖然光緒帝在 1884 年 8 月 27 日的上諭中正式向法國宣戰，[1] 然而清廷未就此重大外交舉動照會其他各國，這一致命細節的失誤致使中方宣戰在國際社會上未獲認同。法國方面則拒絕從名義上承認中法已在越南開戰的事實，詭辯自己只是處於"報復狀態"。[2] 以此為幌子，法國的船隻在東亞港口能獲得補給，亦可以在公海上阻止運送中國需要的軍火或其他戰爭需要品，法國這樣一舉二得的部署可謂老謀深算。

　　從英國的立場來看，英國犯不著得罪任何一方，這點不難理解。若偏向法國則直接影響它多年在中國耕耘得來的收益；而偏向中國則必定引起它和歐洲鄰居的嫌隙，英國只能選擇兩邊都不得罪的"中立"立場。然而，中立國在外交層面上也有特別的規矩，例如不能向開戰的任何一方提供援助。英國是外交能手，有備而戰，只要中法兩國不正式宣戰，英國就可以根據他們之間衝突的程度選擇自己的立場，因此，英國確定拒絕在兩國正式宣戰之前宣佈其中立身份。1884 年 9 月 3 日，英國外交部指示殖民地部，"由於沒有宣戰，英國政府不能發佈中立宣言，但香港與東方殖民地應被指示嚴格遵守《外國徵募法》（Foreign Enlistment Law）"。[3] 當然這舉措也等於是對外宣佈《外國徵募法》會在港執行。之後，法國的萊斯佩斯海軍上將（Admiral Lespès）也在他的回覆中保證，法國船將會充

1　楊家駱主編：《中法戰爭文獻匯編》，第六冊，台北：鼎文書局，1973 年，第 517–519 頁。

2　馬士著，張匯文等譯：《中華帝國對外關係史》，第二卷，上海：上海書店出版社，2006 年，第 385 頁。

3　Foreign Office to the Under Sec of State, Colonial Office, 03 September 1884, CO129/219, pp.209–210.

分尊重這些規定。[1] 在這個時間對法國提及這條法令，想必英國有受到來自各方的壓力。

事實上，《外國徵募法》這條法令是 1870 年在英國通過的，因為拿破崙三世對普魯士宣戰，英國與法國邦交不差，但是內部輿論卻是支持普魯士的。英國為避免和兩方交戰國家不睦，就通過了這條法令，禁止英國與愛爾蘭的子民參與任何同英國沒有敵對的國家的軍隊。除了禁止臣民參與別國的軍隊外，這條法令的第 8 到 11 款也特別針對"替正在交戰的國家提供修理戰艦以及軍需品與軍糧"等行為，清楚將其列為觸犯這條法令的行為。[2] 這法令驟眼看來完全吻合中法戰爭時期英國殖民管治的香港的情況，殖民地部在收到命令後訓令港督寶雲，命其做好應對。這些從倫敦來的指示十分重要，因為其不但有指導作用，也對各方好友宣示了立場。

英國人以這樣的形式宣示其殖民地所謂的"嚴守中立"立場，當然是有自身利益的考量。因為英國早就看透了香港華人本能的愛國心，從一開始就篤定香港無法在中法衝突中作壁上觀。上文說過，英國聲明不能宣佈其"中立國"的身份，因為中法都還沒有正式宣戰。嚴格來說，《外國徵募法》是本土法令，不涉及國際法，但是仍有效用，可以禁止殖民管治下的香港對法國提供服務。但是，問題癥結在於《外國徵募法》的每一條文都清楚列明只能在"交戰"情況下才會生效。英國已經義正言辭地指示東方各殖民地總督要嚴格執行這法令，但至於第三方怎樣去演繹這些告示，並不是英國的責任。始終沒有人宣戰，中法究竟是不是在交戰並不是英國說了算，責任不是在英國。換句話說，倫敦指示殖民當局執行《外國徵募法》，但何時真正生效，控制權不在英國手中。這是一個很體面的做法，也是英國人最擅長的手法。

對於殖民當局通知嚴守中立的政策，法國海軍上將萊斯佩斯率領的艦隊於 1884 年 9 月底停靠在香港後，以慣用的外交辭令，表示將充分尊重《外國徵募法》。[3] 然而，駐港法國領事完全不相信殖民當局會嚴格執行《外國徵募法》，因此態度是頗為鎮定的，並沒有被殖民當局 9 月 4 日發出《外國徵募法》的公告嚇著。在他看來，法國人覺得英國人只是表面上說要嚴格執行《外國徵募法》，骨子裏並不想（亦不會）跟隨這項法律的精神。法國領事隨後向巴黎明言，表示英

1　"Hong Kong–Enforced Labour", Hansard, House of Common Debates, 27 October 1884, Vol.293, cc.251–252.

2　Hong Kong Government Gazette Extraordinary No.48, 04 September 1844.

3　"Hong Kong–Enforced Labour", Hansard, House of Common Debates, 27 October 1884, Vol.293, cc.251–252.

國人採取的是一個"有裨益的"中立態度，意思就是聰明的決定。[1]

對於處罰船工一案的法律疏漏，從倫敦方面和殖民當局溝通的官方函件來看，英國人可謂早已心知肚明。首先，在殖民地部官員內部的討論中，經常提到有人提出對船工罰款是否合法，但是誰都沒有點破此案無法可依的漏洞，[2] 殖民地部還特地向外交部副國務卿諮詢罰款一案如何處理。[3] 其次，從殖民地部和港督的溝通函件來看，極有可能英國當局對"宣戰"及"中立國"等問題，事先已經向香港總督打過招呼，否則，10 月 1 日寶雲發給殖民地部的匯報不會突兀地點出法律依據的問題："警察裁判司把大多數人都定罪了，每人罰款 5 元。沒有人特別關注法律依據……也沒有收到上訴。假如現在去干擾裁判處的決定，極不明智。"[4] 寶雲的報告大有欲言又止的意味，既然最為擔心的法律依據竟然沒有受到特別關注，最明智的做法就是避而不談。殖民地部 11 月份訓令港督，"考慮過對於拒絕接受法國船工作的船工的罰款，還有最近發生的暴亂，我同意批准政府採取鎮壓騷亂的行動（雖然我還是對運用 1858 年第 8 號法令第 17 條在這情況上有質疑）"，[5] 這第 17 條就是"合理拒工"與否的那條。

英國方面生怕處罰船工牽扯出來的"法律依據"，正是《外國徵募法》禁止英國子民"替正在交戰的國家提供修理戰艦以及軍需品與軍糧"的情況。[6] 一旦在處罰船工問題上不小心觸及到立場問題，英國將面臨諸多麻煩。而法庭上的船工改口已經受僱於別人，則不會涉及任何中、法、英三國外交立場。反過來說，假若他們繼續以"害怕"為由辯護，定會涉及"誰害怕誰"的討論，再下去就是中法的交戰，然後就是英國與香港中立與否的立場。是否要定這些船工的罪不說，英國要為真正維持中立立場而付出的後續代價，對英國殖民地部官員來說，是無論如何能避就避的問題。

這個問題的嚴重性，可以反映在區區罰款的小事被屢次被提升到倫敦議會辯論中。在 1884 年 10 月底至 11 月的議會下議院會議中，這個問題多次被提出。從 10 月 26 日的英國議會記錄來看，議員海・約翰（John Hay, 1838–1905）曾質問副國務卿，是否向香港和海峽殖民地當局發出指示，禁止香港和海峽當局強迫

1 Consulat de France à Hongkong to Ministère des Affaires Étrangères, Direction des Affaires Politique, 11 Septembre 1884, No.59, pp.231–235.

2 Internal Correspondence of Colonial Office, 18 November 1884, CO129/217, pp.414–415.

3 Colonial Office to the Under Secretary of States, Foreign Office, 11 November 1884, CO129/217, p.413.

4 Foreign Office to the Under Secretary of State, Colonial Office, 31 October 1884, CO129/219, p.407.

5 Downing Street to the Governor, 27 November 1884, No.278, CO129/217, p.453.

6 Hong Kong Government Gazette Extraordinary No.48, 04 September 1844.

華人履行僱用勞動合同強行執法。海·約翰說："他們本已簽訂的勞動合同，但為了愛國的原因，可以（合理地）拒絕接受這樣的僱傭。"副國務卿伊夫林·阿什利（Evelyn Ashley, 1836-1907）的回覆是雖然已經與香港當局聯繫過，還沒有進一步的答案，但是已經通知法國萊斯佩斯上將殖民當局將執行《外國徵募法》，萊斯佩斯上將也在他的回覆中保證，法國船將會充分尊重這些規定。[1] 同日的會議中，另一位議員直接詢問："其他兩個大國之間出現摩擦，卻都沒有宣戰的情況下，我們的國家向其中一個交戰國提供用於戰爭的軍需品如彈藥，我們是否可以不用負上責任？"議會文件顯示"這個問題並沒有被答覆"。[2]

副國務卿提到的《外國徵募法》是一個極其重要的參考。嚴格來說，香港為法國提供便利實屬沒有遵守《外國徵募法》的精神。當然，這亦等於那些拒絕為法國服務的工人，雖然並非為了英國而罷工，愛的國也非英國，但根據《外國徵募法》的條例他們沒罪也不應被罰，議員海·約翰正是據此要求議會向香港或新加坡下令，不能對拒工的華人子民"強行執法"。至於清政府方面，目前沒有確切的史料指明總理衙門是否清楚這項《外國徵募法》法令，但從結果來看，總理衙門 10 月 10 日回應英國領事巴禮扎時提出的外交解釋並不全是沒有根據的。[3]

似乎英國當局在之後面臨議會各議員持續的質疑時，一直採取了不正面回應的迴避態度。從 12 月份一場下議院會議的記錄來看，當時有議員直白地提問：英國政府是否意識到中法之間存在戰爭狀態？英國會否嚴格遵守對交戰雙方採取的中立義務，包括關閉英國在東方的港口和加煤炭站？對此問題，殖民地部副國務卿首先說明並無進一步解釋，因為政府向法國政府致函的答覆剛剛收到，還在審議之中。但是，副國務卿確定對法國和中國都會嚴格執行《外國徵募法》的規定。[4] 另一次的下議院會議中，一名議員記名式詢問殖民當局在宣稱執行《外國徵募法》的前提下，是否依然能讓法國的 4 艘戰艦在香港獲得補給，因這些法國軍艦實際上是在對中國進行敵對行動。殖民地部的副國務卿只能說："我們目前還沒有關於此事的消息，但我們已通過香港港督在詢問情況"。[5] 以上顯示，英國官方以緘默的態度縱容了一切本不該發生的事。

這個問題在 1885 年 2 月甚至被提交給英國上議院討論。有人提出，國際社

1　"Hong Kong-Enforced Labour", Hansard, House of Commons Debates, 27 October 1884, Vol.293, cc.251-252.

2　"Hong Kong-Enforced Labour", Hansard, House of Commons Debates, 27 October 1884, Vol.293, cc.251-252.

3　The Tsungli Yamen to Sir H Parkes,10 October 1884, CO129/219, p.362.

4　"France and China-The Hostilities", Hansard, House of Commons Debates, 06 November 1884, Vol.293, c.1096.

5　"France and China-French Vessels at Hong Kong", Hansard, House of Commons Debates, 04 December 1884, Vol.294, c.635.

會從四方八面打探究竟法國和中國有沒有正式宣戰，更有來自中國和日本的輿論抨擊英國允許法國使用香港作為他們的基地。中法兩國是否宣戰，除了香港提供物資軍需的問題外，還涉及其他的外交問題，例如法國對於其他國家在公海的"搜查權"，屬只有交戰國才擁有的權利等等。當時法國在東亞封鎖了很多港口，對其他國家的船隻經常攔截檢查。有議員提出："如果中法確實宣戰，（英國）作為中立國，就有一些必須履行的義務，如果沒有履行的話，則將來可能給自己帶來無窮無盡的麻煩。"[1] 當天負責回覆的恰好是外交部大臣格蘭維爾勳爵（Lord Granville, 1815–1891），他給國會的回覆至關重要，基本代表了英國的官方立場，筆者將其回覆中重要的部分錄述如下：

> 法國和中國還沒有正式宣戰。直到最近一段時間，法國政府還堅持認為，他們沒有與中國開戰，他們與中國的敵對行動只是"報復"性質的。法國否認對中立船隻行使交戰國搜查權的意圖，並堅持說，他們（法國）通知對台灣港口的封鎖屬"太平洋封鎖"，而不是"交戰國封鎖"；但也申明任何企圖打破封鎖的中立船隻都將被俘虜。女王陛下政府無法接受這些觀點……
>
> 因此，我們向法國政府宣佈，我們認為現在中國確實進入了戰爭狀態，迫使我們要執行《外國徵募法》的規定。對於封鎖台灣事件，也只能當作一種交戰的封鎖。但是，只要敵對行動限於某些地方，而中立船隻不會在公海被干涉，女王陛下政府認為沒有必要採取任何進一步行使其為中立國的措施。[2]

以上外交部大臣的答覆，用"阿其所好、附上罔下"來概括再合適不過。第一，既然英國不接受法國堅持說沒有宣戰，那為甚麼要接受部分區域公海封船的做法？第二，英國既然已經認定中國進入戰時狀態，也堅持本國法律《外國徵募法》的尊嚴性，為甚麼又接受法國在公海行使搜查權？這位大臣的答案，反應了英國人在國際規則中左右逢源地使自己虛偽的"中立"立場表面合理化。用他自己的話說："（英國政府）亦不想採取任何超出交戰國意願，而會令局勢惡化的不必要步驟。" 對於香港仍然可以被法國利用以提供軍事補給的事實，是中國駐英代表團特別提出的問題，英國也象徵性地表面上敷衍了事，僅簡單回覆需要對

---

1 "France and China–The Hostilities–Observations", Hansard, House of Lords Debates, 23 February 1885, Vol.294, cc.1007–1012.

2 "France and China–The Hostilities–Observations", Hansard, House of Lords, Debates, 23 February 1885, Vol.294, cc.1007–1012.

"東方殖民地總督"發出特別指示，指導他們執行女王陛下政府的決定，並沒有特別說"香港總督"，亦即避重就輕，沒有正面回應爭議。

議會記錄中最後一次談及香港作為中立港的問題是在 1885 年 4 月份的會議上。有人在下議院又再提起是否應該允許法國船隻在香港進行煤炭運輸（這些船被用來在海上追趕英國的郵輪）。外交部副國務卿的答案是：會把問題提到殖民地部去。[1] 但此時中法戰爭已經接近尾聲，再追問下去也無多大意義。

縱觀英國在中法戰爭期間對法國在香港連串行動的默許縱容，其所謂的"中立"不過是個幌子。事實上，早在 1884 年 1 月 5 日，英國報章《帕爾摩報》（*Pall Mall*）上的一篇時評就預判了英國不可能嚴守中立。值得指出的是，這篇文章後來在當年 12 月 4 日的下議院的會議上被提及，[2] 但不表示英國官方之前沒有注意到此議題。《帕爾摩報》的文章非常詳盡地對中立國、《外國徵募法》的關係做了深入剖析，指出英國在整場紛爭中的利益其實比兩個交戰國都要多，因此英國的立場變得非常複雜。"充分履行中立的職責總是困難的，有時是不可能的。"[3]

文中提到，英國通過之前的戰爭從中國獲得的利益糾葛，可以說是盤根錯節。假如英國正式宣佈成為中立國，便要放棄這些不簡單的好處，例如英國軍官指揮中國炮艇、訓練中國兵團、壟斷中國軍火等等。文章預言，英國是不會放棄這些既得利益的。而在歐洲，英國又不願惹惱近鄰法國。文中有一處對中立國的闡釋特別值得注意："中立國稍微偏向了其中一個交戰國，中立性質就可能已經改變了。"這是對英國的"中立"立場最好的注解。《外國徵募法》的原有精神就是要禁止對正在衝突的兩國做出偏袒，而不是因為沒有宣戰，就默許偏袒行為的存在。

有必要指出的是，這份時評忽略了中英的利益糾葛包含的另一種棘手的命題，即殖民當局若嚴守中立，清政府也將受到一定限制。這一點兩廣總督張之洞便十分清楚，因而即使知悉"法在港製兵衣六千"，"法南洋、蘇之兩商船，恐華兵截奪，已換英旗，此兩船兼運法火食者"等種種殖民當局偏袒法國的行為，他都選擇忍而不發，十分含蓄地說："我與港亦小有通融，不敢力詰，詰之必不能禁，徒自困"。[4]

1　"France and China–The Hostilities–The English Mails", Hansard, House of Commons Debates, 09 April 1885, Vol.296, cc.1156–1157.

2　"France and China–French Vessels at Hong Kong", Hansard, House of Commons Debates, 04 December 1884, Vol.294, c.635.

3　*Pall Mall Gazette*, 05 January 1884.

4　《張之洞全集》，第七冊，第 274 頁。

此外，《帕爾摩報》的時評也出現在法國領事上呈巴黎外交部的文件中供參考。[1] 這證明法國領事一早就對“中立國”英國在香港實行《外國徵募法》等問題的利害關係了然於胸，也預料到法國軍艦、郵船駛入香港後不會至於窮途末路。1884 年 10 月初，法國領事報告香港罷工事件之餘，認為中國不理解一些國際法規，因此不懂利用對其有利的條文為自己爭取，其中就有關於中立國的規定，“有一些關於中立國的規條，假如真的在戰爭中被運用的話，就會對法國不方便了”。[2] 這些檔案是法國政府內部的秘密溝通，證明法國方面明白英國宣佈“中立國”的身份將對法國不利，但也深知英國所謂的《外國徵募法》應該只重形式，不重精神，因此法國不主動宣戰則是對英國採取的所謂“中立”最物盡其用的方便行為。

總之，英國政府在中法戰爭中的“中立”立場似乎是一筆剪不斷理還亂的胡塗帳，而事實上英國也從一開始就選擇了一種避重就輕的態度，這樣的晦暗立場刺激著香港的華人最終以一種野蠻並帶有盲目排外色彩的街頭極端事故作為反抗。法國領事的報告也承認，香港的罷工讓法國遇到了一定的麻煩，“（因為）這裏華人的無聲敵意，香港對我們的戰爭和貿易實際上完全關閉了，即使正式的‘中立’規則下的限制，也可能沒有現在這麼糟糕”。[3] 但不得不說這份“糟糕”背後犧牲的是香港華人尤其是底層民眾的福祉，而折射的是殖民管治者對被統治者一貫的漠視。

第三節　警察對罷工事件的處置

一、尷尬的斡旋：東華醫院的調停

從船工被罰至反法罷工到上演流血治安事故，事態的發展走向了各方都不願看見的境地。香港的歐洲僑民一開始對罷工的苦力有同情的成分，明白底層的工人是可憐的“夾心人”，但卻非常質疑工人是否真的只因愛國而不願意替法國人工作。亂事發生後洋人似乎開始對罷工失掉耐性，出現了應從其他地方輸入工人

1　Consulat de France à Hongkong to Direction des Affaires Politiques, 6 Janvier 1884, No.38, Correspondance Politique Des Consuls, Angleterre, Vol.54, pp.151–159.

2　Consulat de France à Hongkong to Directeur des Affaires Commercialese en Consulaires, 1 Octobre 1884, No.44, Correspondance de Ministere des Affaires Étrangères, pp.126–129.

3　Consulat de France à Hongkong to Monsieur de Ministère des Affaires Etrangères à Paris, 13 Octobre 1884, No.60, Correspondance Politique Des Consuls, Angleterre, Vol.54, p.240.

的輿論，聲稱如果這些華人工人再鬧下去，政府不如從海峽或者越南進口工人，乾脆砸掉這些罷工工人的飯碗。

這種言論並非只是威脅，10月3日早上引發亂事發生的衝突，恰好因為一些船戶為了生計問題重新載客而引發其他華人不滿。《申報》上也出現了一些拒絕為法國人服務的工人難以維持生計的報導：

> 奉化縣唐嶴各紙廠工人，聞自法人構釁以來，停工不作，糊口維艱，現在各動公憤，聚集三千人約期上郡，環請道憲（縣）給發糧器械，力圖投效。[1]

> 盤艇上不願與法人盤駁物件，均開往九龍一帶停泊越數日，船戶以無生意糊口為難，遂有數隻折回香港，以冀攬載。忽有人告以危詞，船戶聞而生懼怕，仍揚帆而去。[2]

可以想像，罷工不儘快結束，對底層華人苦力的生存是個威脅，對香港社會的治安也是個威脅。

在充當罷工事件調停人的角色方面，以往的香港史研究專家認為香港的華人精英，尤其是東華醫院的紳董參與的南北行華人會議起了重要作用。南北行華人會議緣起於一名東華醫院的前董事李德祥，他通過洋商福斯特（Foster）牽綫，安排署理輔政司弗雷德里克・斯圖爾德（Frederick Stewart）和罷工的工人與苦力代表談判，能作出不強迫船工苦力替法國人效勞的保證。而斯圖爾德也正好有意邀請華人代表出面調停，索性提議華人代表於10月4日下午3時到臨政府大樓共同商議。他向華人解釋說這樣免去了召開兩個會議的麻煩，但實際上用心頗深，從斡旋一開始，斯圖爾德就有意識宣示政府處於主導者的角色，不會被華人代表牽著鼻子走，南北行華人會議間東華醫院紳董的話語權空間本就不多。

此次會議不是公開的，報章上沒有報導詳情。但從署理輔政司的會議記錄來看，殖民當局的代表除斯圖爾德以外還有總登記司駱任廷，多位東華醫院董事代表華人。起初與會的太平紳士建議應該由署理港督發出一份公告，並請東華醫院董事梁安代為草擬，內容大致是：在商人的協商下，只要工人復工，政府就對罷工滋事者網開一面。[3] 這樣的寫法殖民當局並不認同，因此不獲批准。當上面說過

1　〈甬江近信〉，《申報》，1884年10月8日，第2頁。

2　〈港事詳述〉，《申報》，1884年10月10日，第2頁。

3　Minute by the Acting Colonial Secretary on a conference held with certain members of the native Community regarding the strike and Riot, 7 October 1884, CO129/217, pp.434–438.

的那位李德祥先生與友人到場後，與會的其他太平紳士與華人便離席了，在場的輔政司甚為不解："我一直都知道有頭有臉的華人對於影響本地華人問題意見可能不一致，但我沒想到在如此緊急的事情上，他們竟然如此不願意聯合起來。"[1] 當時東華醫院董事梁安還在現場，他隨即提議可以在先前士兵駐紮的地方（即東華醫院本址）召開公開會議，勸告罷工工人必須復工。對於這個提議，署理輔政司斯圖爾德馬上反對，表明態度：（1）罷工復工與否，都輪不到東華醫院出面；（2）沒有政府許可不能召開任何公開會議；（3）在城中聚集人群違反公共治安條例。也有人提議用東華董事局的名義發一個公告給華人工人，輔政司亦馬上反對，並表示這等同是殖民當局宣告讓位，由商營機構來管治了。[2] 最後，大家同意可以各自張貼勸告華人工人復工的"長紅"（就是寫在紅色的長條上的紙張），但斷不能與政府拉上任何聯繫。這張"長紅"的內容是這樣寫的，可以注意到完全沒有提及與殖民當局的斡旋：

> 簽署的人等 希望告知以下：一些貨船與搬貨苦力最近為了某些瑣碎事情罷工，令大家諸多不便，對貿易造成影響。對於商行當然是有不良影響，對於罷工的工人也是無益。殖民地上各行業的商人最近開過會議，大家決定所有貨船苦力工人與搬貨苦力都應該在這個月17日（陽曆10月5日）回到崗位上工作。至於收費，可以直接與他們的客人商議。不要再製造騷亂。這就是我們熱切的期盼。
>
> 殖民地街坊[3]

這次的會議，在華商角度來看，沒能爭取得任何成績，甚至代表要求釋放所有被抓的工人的呼籲，殖民當局都沒有答應。從上述的會議記錄來看，署理輔政司斯圖爾德對所謂的"華人協商斡旋"處處提防，生怕因此漏掉對華人的管治權。此時香港距離開埠已40年，在管治華人上，殖民當局對華商的依賴已經顯得謹小慎微，同時對如何處事亦顯得更加遊刃有餘了。

至於略顯尷尬的東華醫院的紳董，不僅沒有達成目的，反而之後被輿論認為是此次罷工事件的始作俑者。10月1日早上，那名法國牛商人文森特的店外，就發現了一則中文佈告，勸告店裏的華人及早離開，因為店將會被炸藥毀掉，隨

1　Minute by the Acting Colonial Secretary on a conference held with certain members of the native Community regarding the strike and Riot, 7 October 1884, CO129/217, p.435.

2　關於署理輔政司與本地社群幾個領袖會面會議記錄收錄，詳見 CO129/217, pp.434–438。

3　*China Mail*, 02 October 1884, p.2.

後這則佈告被撕下送去了警察局報案。從法國駐港領事發回巴黎外交部的報告來看，這家麵包店，很有可能就是替法國軍隊提供軍糧的供貨商。[1] 次日的報紙報導了罷工與文森特的事情，洋人中間似乎覺得對船工罰款是引發大罷工的原因，也一口咬定罷工不是自發性的行動，並且進一步認定東華醫院有重大嫌疑，不排除有頭有面的華人參與了計劃。這些說法顯示香港開埠 40 年後，華洋之間仍然存在猜疑，無論華人自以為社會地位有多高，都是自我陶醉而已，英國人仍然根本不相信華人。報上甚至有些更不悅耳的言論：

> 東華醫院經常自薦干擾本地華人的管控，有利可圖的時候，它隨時準備就緒。既然有這種特權，像現在這樣的緊急情況時，它就應該對政府提供服務。它必定知道這一次運動的秘密。[2]

10 月 9 日，《孖剌西報》刊登了一篇較長的文章，對事情的形勢作了有用的分析。到了這個時候，拒絕替法國人服務的事發生了，大罷工發生了，一連兩天（3 號與 4 號）的群眾亂事發生了，行政局、立法局都已經開過會了，政府亦與華人代表見過面。文章指出，不斷有傳言說這次的罷工甚至群體性治安事件，背後都有東華醫院成員的參與，甚至有一說東華醫院想藉這次機會，從政府手中奪取管治華人的權力。文章同時也指出這個說法過於誇大，不能盡信，應該任命一個調查委員會來調查提出的報告和指控是否真有其事。東華醫院現轄的委員會都是有著高尚品格、溫和觀點的中國紳士，他們當中沒有人會試圖凌駕於政府之上，但一些人確實嘗試以其無可置疑的個人影響力，企圖約束激動人心的民眾。但華商的利益都是站在守秩序一邊的，他們在這次與以前多次的行為中表明，他們的同情也是與法律相互一致。不應忘記，就算中國商人在罷工中所遭受的損失不是比社區任何一部分都多的話，推動罷工延長對他們也無疑是沒有好處的。[3]

《德臣西報》的論點也大致相同，其中提到了一名華人的觀點，說政府與人民之間不需要任何干涉，但是假如一些華人代表用自己的影響勸諭工人復工，就是對政府的幫助。沒有人會反對張貼一份由華人精英發佈的通知，但是因為政府拒絕做出任何承諾，會議最終沒有取得任何結果。

過了差不多又一個星期，在罷工和騷亂基本平息之時，《孖剌西報》突然撰文抨擊東華醫院策劃了此次罷工事件，批評東華醫院本來只是一個慈善組織而

1　Ministère des Affaires Etrangères, Archives Diplomatiques, p.129.

2　*China Mail*, 02 October 1884, p.2.

3　*HK Daily Press*, 09 October 1884, p.2.

已，但是因為董事局有些成員是成功商人，財雄勢大，在華人階層中社會地位崇高，因此華人有事時每每會先到東華作諮詢，東華慢慢成了華人議事的中心。[1] 整篇文章沒有全盤針對東華董事局，而是指出確實有幾名東華的董事在搗鬼。

至於東華醫院是否策劃、組織了罷工，許多香港史的研究結論莫衷一是。冼玉儀認為當時的在港華人精英（包括東華醫院董事局成員）初期鼓勵罷工，後來又希望同政府協商儘快結束罷工，在整個過程中，東華醫院的士紳自覺承擔了地方士紳階級的擔當和責任，而非受到廣州方面的指揮。[2] 但筆者認為，從上述東華舉行的商議過程來看，殖民當局始終對以東華醫院紳董為代表的華人經營階層有所提防，會議上有人提議能否讓東華董事局發一則公告，斯圖爾德亦沒有妥協，認為讓這樣一個通告發佈無異於殖民當局宣告讓位、承認香港由華人主導的商業行會來管治（華人）了。東華醫院的董事在參與此次調停會議時顯然是有備而來，只不過華人精英與殖民當局在奪取處置罷工運動主導權的角力中，前者並沒有佔得先機。歐洲僑民的心態反映出開埠 40 年後，華洋之間的猜疑仍然無法消除，無論華人自以為社會地位有多高都是自我陶醉而已，英國人根本仍然就是不相信華人。

二、警察處理罷工事件的舉措

對於罷工以來香港警隊的參與和表現，筆者所依據的資料一是官方文件，包括往來倫敦的函件與官方報告或行政局會議記錄，二是當時的兩份西報：《孖剌西報》和《德臣西報》。這兩份報紙報導很詳盡，有時候連官方也會把剪報直接送往倫敦作為事實的記錄。按照時間順序，筆者大致梳理了綫索，以便參考與評價：

最先起事是 9 月 25 日，5 名船主拒絕運送牛隻到法國戰船上，警察當天也有到場處理，首次錄下她們"害怕"為拒工理由。翌日（9 月 26 日），Messageries Maritimes 輪船公司辦事員向警察求助，警察到達後把拒絕卸貨的船隻號碼都記錄下來。[3] 當天下午，由中央警署的一名歐籍警長帶領一小隊警員維持秩序。當時街上有一千多人在示威，有人向那些仍在開工的小船舢板扔石頭，看到警察後基本上就安靜了，後來散去，[4] 警察沒逮捕任何人。想必警察已經懂得運

---

1   *China Mail*, 18 October 1884, p.3.

2   Elizabeth Sinn, "The Strike and Riot of 1884–A Hong Kong Perspective", *Journal of the Hong Kong Branch of the Royal Asiatic Society,* Vol.22 (1982), pp.89–92.

3   *HK Daily Press*, 29 September 1884, p.2.

4   Newspaper Clippings, CO129/217, p.411.

用最低武力,也許是寶雲政策的軍事紀律訓練下所得的結果。無論如何,殖民當局想要達到的目的就是局面平穩,讓商業可以繼續,無謂的人命傷亡只會讓亂象更甚。一支殖民警隊的責任就應是要協助達到殖民目的。

10 月 1 日,上面所說被登記了號碼的船主被罰款,導致工人舉行大罷工,又有人對沒有罷工的船工扔石塊,群眾動亂也因此而起,中央警署聞訊後馬上派出警察前往現場鎮壓。[1]

10 月 3 日,警察一大早就額外派人在碼頭值班,以防有人鬧事。果然有一群苦力向開工的工人扔石頭,警察當下拘捕了一名扔石頭扔得特別賣力的男子,由華人警察送到 7 號差館。[2]

街上也有從路邊陽台扔下的雜物,負責巡邏的警察生命受到威脅,有警察持 6 檔的左輪手槍向人群開槍,但是究竟開槍後有無死傷不得而知,因為現場並沒有留下屍體或受傷的人,有可能怕被逮捕已經逃掉或被人帶走了。[3]當天扔石頭最活躍、後來被逮捕的都是在大街上隨處可見的懵懂男孩,他們表現得特別大膽。[4]這些男孩確實不像是為了民族大義而加入極端行為,背後驅使力量是甚麼卻不得而知。

10 月 4 日,春米工人也加入罷工行動,但是煤炭工人本不想參加,卻害怕會因拒絕罷工而被人滋擾。警察馬上應允對煤炭工人提供保護,負責守護灣仔煤炭工人的幫辦。通過綫眼的情報,警察一早得知將會出事的時間與地點,並做好了準備守株待兔,待滋事分子出現後,警察就用竹竿把聚集的人群趕走了,使其沒有機會作亂。可見通過及時與充分判斷的預防措施可以防患未然。[5]

此外,屠夫賣肉的生意也被影響,將要罷市,"街市巡差柯理聞知,即偕持火器印差六名往屠欄查驗。聞屠夫稱說因其驅牲口往屠欄時有人恐嚇,將行謀害,是以恐懼云云。巡差即對屠夫言,願行保護,屠夫始將牲口宰剝。而印差則駐於屠房以看守。"[6]市內警察也發現一些華人店員手上有火藥與其他爆炸品,但卻沒有擁有爆炸品的執照,警察一面抓人,一面把所有炸藥等都找出來了。

到了 5 號,馬什提到警察總監還沒提交關於平亂的報告,但並沒有怪罪,因

---

1 *HK Daily Press*, 01 October 1884, p.2.

2 *HK Daily Press*, 04 October 1884, p.2.

3 Newspaper Clippings, CO129/217, pp.442–443.

4 Marsh to Earl of Derby, 06 October 1884, No.340, CO129/217, pp.418–431.

5 *HK Daily Press*, 07 October 1884, p.2.

6 〈香港近事〉,《述報》,1884 年 10 月 11 日,選自方漢奇:〈1884 年香港人民的反帝鬥爭〉,《近代史資料》,1957 年第 6 期,第 25 頁。

為理解警察工作實在太繁重。10月3日下午已經抓了許多人，而且因行政局的命令，已經全送到裁判司面前受審了，可見警隊的效率並不低。[1] 雖然可以召喚軍隊協助，但是平亂的主要責任還是落在警察肩頭上。軍隊一切聽警察候命。這點與前兩次鎮壓行動中的軍隊主導有很大差異。

在警察採取的預防措施中，一位歐籍督察搜查皇后大道西上售賣槍炮的華人商店，果然搜出了大量的火藥，督察懷疑華人私自購買這些火藥用於炸毀房屋，於是將其收繳並送到中央警署。其他管有大量槍械、步槍、手槍的軍火倉庫，一並被嚴密監視，以防被不良分子在夜間乘機潛入，盜走武器用於滋事。這樣一來，夜間巡邏的警察任務格外艱巨。[2]

10月6日，有人在中環街道上暴力堵路，影響街上的轎夫與黃包車夫，幾個歐籍人士遭到了粗野的對待。五名持武器的錫克警員先行護送歐籍人士離開並前往醫院，但後來街道上聚集的人越來越多，增援的警隊人員亦無法控制局面，因此只能請軍隊出動。當晚，警隊還收到情報說晚上城中各處會有人縱火，警隊立即成立了糾察隊，加強巡邏。

10月7日，由於局勢出現好轉，警隊馬上調整部署，白天再沒有動用大量警員與軍人大街上巡邏，[3] 僅派遣警察糾察隊在小路上守衛，而糾察隊仍然駐紮在東華醫院，負責夜間的巡邏，白天由帶著刺刀的士兵護送黃包車或者轎子，以護送軍隊補給品。隨著街上情況變化，警隊能適時地調整策略，不再讓大量警力出現在鬧市。如上所述，做法是要確保市面能儘快回復正常，讓生意繼續，不影響香港作為商港的美譽。

10月8日，隨著一些案件以擾亂治安的罪名陸續被定罪，市面可以恢復到往日的治安狀態，免除夜間巡邏額外需要的警力。[4] 實際上，8號晚上之後，額外的夜間巡邏已經停止，因為連日以來的巡邏已經讓警察體力透支，需要休息一下，夜間的巡邏基本靠駐紮在東華醫院的糾察隊負責。[5] 不過，在紅磡附近，"有華人無賴多名，故以草繩插滿樹枝，懸掛燈籠蠟炬，如舞龍故事。尾其後者，有挑夫百餘人，鑼鼓喧天，沿途舞弄。直至油麻地，意圖滋事。……所有差役俱不

1　Executive Council Meeting Minutes, 03 October 1884, CO129/217, pp.432–433.

2　Newspaper Clippings, CO129/217, p.445.

3　*HK Daily Press*, 07 October 1884, p.2.

4　*HK Daily Press*, 09 October 1884, p.2.

5　*HK Daily Press*, 09 October 1884, p.2.

理會。是以不能藉端生事，遂由深水涉而去雞籠灣。"[1]根據一份油麻地警察局的晨間報告，這批人攜帶刀與左輪手槍等武器，準備對一些沒有參加罷工的搬貨工人施以報復。因為警察的出現，那些人就四散往深水埗方向。[2]報告上除了當值的歐籍幫辦外，還有一名華人罪犯"何敬"的簽名，不知道是否這位姓何的罪犯從中協助翻譯。

從殖民當局的部署來看，直到 10 月 1 日召開行政局會議時，儘管碼頭上有拒絕為法國卸貨的工人，法國人的商店前也被張貼著辱罵的報告，但是與會的官員都認為工人會很快復工，會上決定不干擾法庭對幾名罷工船主的罰款，沒有特別的決定，況且那些被罰的人也沒有提出上訴，[3]似乎一切太平。這次的行政局會議也沒有邀請警隊人員出席，僅僅對警察總監安排了任務：鑑於當下的不安定狀況，儘量收集在港活動的危險分子的信息，以便將他們驅逐出境。然而從署理警察總監的描述來看，當時警察要承擔這項任務恐怕人手不足。當時香港正在大量輸出華工，三艘船正忙於進行檢疫工作，無法在海港執行巡邏工作。[4]次日殖民當局發佈告示："華人居民不要聽信壞人的唆擺，他們只是想乘機打劫偷竊。"[5]

10 月 3 日（群體性事件發生的當天）下午 3 時 30 分左右，在中央警察局舉行了行政局會議，因為事出緊急，這次會議是口頭召開的，仍舊沒有警隊官員出席。有軍隊的司令參加了會議，報告了當時的情況。司令官退席後，行政局做出了幾項決議，[6]其中對警隊的指示包括：（1）將逮捕的滋事分子帶到裁判司立刻處理，目的是殺一儆百，震懾還想趁機作亂的人；（2）在全城張貼被定罪的人的罪狀，被捕後不准釋放，直至另行通知；（3）警察隨時報告人數、位置以及人手是否足夠，假如不足的話，馬上報告請求增援；（4）假如署理警察總監認為有需要，可以任命特別警員，隨時宣誓上任；（5）假如在暴力衝突中認為任何一座房子或建築物會受到攻擊、船隻會被縱火的話，警察可以徵召軍隊來協助；（6）軍隊一旦出動，裁判司要當場用英語宣讀《暴動法》，如有必要，要用中文宣讀。

1　〈又欲生事〉，《述報》，1884 年 10 月 14 日，選自方漢奇：〈1884 年香港人民的反帝鬥爭〉，《近代史資料》，1957 年第 6 期，第 26 頁。

2　Morning Report by Inspector Thomson, 8 October 1884, CO129/217, p.495.

3　Marsh to Earl of Derby, 01 October 1884, No.338, CO129/217, pp.407–410.

4　Executive Council Meeting Minutes, 01 October 1884, CO131/14, pp.152–154.

5　*China Mail,* 02 October 1844, p.3.

6　Executive Council Special and Extraordinary Meeting Minutes, 03 October 1884, CO129/217, pp.432–440.

《暴動法》生效前警察要宣讀的公告
來源：香港警隊博物館

　　如果從結果來看，此次罷工和群體性事件在 7 日以後便已基本平息，警隊似乎除了維持治安沒有多大的作用。但不得不說，此次的群體性事件暗流湧動，爆發的騷亂事件或許只是冰山一角。一名高級督察的報告中的秘密報告指出，警隊從秘密綫人那裏掌握的一份絕密情報，對防範更大的亂事起了至關重要的作用。[1]

　　這份絕密情報應該是華人偵探收集到的，10 月 8 日召開行政局會議時，這名偵探警察出席了會議，他不懂英語，由登記處的人協助翻譯。據他描述，一名從北京到廣州的中國官員路經香港時，與昆西督察常用的兩名綫人見面，並把他們也帶去了廣州。回港後，兩名綫人安排與在港的三合會成員作了聯繫。這份情報提到，之後三合會就利用這群水平較低的船家與苦力，教唆他們發動罷工，然後還打算在 3 號那天晚上在西環那邊引起騷亂。當警察忙於平亂的時候，九龍那邊的兩隻裝滿火藥的小艇就會開過來，衝擊停泊在海港的法國船，爆炸引發大火。同時，也會有群眾向著滙豐銀行衝擊。幸好這個計劃被打破了，兩艘小艇開始要駛往香港時被停止了。九龍方面保密不足，當他們派人去找其中一個頭目的時候，香港的警察與軍隊已經知道消息，加重了警備。

　　到行政局作供的這位偵探還直指，上述報告中提到的來港官員就是彭玉麟

1　Report by Horspool, 08 October 1884, CO129/217, pp.492–493.

（1816–1890），[1] 彭來港後聯繫的兩名華人阿夏與阿益恰好是偵探的朋友。據他描述，兩人幫忙找到總共 13 名三合會成員。後來彭玉麟詢問阿夏與阿益如果真有戰事，能有多少人可以幫忙毀掉法國的"鐵甲"船，兩人稱可以會集合十萬人，又號稱可以毀掉 10 艘法國船。彭隨後保證，毀掉一條船可以支付 10 萬元的報酬，還額外安排升官三級。據阿夏和阿益的描述，很多船工人是三合會成員，有感於法國無理攻擊自己的國家怒火中生，討論過後遂決定發動罷工。綫人透露中國方面只希望香港華人幫忙放火燒毀法國船隻，並查處那些向法國提供物資的商戶，但最終並不想搞亂香港。但三合會成員卻想煽動船工罷工，從中圖利。綫人認為，三合會背後雖有官員的支持，但是官員卻與罷工無關，罷工是因船工被罰而起。[2]

偵探還聲稱，他聽到了東華醫院前董事李德祥在南北行開會時與苦力館的工頭的秘密協商內容，當時總共大概有 20 名商人出席，他們和苦力館的工頭擬定了一份協議，苦力館的工頭會令工人復工，條件是要政府保證不會對曾經參加罷工的人秋後算帳，並把罰款退回。偵探還認為，假如不是最後出動了軍隊，可能事態已經難以控制，並建議除非三合會頭目被抓，否則不應該讓軍隊撤退。[3]

會議記錄中並沒有記載當時殖民當局官員聽過這證人的匯報後作何種反應，但之後殖民當局對警隊的部署，似乎都與這一系列情報密切相關。雖然有學者覺得在幾天裏有群體性事件發生的行為中，看不到群眾拿著武器，因此警察一連串的部署是反應太過敏，[4] 但筆者並不同意這個看法，因為警察一直都從不同管道收到情報，不能掉以輕心，必須作好兩手準備。例如，那兩名綫人泄露三合會成員打算在 10 月 3 日發起更大規模的極端事故，裝滿炸藥的兩隻小艇會炸毀法國戰艦等，而當天正好有人看到持械亂民在九龍方向集合，甚至在港島筲箕，立法局華人議員黃勝（1825–1902）也提醒說假如政府警戒鬆懈便會有極端事故發生，[5] 連法庭的翻譯也說有綫人通報，有人受中國政府聘請收下 3 千元，已經預備好 100 人左右，準備隨時作出衝擊行為。[6] 10 月 4 日，一名以前是三合會成員的綫

1　彭玉麟，清朝著名政治家、軍事家、湘軍水師創建者、中國近代海軍奠基人。官至兩江總督兼南洋通商大臣，兵部尚書，封一等輕車都尉。中法戰爭時，率部駐虎門，上疏力排和議。

2　Executive Council Minutes, 08 October 1884, CO129/217, pp.480–489.

3　Executive Council Minutes, 08 October 1884, CO129/217, pp.480–489.

4　Elizabeth Sinn, "The Strike and Riot of 1884–A Hong Kong Perspective", *Journal of the Hong Kong Branch of the Royal Asiatic Society*, Vol.22 (1982), p.81.

5　Marsh to Earl of Derby, 11 October 1884, No.342, CO129/217, pp.469–472.

6　Dempster's Report in Central Police Station, 08 October 1884, CO129/217, p.494.

人與撫華道駱任廷秘密見面，根據駱的記錄，他並沒有實質情報，只是向他介紹三合會的背景，不過裏面有提到三合會憎恨外國人，因此是次的亂事只有歐洲警察被襲擊，而且華人警察多是三合會成員。駱也提到另一名綫人通報當時在港大概有一萬名三合會會員。[1]總之，各方情報來源不同，但都是顯示有壞分子蠢蠢欲動，收到情報而不作出預防是不智之舉。

昆西督查掌握了一份包括 19 人的名單，其中 16 名是中國政府懸賞引渡的罪犯。這份名單在 10 月 9 日香港官紳舉行的行政局會議上，由署理警察總監宣讀。[2]另一位警察的報告中指出，從掌握的情況來看，當時藏身在香港的三合會成員大約達兩萬人。據說這些從廣州等地潛入香港的會眾行蹤隱秘，但暗中也會與香港本地華人士紳取得聯繫。署理港督馬什認為，一旦英國真正與中國對立，那麼在港的危險分子一定會被清廷利用藉機生事，到時候香港的警力可能無法應付，即便有軍隊的幫忙到時候也捉襟見肘，良策是把三合會眾儘早趕走。[3]在馬什的堅持下，律政司定制好相關驅逐出境的法令條文並在當天的行政局會上通過，負責落實驅逐任務的自然是警察。

此次行政局會議還緊急通過了律政司草擬的一項針對管制華人存儲武器火藥的《維持治安草案》（*The Peace Preservation Ordinance*），"嚴禁香港華民存儲軍裝武器。指明無論刀槍劍斧凡傷人器械，一律禁止。……凡屬華民，無論鋪戶人家，均不准存儲或攜帶以上所列各軍器。除非督憲准其存攜，方可儲帶，其中隨時撤銷，均由憲奪。"[4]到了 10 月 14 日，似乎這份新法令已經收到成效，據署理警察總監的報告，在九龍城寨有華人在出賣武器軍火，警隊馬上採取行動，最後居然在九龍城寨中搜出包括火槍、左輪手槍等武器 16000 件。如果這些武器沒有被發現，流進市內，以後警察與軍隊的處境將會是非常被動。[5]其實登普斯特（Dempster）早已意識到軍火武器是暴亂事件的根源，此人不失為一名出色的管理人才，在進入警隊之前他是監獄的總監，十分了解在處理治安事件中司法與執法機構之間的密切關係。"在警察法庭裏還有很多案件沒有處理完。這些案子一天沒有定罪，人們高漲的情緒是不會完全平息下去的"。[6]登普斯特格外注意海上

1　National Library of Scotland, Sir James Haldane Stewart Lockhart Papers, ACC4138–25.

2　Executive Council Minutes, 09 October 1884, CO129/217, pp.484–496.

3　Marsh to Earl of Derby, 11 October 1884, No.342, CO129/217, pp.469–477.

4　〈會議新章〉，《述報》，1884 年 10 月 16 日，選自方漢奇：〈1884 年香港人民的反帝鬥爭〉，《近代史資料》，1957 年第 6 期，第 28 頁。

5　Marsh to Earl of Derby, 11 October 1884, No.342, CO129/217, pp.469–477.

6　Dempster's Report in Central Police Station, 8 October 1884, CO129/217, pp.490–491.

裝滿軍火、火藥的船隻，因為它們隨時可能候命炸掉法國船隻，登普斯特抽調本來負責檢疫的水警船以執行檢查火藥武器的額外任務，預防嚴重事故的發生。

從以上警隊的表現來看，無論在部署、行動還是搜集情報方面，都遠較以前有進步，情報掌握的準確度以及適時的預防工作做得很到位。警隊由於獲得甚多關於武器潛入市場的消息，能夠及時派人前往窩藏槍械彈藥的地點繳獲武器，從根源上避免更大規模的傷亡發生。這是亂事不至於蔓延的關鍵，也是警隊以及殖民當局維持威信的保障。

至於軍隊在此次鎮壓群體性事件過程中與警隊的關係，筆者同意警察總監在一份報告中所謂的軍隊能起威懾作用："讓軍隊在華人區出現，讓有地位的人增加點信心……而且只是下午 6 點到翌日早上 7 點即可。"[1] 警隊此時管控能力已經增強不少，請軍隊協助夜間的街道巡邏職務，很大程度上只是為了穩住在港的富有華商的人心。商業是香港之命脈，商人的信心在大程度上能夠防止香港社會秩序進一步失控。警隊深諳此理，比起以前成熟老練許多。

三、輿論對香港警隊的評價

相比於 1864 年新聞輿論對生事一方"駐港英軍"的偏袒致警方吃力不討好，1884 年罷工事件期間西文報章對警察都不約而同地給予高度讚譽。

《德臣西報》不僅稱讚"警隊的職責極其危險艱巨，但各個部隊完成任務時卻毫不退縮，取得了很大成功"，還意外地提到華人警員："我們高興地聽到，華人部隊在鎮壓暴亂方面絲毫不落後於其他部隊（種族）。"[2]《孖剌西報》也稱讚"警察的包容與堅持態度，使得應付這次暴亂取得較好的結果"，[3] 並且認為即便有很多幕後黑手在興風作浪，但市民不必擔心，應該對警察與軍隊的能力充滿信心。兩天後，《孖剌西報》又撰文，"警察為解決這些麻煩非常努力，畢竟他們的人數有限，值班比例比平時高得多，期間沒有太多的休息……他們在騷亂中的舉止令人滿意，充分顯示了我們的民防人員的效率。"[4]10 月 15 日，《德臣西報》報導了警察搜查武器後發現了大量致命武器，順便提到 10 月 3 日發生的動亂中，就算發現市面有武器裝備，也相信警察與軍隊有能力鎮壓這些華人起亂。[5]

這次的報導甚至出現了一些誇張的描述：10 月 6 號的一份報導中提到，一名

1　Dempster's Report in Central Police Station, 8 October 1884, CO129/217, pp.490–491.

2　*China Mail*, 04 October 1884, p.3.

3　*HK Daily Press*, 04 October 1884, p.2.

4　*HK Daily Press*, 06 October 1884, p.2.

5　*China Mail*, 15 October 1884, p.2.

印度籍的警員被人辱打，還從馬上跌落地上。一會兒後，他又重新回到馬背上，揮動著他的刺刀往前一直衝，殺出重圍。他沒有用其他的火器，只是彎著身子騎著他的馬，拚命在人群裏兜圈。報導讚譽他巧妙的劍術，用力一揮就把一個華人的腦袋砍下來了，後來得知其實他用的劍鋒是沒有磨利的，因此更顯出他出神的劍術。報紙甚至恭維了那頭馬匹，說那匹馬就像他的主人一樣，充滿打拚精神，面前所有障礙物全都給推倒了。[1]

不說不知，10 月 16 日《倫敦標準晚報紙》有一篇關於殖民當局管控罷工事件的不實報導。倫敦的報導認為殖民當局採取非法暴力手段鎮壓了華人的罷工運動："最初是由一些孩子扔石頭引起的騷動，警察進行干預時向暴民開火，殺死了許多華人。這裏的政府以最任意的方式行事，從而通過迫使碼頭工人在法國輪船上工作，極大地增強了當地人對反英的情緒，通過一些壓制性法律，其中一項是禁止中歐之間進行武器貿易的法律。當局沒有通過任何形式的審判，就將大量華人居民驅逐出境。"[2]《孖剌西報》1884 年 11 月發文回擊道："警察表現出了極好的忍耐和自我克制，儘管他們確實以自衛為目的開槍射擊，但他們實際上是在暴民頭上射擊……政府迄今未表現出任性，表現出的寬容和忍耐最終證明是明智的……《維持和平條例》賦予當局很大的權力，但警察很少使用，沒有大規模驅逐華人，只有少數人被放逐。驅逐出境的權力不是由《維持和平條例》賦予的，而是由軒尼詩爵士主政期間通過的 1882 年的一條法令賦予的。"[3] 一份香港本地的西文報章，居然反駁一份倫敦江湖地位不淺的報紙，[4] 極不尋常。但可能也是反映到了 19 世紀 80 年代，香港作為帝國裏的一員，已經到了較為成熟的階段。另外，《倫敦標準晚報紙》的那篇文章多少反射出當時英國本土內部的問題：當時的首相格拉德斯通（William Ewart Gladstone, 1809–1898）是出名的反帝國主義、反殖民擴張者，但諷刺地卻要在一個充滿帝國主義的系統下執政。

上海《申報》後再報導，也有講及警察的行為，評價都是正面的。

先拿到十六人，交巡理府審訊後又在別處拿到數十人，亦交巡理府，直鬧至傍晚始止。是夜巡捕分段在街巡查，恐再滋事也。旋經西官察訊判將六人，管押一年，又有年輕者三人，均罰監禁另作苦工，其餘押候再訊科罪。

1　*HK Daily Press*, 06 October 1884, p.2.

2　*London Evening Standard*, 16 October 1844, p.5.

3　Bowen to Earl of Derby enclosing HK Daily Press, 22 November 1884, No.387, CO129/218, pp.100–101.

4　《倫敦標準晚報紙》（*London Evening Standard*）創刊日期早在 1827 年，後在 1857 年轉成日報形式，以報導海外新聞馳名。19 世紀末，其晚報版暢銷程度超越日報。

中西人是日之因毆而傷者各有數人，惟內有一華人腦漿迸裂，當夜由捕飭人升至醫院，以傷重無救而死至。十六日晨，鬧事人復至一鋪，稱爾鋪中貨物私自接濟法人，意欲逞強，幸鋪門尚未開齊，趕即關閉，而鬧事人尚以碎石亂擊，經巡警馳到，始各散去"。[1]

市民對警隊也基本持肯定態度。10月6日《孖刺西報》的一封讀者來信寫道："我們要讚譽警隊在最近的騷亂中表現出的機智與忍耐。殖民地對包括華人在內的這支部隊感到滿意和自豪，希望他們的行為能夠適當地引起各方注意。"[2] 除了歐洲僑民以外，底層的華人也不乏對警隊鎮壓騷亂心懷感激，尤其是那些想復工又怕被報復的工人。比如10月4日警察曾出面保護一批煤炭工人復工，有輿論表示煤炭工人對此感到欣喜，因為這些煤炭工人生活貧困，大多數都有吸鴉片，如果不能復工將難以糊口。[3] 這裏證明，在任何一場的群體性治安事件中，歸邊對立面雙方的抉擇，背後的理由有時候並不是這麼理想化、簡單化的黑與白。從各人實際不同的需要，加之其他的條件與時間的配合，衍生出不同的組合、不同的結果。

殖民當局官方較為正式的評價反映在10月11日署理港督馬什發給殖民地部官員德比伯爵（Earl of Derby）的一份報告。馬什稱自10月3日以後香港就沒有發生嚴重動亂，他的原話是 "應該是因為警隊引人注目的成績"。而且這時的軍警關係良好，"警察也因軍隊糾察隊整個晚上在城內巡邏獲得很大的支持"。[4] 10月14日，在收到警察總監的報告後，馬什再一次大力讚譽警隊的表現："關於近期維多利亞城的動亂與警察為止暴而採取的行動，我作證整個警隊表現果斷堅定，在非常困難的時刻，要忍受許多額外的騷擾。更要表揚一下警隊裏華人警員表現出的忠心……警察一直保持克制與堅定，日以繼夜地忘我地工作。無論是歐籍、印度籍或華人都沒分別。"[5] 馬什藉機報告倫敦，軍隊糾察隊已經完成任務，11日後就不再需要紮營在東華醫院了。[6] 對華人警員的讚賞是頗為特別的。殖民地部給馬什的回函中提到："我同意馬什說的對於整個警隊的克制與堅定，以及華人隊員的忠心，也很欣慰看到政府採取的行動是有成效的，短時間內平息

1　〈港事詳述〉，《申報》，1884年10月10日，第2頁。

2　"To the Editors" column, Hong Kong Daily Press, 06 October 1884, p.2.

3　*HK Daily Press*, 07 October 1884, p.2.

4　Marsh to Earl of Derby, 11 October 1884, No.342, CO129/217, pp.469–477.

5　Dempster to Stewart, 12 October 1884, No.319, CO129/217, pp.507–511.

6　Marsh to Earl of Derby, 14 October 1884, No.346, CO129/217, pp.504–506.

了暴亂，沒有很大的人命傷亡。"[1] 英國殖民地部收到香港相關的新聞報導後，內部有這樣的評語："殖民當局與警察在整件熱哄哄的事情中，沒有用武力來鎮壓，至少沒有嚴重流血情況實屬明智之舉。"[2] 減少流血事件，對社會的衝擊能控制到最低限度，對殖民管治是利多於弊；市面早點回復正常，對各持份者的利益是顯著的。但這並不表示社會生態依舊沒變。其實 1884 年的反法事件，已經在一小撮華人中撒了民族精神的種子，只待他日慢慢萌芽成長而已。

不過，針對警察在平亂過程中在鬧市向人群開槍的行為，輿論略有微詞。《孖剌西報》指出，10 月 3 日警察向圍觀市民開槍時，有 6 名錫克警員和 1 名警長被遣往海旁以維持秩序，當時大量人群向警察投擲磚石瓦塊，極有可能刺激了錫克人天生容易變得 "狂野" 的情緒，在不受控制的情況下會容易出現過激行為。當然他們的戰鬥能力很好，但問題是不願意遵守紀律。當時他們備有卡賓槍和大量彈藥，照理應該能夠把 "開槍" 的距離保持得較適合；其次，這樣亂向人群開火，是很難擊中目標的。最後，有人失去了一把左輪手槍，另一個人失去了一個彈藥袋，其中五人受了重傷，被送往公立醫院。當然還有那個已經失去生命跡象、倒在血泊裏的華人，據稱他的受傷是由子彈造成的，很可能就是卡賓槍所致。[3]

10 天後，有另一文章質疑這一次平亂過程中警察朝人群開槍的問題。這是 1879 年警察調查委員早已討論過的問題，《孖剌西報》特地針對的問題是：究竟這些武器是否是用於達到目的的最佳武器？這篇文章應出自對武器槍械很有認識的專業人士，作者除了提出許多關於應該用甚麼子彈的技術性建議外，主要指出警察在人多的地方開槍時採用不同種類的子彈能有不同的效果：

> 錫克警察解釋說，他們本來是朝著群眾的頭頂開槍……幸好他們沒有傷害到那些無辜的人。讓子彈在一個擁擠的城鎮裏飛來飛去是極其危險的，總的來說，直接向暴民開火比在從他們頭頂上發射要好得多，除非他們身後有一堵空白的牆或土堤來阻止子彈。[4]

文章亦對錫克警察的火爆性格做了批評，指出警察們當晚開槍是 "危險而沒有效果"。作者最後指出香港警隊是一支半軍事力量，當局應該鼓勵訓練射擊技

---

1   Colonial Office to Bowen, 27 November 1884, No.278, CO129/217, pp.453–456.

2   Colonial Office internal Discussion, CO129/217, pp.414–415.

3   *HK Daily Press*, 04 October 1884, p.2.

4   *HK Daily Press*, 13 October 1884, p.2.

巧。一旦發生戰爭，他們亦可以與軍隊合作，以履行正常的軍事職責，因此更應該接受這種訓練。無論如何，該文反映出警隊到了這個時段，在武器方面雖有進步，但還是有改良的空間。香港警隊重用了錫克人 20 多年，終於有人公平地描畫出錫克警察也有他們的問題，就是性子可能有點太剛烈，也解釋出警隊一直成效不大的部分原因，即剛烈的性子用在較溫馴的華人社會基本是不適合，容易產生摩擦；最重要的是說到了這一次的群體性治安事件發生後，大家能體會到華人警員的忠心程度不亞於其他種裔。

而罷工初期埋怨殖民當局態度軟弱的法國駐港領事，似乎對香港警隊的表現一直頗有微詞。10 月 3 日群體性事件中民眾從陽台扔石頭時他對警察的表現非常不滿："從陽台上有大量的石頭磚瓦扔下，而那些瘦弱無能的警察們竟然都'屈服'，因為他們沒有收到可以用他們的武器的命令。"[1] 到了 10 月中旬，大規模的罷工和極端襲擊洋人事件基本平息後，法國人仍舊針對殖民當局的取態表示不滿："有些人越來越囂張，勢力膨脹，卻沒有被鎮壓。因為殖民當局是如此的不濟事，簡直是不能制止這些威脅。"[2] 更進而抱怨，殖民當局無力改變中國威脅的影響，即使香港升起了英國國旗，但是香港的華人大多有家眷和財產在內地，因而中國官吏們可以繼續引導在港華人排法罷工。

> 如果不是政府的人畏懼埃克塞特會堂（Exeter Hall）[3] 的慈善家、有色人種的朋友、英國鴉片商人的敵人，這裏的鎮壓可能會更加嚴屬、更到位。又也許，在歐洲新聞裏，法國對英國的態度遠比以前變得嚴屬，假如這裏有華人的鮮血為著法國人流淌，似乎更難被殖民母國（英國）所接受吧。[4]

這幾句話總結了另一個殖民大國（法國）的殖民行政管理體制：專制政府統治及直接統治。有別於英國，法國殖民地中，是沒有像新西蘭、澳大利亞那種自治政府的。雖然法屬殖民地亦是實行總督制，但是法國殖民地上的總督將大權集於一身，雖然也設有行政立法機構，但議員們只有討論權，根本談不上立法權。

1　Consulat de France à Hongkong to Monsieur de Ministère des Affaires Etrangères à Paris, 13 Octobre 1884, No.45, Archives Diplomatiques, p.133.

2　Consulat de France à Hongkong to Monsieur de Ministère des Affaires Etrangères à Paris, 13 Octobre 1884, No.60, Correspondance Politique Des Consuls, Angleterre, Vol.54, pp.239–241.

3　Exeter Hall 是在倫敦市內的一個議會廳，時常會有關於人權或人道主義的各種會議舉行，因此是代表人權主義的彰顯。

4　Consulat de France à Hongkong to Monsieur de Ministère des Affaires Etrangères à Paris, 13 Octobre 1884, No.60, Correspondance Politique Des Consuls, Angleterre, Vol.54, p.243.

總體來說，法國的殖民管治模式是非常典型的中央集權的專制統治。[1] 不過，無論是哪一種管理，最終的殖民目的都是讓帝國從殖民地上獲得利益。

小結

在應付 1884 年的反法罷工事件和群體性事件中，香港警隊的表現更為積極。殖民當局縱然出動了軍隊，但整個行動的執行與善後都由警隊主導，軍隊只是提供協助，加強（尤其是晚間的）巡邏行動，沒有參加實際街頭工作。把巡邏重點放在華人商業區的策略也是充滿智慧的。警隊與軍隊在 1864 年間的不協調和矛盾已經不復存在，軍警合作無間。這可能就是港督寶雲接任後在警隊設立軍事副官以及進行軍事訓練的良好效果。無論在軍事訓練上警察是否有很大進步，軍警關係的改善都對於香港日後的防衛工作有很大意義。

此時華人警員的地位程度輕微提高，官員甚至報紙輿論都公開讚譽華人警員的忠心與盡責。個別像昆西這樣的華人警員經常出現在官方的函件與報紙報導中，這與以前有很大的差異，當然這可能與昆西本人的背景有關係。無論如何，華人多次被提起證明某程度上他們在警隊裏可以擔任一定的職務，而非以往只是做些零散的跑腿、後勤工作。而且華人警員的忠心也令英國人比以前放心，減少了對他們會與罪犯同流合污的擔心。雖然根據警察薪金的資料來看，偵探部在 1898 年才正式成立，但是此次事件中，警隊在獲取情報方面的成績可圈可點，特別是混進香港的滋事者與武器在亂事擴大化之前已經被發現，從而沒有被引發為更混亂的局面，顯然是警隊加強了偵查工作的結果。這在很大程度上也與殖民當局對華人警員的信任增加有直接的關係。華人警員的優點在收取情報上發揮得淋漓盡致。警隊能夠對罷工及其他亂事施以及時有效的控制，很大程度上是因為適時利用了掌握的情報，其中大部分情報來自華人警員。到了此時，殖民當局對於警隊能力與實力的信心似乎有所增加，例如 1884 年通過的第 22 號法令規定關於任何攜帶或管有武器違反該法令的人都有可能被警察在沒有搜令的前提下逮捕，並送官懲治。律政司堅持這種權力掌握在警察手中，不應放在警察以外的其他人手中；而以前總登記司一定會享有至少同等的權力，甚至可能是唯一的權力。

1　高岱、鄭家馨：《殖民主義卷——總論卷》，北京：北京大學出版社，2003 年，第 217–219 頁。

　　總登記處在此事件的處理中沒有喧賓奪主的情況。事發當初，總登記司調查刊登懸賞公告的幾份中文報紙的編輯，然後對他們發出嚴重警告。後來《華字日報》中的那篇煽動性文章由總登記司駱任廷負責修改、翻譯再呈上法庭，之後駱任廷出面勸說舢板工人復工，並在 10 月 4 日召集華商（東華、南北行等）開會，這些工作盡到了總登記處或撫華道的本職，一改高三貴時代主導執法的作風。之前排查疑似三合會頭目的任務由總登記司完成，這一次則由昆西與手下向警察總監提供，反映出殖民當局與華人群體的聯繫，不再只是依靠單一的總登記處（撫華道）。反過來說，撫華道當時的職務很可能不再只是監視、堤防華人的犯罪活動，亦開始轉向承擔保護華人權益。

　　殖民當局運作 40 年以來，華人的社會影響力逐漸增強，甚至有華人代表進入立法會。但是到了緊急關頭，英國人對華人仍然心存芥蒂，絕對不會做出任何下放管治權力的舉措。行政局多次的會議、報章上西方人的輿論，無一例外地說明英國人從未有過真正要為在港華人謀福祉的善意，像報章上所說的，東華醫院的地位也僅限於一個慈善機構，頂多只能夠替洋人處理一些麻煩的事情而已。

　　最後，在處理 "中立國" 與罷工罰款的問題上，英國人永遠是最會算計的生意人，永遠是佔有最有利的位置。

第五章

1894、1895 年苦力爭霸事件與苦力大罷工

1894 年至 1895 年期間，香港發生了鼠疫，疫情對太平山區的居民影響最大，那裏是苦力聚居的區域。鼠疫受控後，香港還爆發了一連串與苦力有關的事件。本章關注這段歷史，希望聚焦在殖民當局怎樣動員防衛力量（警隊與軍隊）平息這些讓 1 人死亡、9 人受重傷的事件及如何處理罷工等，特別考察警隊在維持治安與秩序中的角色，從而反映英國在殖民管治策略與手段上的轉變。這一次的事件背後突出了管治華人的問題，包括依靠登記系統只控不管的做法能否繼續、對依靠華商鄉紳勢力以華治華的策略可以依賴到甚麼程度等。

至於警隊方面，1894 年的警察報告中，記錄了一年內有 7 宗謀殺案和 9 宗集體搶劫案發生。警察總監梅含理指出調查搶劫案件最大的阻力來自不願協助的華人，就算抓到疑犯，事主都不願出來認人。報紙上說華人不願意出庭的原因從來沒有被披露，其實是"生不到官門"的傳統思想作祟，但是好像從來沒有人對華人解釋過英國法庭與華人衙門的差異。[1] 這一點理雅各在 1872 年的調查委員中試圖作出解釋，他接觸華人多年，知道他們認為與警察及官府打交道會很花時間，因此"冷對法律"，但其實華人並不是不想守法。[2] 1895 年，為防止黑幫搶劫案件再發生，警察總監建議兩個方法：第一是全年都讓警隊維持最高實力；第二是完善警隊的華人偵探支隊，同時儘可能地從更練團得到協助，彼此保持更密切的聯繫。[3] 這是首次有官方的警隊領導承認偵探部門對於警隊成效的重要性，而且必須依賴華人的參與才會有成效。

這兩個建議本來都是有建設性的，但是卻遭到報紙的質疑：

> 至於華人偵察隊是否能夠完善？必須始終以沉重的懷疑態度看待華人警員的行徑，因為他們作為一個整體不值得信賴。他們受賄的例子很多，沒有人指望他們會表現出極大的勇氣。為了防止嚴重犯罪，我們必須依靠歐洲和錫克部隊的特遣隊，這些特遣隊應始終保持全部實力。[4]
>
> 梅先生在報告中說："……華人部隊的作用顯得尤為突出，他們表現出充沛精力、聰明才智和勇氣。這些質量通常不是人們所期望會在 Lukong（華人警員）身上發現的，一旦發現，就應該得到認可。" 有可能梅先生是過於自信了，他可能會後悔的。年輕人很容易被東方人的狡詐所欺騙，他可能會

1　*HK Daily Press*, 15 March 1895.

2　James Legge's speech in the 1872 Police Enquiry Commission, CO129/164, pp.252–253.

3　Report of the Captain Superintendent of Police, Hong Kong Hansard, 1893, 31 January 1895, No.29, p.196.

4　*HK Daily Press*, 15 March 1895.

發現，他所認為的精力、智慧和勇氣的展示，可能僅僅是一件性質可疑的外衣……而給予這些華人警員的同情最後得益的是違法者而不是法律。[1]

上述文字出現在報章正版，幾乎可以說是作為社論，在某種程度上代表了洋人對華人的觀感。到 1895 年，亦即香港開埠 50 年後，1872 年調查委員會決定起用華人的方向仍明顯沒有被採納。即使華人警員憑著實力有所表現，還是遭受排擠、歧視，進而言之，英國人對在港華人居民，骨子裏就充滿了歧視、偏見和不信任。

第一節　1894 年苦力群體性事件發生經過

一、苦力館與苦力在港生活

本章發生的事情與香港的苦力群組有關，本節擬介紹當時在港苦力的生活情況以及苦力館的狀況，以提供更清晰的背景。[2] 香港是一個海港城市，19 世紀時是以轉口貿易為主要經濟功能，圍繞轉口貿易的航運、船務、港口、碼頭、貨倉等行業比較發達，因此早期的香港工人主要也是為上述各行業提供勞務。在多種工人中，屬最底層的，數量也是眾多的，可算是苦力工人。他們大多在碼頭、倉棧、煤站、貨船和其他場所從事貨物裝卸、搬運以及其他要求較多體力勞動的工種。轎夫、挑夫、清道夫、糞夫與人力車夫也屬這一階層。由於工作性質不穩定，生活條件沒保障，他們經常身無長物，特別富有鬥爭精神。[3]

苦力廣義上是指"從事體力勞動以賺取工資維生的廉價勞工"，狹義上是指在碼頭負責貨物裝卸的工人。我們的意識中赤裸上身、肩搭白布、口咬木籤的苦力，可能已經是 20 世紀的形象，19 世紀的可以參考以下來自當時的圖畫。

1　*HK Daily Press*, 15 March 1895, p.2.

2　反映苦力生活的材料不多，本節的資料是從幾本關於苦力生活的文獻中集合抄錄的，包括姚穎嘉 2015 年在香港三聯書店出版的《群力勝天——戰前香港碼頭苦力與華人社區的管治》、徐曰彪 1993 年在《暨南學報》哲學社會科學版發表的文章〈早期香港工人階級狀況〉。在此感謝兩位前輩對這一課題的深入描述，提供了很好的參考基礎。

3　徐曰彪：〈早期香港工人階級狀況〉，《暨南學報》哲學社會科學版，1993 年第 4 期，第 62 頁。

19 世紀的香港苦力（一）

來源：香港歷史明信片特藏

19 世紀的香港苦力（二）

來源：《倫敦畫報》，1857 年 9 月 9 日

對於碼頭苦力實際的工作，也有文獻記載：

> 在碼頭的貨運工作除了負責把貨物由岸邊運往倉庫或商號的苦力之外，還有在貨輪和駁艇上搬運貨物的苦力。因為靠近維多利亞港的沿岸水深不足以承托貨輪的吃水量，所以貨輪必須停在離岸邊較遠的海面。苦力把貨輪上的貨物卸到駁艇（或稱貨艇）上，再由駁艇送到岸邊。貨物運輸有起和卸的步驟，貨輪的船艙內需要有苦力負責將貨物提起，交予駁艇中的苦力把貨物卸下，當駁艇靠岸後則由駁艇的苦力起貨，交予岸上的苦力卸貨。[1]

本章前段描述在 1894 年發生的事情與苦力館的幫派有關，後來 1895 年發生大罷工亦是由於政府加強苦力館的登記程序管控而起。有研究表示，苦力大都來自廣東貧困的農民、城鄉手工業者和近海船民之家，工人隊伍年紀非常輕，流動性頗高，新丁始終佔多數。他們大部分無久居香港之計劃，一旦經濟境況有所好轉，便會離職返鄉。[2] 這群在港無親無故的年輕苦力自然投靠鄉里群居，漸漸形成苦力館的叢生之狀。[3] 雖然苦力館的環境一般十分擠迫，但至少是一處不用日曬雨淋的棲身之所，何況裏面有公用廚房，起居飲食要分工合作，一起負責柴米燒飯等。[4] 年輕小夥子一起生活，很快便能融入新的群體之中，與苦力館裏面一起生活的 “兄弟們” 越發有親切感與歸屬感。有研究說在中環、上環曾經有三十間石房子，[5] 都是用作苦力館，裏面主要住著從海豐與潮汕來的苦力。由於來自不同的鄉鎮、操著不同的方言，以這些鄉派幫派而分成的 “苦力群組” 很自然地形成了。

據說每所苦力館有 40 至 50 名長工駐館候聘。[6] 投靠苦力館的人要把自己的名字寫在竹片上、反轉掛於牆上，稱 “掛牌”；苦力每天開工前把竹牌 “掛正”、外露名字，讓苦力頭點名，還算是一個可行的自我監管系統。苦力館 24 小時分四工（更）營業，每工 4 元，按日薪計算，如果苦力急需用錢，可以不眠不休地連續開工。苦力館如遇人手短缺，用盡掛牌苦力仍不足應付所需時，便會到碼頭區招請臨時散工。

早在 1844 年的《人口登記條例》，就已經規定工頭（苦力頭）要負責替他管

1　姚穎嘉：《群力勝天——戰前香港碼頭苦力與華人社區的管治》，香港：三聯書店（香港）有限公司，2015 年，第 42–43 頁。

2　徐曰彪：〈早期香港工人階級狀況〉，《暨南學報》哲學社會科學版，1993 年第 4 期，第 62 頁。

3　在廣東一帶俗稱 “咕喱館”，一般是指苦力的居所。

4　梁炳華主編：《香港中西區地方掌故》，香港：中西區區議會，2005 年增訂本，第 77–78 頁。

5　香港中環、上環交界有一處地方，現在仍然被稱為 “卅間”，據說就曾經有 30 家苦力館。

6　梁炳華主編：《香港中西區地方掌故》，香港：中西區區議會，2005 年增訂本，第 77–78 頁。

轄的苦力登記。[1] 在一定程度上，政府也要藉助這些工頭來管理這個特別的人口群組。各大洋行買辦招攬人手時亦要聯繫這些工頭，然後工頭們回鄉招聘，帶來搬貨等所需的勞動力。對於初次抵港的工人來說，投靠了工頭，既有地方落腳，也獲得工作機會。於是，工頭或判頭就成為他們各事求助的對象。[2]

1860 年以前，苦力館並沒有成為固定的組織，工頭可能只是湊合人數，完成指定工作就完事。但是 1860 年立法局通過《船艇註冊機管理條例》，[3] 規定自 1861 年 1 月 1 日起，艇主只能用已經登記的苦力。[4] 這麼一來，苦力想要獲得艇主僱用，必須前往總登記處辦理登記手續。登記手續繁複，登記費用 25 仙，還要提供住址，搬遷又得重新登記，否則會被重罰。政府實施這些苛政，旨在嚴厲控制香港華人人口，特別是當時流動性較大的碼頭苦力。大部分苦力不懂應付，只好選擇居住於苦力館，依附工頭，免受違規受罰。隨著香港的發展，貨運行業日益繁盛，苦力人數不斷增加，當局更需要依賴工頭加強對這些勞工的統籌與組織。

上文說到，一所苦力館的 "館主" 往往就是工頭，工頭一般就是與苦力同族或同鄉的判頭，因此苦力館分成鄉派幫派是很自然的事情。另一方面，當時也沒有正式的法律或合約約束，而碼頭工作流動性強，引致苦力工作性質不穩定，因此行業本就存在著競爭，時有幫派鬥爭。[5]

早期苦力主要是潮州與東莞人，經常都為了爭奪工作機會而大打出手。後來競爭行列裏又更加入了人數鼎盛的四邑人士。鄉派壟斷了某個工種也很常見：例如四邑苦力幫派大約有 2 萬名的搬貨苦力，代表了新會、新寧、恩平和開平四個區，在官方已知的眾多類似社團中數量最多。東莞家族則只來自一個地區，實力不及對手的一半。在 1894 年的幫派鬥爭中，據西文報導，東莞人得到了新安縣人的幫助，而新安區幾百年前還是東莞的一部分。這一事例表明情感激盪和古老怨恨之間有著的歷史聯繫。[6] 來自這兩個地區的苦力在香港主要都是當搬運苦

1　香港法律編章 1844 年第 18 號法令第 7 款。

2　姚穎嘉：《群力勝天——戰前香港碼頭苦力與華人社區的管治》，香港：三聯書店（香港）有限公司，2015年，第 42–43 頁。

3　香港法律編章 1860 年第 15 號法令。

4　香港法律編章 1860 年第 15 號法令第 2 款與第 3 款。

5　姚穎嘉：《群力勝天——戰前香港碼頭苦力與華人社區的管治》，香港：三聯書店（香港）有限公司，2015年，第 26–27 頁。

6　*HK Daily Press*, 13 March 1894, p.2.

力（工人），他們也會稱自己為"本地"（Punti）苦力。[1] 這裏所指的"本地"並不是生於香港，只是居住在廣東操粵語的人士而已。他們自封本地人，就是要向其他人顯示他們才是該地區一切資源與生產的擁有者，特別要跟"客家人"分割清楚。[2] 不同鄉籍的苦力各據地盤，經常為爭工作機會大打出手，但甚少傷及人命，只是打"拳頭架"，不會騷擾"街外人"。[3]

19 世紀後期香港經濟逐漸發展，每年移入的成年居民很多，對住房的需求增長過快，房租超越了大多數低收入居民的支付能力。有些工頭乘機與企業主管、苦力館業主勾結，以介紹職業為餌，超收房客，在有限的空間裏盡量劃出可以多住人的辦法，常在"屋中建屋，閣上加閣"，用木板將一室隔成 3–8 室（每室月租 1–2 元，也有記載說每天租金是 2 毛錢）。[4] 這與香港現在的"劏房"或"籠屋"做法相似，只是當年的衛生設備比現在還要糟糕許多，苦力館總體居住環境惡劣。

苦力館環境實際有多惡劣，也許可以從實際面積來估算一下：當時一套 390 平方英尺（約合 36 平方米）的單位住滿 30–50 名華人，等於人均佔有空間僅 230 立方英尺（合 6.5 立方米，大約 1.82 * 1.52 * 2.40 米的空間），遠遠低於當局規定的最低標準（400 立方英尺），[5] 甚至低於香港法定的華人墓穴（12 平方英尺）。

苦力身受殖民當局的壓迫與歧視，亦受盡中、西僱主的剝削，生活艱難，懷有改善處境的迫切願望與強烈要求，有時會通過罷工這種鬥爭方式來表達他們的要求。然而，殖民當局嚴格限制華人職工的結社自由。1825 年英國本土的《社團組合法》經修改後，認定工人為確定工資、物價和工時而聯合行動是合法的，但使用暴力、恐嚇、威脅、騷擾和設置障礙者將受到懲處。這項法令及其判例法是香港早期法律的組成部分。[6] 可是，從上一章論述的 1884 年 10 月香港工人反法大罷工後，殖民當局受到教訓，於 1887 年 4 月制定第 8 號法令，規定任何團體如"其宗旨與本殖民地的治安與良好秩序不相容者"，均屬非法，一律予以取締。[7] 本

1　張振江：《早期香港的社會和語言》，廣州：中山大學出版社，2009 年，第 115 頁。

2　張振江：《早期香港的社會和語言》，廣州：中山大學出版社，2009 年，第 79 頁。

3　梁炳華主編：《中西區地方掌故》，香港：中西區區議會，2005 年增訂本，第 77–78 頁。

4　徐曰彪：〈早期香港工人階級狀況〉，《暨南學報》哲學社會科學版，1993 年第 4 期，第 65 頁。

5　徐曰彪：〈早期香港工人階級狀況〉，《暨南學報》哲學社會科學版，1993 年第 4 期，第 65 頁。

6　Joe English, *Industrial Relations and Law in Hong Kong*, Hong Kong: Oxford University Press, 1989, pp.97–99.

7　香港法律編章 1887 年第 8 號法令第 2 款。

來 1887 年的這條法令是為了嚴格打擊三合會，[1] 但是政府採取寧枉無縱的做法，就連其他的結社或組織工會都一併禁止了，因此 19 世紀香港工人結集工會基本是屬違法行為。

二、1894 年的苦力爭霸戰

在 1894 年 3 月初的一份西文報紙裏，有這麼一段形象的描述，是關於在香港島上的文武廟：

> 在這個芬芳的小溪島上，發現了一座在溝壑腳下的小廟，四周是美麗的榕樹和其他叢生的樹林，還有一條澹漾的小溪通過，一直向海延伸。島上的居民習慣了在每年春夏，以及每年的某些明確季節，就是他們的漁船船隊即將要出海時，會替廟宇做出一些修理……這座是島上最大、最著名的寺廟，裏面容納著兩尊大的、七尊小的神像，還有兩個主持。[2]

寺廟在 1894 年決定要進行修理。"鑒於修理工程，有必要將主要的神靈（文昌帝君與關聖帝君）移至臨時處所。為了滿足中國人對風水的需求，就定在廟外的一塊空曠土地上。"[3] 從那時起，著名承包商 "永和記" 在建築師阿伯·丹尼森（Albert Denison）的監督下忙於翻新結構。三個多月後，修理工程完成。在把神像放回以前的位置之前，有必要將它們 "捧擁" 在城市各階層的歡樂聲中；因此，一連串的遊行慶祝活動就計劃好在 1894 年 3 月舉行了。

3 月 2 日（周五），從凌晨起，鑼聲鼓聲以及其他所有中國樂器如鑼鼓笛子的聲音響遍了整個社區，城中主要的通道整天都擠滿著遊行隊伍和人群。報章中的一段描述，能讓人想像當時的擁擠情形："遊行隊伍走一圈到原點花費了三小時一刻長的時間，所有節目中最引人注目的是一條長度超過 150 英尺的巨龍，另外還有兩條小龍和一隻大老虎。"[4] 但是，似乎也有對這些慶典並不熱心的居民（明顯是洋人），有些人甚至對遊行中的鑼鼓聲都感到厭倦，還向警察投訴。警察在下午 2 點干預遊行，隊伍只得臨時轉向西面。但報章上說不了解警察是根據甚麼法令執法，因為此遊行早已獲得撫華道總登記處的批准，[5] 遊行被終止，華人們

1　根據英國殖民地部檔案，19 世紀初香港三合會會員達 1.5 萬至 2 萬人，英國人認為所有苦力館幾乎都是三合會的聚會處，而當時三合會的確帶有濃厚鄉誼色彩。

2　*HK Telegraph*, 02 March 1894, p.3.

3　*HK Telegraph*, 02 March 1894, p.3.

4　應該是舞獅子，不是老虎。

5　當時有謂警察是保護洋人，而撫華道職務就是 "照顧" 華人。

自然感到憤慨，[1] 這一舉措引起華人（華商）的極度不滿。[2] 顯然，警隊並沒有得到上級通知（據說警察連遊行的路綫圖都沒獲得），所以就按照一般投訴去處理。報上實時反應是："一如既往，有人犯了錯誤。"當然，"有人"是指警察。但是，從理論上說，街道是由警察負責的，警察只是執行一己職務而已，並沒犯錯。這又一次證明，總登記處與警隊的權力範圍時而重疊，時而出現越權現象，這樣的安排影響香港的暢順管治。

當日街上非常擁擠，目測有成百上千的歐洲人，更有超過 3 萬名的華人，"擠滿了大街小巷，他們幾天以來從廣州流進香港，專程來觀看遊行隊伍"。[3] 根據《孖剌西報》上刊載的遊行日程，當天晚上 9 點左右，隊伍將從市政廳出發，與白天一樣沿街遊行。[4]

3 月 3 日（周六），遊行得以繼續，有人認為是華人戰勝了警察，報紙上又誇大其詞說："這勝利會使華人對'法律與秩序工具'不尊重。"[5] 到了下午，街道再次被阻塞，"穿戴高貴的瘋子在荒謬的龍與老虎前面壟斷式地歡躍，並響著鑼鼓與低音鼓。為了滿足殘酷的暴民，各種姿勢的兒童被砍成竹子供展覽"[6]，最後一句是指廣東節日巡遊表演"飄色"。這些描述可以看出中西文化有異，但部分在港的洋人總是以歧視眼光看中國文化，語氣也表現出對於華人興旺的嫉妒與不服氣。

然而，晚上的表演實在太美了，連平日語帶諷刺的西文報紙也不得不連聲讚嘆。9 點鐘在海港進行水上遊行和煙花表演。之前，西文報紙已經接到通知，海旁廣場前的整條濱海大道將會保留給"歐籍人士和非華籍人士"使用，並將提供一定數量的座位供女士使用，為歐籍人士留位的專用區將用彩燈標記，觀眾不得晚於 8:45 進場。9 點鐘鳴炮後，船隻開始遊行。船隊從美利碼頭（Murray Pier）並排開始，向西一直延伸到海濱大道（Praya），行船至渣甸碼頭（Jardine's Pier），在那裏散開。該路綫由相距約 80 英尺的發光貨船標出。……香港軍團在軍官的允許下奏起精選音樂。船隻通道為 100 英尺寬，參加遊行的船隻數量不超過六百。表演在晚上 11 點（或更早）結束。[7] 另一份西報在描述燈光燦爛之餘，

1　*HK Telegraph*, 02 March 1894, p.3.

2　*HK Telegraph*, 03 March 1894, p.2.

3　*HK Telegraph*, 02 March 1894, p.3.

4　*HK Daily Press*, 02 March 1894.

5　*HK Telegraph*, 03 March 1894, p.2.

6　*HK Telegraph*, 03 March 1894.

7　*HK Daily Press*, 03 March 1894.

讚嘆說景象是奇特的，會給曾經見過的人留下持久的印象。[1] 連平日最愛狠批的《孖剌西報》也忍不住稱讚，並稱："應該祝賀華人成功地舉辦了這次慶祝活動，它被視為是繁榮的一種象徵，在困難時期不會有這樣的遊行活動。"[2]

飄色，又稱"抬閣"，為中國傳統節慶活動中的一種民眾巡遊表演形式，源於廣東南沙。利用 4 到 7 歲的孩童扮演一些傳統故事中的人物，經專門訓練，再加上精心裝置的支架固定其身體支撐，使其看似凌空而立。利用巧妙的力學原理，營造出"飄"的效果。
來源：長洲北社街坊會

1   *HK Telegraph*, 03 March 1894.

2   *HK Daily Press*, 05 March 1894.

《士蔑報》[1]與警察總監的報告都認同麻煩是在 3 月 4 日（周日）下午大約 5:30 開始的。在荷里活道上，東莞人與來自西邊街洪聖會的四邑人在打架，打鬥起因是爭拗兩天前的文武廟遊行中，誰贏得舞獅獎項。當時有中區的警察趕到，五名男子因打架和製造騷亂而被捕，每人罰款 4 元。之後一直都再沒有事情發生，直到 10 日（又到周六）下午 5 點，兩幫派的許多人又在海旁西發生打鬥。這次是西區的警察出動，他們一出現苦力就停止打鬥了，因此沒有任何人被逮捕。警察一直在巡邏，秩序就迅速恢復了。警察將一名受傷男子送往政府醫院，另一名華人被其朋友轉移到東華醫院。報章估計在港大約有一萬名四邑人與七千名東莞幫派成員，[2]報導說這兩個地區的苦力經常為了搶飯碗（搶工作）而有毆鬥，為警察添煩添亂。《孖刺西報》認為這兩幫人之間的糾紛已經醞釀了好幾天。在 3 月 2 日（上周五），兩幫人都在某船隻上卸貨時，兩名苦力有碰撞，肩上的貨跌到地上，因此就牽起了兩方動干戈。[3]

根據警察總監 3 月 20 日與 22 日發給倫敦里彭侯爵（Marquess of Ripon）的報告，[4]以及代港督發出的報告，[5]事發一周內的情況大概如下：

4 號（周日）下午 5：30，在中區荷里活道上，有東莞人與來自西邊街洪聖會的四邑人在打架。

10 號（周六）下午 5 點，兩黨的許多人在海旁西又發生了打鬥。

11 號（周日），大約下午 3:45 苦力下班時段，打鬥又在海旁西重新開始，一名男子受輕傷，被他的朋友帶到東華醫院，但沒有任何人被逮捕。皇后大道西發生另一場毆鬥，兩名男子受傷。根據《士蔑報》3 月 12 日的報導，11 號下午另一位 "勇敢的戰士" 的頭和右臂受到重傷，並於 3 月 12 日黎明前死亡。[6]這事不知道究竟有沒有發生，因為一直到尾聲都沒人再提起這名 "戰士"。

12 號（周一）早上 6 點，警隊加派人手在這些苦力工作的地區值班，但雙方的苦力都未像往常一樣出現在工作地點。當天街道上的警察一共逮捕了 7 名攜帶武器的疑犯。這些人據說多是四邑人。

與此同時，總登記司也向這些地區的市民發出 "警示"，希望他們能夠保持

1　即 *HK Telegraph*，1881 年開始出版的香港西文報章，是現時香港主流西報《南華早報》的前身，1951 年停刊。

2　*HK Telegraph*, 13 March 1894, p.3.

3　*HK Daily Press*, 13 March 1894.

4　Report by Francis May Captain Superintendent of Police, 20 March 1894, CO129/262, pp.449–463.

5　O'Brien to Marquess of Ripon, 22 March 1894, No.63, CO129/262, pp.444–448.

6　*HK Telegraph*, 12 March 1894.

和平，並召來華人軍火商，要求他們承諾不會出售軍火作不法之用。之後，街道上就沒有再發生騷亂或毆鬥，也沒有異常的人員聚集。但是，大約到了早上10點，騷亂開始呈現新的特徵，接著發生一系列"謀殺"事件，攻擊的對象主要是皇后大街和喜利街上可憐的小販或類似的人士，這些小販等通常都是在東莞或四邑區遊動的，更有些人用左輪手槍表演"上膛"行為，然後進行攻擊。

上午10時30分，一名街頭小販在海旁西被一名男子用刀嚴重砍傷頭部，並被警察送往政府醫院。大約一小時後，一名在街上與朋友搬運重物的東莞苦力在喜利街被一名男子開槍擊中腹部。他被送往政府醫院後死亡。

中午12點，替洋人打工的苦力（四邑男子）遭到毆打，左臂骨折，被警察送往公眾醫院。下午12時30分，一名東莞男子在眾坊街被人用菜刀砍傷，並被送往公眾醫院。大約在同一時間，皇后大道西一所房屋的頂層發出幾響手槍聲，一名男子受輕傷。

據報導，有些來自東莞的苦力也在部署報復早上被槍殺的同鄉苦力，下午就在各處襲擊他們的對頭。下午3點，總登記司處與更練團開會後，決定於第二天上午10點在東華醫院舉行一次會議，召集雙方的所有苦力頭目，希望能解決他們之間的糾紛。當天傍晚和黑夜很安靜，沒有發生任何事件。

13號（周二），在上午10點前，太平山的一名苦力在街上行走時遭到**襲擊**，頭部和手臂受到嚴重割傷。上午10點，總登記司和警察總監參加了在東華醫院的會議，希望能排解兩幫人之間的爭執。[1]

會議期間，突然外面響起警笛聲，警察總監馬上離開會議，出去偵查。在前一天那所有槍聲發出的房子（其實是四邑苦力館）的屋頂上，又有人對著馬路對面的房屋的頂層連開了許多槍。有兩發子彈擊中了坐在四邑苦力館內算帳的人，他整張臉幾乎被炸掉。警察搜尋了街道和附近的大量房屋，逮捕了一個手持兩把刀的男子，還有大量拿著擔挑的人士。

所有加入打鬥的四邑人都將紅色布徽戴在手腕上，或者藏在衣服下，其中有幾人在被捕時試圖向警察用武，但遭到阻止。大約在同一時間，磅巷也發生了一場小規模的戰鬥。警察來到時鬧事者已經逃走，沒有抓到任何人，只看到一名在毆鬥中被刀砍傷的男子。警察又在皇后大道中發現一名躺在街上的男子，他的頭部被"鬥鐵"砸傷，腳上也受傷。在他的身上還發現一支上滿子彈的左輪手槍。

當天中午，一名身上藏有炸彈的男子被捕。該炸彈被用竹子和藤條捆成一

1　Report by Francis May Captain Superintendent of Police, 20 March 1894, CO129/262, pp.449–463.

團，裝有兩英寸的紙和粉末，藏在男子衣袖中，男子意圖伺機將其扔進敵人的住所。

值得注意的是，一些犯人身上還帶著具有擔保性質、並加蓋四邑印章的"定期交戰協議"。協議書這樣寫道：

> 任何遇害成員的家庭將獲得 100 元；每個受傷成員的費用將由會館承擔；被監禁的任何成員的家人每月將獲得 5 元，直至被釋放為止。耳朵被人剁下的成員，每隻耳朵將獲得賠償 5 元。所有成員都必須在左右手腕上戴一塊紅色的布，並且所有人都必須出去打鬥，因為這是最令人髮指的事情。任何不衝前的成員將被罰款 20 元。

> （簽署）Sun Ping（新平）[1]

該文件之所以署名為"新平"，是因為"新"和"平"是新會、新寧、開平與恩平四個地區（也就是四邑）的縮寫。這似乎表明鬥爭是有組織進行的。報章認為，行徑"野蠻"的人士是來自參加文武廟火龍節的遊客。這些人只要有報酬就會等待時機發動進攻。報章更直言節日慶祝不僅引起了爭執，而且提供了起亂的人手資源。當然，支持鬧事的資金相當龐大，可能由兩個會館的負責人掌握，因此追查其源頭不難，頭目應直接受到嚴厲處罰。[2]

14 號（周三），已經有苦力陸陸續續重返工作崗位，當然也有擔心自己會成為攻擊對象而猶豫者，所以並未全體復工。早上 8 點，兩名男子在磅巷遭到襲擊，頭部被重劍擊傷，警方將其送往醫院。上午 11 時 30 分，一名四邑男子在西邊一處廁所裏被另一名男子用刀砍傷，他舉手遮住頭，手腕幾乎被砍至與手臂分割斷開。又有一名男子在西邊因涉嫌攜帶左輪手槍而被捕，九名男子因在街頭有疑似行為而被捕。一個人的頭皮受到重創，另一個人的右耳到肩骨之間被砍，可能傷到了頸的靜脈。[3]

由於幾天以來發現大量威力頗大的武器軍火等，14 號當天早上，警察總監獲得殖民當局的同意，根據 1886 年第 15 號法令，發佈了一項公告，對港內武器作出更嚴厲的管制，包括沒有搜令也可以進屋或上船搜查可疑人員或船隻。下午 4:30，又發佈了另一正式通知，內容如下：

1　*HK Telegraph*, 13 March 1894, p.3.

2　*HK Telegraph*, 13 March 1894, p.3.

3　*HK Telegraph*, 14 March 1894, p.3.

根據港督今天下午發佈的特別公告規定的驅逐令，15 名苦力被認定為壞分子，之後被帶上了 "廣州" 輪船。他們在四邑與東莞的毆鬥中被發現藏有武器，因此被捕。他們本來可能是遊蕩者，不屬任何特定的會館或幫會，但是受了有償指使去殺死或傷害其他人。[1]

15 日（周四）凌晨 6 點，在一支強大的警察部隊的保護下，東莞和四邑人重返工作崗位，市面上漸趨平和。下午 1 點左右，一個不幸的謠言傳出，說一名苦力在港口被槍殺。恐慌情緒迅速蔓延，並導致所有岸上與海上的工作暫停。這些工作是應兩家洋行 Carill & Co 與 Butterfield & Swire[2]（香港太古集團的前身）的多德韋爾（Dodwell）先生要求特別招標的。他獲得警察總監答應對任何願意卸船和裝船的苦力提供有效的保護。這些工人在下午 4 點左右返回崗位，繼續工作到深夜。

16 日（周五）早上，所有苦力恢復工作。白天再沒有任何形式的攻擊或干擾，也可以說這次的群體性治安事件就終止了。事發兩個星期後，警察總監梅含理對事件作了一個總結報告，說四天內有一萬二千名苦力停工，給商人造成了很大的經濟損失。[3]

三、警察管控與各方的反應

1894 年 3 月初，連續幾天的公眾活動節目很多：早上有遊行，晚上有火龍、煙火或海港內的表演，警察自然十分忙碌，他們的職責也非常泛雜。3 月 2 日，因為有洋人投訴遊行的喧嘩聲浪，警察在下午曾經攔截遊行隊伍中的華人，有說把遊行給終止了。其實當時警察首先是處理接到洋人的投訴，其次是執行維持秩序的常規職責而已，沒有特別的針對性。3 月 3 日（周六）晚上的水上花艇燈會表演由於沒有印發入場券，由警察看守監管，有特定位置留給歐洲人與 "非華人"，警察當然也負責維持現場秩序。

3 月 4 日東莞、四邑人首次因為舞獅的名次打架，中西區的警察馬上出動，抓捕 5 人。3 月 10 日又有人打架，西區警察再次出動制止，及後一直在區內巡邏，還負責把傷者送往醫院去。3 月 11 日，打架再次在西面發生，警察把兩名在皇后大道西的傷者送往醫院後，便從下午 4 時到晚上 9 時一直留在街上巡邏，

1　*HK Telegraph*, 14 March 1894, p.3. 這一則只出現在報紙上，並沒有刊憲。

2　Butterfield & Swire（太古莊）1866 年在上海設立，是經營茶葉與絲綢的貿易商，也成為許多英國保險與船務公司在華代表處。1867 年在日本橫濱設立首家分公司，1870 年在香港也設立分公司。

　3　Report by Francis May Captain Superintendent of Police, 20 March 1894, CO129/262, pp.449–463.

也從西邊的工作地點護送四邑苦力。那天傍晚，梅含理吩咐昆西督察與另一名警長格蘭（Green）走訪所有的苦力館，勸諭他們要儘快解決兩派之間的爭端。大多數人都願意配合，除了一兩個顯示出事不關己、己不勞心的態度。

3 月 12 日一大清早，大量警察出現在可能會有幫會廝殺的現場。有消息在西環那邊流傳，警察也收到情報：幫會的打手預備了左輪手槍、長矛和短棍武裝，準備在凌晨時分進行肉搏或交戰。後來發現雙方的苦力都沒有如常出現在工作地點時，警察又在苦力館外面派出了一支強大的隊伍，並下令防止苦力連群結隊地離開；此外還在西邊海旁安排了一隻載有一隊警察的船隻，以便在必要時提供協助。兩位偵探搜查苦力館與華人會館時，撿獲了大量可以用作為武器的擔挑。在其中一家會館，一名男子被捕，身上藏有一支上了膛的手槍，街上的警察更注意嚴密監視攜帶武器者。

這樣的警力部署讓生事者改變了策略，沒有繼續在大街上交戰，而是轉向人跡罕至的街道，進行"孤狼式"的攻擊。孤狼出沒地方四散不定，出擊形式也難估，遂令警察的工作難度增加。警隊既要加強平日的巡邏，也要派遣大量的武裝警察隊伍在城中各地，監守容易出事的地方，甚至要出動騎警在大街上來回穿梭，還有配有備用卡賓槍的錫克警員負責駐守在房屋頂上。晚上又從一名男子身上搜出來武器，巡邏工作更要加強了。

相繼有幾個人受傷，都由警察負責送往醫院救治，其中一名東莞苦力不幸喪生。警察四處偵查，找尋死傷者的同伴以及現場其他目擊者，希望取得綫索，但是他們都無法提供任何行兇者的身份綫索，警察也無法從店主和街上其他目擊證人那裏獲得更多的信息。便裝警察就"清洗"（即徹底調查）了皇后街上的所有住所，而一些錫克教警官和其他警員就清查了皇后大道西，兩者都是底層華人聚居之地。由於同一時間，皇后大道西一所房屋的頂層發出幾響手槍聲，街道上的警察轉向搜查槍擊事件的發生以及其他的房屋，但沒有逮捕任何人，也沒有發現任何武器。

12 日下午舉行的更練團會議，警察總監梅含理也有出席，他積極參與與總登記司配合一切能解決事情的實際行動。12 日晚上，歐籍警長與偵查隊又逮捕了許多攜帶著匕首、左輪手槍和其他危險武器的苦力，還檢獲了一定數量的子彈。

到了 3 月 13 日，警察總監亦有參與東華會議，警察的兩名糾察隊員護衛著雙方苦力幫派頭目出席（人數共 60 名）。開會期間有人在皇后大道上開槍，一大群警隊成員，包括警察總監、警長與偵查員，連同更練團的隊員都趕到現場，進行地毯式逐家逐戶搜查，試圖搜出槍械。在事件發生期間，兩名手持步槍的印度警員立即被派往駐守在有人開槍的房屋的頂部，而備武的警察則被安排駐守在房屋頂部，結果再也沒有發生類似的槍擊。警察搜尋附近街道與房屋，以安全為前提，攜帶簡單如刀與擔挑的人士也被逮捕了。警隊與總登記司也合作無間，共同參與東華會議，了解華人圈裏的實際情況。兩者終究還是合作列出壞分子清單，驅逐有可能生事之人。

值得一提的是，東華會議的討論發現其實雙方苦力並沒有對另一方有任何特別的不滿。這個發現很重要，警察總監得悉可能不是兩幫苦力在角力，背後的惹事者或許另有其人，因此策略上要作出改變。儘管如此，前一天被謀殺的四邑（本來以為是東莞籍貫）男子以及雙方其他人遭受的傷害，[1] 仍須追究責任。與此同時，殖民當局決定任命一個由雙方代表選出的和平締造委員會，以早點達成協議。在此期間，總登記司和警察總監盡一切努力勸告苦力們復工。工人答應在第二天早晨復工，而殖民當局則答應在海旁加強警察的保護，以確保他們遵守諾言。

從這次會議可以看出梅含理領導下的警隊與以前的警隊有很大的差異。目下的警隊策略與實施兼重：採取積極協商的辦法，努力找出事件的起源，謀求解決事情的方式；也安排足夠人手做好防禦工作，防止事發時引起騷亂。

3 月 13 日早上，警察突擊搜查了太平山，並逮捕了十來個看起來無法解釋自己身份的流浪漢。那天警察把在西環的磅巷鬥毆中被刀砍傷的男子、皇后大道中被"鬥鐵"砸中的男子送到醫院。中午時分，警察在街上截查並抓捕一名身上藏有炸彈的男子。上文提到的那些加蓋了四邑印章的"定期交戰協議"也是在這天警察截查搜身時發現的。從早上開始，警方還搜查了所有從澳門開過來的輪船，以尋找武器火藥。這樣的搜查行動在 12 日清晨繼續進行，目標其實是城中所有可疑的會館與苦力館，果然搜出大量武器與彈藥，並抓到嫌疑人物。警隊派出 6 個不同的支隊在不同地點同時行動。警察總監決定出擊，清洗這些"華人會館裏"。他明白這項任務不能只靠警隊，必須與總登記司合作，便共同擬定了一份清單，列出了警察和更練團所知道最糟糕的會館及最臭名昭著的成員名字。清單後來被提交給港督，所有提到的人都被建議驅逐，結果是一些最糟糕的會館都在這時被關閉了。

警察的抓捕行動和城裏的鬥毆仍在繼續。14 號，有 9 人因攜帶武器被捕，

　1　Report by Francis May Captain Superintendent of Police, 20 March 1894, CO129/262, pp.449–463.

在他們身上發現了 5 輪左輪手槍、3 把刀和 1 把斧頭。早上 8 點，兩名在磅巷遭到襲擊、頭部被重劍擊傷的男子被警方送往醫院。當天一直有多名涉嫌攜帶左輪手槍或武器的男子被警察逮捕。[1]

綜上觀察，從 3 月 2 日事發到事情結束，警隊工作主要包括：（1）維持市內秩序；（2）阻止街頭打鬥；（3）市內巡邏；（4）運送傷者往醫院；（5）對苦力提供保護（護送開工等）；（6）走訪苦力館館主以及華人會館，進行遊說工作；（7）海上防衛工作；（8）搜查房屋；搜捕生事分子；搜查殺傷力之武器；（9）街上搜查路人，阻止武器軍火流進市內；（10）參與調停工作；（11）搜查華人會館等。這次的群體事件中也涉及真正的搏鬥工作，甚至是危險的槍戰。警隊成員都全力以赴，最後把事情在短時間內平靜下來，沒有讓範圍繼續擴大。無論在部署、策略、軟硬實力方面，都能明顯看到警隊與前不同，這也直接反映了其實殖民當局管治香港已經成熟不少。這次能應付自如，主要還是歸功於：能準確利用華人偵探的情報，得悉事件的來龍去脈，然後隨機改變策略，在防止大量武器的流向方面盡顯成效。當然，警隊與總登記處（總登記司）的無間合作，與華人有溝通，清楚掌握事件背後的端倪也是一大改善。這證明英人管治一個以華人為主要人口的城市，若是只控不管（管理）的話，管治是不會有成效的。

此外，警察也有通情達理的一面。3 月 15 日，是次事件即將結束之際，警察將周一收繳了的一捆竹竿發還給東莞幫，說怎的也是苦力們開工的生財工具。[2]同時，警隊把兩家洋行的工人護送到碼頭開工，好讓他們為裝滿麵粉的大船卸貨到駁船。這樣的安排是警察總監與洋行辦事人協商後決定的，證明警察與（某些）商人亦保持友好關係。[3]

一周以後，輔政司喬治·奧布賴恩（George TM O'Brien, 1844–1906）連同警察總監的報告在 3 月 22 日致函倫敦。原來當事件鬧到最熱時，一些較有名氣的歐洲人曾向港督羅便臣建議，[4]應該像過去那樣安排軍隊進駐華人區，以期對肇事者產生 "道德影響"（就是嚇唬以令他們懼怕）。但港督拒絕了這個建議，他相信警察有能力處理並達到令人滿意的地步，也犯不著再與華人社群關係緊張化。這一決定獲得英軍總司令的同意，結果也證明了這種觀點的正確性。[5]這又證明當

1　*HK Telegraph*, 14 March 1894, p.3.

2　*HK Telegraph*, 15 March 1894.

3　*HK Telegraph*, 15 March 1894.

4　William Robinson，雖然亦叫羅便臣，但這位是 1891 才調任的港督。

5　O'Brien to Marquess of Ripon, 22 March 1894, No.63, CO129/262, pp.444–448.

時警隊與駐港軍隊自 1864 年水火不容的關係已有改善，有事都願意商量解決。這必須歸功於前港督寶雲，是他促成了警隊與軍隊的合作關係。此外，奧布賴恩也對警察總監梅含理與總登記司駱任廷的合作點名讚譽，他們對一些懷疑是壞分子的迅速發出驅逐令，他認為這是成功平息事件再延續的原因之一。駱任廷其實也獲得了更練團與其他華人團體的協助。這直接證明香港治安的維持，委實需要各個社群通力合作，既不能只依靠警力鎮壓，亦不能像以前般只靠總登記處逼害華人。[1]

原來四天以來，碼頭的裝卸貨物工作都沒有人去處理，導致輪船都塞住港口，不能裝卸任何一件貨物，這對香港的商業經濟損失不少。[2] 梅含理雖然只負責治安，但本身也是官學生出身，接任警察總監之前也曾在殖民當局內的不同部門工作（包括總登記處）。智睿的他明白市面亂況最直接打擊到香港的商業，因此不能讓其蔓延。這種有著良好基礎訓練的思維，也影響到他對下一次（下一年）事件的處理。3 月 24 日，在警察總監和總登記司的同意下，香港的緊急情況解除了。除了總結回顧事件以外，梅含理也列出了香港應該採取的善後措施，包括：（1）對華人會館進行登記系統，甄別出"危險"的，拒絕替其登記；（2）限制批准向華人頒發武器交易許可證，售賣武器權以後應只交給歐洲人；（3）以後華人要購買武器（一般是船家有此需要），一律向警察總監申請；（4）緊急時段內，禁止內地旅客由水路到港，除非是來自新加坡和廣州以外的中國沿海港口的旅客；（5）通過建築物發牌制度，對苦力館進行更嚴格的管制。

梅含理解釋，這些建議僅僅是為了對給現有法律進行某些修改打下基礎，避免以後再發生類似的場景。而這些建議也獲得輔政司奧布賴恩的回應。他十分欣賞梅含理的先見之明及其平息事件的能力，屢次在倫敦的殖民地事務大臣面前表達讚譽。這也再次證實了前面提過的：（1）香港的治安維持已以警察為主導，不像以前，每每有事，總是第一時間找軍隊解決；（2）殖民當局與軍隊關係良好，雙方有商有量，不像在 1864 年期間採取對立態度。這些改變讓殖民當局的管治漸漸進入新的紀元。另外，如上段提過，警隊與總登記司駱任廷（總登記處）融洽的合作關係，也對這一次的亂事處理有很大的幫助。正如輔政司指出：

> 我根據總登記司和警察總監的建議迅速發出命令，驅逐惹事的頭目，這具有非常有益的作用。總登記司通過更練團以及華人社區其他有影響力成員

1　O'Brien to Marquess of Ripon, 22 March 1894, No.63, CO129/262, pp.444–448.

　2　*HK Telegraph*, 15 March 1894, p.3.

的寶貴幫助，向警察總監提供了有用的支持。警察也表現出令人信服的情報與處事能力，在我看來，梅含理特別值得讚揚，在某些艱難的情況下，他始終表現出精力、決斷和能力。[1]

倫敦殖民地部回函港督羅便臣，指示要表彰梅含理的平亂功績。原話是："請您向梅先生轉達我對他平息動亂所表現出的堅定和幹勁的感謝。"此外，倫敦也讚賞港督斷然拒絕召集軍隊的決定。[2] 殖民地部的內部討論亦高度表揚梅含理的表現，並表示收到他的報告後，會再研究修改法律，以便更好地預備未來。[3]

香港的商人（華商與洋商）與太平紳士也都對此次治安事件的處理很感欣慰。華商與華人太平紳士特別感謝總登記司駱任廷，認為是他與太平紳士們的合作讓事情能夠迅速平息。[4] 洋商與洋人太平紳士則特別感謝警察總監梅含理，讚揚他在指揮警察方面表現出強大才能，讓香港的秩序得以早日恢復。[5]

港督羅便臣也把這些表揚信發到倫敦去。上述反映此時香港警隊已獲得殖民當局乃至倫敦的讚譽與信心，主要是因為警察沒有過度使用武力，亦沒有動用軍隊，就把問題解決了。市面回復平靜，商業得以繼續經營，是殖民管治者與商賈最樂意看見的景象。

香港報章對警察的反應同樣予以高度評價，但也指出警隊人手不足的問題：

> 警察做出超人的努力 …… 目前該部隊的警長和副手可能比以前更好 …… 但是警隊的數量，幾乎連應付普通需求都不足夠 …… 不到一千名的警察怎麼足夠密切關注數千名的華人（搗亂分子）…… 這一次肯定是警察總監最值得讚許的。但此類緊急情況是絕對不容許再發生的。[6]

對於事件的平定，筆者想特別指出，在此期間看到擔任總登記司（撫華道）的駱任廷與以往的高三貴差異甚大。首先，出事之後，他與警察總監合作無間，目的明確簡單，只是謀求解決問題，沒有加進怎樣攬權、增加個人晉升機會等複雜因素。其次，總登記司掌握華人資料最多，以前的高三貴只懂列出清單、將人驅逐出境，駱任廷則利用對華人社群的了解，與警察總監一同參與斡旋工作，組

1　Report by Francis May Captain Superintendent of Police, 20 March 1894, CO129/262, pp.449–463.

2　Colonial Office to Robinson, 9 May 1894, No.67, CO129/262, pp.464–465.

3　Report by Francis May Captain Superintendent of Police, 20 March 1894, CO129/262, pp.449–463.

4　Letter from Justices of Peace to Lockhart, CO129/263, pp.203–204.

5　Letter from Justices of Peace to May, CO129/263, pp.205–206.

6　*HK Telegraph*, 15 March 1894, p.2.

織與苦力館、苦力頭之間的談判，真心實意讓華人社群融洽相處。另外，駱任廷掌握著華人會館、華人武器生意的來龍去脈，可以讓警隊準確出擊，把一些可能流入社區中的武器源頭先行堵絕，免除發生大型流血事件的隱患。這些都顯示駱任廷比高三貴更能勝任撫華道的工作，亦得以成功地把這次事件及早壓制下去。

雖然梅含理的確智勇雙全、能文能武、手法鮮明、做事磊落，但是他對武器管制的建議還是不失其作為殖民管治者的思維，畢竟他的工作是關乎治安控管，應有的預防措施還是要做到位。武器是殖民管治中的大忌，不能落在被殖民人民的手中。

四、西方報刊對於 1894 年治安事件的態度

這次慶祝活動的規模大、花樣多，連西方報紙都忍不住稱讚。但是在群體性治安事件發生之前，對於整個慶祝活動引致的不便，這些報紙卻有不同的看法。其中《孖剌西報》的觀點相對中立，它認為讓華人進行這些活動已經是相當寬容了，但是殖民當局直接參與一個純粹偶像崇拜的慶祝活動是不合適的。例如，一些重要的官方部門協助華人作出安排和執行這些安排；船隻隊伍由當局的水上消防船領航，消防船的名字還出現在一個非常顯眼的燈籠裝置上。[1] 縱然官方只是想創造一個與眾同樂的機會，但是《孖剌西報》覺得這也許會給華人一個想法，就是當局直接批准他們對於神佛的迷信。其實，香港社會以華人為主，硬生生地壓抑華人的傳統文化，只是想突出殖民管治者優越的姿態而已，並沒有體現相容並包的精神。不過，當時香港的確有一群洋人，對於華人社群的崛起是看不過眼，專門挑釁族裔之間的矛盾，這是他們借題發揮而已。

《孖剌西報》提出的另一個問題是，是否應該允許喧鬧的遊行隊伍出現在香港的歐洲人社區，讓一切商業活動受擾幾個小時。有人認為就算是讓遊行經過此區域，也可以暫時停止喧嘩，讓商店繼續營業。本來，這樣的安排可以互相遷就，但該報導認為遊行已經超出了一切合理的範圍。已經取得總登記處許可的遊行被警察終止了，華人卻沒有鬧出亂子，《孖剌西報》對此忍耐表示讚賞，同時也指出緣由在於總登記處與警隊缺乏溝通，還提到由於兩個部門之間互相嫉妒，以前也發生過類似的事情，現在已經浮出表面。[2] 其實這樣的不協調是有歷史溯源，自從 1856、1857 年的反外事情發展後，總登記處權力坐大，其與警隊重迭的職權確實製造了管治上的不便，幸好因為此時的總登記司是開明的駱任廷，而

---

1   *HK Daily Press*, 05 March 1894, p.2.

2   *HK Daily Press*, 05 March 1894, p.2.

且梅含理也曾任職總登記處,這些溝通上的麻煩並沒有被無限放大,反而是被理性地很快解決了,兩部之間通力合作,實事求是。

至於另一份西文報紙——《士蔑報》,態度就明顯偏激多了。3 月 13 日舉行東華會議的當天,該報批評說無論警隊成員多努力都是徒勞,因為政府需要做的是用大型武力鎮壓,"向交戰雙方顯示武力的壓迫——必要時出動駐軍……會館的頭目就是生事分子。他們的身份眾所周知,其實可以在一兩個小時內把會館頭目全部關進監獄裏。"[1] 報章還嚴厲譴責這些搞事分子造成人命傷亡、導致子彈亂飛、影響商人的生意。

> 在寫這篇新聞稿時,我們收到了立法局有關下次會議的通知,屆時政府將對總登記司修訂的《保良局公司註冊條例草案》進行二讀。地球上有甚麼更諷刺的嗎?[2]

這份保良局法令引起過很多爭議,有人認為它讓華人力量過分膨脹,幾近不受控制,還鬧到倫敦的議會去。保良局的歷史前人已有詳述,就不在此贅述,這裏顯然表現出華洋圈子的不和。另外,《士蔑報》對於殖民當局的官員也沒有好說話,3 月 14 日的報導中提到:"除了密切監督所有會館(這次居然不是由一個永遠不會對中國人說 '不' 的無知放縱白癡兒)之外,立法機關還應該加強對武器販運的永久性限制,全面禁止香港的華人進行武器交易並不過分。"[3] 這位 "白癡兒" 應該是指撫華道駱任廷,而非警察總監,因為下面的一段是對警察能力的肯定:

> 警察的精力和善意毫無疑問,應該根據現行的刑法,將責任歸咎於這些暴行的真正煽動者,並如上所述進行處理。僅僅捉住苦力是沒有用的,對謀殺或共謀等有組織的違法行為只是罰放逐是不合適的。[4]

這說明當時有一種很強烈的觀點在西方傳媒中流傳著,就是這次事件背後的推動力不會與華人精英毫無關係。他們甚至懷疑所謂的有關 "會館" 只是表象而已,因為這些會館基本上是缺錢的,平時需要資金維持。要策動這種行動,更需要資金注入。這些會館頭目就是資金的管理人。要確定誰是責任人,唯一真實和

1　*HK Telegraph*, 13 March 1894.

2　*HK Telegraph*, 02 March 1894.

3　*HK Telegraph*, 14 March 1894.

4　*HK Telegraph*, 14 March 1894.

有效的手段就是翻出他們的"金庫"。再者，街上抓到的小流民身上的字條裏所說的酬金，加上為數甚多的武器彈藥，都是需要有大量資金支持的。

報章繼續說："就是那些負責監管這些錢的人，⋯⋯這些人卻受到警務總監和撫華道的'邀請'在參加會議"[1]，這裏指的就是華人會館的主持人。報章的立場（也就是代表洋人的立場）明顯不同意政府與這些被認定是搞事背後的主持人妥協，就是坐下來彼此溝通商議都不認同。"這就是讓白人（歐洲人）生氣的原因。"[2]報章更指出"華人這一仗把警察鬥贏了，肯定會有損警隊的威信"。前一天有四邑人喪命，在那天的會議上，東莞人同意作出賠償，想不到此舉也惹怒了洋人，報上說："他們同意以 100 元的價格減滅仇恨，由東莞人付出。我們想知道還有甚麼比這個更可以侮辱英國人的'法律與秩序'（Law and Order）。"[3]這裏出現了執政者與輿論（洋人）不同的角度，前者希望肇事或不和的雙方能夠儘快達成和解、市面儘早回復安寧，有一撮人卻希望繼續追查事情推手是誰，直到他們認為的真相被查出。亦不難看到有一派別人士明顯是有煽動仇視雙方（華人與以歐洲人主導的殖民當局）的意圖。[4]

《士蔑報》還援引新加坡《秘密社團條例》的做法，任何超過十二個人的組織，無論其目的是甚麼，政府都可以立刻要求其完整地說明其所有行為以及所有支出的明細。報章認為就算沒有這樣的法令，在香港，要追蹤這些資金的來源也不是一個困難的任務，然後就可以對那些負責人施加嚴厲的懲罰。[5]

以上明顯是有人主張殖民當局採取更強硬的處理手段，甚至動用武裝鎮壓，因為洋人認為華人看到軍方或穿制服的警察，就不會再開火了。然後，警察應該直接去查會館：錢從何而來？誰給生事的亡命之徒付款？300 多支左輪手槍如何購買？誰賣給他們？最後，是誰付錢？[6]

至於甚麼才是補救措施，怎樣可以預防類似事件再發，輿論認為只有一個辦法，"集體驅逐出境"才可以達到目的。如果可行（但是不大可能），就能把廣東來的惹事分子全數排除在香港之外。被逮捕的人當然應受到嚴懲，但他們不是主謀。"只採摘葉子永遠不會殺死雜草"[7]，應該學習法國人在越南的強硬手段，對

1　*HK Telegraph*, 13 March 1894, p.3.

2　*HK Telegraph*, 13 March 1894, p.3.

3　*HK Telegraph*, 13 March 1894.

4　*HK Telegraph*, 02 March 1894.

5　*HK Telegraph*, 14 March 1894.

6　*HK Telegraph*, 13 March 1894.

　7　*HK Telegraph*, 14 March 1894.

於不能具體定罪者，以"參與暴力組織的共謀"治罪，這是永久鎮壓這些組織的唯一方法。

> 這些族裔鬥爭，除非徹底加以制止，否則東莞與四邑的每一個成員將繼續成為騷亂的因素，隨時可能再發動騷亂。從莎士比亞的角度來看，（羅密歐與朱麗葉）兩大家族永無休止的騷亂無疑引起了極大的浪漫元素，但事實上，這些事情對於警隊來說是不能忍受的滋擾，對於任何文明社區來說都是侮辱。[1]

以下是港督年度報告中，殖民當局對於 1894 年發生的群體性治安事件的描述：

> 1894 年 3 月，華人慶祝活動中爆發了一場引致 1 人死亡、9 人受重傷的暴亂，並進行了四天的游擊戰。港督（殖民當局）認為這場騷亂沒有政治意義，只定性為一場經常會發生的"氏族鬥爭"。然而亂事與在港的一些華人會館有著數不清的牽連，因此政府也啟動了對這些華人會館更嚴密的監控。無論如何，來自中國內地的滋事力量一直對殖民地構成威脅，因此，港督重申維持一個龐大而有效率的警察隊伍始終是絕對有必要的。[2]

以上媒體不同的報導似乎都偏向對華人應採取更強硬的態度。縱然這一次殖民當局與警方處理的方法其實已經比此前進步並富有成效，但是城中有一撮洋人還是感覺不應該對華人寬鬆，就是起碼的理性合作也不應該有，甚至處處企圖煽動仇華情緒。這種放不開的姿態，除了是要突顯殖民管治者永遠超然的優越感膨脹外，相信也包含嫉妒的元素。在殖民當局的角度，感覺有點無所適從，一面是宗主國永遠是對本國國民有優先處理的"責任"，另一邊卻是實際要處理的殖民管治問題。在選擇取向方面，究竟是誰先誰後，確實是讓殖民當局感到困擾之事。

1　*HK Telegraph*, 14 March 1894.

2　Robert L. Jarman, *Hong Kong Annual Administration Reports, 1841–1941*, London: Archive Editions, 1996, No.148, 1894, p.138.

第二節　1895年苦力罷工事件

一、香港經歷鼠疫之後

港督年度報告中，官方（殖民當局）總結1894年發生的群眾事件的首段提到，"就麻煩事與不幸事來算，1894年經歷的，在殖民地歷史上一時無兩"。[1]上一節描述的群體事件發生後，到了4月廣州發生了鼠疫，5月香港也在東華醫院發現了7宗鼠疫。由於當時天氣乾旱、氣溫偏高、水源缺乏、衛生設備不足、人口密度極大，疫情在港迅速擴展。歐洲人與華人在防治疫情的諸多方面存在差異，如中西醫治療方法、改善社區衛生條件的做法、防疫的控制和隔離政策，甚至處理屍體等，令兩者之間發生許多衝突。當有大量華人想逃離香港回鄉生活時，警察總是在碼頭盯著。不僅如此，警察還闖進華人的居所去抓捕那些染病的居民，強行把他們拉進醫院接受治療。不難想像，警察在執法時遇到不少困難，再度成為眾矢之的。有關香港1894年鼠疫的文章、文獻繁多，筆者就不再在此贅述。

從以下的剪報可以看到，關於城中防疫的工作，警隊都有努力安排與實際動手，但是的確遇到不少的阻力。

對付瘟疫的有力措施正在實行。警察總監梅含理、昆西督察和莫沃警長與另一名署理警長等，加上9名華人偵探亦報名為政府公告下的衛生官員，並於周六開始對受感染地區進行挨家挨戶探訪。昨天已開始進行，只要情況需要，將在今天繼續進行。[2]

兩位歐洲警員於周六監督了大約40名病人從東華醫院移到衛生院[3]……另外一位督察在碼頭值班，負責監督病人登上醫院的船隻。[4]

經昨晚深夜在中央警署的詢問，我們得知警方為應付疫情所需，損失慘重。梅含理在昆西督察和其他官員的陪同下，繼續挨家挨戶地探訪，又發現了許多個案，他無疑是最值得稱讚的……（有不少死亡）最大的困難是找苦力把屍體送到招商碼頭、運到墓地，有時梅含理和昆西探長不得不親自動手，把熏黑腐爛的屍體放進棺材裏。總的來說，瘟疫仍然在增加。[5]

1　Robert L. Jarman, *Hong Kong Annual Administration Reports, 1841–1941*, London: Archive Editions, 1996, No.148, 1894, p.125.

2　*HK Daily Press*, 14 May 1894.

3　當時的衛生院就像是今天的隔離醫院，用以治療已經確診的居民。

4　*HK Daily Press*, 14 May 1894.

　5　*HK Daily Press*, 14 May 1894.

殖民當局在疫區燃燒拆掉的家具等
來源：《倫敦畫報》，1894 年 7 月 28 日

西區臨時搭建碼頭，供想回鄉的華人登船
來源：《倫敦畫報》，1894 年 7 月 28 日

1894 年的鼠疫幸好並沒有大規模地延續至 1895 年，整年只有 44 宗散發的病例。政府也採取了隔離措施，疫情得以及時控制，沒有大規模的爆發。殖民當局深知執行鼠疫的措施引來反英情緒，特別是警察要進駐華人區（太平山區）。為防備特發事件，港督甚至聯繫軍部把戰艦預備妥隨時候命，政府也懸紅找出到處張貼煽動民情海報的罪魁禍首。[1] 無論如何，這場鼠疫把華洋關係又送進緊張關口中。中西文化的差異在處理鼠疫的挑戰下更顯突出，到了此時，殖民當局管治能力較前堅實，在採取防疫措施上也變得非常強悍，更加挑起華洋之間的衝突。實際上，過去有學者對殖民當局抗擊鼠疫的成績給予負面評價，因為是政府主導，並採取以隔離和強制為主的霸道式措施。[2] 疫情雖然受控，華洋之間撕裂卻更深。

　　這次的疫情對經濟方面的打擊也不小。1895 年 5 月 13 日到 9 月 3 日，香港處於戒嚴情況。從港督 6 月 20 日的公函裏可以看到縮影："至於瘟疫的影響，每一所商業機構都能感受到公共收入的損失，銀行家、商船公司、製糖工廠、貿易商人、店主、財產擁有人和勞動階級所遭受的損失是無法確定的。總體來說，本港的船運業最受打擊。"[3] 政府要盡全力恢復市面繁榮，不希望再看到市面跌進混亂場景中。

　　無論如何，1894 年第一季度發生的苦力群體性事件，讓殖民當局生出嚴格管控苦力館的念頭。記得梅含理曾在 3 月 20 日的總結報告中指出，這些苦力館應受限於牌照制度，應要求持牌人對維持良好秩序提供擔保。他當時只是提出建議，沒有時間作出更詳細的研究。[4] 港督雖然已任命一個委員會調查和報告防止暴動和騷亂的最佳方法，但因大多數成員都在處理與鼠疫有關的工作，真正的報告不可能短時間之內完成。[5] 查證史料可見，這個調查委員會應該到最後都未能成事，反而是衛生局在 1894 年底通過了一項決議，修正之前的《衛生細則》，換言之等於苦力館的牌照（營業條件）受到嚴厲的管制。

　　經歷了鼠疫，殖民當局認為更加要收緊對苦力館的管制，從衛生、環境與監管多方面入手。1894 年底，立法會通過了一系列衛生細則，翌年 1 月 1 日生效，細則中也包括對於苦力館的更嚴格的登記要求。港督在發給倫敦的函件中，對細則的歷史作出解釋，並提出 1894 年的經歷要再 "復活"：

1　　Government House to Colonial Office on Plague, 20 June 1894, CO129/263, p.462.

2　　郭衛東：〈應對鼠疫：1894–1895 年的港澳〉，《歷史檔案》，2011 年第 4 期，第 80–90 頁。

3　　Government House to Colonial Office on Plague, 20 June 1894, CO129/263, pp.468–469.

4　　Report by Francis May Captain Superintendent of Police, 20 March 1894, CO129/262, pp.449–463.

5　　O'Brien to Marquess of Ripon, KG, 16 June 1894, No.147, CO129/263, p.446.

但是鑒於去年的糟糕經歷，而且過度擁擠的公共住宿區系統現在更加惡化，衛生局最近適當地通過了一項新決議，其結果就是，以前已經定下的《細則》應該在 1895 年 1 月 1 日及之後生效，該決議於去年 12 月 16 日獲得立法會一致通過，並據此從 1 月 1 日起生效。[1]

在 1895 年 3 月底召開的一次會議上（苦力罷工發生後的公眾會議），專業工程師丹尼斯（Dennys）針對這套新的《衛生細則》發言，解釋這些細則其實是要加強對普通住房的衛生安排，例如有規定每人最低的活動空間、衛生設施等，達標就容許登記；而未作登記的房舍就不獲發牌，不能用作宿舍。[2]丹尼斯先生認為，要把上述的登記手續辦好，應該由物業的"業主"（業權擁有人）而非"住客"（苦力工頭）去負責，因為這些工頭薪水微薄，不會好好去辦事。當大家紛紛議論這點，希望政府修定這個主要部分時，警察總監梅含理指出，大家都忽視了該法令對負責人的其他要求，例如開關窗戶、搞好衛生、垃圾雜物的清理等等。這些非常瑣碎細微的事情都不會是業權人（有錢人）願意負責的。再者，這些業權人離開香港的機會很高，假如不找住客（苦力頭）負責，執法有困難，法令也就形同虛設。梅含理說的這些都是在座那些有錢人沒有想過的問題。[3]

從一開始，總登記司駱任廷就推測到這個細則的公告將會遇到很大的阻力。1895 年 2 月 25 日，他率先致函輔政司，指出這份細則出台後華人居民可能的反應，並報告受註冊條例影響的人（一般稱為苦力館）沒有遵守規定辦理登記。在規定生效之日之前，他曾向苦力館的戶主或那裏的住客仔細解釋這些規定，包括辦理登記不用收費、苦力亦不需要照相等等，以消除苦力及工頭們存在的誤解。除了口頭告知以外，總登記處也草擬了一份通告，在各工頭與苦力中大量分發。[4]

此外，駱任廷還得悉一個流傳的謠言，就是政府要求苦力館註冊的最終目的是向所有華人徵收"人頭稅"。總登記處的那份中文通告也澄清了這是毫無根據的捏造，並獎勵任何能夠提供謠言來源消息的人，但是一直沒有人來報領。駱任廷還懇請作為苦力大僱主的主要華商向其僱員解釋政府的立場，並敦促有影響力的更練團代表一起合作。雙方都報告稱他們已經遵從了駱的要求，只是一直沒有

1　Robinson to Marquess of Ripon KG, 27 March 1895, No, 94, CO129/266, pp.604–607.

2　Enclosure of HK Daily Press 01 April 1895 reporting on public meeting held on 31 March 1895, CO129/267, pp.33–34.

3　Enclosure of HK Daily Press 01 April 1895 reporting on public meeting held on 31 March 1895, CO129/267, pp.33–34.

4　Registrar General to Acting Colonial Secretary, 25 February 1895, No.2, CO129/266, pp.615–616.

苦力工頭前往註冊。

值得注意的是，駱在轉發上述報告時，表示未諮詢過同樣起用大量苦力的歐洲商人。他在信中指出，這些洋商無疑也可以提供寶貴的幫助，於是建議衛生局在任何起訴之前，應當先通過商會諮詢歐洲商人。[1] 由此可見殖民當局界別十分清楚，由誰去管理甚至接觸誰（洋人／華人）是不會交叉混淆的。

以上大致是這個新法令帶出的問題，也是令事態迅速變壞的因素之一。

二、1895 年苦力罷工發生經過

上文提到駱任廷曾經發函告知輔政司有關細則通過後的斡旋工作。函件發出不久，罷工已經開始。根據倫敦《泰晤士報》的報導，罷工是從 3 月 25 日開始的，最後動用了監犯與軍隊一起上卸貨物。3 月 30 日，該報稱罷工仍在繼續，海員加入協助，更講及一個公眾會議，力主對發動罷工的工會、會館採用強硬手段。罷工總損失達到 20 萬元。[2] 倫敦的殖民地部看到相關報導，立刻電令港督匯報罷工情況。[3]

《德臣西報》3 月 23 日報導稱，政府開始對沒有登記的苦力館裏的 "住客"（應該是指苦力工頭）發出傳票，催化了苦力們積壓已久的怒火，當日就有幾百名苦力拒絕開工。[4] 根據 3 月 25 日的《華字日報》，大概有二三十張告票由警察總監梅含理發出，但未有一人前往政府部門辦理登記手續，政府因此有意把告票撤銷（這個說法有別於《德臣西報》）。《華字日報》之一則報導如下：

> 前數日，梅緝捕領票二三十張，控告各客館主，以其不遵例，將館內居人註冊。然票雖發二三十張，惟不得館主主名填控，故無一人到堂對簿，府憲逐將控票註銷。因是之故，連日以來，苦力輩概行罷工，致令商船無人起卸貨物。地方官恐生事，特委暗差四出以查彈壓，但此事不知如何了結也。[5]

到 23 日為止，只出現了一次罷工工人嘗試阻止其他人開工的情況，這些罷工者也被警察抓住了。到了下午，沒有再發生暴亂的跡象，糾察隊就分成小隊駐守，一直等到工人都復工。

但罷工後來又伸延到碼頭的搬運工人群體，直接影響到船運貿易，警察認為

1　Registrar General to Acting Colonial Secretary, 25 February 1895, No.2, CO129/266, pp.615–616.

2　*The Times*, 26 & 30 March 1895.

3　Robinson to Marquess of Ripon 25 March 1895, CO129/266, pp.536–537.

4　*China Mail*, 23 March 1895, p.3.

　5　〈苦力罷工〉，《華字日報》，1895 年 3 月 25 日，第 3 頁。

有理由相信還會蔓延到駁船與其他勞動階層。航運業一般都支持政府嚴厲執法。"但是上次的怯懦令這次用嚴刑對付苦力有困難",《德臣西報》這樣揶揄道。[1] 該報估計至少有 30 名苦力被抓,並希望華人精英能夠作出遊說,說明這樣抵抗政府是沒好處的,何況立法本來就只是為了改良衛生,並非要打壓華人。"如果有關方面能夠成功地辨認是哪些人亂肆散播假消息,然後予以嚴懲,以儆效尤。"[2]

3 月 25 日,苦力罷工已經到了高峰。據報紙估計,罷工人數應該已經達到幾千名,大部分是搬運與裝卸貨苦力。[3] 平日忙碌的海港與碼頭卻像周日一樣,冷冷清清的。罷工工人聚集在一起,討論怎樣能讓政府屈服。

罷工以來,影響最大的似乎是位於鰂魚涌的太古糖廠,幾乎所有的華人工人都參與了罷工,只剩下歐籍僱員硬撐著。太古的華人工人本不受那些苦力館條例所影響,但是也參與聲援其他工友。

與此同時,政府也開始行動。周日(3 月 24 日)有三艘德國船被臨時批准可以裝貨,最終裝滿了兩艘。當日上午還有一艘英國郵船進港,鐵行郵輪公司用自家的司爐工人把煤炭運到船上的儲煤箱,深夜時分終於裝滿了。周一,有一群犯人被帶上了鐵行的一艘拖船,移往九龍那邊為其他船隻進行裝煤工作。後來又有步槍支隊去了九龍,把武器擱在海旁九龍倉公司門口,替兩艘船裝卸貨。士兵們似乎很喜歡這項工作,也很享受一起在碼頭幹活耍樂的時光。碼頭其他的大船用自己的船員卸貨,因為有士兵與軍官在場保護,也倍覺安全。倉庫公司的自聘工人沒有參與罷工,也在幫忙裝卸貨。這些苦力之所以沒有參與罷工,原因是公司早答允工人將會獲得最大保護。[4]

根據軍方消息,原來軍隊司令內部發了指引,召集有意協助碼頭裝卸工作的志願者,然後又聯繫船運公司,假如需要服務,可以向司令官報名。這次,民事當局和軍事當局展開了良好的合作,受影響最嚴重的航運公司似乎也有同樣的決心,因此他們有充分的理由相信罷工行動會很快就結束。[5]

怡和洋行的僱員也獲通知,假如他們復工,會得到最充分的保護,但大部分工人仍然被那些肇事分子(受會館東主與工頭操縱)唬住了。報上有消息說,有些華人(精英)甚至誇口說管治香港的是他們而非殖民當局,就是他們策動罷工

1　*China Mail*, 23 March 1895, p.3.

2　*China Mail*, 23 March 1895, p.3.

3　*China Mail*, 25 March 1895, p.3.

4　*China Mail*, 26 March 1895, p.3

5　*China Mail*, 25 March 1895, p.3

行動的。[1] 這些危言聳聽的報導，不但對解決情況沒幫助，直把華洋關係的緊張推至臨界點。但是從實際出發，工人也在擔心生計，因為他們基本上過著"手停口停"的生活。殖民當局想必也是看透了這一點，因此態度沒有表現出軟化。

當時也有人提議從日本進口苦力，但是正值甲午戰爭，僱人也不容易。各家船運公司也在想其他辦法弄來苦力，不想讓貿易陷入中斷。市面情況還是一樣，罷工數目已經達到幾千人，報章上稱此為"消極的抗議"。[2] 26 日下午，立法會開會表決監管苦力館衛生情況的法令。後獲封為爵士的華人何啟（1859-1914）、已經升任署理輔政司的駱任廷，都出席了當天的會議。會上決議，假若罷工工人在幾天內還不復工，政府將從北方引進工人，罷工的苦力將永遠失去工作機會。

27 日，罷工繼續，工人並沒有退讓的跡象。由於工頭每天提供三餐，工人們也樂於放幾天假期。據說商界一致支持政府採取強硬態度，絕不退讓；輿論也希望政府繼續保持強勢，好讓華人意識到他們並不是香港的主管，並且知道這個時候的政府是堅定而且堅決的。[3]

這一天，罷工風潮蔓延至香港仔的駁船。據說"這一次罷工引致的損失，大部分會由外國郵船的華人夥伴（華商）承擔"。[4] 因為無論苦力開工與否，這些郵輪都要支付高昂的費用，這就正好"警告"華人，全民停工對於整個社會（商業社會）的損害是何其大。這一天，上海的《申報》首次也是唯一一次報導了香港罷工的情況。該報報導稱，工人們須要吃飯，因此罷工不會持續太久。[5] 與此同時，港督也發令給維多利監獄，通知動員監犯參與搬運煤炭工作，有需要此項協助的船運公司可以與監獄總監聯繫。當時有謠言稱在紅磡與九龍倉的工人也會參加罷工，但後來被證實是假消息，那邊的警察也證實市面上沒有任何極端行為。兩名苦力館負責人因未辦好登記手續在裁判法院被定罪，每人罰款 25 元。其中一家苦力館人去樓空，另外一家的東主趕緊付罰款，因為法庭的人已經動手搬走苦力館裏的白米作罰款抵押了。

3 月 28 日，罷工的範圍進一步擴展，連紅磡、鰂魚涌與東角碼頭都在進行著罷工，但是軍隊、警察、海員、監犯等亦全力協助郵船公司。報章對於警察總監的態度與堅持很是讚賞。總登記司也盡力遊說華人，說明政府這次的態度不會

1　*China Mail*, 25 March 1895, p.3

2　*China Mail*, 23 March 1895, p.3.

3　*China Mail*, 27 March 1895.

4　*China Mail*, 27 March 1895.

5　〈小工倔強〉，《申報》，1895 年 3 月 27 日。

軟化。

　　當日下午香港總商會召開會議，討論這次的勞工危機。所有對此議題感興趣的人，不論是否商會成員，均受邀出席，他們大多數是城中的歐洲商人。那天的會議選出了委員會（下稱"洋商委員會"），方便與政府溝通。與此同時，商行買辦在何東（怡和洋行的買辦）的帶領下也開了會議。[1] 3 月 29 日，華洋兩幫商人再開會議，當日大概有 100 多名華商參加，由何東代表發言。他指出有影響力的華人並沒有支持苦力，更沒有反對政府。華商表示，令苦力不滿的是政府通過管制苦力館徵收人頭稅的行為。這天，洋商會員還對苦力們做出如下聲明（或"保證"）：

　　　　以下簽字的公司和個人，明白你們罷工的原因之一是政府可能徵收人頭稅、登記費或執照費。我方保證，政府現在或今後都無意徵收此類稅。今天下午，我方和華裔社區的許多主要成員在商會舉行了一次會議，會議決定，我們應該等待總督閣下……並建議免除你們這些苦力登記房屋，並要求房東按規定行事。

　　　　我們希望政府採納建議，並衷心希望你們立即恢復工作。此廣告是由以下人員尊敬且符合規定：

　　　　　　　　　　　　　　（簽署）太古洋行（前稱），美最時洋行，

　　　　　　黃埔船塢（前稱），怡和洋行，天祥洋行，禪臣洋行

　　　　　　　　　　　　　　　　（由高等法院翻譯歐理德 翻譯

　　　　　　　　　　　　　　　　　　　1895 年 4 月 1 日）[2]

　　當天下午，洋商委員會也到港督府邸，想約見港督。由於港督不在，就由輔政司駱任廷代表接見，並待港督晚上 7 點回府時轉達報告。但是港督並不同意洋商委員會有關罷工的建議，他指示駱任廷回信轉達，並告知警察總監的報告顯示罷工實際上已經結束，因此沒有必要讓洋商插手事件。

　　翌日早上，港督接到鐵行郵船公司的消息，部分工人已經復工。但是到了傍晚，又接獲壞消息，說罷工持續。估計是因為洋商委員會在 29 號下午發過了那封未經政府授權的中文通知，傳遞政府打算讓步的錯誤消息。[3]

1　*China Mail*, 29 March 1895.

2　*China Mail*, 29 March 1895.

3　Robinson to Marquess of Ripon, 02 April 1895, No.100, CO129/267, pp.17–29.

3月31日，港督羅便臣在駱任廷與梅含理陪同下，接見了洋商委員會，立法局華人議員何啟也有出席。根據羅便臣發往倫敦的函件，洋商委員會再次建議政府修正《細則》，就是要把苦力館的登記責任放在業主而非苦力身上。由於洋商的意見與政府的政策相抵觸，警察總監指出這個涉及退讓的建議並不可行，港督也表示："我無法接受，因此我堅持我以前的決定，就是不會讓步。"[1] 4月1日上午，第二次歐洲商人會議在大會堂召開。大約有 150 名歐洲居民代表各社區參加會議，這次，何東也代表怡和洋行買辦出席。

最後，為儘早結束罷工，政府在 4 月 1 日下午發出以下公告：

> 已經據實查明，有用心不良的分子傳播虛假的謠言，稱（政府）即將徵收人頭稅，並收取登記費，政府已經多次澄清沒有這樣的事。任何人可以提供這些散佈謠言和誤導他人的人之消息，將立即對提供信息的人獎勵 $1,000。如果您對其中的規定有疑問（儘管已經對其進行了解釋），可以向總登記處提出申請，後者將提供您所需的任何信息。遵守！[2]

幾天後，工人就全面復工了。4 月 4 日《華字日報》刊登了一小段文字：

> 苦力等輩既蒙港貼出示曉諭，始悉為謠言所惑，誤會政府抽人稅，徵取牌費等事，以故怨疑，不願操工。幸中西商聚會數次，詳辯此中事理，以助政府設法明白，勸諭各苦力，然後狐疑盡釋，謠琢漸銷。初九日，中環練目等承辦勸諭苦力開工，隨往四環，廣為傳諭。若輩工目有七十一所，已赴署，遵新例註冊領牌矣。其灣仔苦力，尤能明白，多往報注，想此波已平，似可無慮也。[3]

此前，港督羅便臣發電報給倫敦，先報告與海軍軍方借用人手代替苦力工作，連帶還提及借用罪犯一事。當然情勢危急，只能採取這樣的應急措施。他提到，在過去的二十五年中，這個苦力館註冊制度從沒有強制執行，卻一直引起政府的注意。在這次危機中，假如政府再讓步的話就是"軟弱和有罪"了。他還提到，香港立法局裏的成員和大多數人都對此措施深表支持，其中包括有影響力的華人居民。港督又附上數封洋商與他交流缺乏苦力開工事的函件，證明安排臨時

1　Robinson to Marquess of Ripon, 02 April 1895, No.100, CO129/267, pp.17–29.

2　Notice Issued by His Excellency the Governor, CO129/267, p.42.

3　〈苦力註冊〉，《華字日報》，1895 年 4 月 4 日。

工人是當時的急務。[1] 倫敦方面卻不贊同他僱用軍隊、海軍與監犯的做法，並提出要向倫敦陸軍部反映。

倫敦殖民地部還來不及回覆，羅便臣在 4 月 2 日又再發函，通知罷工沒有完全解決。羅便臣將責任歸咎到洋商委員會採取了一些與政府步伐不一致的行動，並趁機指出就因洋商不確定的態度，致令事情到了不可預計的局面。港督還報告說，雖然罷工繼續，但在任何時候都沒有構成對公眾和平的威脅，因為政府採取了一切措施，包括武裝的糾察隊（警隊）日夜巡邏街道，以維護法律和秩序。他預測罷工會很快就完結。[2]

4 月 4 日，港督羅便臣向倫敦報告："罷工徹底完結。政府完全成功。"[3]

4 月 10 日，港督再致函殖民地部，對罷工問題作進一步總結。港督認為雙方的差異不是經濟上的、亦非勞資之間的（雖然最終看似如此），而是統治者與被統治之間的政治爭吵，起源於 "一群無知與不講理的社群"。因此，羅便臣對他堅定的態度很自豪，認為這樣就戰勝了本來要對政府構成挑戰的 "群眾壓力"，[4] 當然不忘對洋商的動搖與妥協表示不滿。他亦指出其實華人勢力一直在膨脹，但政府沒有好好處理，讓有關分子力量坐大。羅便臣指出，在鼠疫期間，他曾在某種程度上給予華人一點妥協，但是這種 "讓步" 是有限度的，並非無底綫的。其實所謂妥協，只是羅便臣自己認為已經對某些華人的概念與習俗的接受，例如：容許華人染病者被送往另一所醫院，由得華人根據中醫方法調治，容許染病者三名家人留家服侍其在家醫理等。[5] 但其實也只不過是逼不得已，因為要防範華人潛逃、不致使疫情繼續擴散，惟有實施這些 "妥協" 的措施，至少可以掌握確診病人數目。

至於罷工爆發，羅便臣決定以最強硬的態度處理，從而把政府的 "超然性"（supremacy）重整，當然他覺得最後的結果是勝利的、讓人鼓舞的。這樣，羅便臣相信日後的施政將會更順暢，華人從此會受制於政府；而商人以後獲得的利潤將會大大抵消這次的損失，一勞永逸。羅便臣這樣的思維，說明其一統治者永遠是站在超然地位，亦即華人永遠是被壓制的；其二殖民當局貫徹始終地以維護商業（貿易）為大前提。

1　Robinson to Marquess of Ripon, 27 March 1895, No.94, CO129/266, pp.604–607.

2　Robinson to Marquess of Ripon, 2 April 1895, No.100, CO129/267, pp.17–29.

3　Telegram from Robinson to London, 01 April 1895, No.100, CO129/267, p.48.

4　Robinson to Marquess of Ripon, 10 April 1895, No.113, CO129/267, pp.92–98.

5　黃雁鴻：〈港澳的鼠疫應對與社會發展〉，《行政》第 28 卷，2015 年第 1 期，第 117–134 頁。

最後，羅便臣不忘讚賞整件事中一直支持他的警隊，亦對海軍與軍隊借出人手表示感激，但卻沒有提及華人隊伍更練團在此中也出過一份力。羅便臣對香港兩大部門的讚賞原話是這樣的：

> 在最近的危機中，沒有違反公共和平的原則，我認為這一事實反映出殖民地警察部隊和警察總監梅含理先生所作的安排值得讚賞。為維持公共利益的精神和他們良好的工作，我非常欣慰地把事實報告給閣下。
>
> 當然也感謝海軍和軍事當局在沒有苦力的情況下，允許他們的成員在港口的船舶上工作。[1]

倫敦在 5 月 17 日回函，認同（批准）港督處理罷工風潮的方法，也特別肯定梅含理與警隊的專業，同時指出借用軍隊、海軍與監犯來充當苦力本來是不值得鼓勵的事情，但鑒於這次情況特殊，倫敦也沒有多加責備。[2]可見羅便臣在 4 月 10 日的解釋是必要的。貿然動用軍隊、海軍是違規的事，當時政府認為要處理的不是一場勞資糾紛，而是一場政治鬥爭，因此羅便臣大膽破格、鋌而走險。解決了一場可大可小的政治風波，樹立了政府作為統治者、管理者的威信。對這樣的解釋，倫敦也就沒法反對或責備了。

這場不大不小的風波終於過去。殖民當局的強硬態度，當然是反映其施政漸趨成熟，再配合警隊實力的增強，因此能收放自如。最後雖然始終還是以發公告澄清了政府無意開徵人頭稅，但重點是政府處理整件事的流程步驟是獨立行事，沒有聽從任何洋商或華商的意見、建議，顯出這時的香港不再是商人治港，而是行政主導。這樣的政策繼續在 20 世紀實行，為以後的施政奠定了堅實基石。華商雖然沒有像洋商般亂肆行事，但港督表明對其在罷工中的暗中或背後參與有質疑，證明所謂 "華人精英" 的崛起冒頭，其實只是鏡花水月、一廂情願的想法而已。

三、警察在事件中的行為表現

在罷工事件發生以前，警隊忙於應付鼠疫，工作任務非常繁重，而且在過程中，警察與華人衝突不少。警察總監梅含理在處理鼠疫工作中確實出力不少。他是一位務實的官員，崇尚的是典型的英國強勢、直接管治式，講求的是 "效率"。在這一過程中，他不乏採用傳統的殖民手法實施高壓，在處理鼠疫的舉措

1　Robinson to Marquess of Ripon, 10 April 1895, No.113, CO129/267, pp.92–98.

2　Colonial Office to Robinson, 17 May 1895, No.119, CO129/267, pp.99–100.

中要求華人放下一切其他的考慮（包括傳統習俗等），絕對地遵從。這種強勢、直接的處事方法，梅含理也並不只是加用在華人群裏，對歐洲人也一樣。1895年罷工出現前，市內的歐洲人投訴家裏的傭人（華人）偷竊特別多，從 1894 年的 3 宗，一年之內增加至 60 宗，光是住家內的手錶失竊也有 19 宗。[1] 警隊當然是首當其衝，被批評是辦事不力。梅含理直白地回駁歐洲人道：作為僱主，連兩分鐘替傭人做好登記的時間也嫌麻煩，本港有再好的登記系統來協助減少不忠誠僕人都不會看到有成效了。[2] 這樣直接面對歐洲人，也的確讓他們語塞。

至於上文提到的鼠疫之後，整治苦力館的《衛生細則》的舉措，其中不少是需要警察執行的，例如巡查苦力館處所有沒有每天開窗戶幾個小時、有沒有用石灰清潔劑等弄好衛生、垃圾是否清理好這些瑣碎事情。後來發現苦力館館主沒有前往作登記時，亦是由警察負責發出告票。原來警察總監也是當時衛生局的副主席，可見警隊在殖民當局架構中的重要性已經與前有異。

3 月 23 日清早罷工開始，警隊派出兩支強大的武裝糾察隊（包括歐洲人、錫克人與華人成員），守在平日工人開工的地方，防止亂事發生。有人在街上嚇唬企圖開工的苦力，警察也立即抓捕，迅速送到裁判處判罰。街上的糾察隊分成小支隊，在守候等待工人復工。雖然一開始工人只是採取消極反抗的罷工行動，但經歷過 1894 事件的警察總監特別謹慎，不想重蹈覆徹，因此這些糾察都是武裝部隊，可見華人警員至此時終於可以備武了。

兩天後，在守候的警察又抓到武力恐嚇苦力者，送官究治。這些抓捕行動表明警察隨時在附近準備拉人，使意欲搗亂的分子知難而退。隨即送官判刑的威懾作用也很大，特別是一判就是三個月監禁，少有人敢以身試法。所以，雖然參加罷工的苦力人數一直在增加，但是再沒有恐嚇其他苦力的事件發生，因此警察也沒有再抓捕企圖恐嚇工人的流民，而且苦力一直都是以罷工消極抗議，並沒有上街生事。

後來，罷工蔓延到香港仔的駁船，警察馬上反應過來，派員趕往那邊，除了防止已經罷工的苦力搞出亂事，也前往協助人手的安排。根據報章的報導，其實在香港仔以及鰂魚涌，也有皇家海軍的士兵在幫忙。原來他們先要宣誓成為警察，才能執行水警的職務。[3] 這種安排可以看出到了此時，系統化的管理已經出現在警隊中。另外，軍方與警隊關係也已經是正常化，士兵宣誓後，就必須服從警

---

1   *China Mail*, 19 March 1895.

2   *HK Daily Press*, 16 March 1895.

3   *China Mail*, 27 March 1895.

隊的命令。

因為這些駁船都是有登記、有牌照的，掌握其資料並不困難。警察總監馬上發出消息："欲租用貨船而有困難者，請與警察總監聯繫。"[1] 警方又積極安排了其他船隻協助裝貨。這一做法既是適時、又有成效，而且對於罷工的工人沒有採取甚麼行動，避免了再發生大衝突。警察總監梅含理也不遺餘力地為有需要的商人提供協助，例如他為沙遜洋行的老闆提供 100 名苦力，也替新旗昌洋行招來 25 名苦力。他在 3 月 29 日洋商委員會的會議上說：

> 警隊一直在安排各方面的協助……我一直竭盡全力幫助商業團體，我可以向您保證，昨天下午我為禪臣洋行（Siemssen & Co）僱用了 50 名苦力，但今天早上他們沒有出現，禪臣洋行問我為甚麼。我派人出去找他們，得到的答案是"我們要等等看港督現在要做甚麼"。如果持堅定的態度，這場罷工將結束。[2]

最後一句話表示梅含理充分肯定其實工人都已經預備好復工，但是仍採取最後防綫，觀望政府最後態度，因此勸告政府必須謹守堅持。在 3 月 30 日參與洋商與港督的會面時，梅含理也有出色的表現。他從實際情況出發，提示眾人將登記苦力館的責任放在業主身上的難度，其發言已如上文所述，此不贅言。看得出來梅含理是一個務實的警察總監，對 1895 年罷工的處理從頭至尾是由警隊主導，無論是總登記處、軍隊、監獄或其他政府機構，都是配合警隊的安排，盡力作出協助。梅含理也一直適時地向港督報告情況的發展，而這一過程中，港督與梅含理一直溝通交流，這點也是重要的舉措。例如在 3 月 29 日晚上港督返回官邸，駱任廷告知總商會要求政府發出公告，表明軟化態度，港督就沒有就範，其中的原因就是已經能掌握外面大概的罷工情況，消息來自警隊。另外，在要求軍隊與監獄部門提供人手上，港督也親自聯繫，並與梅含理直接溝通，指令清晰。[3] 這些採取的步驟與前幾次群體性事件比較，堪稱"政通人和"，當然這個"人"字只是局限於殖民管治者裏的持份者而已，這亦是這次解決事件的主要元素。

事情處理完結後，幾家郵輪公司紛紛致函鳴謝港督：

> 先生——謹通知您，在 5 月 3 日董事長湯姆斯·薩瑟蘭（Dir Thomas

1　*China Mail*, 27 March 1895.

2　Chamber of Commerce Meeting Minutes, CO129/267, pp.30–40.

3　Robinson to May, 24 March 1895, CO129/266, p.612.

Sutherland）致我的信中，鐵行公司董事指示我代表他們，感謝您在殖民地上最近發生的苦力罷工期間，在我申請協助時，迅速而具實質性的答覆。並向閣下您和統帥部隊的行動表示高度讚賞。[1]

報章上也有公開表揚警隊以及梅含理的讚譽文章：

我們衷心祝賀並感謝警察總監在罷工期間維護殖民地的和平。根據他的睿智安排、主動和精力，這場麻煩總算過去了，而沒有再次發生像在 1894 年 3 月的罷工期間犯罪暴力的場面。那些犯罪現場使殖民地蒙上了一層陰影，當時左輪手槍和火藥隨意地被濫用，在本市的一些較低檔次地區，市民喪命，恐怖活動盛行。這一次，得到梅總監的辦公室和員工很好的鼎力支持。同時，他為提供苦力和使貨船和船夫受到適時控制的不懈努力，也應當記一大功。殖民地亦藉此機會再次感激士兵及其指揮官免費提供寶貴的服務，我們代表公眾致以誠摯的感謝。[2]

倫敦在 5 月中旬發出公文，特別點名讚譽梅含理與警隊在事件中採取的處理方法，及保護了 "生命與財產"，亦充分表現了對法制的遵從。

我很榮幸地收到您關於最近發生的香港苦力罷工的電報和信件，正如在空白邊處所指出的，我很高興能夠向您表示祝賀。我很高興可以向您表示祝賀，是基於殖民地政府的堅定與抉擇，才能最後保持（這裏的）平靜。我謹此向您本人以及在梅含理先生有能力指揮下的警察部隊致以誠意，以確保該殖民地的生命和財產安全並遵守法律。[3]

實際上，梅含理這次的表現不僅為他贏得讚賞，也為他的仕途打開新的一頁。在倫敦殖民地部的內部討論中，他被考慮授予聖米勒和聖喬治勳章（The Most Distinguished Order of Saint Michael and Saint George, CMG）。[4] 梅含理在 1912 年再度回港，接任港督。現在港島往太平山山頂的一條路就以他命名，登山纜車也有一個車站叫 "梅道"。

筆者認為 1895 年罷工事件最後能夠被解決的原因有多方面，但是警察居功

---

1 Peninsular and Oriental Steam Navigation Company to Robinson, CO129/267, p.682.

2 *China Mail*, 03 April 1895.

3 Colonial Office to Robinson, 17 May 1895, No.119, CO129/267, pp.99–100.

4 該勳章一般授予對英聯邦或外交事務作出貢獻的人士，不少前香港總督皆曾獲此勳章。

不少。首先，在**警隊**的安排下，軍隊、囚犯、警員協助商人（洋商），使其短期內不會受罷工的威脅。當然，苦力要吃飯，罷工也不能一直維持下去，但因為有後援，罷工行動失去持續下去的韌力。此外，警隊通過與總登記處的無間合作，與各方商人進行多次會議，掌握商人的意向，也清楚傳遞政府的意願與決心，使商人得悉政府對於他們的困境有安排，這樣便不至於倉促間對工人的要求就範。警隊與總登記司謀劃好要對付某些生事分子，包括苦力工頭，在群龍無首的情況下，罷工最終失去韌力。

四、幾次公開會議與立法局開會情況

對於 3 月 28 日、31 日與 4 月 1 日三天在香港舉行的關於處理 1895 年罷工召開的公開會議，學界並沒有作出太多的研究。即使是蔡榮芳先生的文章，雖然分析了 1895 年罷工事件背後的香港社會與政治架構，也就是苦力、商人（洋商或華商）、殖民當局之間的牽扯關係，[1] 但是對於三次會議的研探並不充分。

其實，洋商、華商與殖民當局官員的看法與態度，透過兩次會議裏的發言可以看出更多。本節擬再加上 3 月 26 日香港立法局的會議，一並細究對於此次罷工行動與殖民當局的對策，城中各方人士（持份者）的看法。這些人包括：殖民當局官員、立法會議員、洋商、華商、華人代表、買辦等。當然，真正的華人持份者（苦力與工頭）永遠不會出現在這些會議中，他們的想法是被其他這些人忽略，甚至"滅聲"了。

3 月 26 日立法局會議

3 月 26 日下午，香港立法會召開會議，[2] 主要是為通過對 1887 年公共衛生法令中關於苦力館細則的修訂。當天有四位先生發言，分別是港督、署理律政司、當天就任輔政司的駱任廷與華人代表何啟。港督羅便臣對於華人苦力的頑固、無知與愚蠢感到驚訝，他認為修例是為了改善苦力館／苦力們的居住環境，也是為了公共衛生，因此政府不會軟化態度，沒有妥協的空間。這時候，政府似乎已經安排好多達 2、3 千名可以協助商人的隊伍，而商人還可以往汕頭或廈門招聘工人。羅便臣當天的講話充滿怒氣，顯示出殖民當局的強硬態度。既然都已經獲得行政、立法兩局的同意，法令就不會輕易改變了。這樣的說法就給商人們派了定心丸，工人的行動不會影響商業運作；另外也給人先聲奪人之勢，就是間接敦促商人要支持。

1　Tsai Jung-fang, *Hong Kong in Chinese History: Community and Social Unrest in the British Colony, 1842–1913*, New York: Columbia University Press, 1993, pp.180–181.

2　Legislative Council Meeting Minutes, 26 March 1895, CO129/266, pp.617–618.

輪到署理律政司對法令作出解釋，他說自從登記苦力館的細則出台後，苦力館業主都隱身而退，逃回廣州，避免遵守替苦力館登記的要求。因此，這一份額外的法令就是要讓苦力館的房東或住客（householder）擔負起責任，不能因為沒有東主就讓苦力館過度擁擠的情況繼續。他的發言中有一句值得注意：“在過去的幾年裏，殖民地上一般的華人，當然不是指上層階級，而是普通的苦力和那些煽動他們違反法律的人，太習慣於認為他們可以脅迫政府，現在是政府必須採取堅定態度的時刻了。如果有人不喜歡法律，他們越早離開殖民地越好。”[1]這話反映了當時歐洲人的普遍看法，即不願服從法律的華人儘管離開，香港也並不稀罕這一階層的華人。但因現場也有其他華人，所以不忘先作好墊子，說明只是針對下層華人。等級分化和歧視也是當時英國人的一貫態度，他們並沒有想過真正融洽地與（所有）華人共處。原因很簡單，有錢有權勢的華人能夠協助英人達到其殖民目的；其他的華人對英人來說可有可無，順民暫且可以容忍，要惹事生非的就不受歡迎了。

一天之前仍然是撫華道的駱任廷發言時，對於此事的態度非常審慎。作為殖民當局官員，他當然必須支持嚴正執法，認同苦力館的登記問題始終要有人負責，但作為撫華道，他表示相信這些房東／住客會為了公眾利益而努力，最後會與政府共同商討出一個完滿的解決方法。他的發言獲得當場人士的稱讚，眾人認為他一向不偏不倚，因此他的觀點很有權威性。[2]

會場外的罷工還在如火如荼地進行中，會場內最搶眼球的當然是唯一的華人代表何啟。港督邀請何啟發言，並請他對華人社區（特別是華商）做出遊說。何啟議員首先表明他不反對該條例，但亦表示並非所有條文都是公正和公平的。例如他認為法令中對於房東或租客要付的責任來得太苛刻，但是他又說其實是苦力自己的行為讓政府不得不立法作出管制。他接著說自己與其他人士（像韋玉）一直在做苦力遊說工作，甚至通過書面文件保證政府不會開徵人頭稅，還答應假若以後真有人頭稅，華商會負責這些稅款。雖然遊說還沒成功，但他保證會繼續努力。可以看出何啟的立場是全力支持政府的，因此發言後也獲得掌聲。[3]何啟稱自己與韋玉等為“與華人有聯繫的人”，而沒有直接承認自己就是華人，這個立場也明顯是要與大部分的華人劃清界限，後來這種華人就被稱為“高等華人”（華人精英），是殖民管治下的一類副產品（by-product）。隨著這類華人教育水平的

1　Legislative Council Meeting Minutes, 26 March 1895, CO129/266, pp.617–618.

2　Legislative Council Meeting Minutes, 26 March 1895, CO129/266, pp.617–618.

3　Legislative Council Meeting Minutes, 26 March 1895, CO129/266, pp.617–618.

增強，20 世紀後期的殖民當局大力起用他們以"協助"管治香港。[1]

法令當天三讀後就通過了。

3 月 28 日總商會（洋商）會議

罷工仍在繼續，3 月 28 日下午，總商會召開了首次公開會議，議程是討論香港正在經歷的罷工難關。怡和洋行詹姆斯·凱瑟克（James J. Keswick, 1845–1914）被推選為會議的主席，出席總共 72 人。除了主席外，還有 8 位大洋行的老闆或代表發言。在這些會議上通常都會聽到很多辱華的話語，越刻薄的就能博得越多掌聲。筆者選錄了一些，目的是證明來港半個世紀之後，英國人殖民主義者的優越感絲毫沒有減退。

28 日的會議傳遞了一個重要的訊息：苦力們其實沒有合理的"不滿"，只是被苦力館的房東與苦力工頭利用，目的是要逼使政府取消對於苦力館的管制法令，或者至少放鬆政策。有官員認為，香港有頭有面的華人，同時也是華人區內的大業主，並沒有盡力協助政府。因此洋商們這次要聯合起來，安排從外地另覓其他工人，逼使罷工的華人苦力讓步。這等於是傳達了殖民當局的決心：如果有實際需要，會考慮從別的港口調配一千到兩千名的工人來港協助。

下面節錄的一些發言大都載於翌日的《孖剌西報》，港督也把該天的報導上呈倫敦殖民地部。[2]

會上有人在討論究竟從何處找來苦力，有人說日本，也有人說印度。還有人建議，殖民當局可以宣佈假如罷工不停止，香港將進入戒嚴狀態。[3]有一位夏普先生（Granville Sharp）說：[4]"華人心目中的英國人是強悍的，而英國人心目中的華人是弱者。"他認為在這件事情上，沒有必要與華人協商，反而要強硬對待，例如，雖然沒有法例禁止罷工，但是應該對威脅其他工人者施以鞭笞的懲罰。他同意這次的罷工其實與有頭面的華人有關。夏普先生最後的總結如下：

> 過去我們太寬容（華人）了。當我第一次來香港時，每個華人苦力都會脫下帽子，站在一邊讓你通過。現在，你甚麼時候看到苦力會這樣做？我們沒有好好發揮不用質疑的優勢。我們必須以權力統治，這是我們必須在香港

1　Legislative Council Meeting Minutes, 26 March 1895, CO129/266, p.618.

2　*HK Daily Press*, 29 March 1895 in Enclosure of Robinson to the Marquess of Ripon 2 April 1895, CO129/267, pp.30–32.

3　Taylor's speech, Robinson to Marquess of Ripon 2 April 1895, CO129/267, pp.30–32.

　4　夏普於 1858 年來港，商人，後來在 1874 年成立著名的建築師事務所。

主張的，也是我們賴以生存的。[1]

這段話引來很多掌聲。翌日的《德臣西報》也稱讚這位夏普先生的發言，並把責任推到前幾任港督寬待華人的政策上。報上說："用法理來對待華人苦力，等同他們是歐洲人一樣的舉措是荒謬的，以至於今天政府的無助狀態。"該篇文中有太多歧視華人的表達，此處不一一重述。總之，英國人不忘強調其優越地位："我們相信，這個在世界上散佈著殖民地，用其產品覆蓋海洋的種族（英國人），將會成功地永久解決這一殖民地的難題。"[2]這句話強烈反映出殖民管治者對於其殖民帝國的驕傲與自豪，也能解釋為何殖民管治者一貫強勢而不講求融和的驕橫跋扈態度與作為。

在港督報告倫敦殖民地部時，特別提到會議上一位太古洋行大班麥金托什（Edwin Mackintosh）先生的發言，他也是會後跟進工作委員會的要員之一。

毫無疑問，當前是殖民地歷史上非常嚴重的時刻。我可以說，就經濟利益而言，比我們去年經歷的瘟疫嚴重得多。恐怕我們必須遇到的，某些人認為很弱的結合元素其實是特別的牢固……但是在這些人的背後是行會（工會）……在整個問題上發揮著作用，只要我們繼續讓這些行會（工會）不受政府的監督或管制，我們就將再次發生這些災難。（掌聲）

我不準備譴責政府。政府的主張是合理的，而且是為了苦力本身……我不想阻礙政府，但想看看我們將如何應付困難。我們現在陷入困境，除非得到滿足，否則它將動搖殖民地的基礎。滿足這些元素的結合的方法只有一種，那就是我們……是否準備好反對這種華人的結合？它一定不能是一個三心兩意的結合，你今天可以堅持並明天放棄那種。它必須滲透到整個殖民地。除非你那樣做，否則你最好退出鬥爭。（掌聲）除非我們採取步驟與這種邪惡作鬥爭……否則，我們還不如放棄我們的專業。（掌聲）[3]

在這位先生發言時三次獲得與會人士的掌聲，難怪港督羅便臣要求殖民地部特別注意。其發言的價值體現在綜括出當時的情況：（1）苦力其實並沒有不滿需要投訴的特別理由；（2）苦力們只是受到工會（苦力館）的威逼才作出罷工行動；（3）苦力館（工會）背後有勢力，組成聯合陣綫；（4）這股聯合力量想藉機

1　Sharp's speech, Robinson to the Marquess of Ripon 2 April 1895, CO129/267, pp.30–32.

2　*China Mail*, 29 March 1895.

3　Robinson to Marquess of Ripon 2 April 1895, No.100, CO129/267, pp.17–29.

試探政府的底綫，用罷工來威脅政府；（5）政府需要更嚴厲的監管與管制苦力館（工會）的措施；（6）洋商必須連手應付，不能讓華人聯合陣綫得逞。筆者認為，上述的發言堪稱為"殖民主義回陽"的宣言，讓所有當時的殖民主義擁護者好像吃了一服靈丹妙藥，再次振奮了他們可能被華人冒起的氣勢而萎縮了的雄心。因此，熱烈的掌聲來自群眾、港督甚至倫敦。

洋商怎樣連手對付華人，麥金托什先生沒有詳細說明，亦沒有說明誰在背後操縱苦力館，但是認定了背後的力量一定與那些有權勢的華人有關。會上洋人大部分不贊成與華人協商，反而要支持當局採取強硬態度。

最後，主席建議選出一個5到6人組成的委員會，向政府反映他們的基本想法。從這天的會議來看，香港開埠已經超過50多年，洋商與華商能夠和平共處，但他們共同謀求香港福祉只是一個"辛苦"塑造的表象。華洋分野依舊存在，英國人始終佔有優勢，華人永遠不能沾邊，因為統治者與被殖民者終歸親疏有別。

當日下午，洋商就到港督府希望與他見面，剛巧港督不在府中，就向駱任廷表達了意見。3月29日與駱任廷的會議沒有特別的記錄，港督也沒有列席。不過後來駱任廷因為要與洋商對質，對當日商談的內容有所披露如下。[1]

洋商向駱建議，對苦力館登記的事由業主（而非苦力工頭）來負責。駱當即表示這就等於讓所有苦力都可以逃避責任，亦等於是政府軟化。駱不能答應，但應允把上述意見轉陳港督，作最後決策。駱當晚就與港督見了面，反映了洋商的意見。港督指示他草擬了一份函件，內容如下：

> 政府大樓，3月29日，晚上7:30
>
> 尊敬的凱瑟克先生——我剛見過港督閣下，他指示我向委員會說明，他不願作出任何讓步，並且對您所提交的提案不感滿意。
>
> 駱任廷。
>
> 備注：警察局局長報告說，罷工實際上已經結束。[2]

在與駱的會面中，委員會代表曾提到為緩解民情，可以先印發一個公告。但駱堅決不同意在港督作出決定之前這樣做。委員會後來接到駱任廷的回覆，得悉港督不同意他們的建議。但是，苦力館（華人代表）方面得知這個消息後，又提

1　Meeting Minutes, 31 March 1895, CO129/267, pp.33–36.

2　*The Daily Press*, 01 April 1895.

出要委員會公開發一個證明，說明政府並沒有開徵人頭稅的意願。洋商委員會因想復工心切，就發了一個保證（上文已經錄下）。

3 月 31 日政府官員與總商會委員會會面

3 月 31 日，洋商委員會的三人（凱瑟克、麥金托什與多德威爾）又約港督、輔政司駱任廷與警察總監開會，當天還有作為華人代表的何啟以及專業人士的丹尼斯。會上，凱瑟克講述了與南北行成員開會、與駱任廷見面以及委員會發出保證書的經過。但似乎華人還是認為官方應該發出正式的公告，才算問題正式解決。

在發言的幾個人中，最為 "惱火" 的應該是警察總監梅含理。首先，他生氣於大家建議把登記苦力館的責任放在業主身上。他毫不客氣地指出大家都沒有好好地看過這些具爭議性的法令細則。在讀過 1887 法令的幾項細則後，他指出全部都是要求 "戶主"（keeper）負責的，如果現在按照這個委員會的要求，只讓業主們負責的話，那麼下一次任何賭館有事發生，或者任何一處物業的衛生或零碎事件有問題，他就會去找何啟或其他擁有眾多物業的大業主。梅含理更指出，例如丹尼斯先生的物業 "戶主" 就因為不想負責任而逃回內地去了。在場的幾位商賈立即沸騰起來，丹尼斯先生則提出抗議，不應該在眾人面前提到他個人的案子。[1]

梅含理受壓，要撤回對丹尼斯的人身指責，同時也不忘指出，雖然他建議責任可以由業主來承受，但並不是指業主是唯一的負責人，實際上也要物業的 "戶主" 負責，但是由於後者太容易潛逃回內地，很多人一走了之。貫徹他的怒氣，梅含理作總結時表示："洋商委員會這一次建議並教唆政府要妥協的行動，是添亂以及對殖民當局的不忠。" 這時，包括凱瑟克在內的所有委員會成員都站起來，抗議警察總監的指控，並表示假如這句話不撤回，他們會馬上離場。梅含理不得不把話撤回，但仍然堅持認為委員會的行動是 "最不幸的"。梅含理指出，如果一直持堅定的態度，也許這場罷工已經結束了。這等於是變相斥責委員會的多此一舉，又讓情況生變。[2]

在會議上，剛升了職的駱任廷也對洋商委員會的行為予以有力反駁。他指出洋商委員會對華人苦力發出的 "保證" 是未經港督批准的，誤導了苦力以為政府準備妥協，致使罷工未能如期完結。洋商委員會的代表自知理虧，卻想藉種種理

1　*HK Daily Press*, 01 April 1895 in CO129/267, pp.33–36.

2　*HK Daily Press*, 01 April 1895 in CO129/267, pp.33–36.

由推說是誤會，包括說翻譯的中文不準確等等。駱任廷提出足夠的證據與理據，證明他當天在港督不在官邸的情況下所發表的聲明與說法，及後對洋商委員會發出再次確定港督意願的時間與文件。他的態度堅決、立場鮮明、證據確鑿，就算是委員會中的強人凱瑟克也沒法推搪責任。

何啟申明他是在凱瑟克的邀請下出席會議的，毫無疑問，目的是希望他能支持委員會的建議。他表示，3月30日那次議會的決定與華人代表早前開會的決定一致，是希望港督能發佈通告來支持委員已經發出的"保證"，就是同意讓苦力可以選擇通過工頭或業主登記而不用自行負擔責任，這樣罷工就會停止。何啟解釋說苦力水平不高，不容易明白當局立法設規的用意何在，但是業主通常屬高智商群組，資源亦豐富，遇到問題可以聘請法律顧問。何啟的發言似乎沒有特別從"受害人"苦力的立場出發，反而答允會替政府進行遊說工作。而且何啟還提到必要時，業主可以要求苦力們附上保證金，保證會守法尊規。何啟是唯一的華人代表，看來這個"陣綫"並沒有像洋人描述的那般"強勢"。

4月1日公開會議

4月1日（周一）下午，洋商委員會召開了一個公開會議，這一次，何東作為洋行的買辦代表也有出席。對這一會議的情況，《孖剌西報》有詳細報導。[1] 經歷了3月31日會議後，洋商代表凱瑟克有點洩氣，說委員會早先的工作恐怕應該終結了，因為當局始終不打算軟化態度。但也有人覺得洋商應該堅持下去，而且罷工仍在繼續，並沒有停止的跡象。

當天的會議中最引人注意的當然是何東的發言和表態，他既是代表洋行買辦，亦算是半個華人。發言之前，何東居然要為自己不流暢的英語口語道歉，這可以說明就算是歐亞混血兒，與純種歐洲人在港的地位仍然是有差異的。其實他並沒有甚麼新論，但仍然獲得大量的掌聲。要點如下：（1）同意亦支持政府採取強硬態度；（2）但是政府應該早有措施，以提供足夠人力資源給各商人；（3）澄清華商不是策動或支持這些罷工苦力的背後力量，因為華人在罷工中受到的損失比洋人更多；（4）對於在華人圈廣傳的那份保證書，覺得並不重要，但亦沒有提出是誰的責任；（5）讓業主而非住客登記苦力館是更練團的建議，並不代表所有華人的意願；（6）政府派人到苦力館量度實際面積也是更練團的意思，因而觸怒了苦力；（7）自己沒有被政府垂詢；（8）政府應該與華人公開接觸，才能廣徵華人意見，避免像這次的誤會。

　1　Meeting Minutes, 01 April 1895, CO129/267, pp.39–40.

實際上，這番話無助於解決事情，只是提供一個讓何東發點個人牢騷的機會罷了。何東的發言反映華人之間也有很多派別，哪些人是 "華人精英" 並不明確。但亦可見，更練團在當時是協助管治華人的重要群體。政府主動與更練團接觸，聽取他們的意見，這點使何東頗感失落和不滿，因為政府並沒有向他這位 "有才有勢" 的華人諮詢。

不過會上針對何東的人不少，語氣也頗重。例如，何東發言後，隨即有一位先生直接質問，原話是這樣的：

何東先生來到這裏，並向我們保證，華人精英對罷工者沒有直接或間接的影響，這是非常令人安慰的。也許我可以問他，為甚麼那天華人精英人與委員會（總商會）會面後，彷彿揮了揮手指，所有苦力就復工了。現在，提議的安排最終落空了，彷彿又是一揮手指，苦力又停頓下來了。你能解釋一下嗎？

何東的回應不失鋒芒，而仍然保持客氣：

其實很容易解釋。這就是我之前說過的華人精英的難處。當我們向政府提供服務時，如果成功，我們得不到任何好處，如果出了甚麼問題，我們往往就要承擔全部責任。華人代表那天來到這裏，明確地告訴委員會說，他們無法直接與苦力工頭對話，因為都已離港。當時華人代表一再被問到是否可以提出任何建議。他們回答說，苦力不想登記，因為擔心這會導致新的稅收……那天華人代表向委員會明確表示他們不能做出任何承諾，亦不知道苦力是否會復工。[1]

接著何東直接面向凱瑟克："先生，我當時是否對您說過，儘管有你們的保證，但我們不確定苦力會恢復工作嗎？" 凱瑟克也確認了這是事實。然而，先前那位不肯罷休，再問："我問的是你們怎麼讓工人又復工又停工？" 何東也不耐煩地說："我剛才已經解釋過了。" [2]

之後又有另一個洋人把事情拉得更遠，他認為苦力工頭不願意對苦力館進行登記的真正原因，在於苦力最害怕警隊裏的華人警員。華人警察會對苦力開徵 "自家發明的稅項"，苦力們將永遠受到華人警察的支配，但是不敢向政府投訴。

1　Meeting Minutes, 01 April 1895, CO129/267, pp.39–40.

2　Meeting Minutes, 01 April 1895, CO129/267, pp.39–40.

他說何東先生的發言揭露了一個原因：殖民當局可以讓華人說話，但是卻未能讓一個華人講出真話。[1] 這句話招致洋人的一大串笑聲。

以上這幾次會議、這些不同人士的發言證明了一個事實：洋人、洋商對於華人、華商在港崛起心有不服，認為讓他們富裕起來已經是極限，不可能讓華人有發聲機會，因為香港是受殖民管治之地，不能讓華人在管治方面有任何權力。而商人們是利益掛帥，他們也看重何時能復工，想要減少損失，於是不得不倚靠華人解決罷工問題。洋商持此態度並不稀奇，但是連華商都是一樣，因此沒法獲得底層華人的支持。所謂的華人代表、華人精英，在利益和特權當前的抉擇下，究竟是否全力支持華人利益，在這一次的事件中，也許揭開了一層面紗。

第三節　1894、1895 年殖民當局的管治措施

一、對香港的軍火武器管制

由於這一次搜出大量武器，殖民當局有感對於本地治安的嚴重威脅，馬上對武器進口售賣等商業行為進行更強的監管。香港對於軍火武器早在 1848 年就已立法管制，當時的第 1 號法令，即《1848 年關於製造與儲藏某些火藥法令》是香港首份管制軍火彈藥的法令。當時發生了爆炸，引致人命損傷，遭到甚多華人居民的投訴，倒逼政府推行立法管制。該法令對島上的火藥製造有嚴格要求，不容許任何人在沒有獲得許可證（從輔政司處申請）的情況下製造彈藥或處理硫磺用作彈藥。除限制製造外，保存或儲藏超過 2 磅的火藥亦不允許。不過，法令條文並不適用於從歐洲或印度進口的火藥，亦即任何人可以保存任何數量的歐洲或印度進口火藥。當時進口的數量很少，主要用於體育（如射擊）目的，並在商店裏出售，就像在英國本土一樣，因此英國人覺得沒有甚麼危險可言。另外，法令對用來製造炮仗的火藥予以豁免。如有需要儲藏超過 2 磅火藥的人士，可以到裁判處申請許可證。與此同時，在有合理理由的情況下，裁判處可以發出搜令，讓警察進入民居（申明可以用一定武力）搜查火藥。[2]

到 1862 年，殖民當局開始對運載火藥的船隻嚴加管控，因為英國認為奪取了九龍半島後，有必要更新對香港海港的定義，修改管制條規。1862 年第 1 號法

1　Meeting Minutes, 01 April 1895, CO129/267, pp.39–40.

2　香港法律編章 1848 年第 1 號法令第 1–7 款。

令《1862 年關於規管控制維多利亞港口法令》就是要加強對香港港口的管控，其中包括對船隻運載火藥的管制。假如商船運載火藥數量超過 200 磅，進港後就需要馬上通知海事總監，儲藏的地方也要獲得海事總監的同意。[1]

五年後，政府又頒佈 1867 年第 4 號法令，即《1867 年儲藏火藥法令》，把 1848 年條例裏面只針對本土火藥製造的限制擴大到對所有火藥的管制（包括從歐洲或印度進口的）。[2] 根據新的法令，所有進港的火藥都必須儲藏在政府提供的倉庫（其實是在海上的躉船）裏，用者需要付費。[3] 原來 1867 年初，一艘藏有大約 96 噸火藥的私人船隻上發生了劇烈爆炸，造成了 30 多人傷亡。[4] 事發之後，政府決定將所有火藥儲藏在固定與安全位置的漂浮躉船上。沒有政府許可證而儲藏在岸上的火藥不能超過 15 磅。[5] 這個法令一直維持到 1879 年。該年通過了關於商船管制的新法令，其中有專節提到火藥的進口與儲藏問題，內容基本與之前的相同。[6] 在岸上儲藏沒有政府許可證的火藥仍然是不能超過 15 磅。

對於個人方面，1870 年第 14 號法令（《1870 年關於華人通行證與保證居民安全法令》）規定華人在沒有許可證的情況下，無論是日夜，均一律不准攜帶致命武器，[7] 但對於武器的定義還是比較模糊。這樣的限制明顯是對華人標籤化，認為他們普遍是一群違法行為的人物。律政司態度鮮明地說："這裏有 10 萬華人，大部分都是生事危險人物"。[8]

前一章提到 1878 年前，罪案的嚴重性加強了，最為明顯的表現是如手槍之類的武器流通在市面上。港督寶雲在 1883 年到任後，很快就致函倫敦，指出當時的罪案都牽涉到大量的重型武器，對公共安全與社會秩序造成威脅。1884 年，警察發現三合會在港活躍，並屢有捐款的跡象，政府相信募捐得來的款項最終是用來購置武器的。當年發生群體性治安事件時，有洋人坐在自己的黃包車上，拔出左輪手槍開槍趕走了襲擊者。後來，警察收到情報，得悉在西環會有騷亂或縱火，警察糾察隊趕至現場，截獲了大量武器。根據情報，會有整船的炸藥與爆炸品抵港，準備衝擊港內的法國船；警方也接獲報告說在九龍城，有人公開

1　香港法律編章 1862 年第 1 號法令第 12 款。

2　香港法律編章 1867 年第 4 號法令第 3 款。

3　香港法律編章 1867 年第 4 號法令第 4 款。

4　*HK Daily Press*, 18 January 1867, p.2.

5　香港法律編章 1867 年第 4 號法令第 13 款。

6　香港法律編章 1879 年第 8 號法令第 37 款

7　香港法律編章 1870 年第 14 號法令第 18 款。

8　Report by Attorney General, 10 January 1871, CO129/149, pp.46–50.

出賣武器軍火，警察趕到時，搜出了五千支火槍、左輪手槍與其他武器軍火。

1884 年 10 月 9 日 11 時，立法局召開特別大會。[1] 儘管當時城中沒有發生大型騷亂，但是港督認為城中還有許多三合會會員對治安構成威脅，因此有必要加強立法以及增強執法人員的權力。最後通過 1884 年第 22 號草案，即《維持治安草案》（The Peace Preservation Ordinance），生效至 1885 年 4 月 1 日。該法令也特別針對在港的武器火藥做出規定，涉及的武器包括各種火器、劍、短劍、長矛、匕首等。[2] 除港督會同行政會議授權外，華人不得擁有或攜帶武器，港督可以取消許可證。[3] 任何警察都可以在無搜查令情況下逮捕任何攜帶武器違反法令的人，並儘快移交給裁判處。律政司堅持這項權力應掌握在警察手中，不應交給警察以外的其他人。[4] 港督可以授權任何人，進入任何房屋、船艇或地方進行搜查。[5] 到了 1884 年 10 月 14 日，探子所得消息稱第 22 號法令出台後非常有效，壞分子都趕緊離開香港。短短五天之內，超過一萬六千件的武器被取獲，全都是來自中國內地。[6]

1887 年第 6 號法令《1887 年關於攜帶與管有武器法令》新通過，旨在打擊犯罪，防止武裝團夥在英國境內（包括香港）集結，並向中國走私鴉片。法令不僅針對火器，也包括所有可以致命的冷兵器。[7] 任何人不得在日間或夜晚攜帶任何武器。[8] 不過，對於軍隊或海軍人士、政府公務員、太平紳士、陪審團成員，簡言就是歐籍人士等人有豁免條款。[9] 對於業務上確實有需要藏械的商船或漁船，就讓他們向海事處申請批准。[10]

---

1   Newspaper Clipping of The Daily Press, 10 October 1884, CO129/217, pp.478–479.

2   香港法律編章 1884 年第 22 號法令第 2 款。

3   香港法律編章 1884 年第 22 號法令第 3 款。

4   香港法律編章 1884 年第 22 號法令第 4 款。

5   香港法律編章 1884 年第 22 號法令第 5 款。

6   Dempster to Stewart, 14 October 1884, No.321, CO129/217, p.512.

7   香港法律編章 1887 年第 6 號法令第 2 款。

8   香港法律編章 1887 年第 6 號法令第 3 款。

9   香港法律編章 1887 年第 6 號法令第 3 款。

10   香港法律編章 1887 年第 6 號法令第 4 款。

```
No. 6 of 1887.

An Ordinance to regulate the carrying and possession of arms.

                                              [17th March, 1887.]

BE it enacted by the Governor of Hongkong, with the advice of the Legislative    [See Ord. No. 4
   Council thereof, as follows:—                                                  of 1885.]

   1. This Ordinance may be cited as The Arms Ordinance, 1887.    Title.

   2. In this Ordinance the expression arms includes any description of fire-arms,    Ordinance 22
also any sword, cutlass, spear, pike, bayonet, dagger, or other deadly weapon, also any    of 1894, sec. 2.
part of any arms as so defined. [Repealed by Ordinance No. 4 of 1889 and new section
substituted.]
```

1887 年關於攜帶與管有武器法令

　　武器進口商則可以通過發牌制度獲批准，但每次有貨進港都要提交申請表，申明進口武器數量。[1] 警察在沒有搜查令的情況下，仍可以抓捕任何被懷疑無牌攜帶武器的人士。[2] 所有火器武器必儲藏在政府提供的倉庫裏。[3] 所有在搜捕中尋獲的武器都會被充公。[4] 一旦頒佈治安法，政府在確信不安全的情況下，仍有權命令個人把倉庫內的所有火器武器移走。[5]

　　尤其值得注意的是第 7 款：禁止武器的出口或進口。[6] 根據 10 月 8 日署理港督辦公室的會議記錄，原來城中有幾家取得售賣武器與火藥牌照的商店，為防備暴亂分子闖入這些商店，店內所有武器都已被取走。該條款適用於外國人與華人商店。雖然有人擔心該條款會遭到一些洋商的反對，但是鑒於情勢危急，法案還是在當天進行了三讀，隨後獲得通過，立即生效。[7]

　　觀察所得，1894 年發生的苦力衝突涉及甚多軍火武器。打鬥剛開始時（3 月12 日），警察只在苦力館與華人會館中搜出大量的擔挑，但是很快就從其中一家會館中搜出一把上了子彈的手槍。同一天，警察又在街上抓捕了 7 個攜帶武器的人，搜出 5 把左輪手槍（全部已經上膛）、2 把刀和 2 把鬥鐵。當天街上也有中槍身亡或被刀砍傷者，皇后大道中的房屋屋頂也傳出槍聲。翌日東華醫院會議進行之際，那棟皇后大道上的房頂又再度發出槍聲。警察搜尋了街道和附近的大量房屋，抓捕到手持兩把刀的男子和大量拿著單挑的人。後來也是在皇后大道中，

1　香港法律編章 1887 年第 6 號法令第 6–8 款。

2　香港法律編章 1887 年第 6 號法令第 5 款。

3　香港法律編章 1887 年第 6 號法令第 12 款。

4　香港法律編章 1887 年第 6 號法令第 11 款。

5　香港法律編章 1887 年第 6 號法令第 13 款。

6　香港法律編章 1887 年第 6 號法令第 7 款。

7　*China Mail*, 09 October 1884.

發現一名受傷的男子，身上攜帶上滿子彈的左輪手槍。3 月 14 日，街上再有 9 名人士因為攜帶武器被捕，從他們身上搜出 5 支左輪手槍、3 把刀和 1 把斧頭。還有另一名男子在西邊因涉嫌攜帶左輪手槍而被捕。

鑒於在民居中搜查出這麼多武器，殖民當局決定對武器進行更嚴格的監管。14 日下午政府就在憲報上發出公告，[1] 宣佈運用 1886 年第 15 號法令（《治安法》）的相關規定，以維持香港的公眾治安。[2] 其中，第 8 款規定除非有政府許可，任何人不許攜帶或管有任何武器軍火等，除非是用作生意或其他合法用途。[3] 同時，警察獲得太平紳士的委任，可以在沒有搜令的情況下，進屋徹查武器軍火等物品。總登記司也召來了華人軍火商，後者承諾不出售軍火。

一星期後的警察總監報告裏，梅含理對允許華人進行武器交易、允許他們在華人區內藏儲軍械庫的風險做出評估。梅含理認為，根據過去一星期的經歷，生事者數量可能多達數千，他們會搶劫華人商店，並在警察干預之前，攫取需要的武器和彈藥，情況就會在短時內惡化。他覺得華人社區對武器的需求很小，應該只限於需要保護出海安全的船主，於是他建議不要向華人頒發武器交易許可證；其次，為了保護有合法需求的華人，他建議把出售武器的專利權授予一家歐洲公司，並對所提供武器的價格和質量有一定的限制。對華人購買者，則要求他們向警察總監提交申請，除非獲得警察總監的許可，專利商不得將武器出售給華人。[4]

這個建議後來獲得殖民當局採納，並專門組織了一個委員會，成員包括總登記司、警察總監、何啟、[5] 一名洋人大律師、[6] 韋玉（1849–1921）[7] 與李陞（約 1830–1900）。[8] 單從委員會的成員來看，除了這名洋人律師與兩名官方成員外，其他的都是華人，可以看出這條新的法令是主要針對華人的。委員會在 1894 年 10 月的報告認為，應對 1891 年第 17 號法令（《武器合併條例》）加以修訂，以加強對武器軍火在港流通的管制。管制的範圍從 "攜帶" 武器擴展到 "管有" 武器。管有武器也需要獲得《牌照》。另外要增加登記牌照的步驟。最後，在《維持治

1　Hong Kong Gazette, 14 March 1894, Vol.XL, No.11.

2　香港法律編章 1886 年第 15 號法令第 5 款。

3　香港法律編章 1886 年第 15 號法令第 8 款。

4　Report by Francis May Captain Superintendent of Police, 20 March 1894, CO129/262, pp.449–463.

5　醫生、大律師、商人暨政治家，是香港第一位獲封為爵士的華人。1895 年時為立法局非官守議員。

6　大律師 John J. Francis (1839–1901), QC，曾當英國陸軍，在 1859 年曾到中國。1877 年到香港任律師，1894 年曾任衛生局主席。

7　香港銀行家、商人及政治家，曾參與創立保良局，以及在 1891 年成功協助設立團防局委員會。

8　19 世紀末香港華人首富，先後參與創辦東華醫院及育才書社。

安草案》生效期間，所有軍火商店應一律停業。[1]

到了 1895 年 3 月，一份全新的關於 "在殖民地上擁有武器" 的法令被提交到了立法會，3 月 12 日首讀，3 月 21 日二讀。由於有很多攜帶或管有武器的漁船或商船有待處理，並有商人關注和反映此問題，二讀之後，未能立即三讀。[2]

3 月 28 日的立法會預備第三讀通過法令，但是此時，怡和洋行的老闆凱瑟克議員提出說，他剛收到一封由數家大洋行簽署的信，信中要求將該法案推遲到下次會議審議。[3] 其實，最有爭議性的議題是：應該由哪個部門負責對攜帶或管有武器軍火的船隻發出許可證。軍火武器轉運商並不想從警察局那裏取得許可證，但是，政府的原意是必須獲得警方的許可證，尤其進出口商應該先取得許可證，以便讓警察對境內所有的軍火武器都能了如指掌。商人卻認為這樣做是阻礙商貿，建議由海事總監處的進出口部門發放許可證，再抄送警察局。但是這個建議未獲政府同意。當天草案也沒有通過，留待下一次開會再討論。

在 4 月 4 日的會議中，署理律政司指出華人軍火零售商也有異議。對他們來說，要使每個買家都獲得許可證是很困難的事，特別是如果買家是海外人士，就等於要取得出口許可證。問題又回到究竟是否需要到警察局那裏申請的爭議上。[4]

4 月 11 日立法局再開會時，由哪個部門發出許可證的爭議繼續。政府的態度非常堅定，認為只是為了省 5、6 分鐘（從海事總監辦公樓到警察總監辦公樓）的時間，不值得讓這條重要的法令卡住。代表香港總商會的議員麥康納基（McConachie）一直不鬆口，因為大生意商人都覺得手續麻煩。最後凱瑟克表態，接受軍火轉口商要向警察總監申請許可證。

1895 年的軍火武器法案三讀後終於通過。這裏反映出兩點：第一，當時的轉口貨物裏包括不少軍火武器，根據一位總商會代表的透露，每年生意高達 5 萬元。第二，此時的警察公信力似乎已經有所提升，殖民當局的數位官員都一致支持只有警察部門應該掌握這些軍火武器數據，以便進行所需的執法行動。這與以前甚麼事都讓總登記司處理有著很大的分別，也證明治安管理主要依靠警隊的力量，不能讓太多的部門插手。這是施政上的改善，也可以彰顯警隊的成效。第三，商人們對警隊還是有很多的怨氣與不滿，有可能因為他們是差餉的主要支付人，所以對於付費的多少與警隊的成效一直有很多意見。就這次的登記事項而

1　Further report on Ordinance 8 of 1895, 15 July 1895, CO129/268, pp.156–157.

2　*HK Daily Press*, 21 March 1895, p.2.

3　*HK Daily Press*, 29 March 1895, p.2.

4　*HK Daily Press*, 05 April 1895, p.2.

言，其實只是幾分鐘的差別，商人們卻堅持不合作、製造障礙。這無疑是給警隊的一種壓力，要對軍火徹查，但是又有很多不明來源的軍火在市面流傳，萬一滋事分子利用這些軍火去搞事而惹出大禍的話，警隊難逃輿論的嚴厲批評。可見這真的是一項吃力不討好的工作。

二、華人自衛組織：保甲制、更練團

更練團（District Watch Force）

上文數次提到更練團，當時財大氣粗的何東爵士似乎並不是更練團的委員會成員，對於新衛生細則風波中更練團獲得政府的重用甚為不悅。這一章論述的1894、1895 年事件，更練團的參與不少：記得 1894 年 3 月 13 日在東華醫院開會期間在街上發生有人開槍事件，當時與警隊一起馬上到達現場的有更練團的莫姓頭目，協助警隊挨家挨戶搜查槍械武器；1895 年罷工初期，最先與政府官員開會的是更練團，然後才決定再召集其他華人。實際在這個最早期的會議中，更練團對政府作出了甚麼建議，史料中並沒有很多的記載，但是政府對更練團好像依賴較多（至少比其他的華人精英要多）。本書前幾章也提過這個組織，例如在第二章提到的 1856 年首個警察調查委員會建議設立一個華人社區治安組織，但因多種困難沒有切實成事；第三章提到 1872 年的警察調查委員會考慮更練團的設置，並定案讓其運作；第四章講述 1878 年發生的一連串嚴重罪案中，也提到更練團的人（或稱團練）與警察一起上街巡邏；該年 9 月在永樂街發生的 "海盜襲擊" 事件中，有更練團的人受傷；1879 年警察調查委員會報告中，對更練團的表現特別嘉許，並建議將此組織隸屬警隊之下，而不是歸總登記處管理，這個建議也獲得倫敦的同意。在本書講述的歷次群體性治安事件中（除了 1856 年），更練團都有協助正規警隊，因此筆者想在這一節對這個組織作出介紹。

曾經有美國學者指出："更練團委員會（後稱團防局）實際上是香港的華人行政局。" 但在法律上，"它卻只是一個從屬撫華道的，由 15 人構成的組織，負責管理更練隊。"[1] 關於 "團防局"，前人已有詳細的研究，既有研究主要關注它在華人社會中的地位，繼而擴展到它在整個香港的政治架構裏的角色。筆者不打算重複這些內容，只是重點描述更練團（團練）成員協助香港警察維持法律與治安的工作範圍。

如本書前幾章所述，開埠初期，由英國人與印度人組成的香港警察，與本

---

[1] H. J. Lethbridge, "The District Watch Committee: The Chinese Executive Council of Hong Kong", *Journal of the Hong Kong Branch of the Royal Asiatic Society,* Vol.11 (1971), pp.116–141.

地華人社群言語不通，根本無法維持華人區治安，特別是在處理娼妓以及賭博這些問題上矛盾很多。加上英政府對於保護華人商人態度消極，大部分警察主要集中守衛歐洲人聚居的中區一帶。1844 年英政府頒令承認當時已經存在的鄉里耆老制度，亦即華人治安員（"保甲"以及"保長"）。[1] 1853 年，殖民當局再頒佈新條例，[2] 讓部分已選出的華人治安員當"地保"，成為評審員，負責裁決民事糾紛。此制度於 1861 年被廢。

1866 年初，西文報章報導了廣州騷亂的謠言，引起公眾相當大的恐慌，擔心會蔓延到香港來，但這種擔心後被證明是沒有根據的。華人社區的領導們就在 2 月 1 日召開了一個會議，參加者包括街坊會的領導、比較富裕的店主與商人等，他們決定自行組織自衛隊。儘管這項計劃得到了港督麥當奴的支持，但亦有官員反應比較冷淡。更練團對政府官員的最大吸引力在於其運作費用將由華商承擔，政府可以在不增加支出的情況下，較有效地增加警隊實力。

1913 年，在中央警署前，團防總局成員（前排）與正規警隊成員合照
來源：香港警察博物館

1　香港法律編章 1844 年第 13 號法令第 2 款。

2　香港法律編章 1853 年第 3 號法令。

1866 年第 7 號法令（《1866 年維多利亞登記條例》）授權成立這個團體。[1] 法令的首讀是在 1866 年 8 月 15 日的立法局會議上。當日，港督首先發言，他認為如果由一位"有能之士"來統領這個團隊，肯定會成功的。這樣，政府就"會獲得廉價與有效的警隊了"。這名"有能之士"是指當時的總登記司，這個團體的從屬機關就是總登記處。

法令於 1867 年 1 月 1 日起正式生效。根據規定，維多利亞城將被劃分區域，所有華人住戶被強制登記。這就是所謂"四環九約"的開始，九區在法令第 3 條列明。[2] 港督可根據每一區居民的建議，任命一名首席團練員和其他（任何數量）的團練員，所有這些團練員都受總書記官長的控制，並具有與警察同等的權力。總登記司為團練員編制所有要遵守的規條。[3] 值得注意的是，雖然條例中同時出現"地區"（District）和"更練員"（Watchmen）兩詞，但"團防局"（District Watch Committee）這個表述卻沒有出現在法令中。

回看港督麥當奴 1866 年行政報告，其中提到該法令的一些條文，"規定華人可自行組織一支警隊，以配合政府發薪的警隊（第 12 至 15 條）。事實上，根據這些條例，華人在過去數月內自費組織警隊。在總登記司的直接監督下，一個由 30 名'警員'組成的小團體，他們已經證明了在預防和偵查犯罪方面的敏捷，這與華人以前的冷漠形成了鮮明對比。大家定能看到，這個小的開始，在將來會有一個非常廣泛和有效的擴展。"[4] 香港"更練團"自此誕生，一直維持到 20 世紀 40 年代才被廢除。"因此，就殖民地的私人保安遺產而言，它是一個重要的組織，儘管它的人數從未超過 160 人。"[5]

關於更練團的中文數據全部流失，只能從殖民當局的記錄中窺見這個新組織的一鱗半爪。在 1868 年 2 月總登記司史密斯的年度報告裏，有相當篇幅是關於這個新隊伍的。其中提到組織成立初期，便有"嫉妒的滋生"，不同的華人群組對權力存在爭奪的情形。有人主張由華商來管控，這個商人群組就是更練隊與警隊之間的中介人；也有觀點認為應該由每一區選拔更練員，進行組織和自我管控。這些爭權的情況，從上文何東爵士的表現可以略見一二。由於政府不提供財

1　香港法律編章 1866 年第 7 號法令第 12–14 款。

2　香港法律編章 1866 年第 7 號法令第 3–5 款。

3　香港法律編章 1866 年第 7 號法令第 12–14 款。

4　Robert L. Jarman, *Hong Kong Annual Administration Reports, 1841–1941*, London: Archive Editions, 1996, No.2, p.306.

5　Shielah E. Hamilton, *Watching Over Hong Kong Private Policing 1841–1941*, Hong Kong: Hong Kong University Press, 2012, p.39.

政支持，史密斯對於誰來直接管控感到為難。雖然法令明文規定更練員完全受總登記司的管控，不過，更練員是由每一區的華人自己選拔與推介。

最後，1867 年，港督委任了 5 名首席更練員（其後灣仔又委任 1 名）及 40 名普通更練員。前者的工資為 20 元，後者為每人 8 元。此外，政府還租用了 5 個地方供他們使用，並向他們提供了一件制服。雖然總登記司認為更練員的表現良好，能為警隊提供額外協助，但並沒有準確地記錄下他們的工作，故其真確的表現今人無從得知。關於更練團的職責，史密斯並沒有期望他們在逮捕罪犯方面發揮非常突出的作用，只是將其看作一支"偵探隊"而已。不過，華人卻希望他們能夠阻止流民和壞分子集結在區內，這個觀點也為下一任總登記司所認同。

> 雖然一支由華人組成的部隊永遠不會執行歐籍社群的某些期望，但這是意料之中事，因為它並不是歐籍社群付錢的。華人付錢給這些更練員的主要目的是趕走小偷，因為這是營商社群最大的困擾。更練團的成功在於"不僅逮捕了真正的罪犯，而且還把那些靠偷竊為生的人驅趕走了"。[1]

史密斯在年度報告的結尾處公允地指出，自更練團組成，罪案率確實減低了。他認為更練團不是一支易受賄賂的隊伍，因為他們之間的溝通非常順暢，較少出現結黨結派的情況。[2] 這大致是更練團成立後首年的情況。

此外，筆者還想指出，從史密斯對更練團的期盼中可以看到，雖然由於歧視和不信任華人的關係，香港警隊這時還沒有設立正式的偵探部，但是大家都很清楚要有效地控制罪案的發生，偵探（或者是情報人員）的角色不可或缺，因此更練團從某種程度上填補了警隊的這個缺口。也正因為如此，在本章與上一章所述時段內，警察平定群體性事件的效率有所提高。

根據 1869 年的總登記司報告，更練團在 1868 年參與的案件數目共 93 宗，涉及 123 名被告，其中只有 9 人獲釋。受懲罰者大部分是小偷，至少四分之三的案件涉及盜竊、搶劫或非法佔有。此外，有些人被指控為壞人或可疑人物，還有一兩個臭名昭著的綁匪，也終於被關進了監獄。[3] 在隨後的 6 個月裏，更練團員協助起訴了 53 起案件，其中一些性質頗嚴重。到 1868 年底，在更練團員的積極參與下，另有 98 起案件被起訴、117 名被告被定罪。1869 年案件數下降到 41 例，

1　Government Notification No.32, Hong Kong Government Gazette, 24 February 1869.

2　Government Notification No.34, Hong Kong Government Gazette, 14 March 1868.

3　Government Notification No.32, Hong Kong Government Gazette, 24 February 1869.

資料顯示隨後幾年又有回升，1870 年和 1871 年分別有 81 例和 79 例。[1]

下一任的署理總登記司艾爾弗雷德‧利斯特（Alfred Lister）也頗公平地指出更練團的效用是顯著的。除了降低某類罪案的發生率外，更練團的作用還在於提供了一個仲裁系統，一些本來要鬧到裁判處甚至是法庭的案子，都可以由團練員事先排解。這很有可能是因為首席更練員往往是區內年資與權威比較老到的人士。此外，更練團還能收集到非常有價值的信息。[2]

1891 年，駱任廷做出了一個重要的決定，他提名了 12 位華人，包括何啟博士、韋玉與何福等非常有影響力的人士，並建議政府組織了一個堅實的團練委員會（後稱團防局），以加強總登記處與更練團的溝通。後來韋玉更建議重組委員會，希望獲得官方認可與支持。1917 年，委員會再多增加了 2 名成員。韋玉認為，只要這個委員會能夠進入到殖民當局的架構，它的影響力將大幅度地增加。

早期實行的保甲制

上文提到，殖民當局向來依賴用華人監管華人，更練團並不是政府的首個措施，早在 1844 年 5 月，港督德庇時的治理藍圖中就已經開始出現。不過，前兩任港督管治香港的方針，特別是對法治秩序範疇的理解並不一致。首任港督璞鼎查於 1844 年 5 月 1 日頒佈第 12 號法令，香港警隊開始正式籌建。未幾，他的接任人德庇時在 5 月 30 日就頒佈了第 13 號法令，推出香港的保甲制。這也是新任港督的第一份法令。[3]

本來新安縣就實行保甲制度，但正如著名思想家馮桂芬（1809–1874）所指出，儘管清朝皇帝和地方官員頒佈了許多法令，但在新安縣這樣的漁民區，保甲制幾乎沒有真正實施過；即便偶有實施，也毫無效果。作為新安縣的一個部分，香港島是沿海漁民的棲息地。由於漁民時常出海，流動性較大，他們通常沒有固定的居住地。這種情況使保甲制在港島更難推行。因此，除了僅能證實乾隆年間柴灣可能實行過保甲制以外，[4] 尚難以找到英人抵達前，保甲制在香港島其他地區推行的明證。因此，我們可以得出這樣的結論：在英國人佔領以前，香港島的絕大部分地區都沒有真正推行保甲制。除了重大的民事和刑事糾紛由新安縣府衙審理以外，港島的地方事務實際上多由當地耆老依據清朝法律和鄉規民約處理，各

1　Shielah E. Hamilton, *Watching Over Hong Kong Private Policing 1841–1941*, Hong Kong: Hong Kong University Press, 2012, pp.42–43.

2　Government Notification No.32, Hong Kong Government Gazette, 24 February 1869.

3　香港法律編章 1844 年第 13 號法令《關於在香港殖民地上委任與監管華人官員（保長與保甲）之法令》。

4　據柴灣羅屋羅氏家族所藏一份地契（1767 年）記載，羅氏族長曾被委任為甲長。

鄉耆老幾乎充當了港島漁民的實際統治者。這點也可以從第一章提到的 1841 年 2 月 1 日英國人發佈的告示中得到證明。[1]

在德庇時抵港後，保甲制度才得到比較系統化的施行。從 1846 年德庇時致倫敦殖民地部的一封信中，我們發現保甲制的實施似乎頗有成效（至少是他認為）。信中提到："在赤柱地區，保甲制的實施大為成功，當地的警察已無事可幹，他們返回維多利亞灣執行其他任務去了。"[2] 這樣一來警隊的人數就減少了，警隊支出終於可以減低了，其中一個重要因素就是保甲制度的實行。可以節省開支對於倫敦來說是好消息，於是倫敦方面回覆"看不到任何理由不讓措施繼續"。1857 年香港政府再擴展地保權力等，有香港學者認為此舉是為應對來港華商漸眾，產生諸多額外糾紛的局面。剛來港的華商對於英國法律不了解，往往花上大量時間，問題都仍然不能解決。[3] 因此，把地保權力擴張至裁決層面，是對雙方都有好處的措施。

縱觀兩套以華制華的政策（早期的保甲制度與後期的更練團），為何前者最後未能延續，而後者卻不但成功，還可以更上一層樓，協助英國人管治華人？原因可能有數項：其一，香港華人人口類型的轉變。保甲制實行時，香港開埠不久，除了原有的村落（例如黃竹坑、赤柱與黃泥涌等）外，其他如中環、上環等區域都是新來的移民（各行各業的工人工匠等），人口類型是典型的流動人口型。流動（移民）人口不利於保甲制度的實施。其二，在港華人素質的變化。起初在港華人是以草根層次為主，英國人對能否依賴華人管制華人並無把握。1850 年代中期群體性治安事件的爆發，摧毀了英人對華人僅有的薄弱信心，輿論認為不能把過多權力放在華人手中。1861 年以後，港府放棄保甲制度，讓華人歸屬總登記司管轄。更練團誕生於 1866 年後，當時香港華人中多增了在香港定居的華商，而華商對於保安的理解與需要與日俱增。與此同時，殖民當局官員的執政水平也有提高，如駱任廷等，他們與更練團彼此溝通往來頻繁，至少表面的融洽讓關係變得密切。因此，更練團遠比保甲制度更能被殖民當局接受。

1　劉金源：〈論港英政府早期華人管治政策的形成〉，《歷史檔案》，1999 年第 1 期，第 103–108 頁。

2　Davis to Gladstone, 01 May 1846, No.47, CP129/16, p.293.

3　王賡武主編：《香港史新編》（上冊），香港：三聯書店（香港）有限公司，2017 年，第 106–109 頁。

小結

到了 19 世紀末，香港都市社會基本形成，基層社會管治的問題浮現出來，本章就是在這個大背景下考察 1894、1895 年發生的群體性與罷工事件。1894 年華人區內一連幾天的宗教慶祝活動，吸引了大量從內地來參加的華人。當時認為由於群眾的聚集，東莞、四邑兩幫苦力之間久已存在的磨擦升級。在事件發生之處，警察總監就派遣華人督察昆西走訪了所有的苦力館，要求他們儘快解決彼此之間的矛盾。這時期，警隊的情報獲取能力已大有進步，他們很早就獲悉有大量致命武器（如左輪手槍、長矛與短棍）流入城中，可能會引起大規模廝殺。因此，警隊派出大量人手在可能發生事故的各處（如華人會館、苦力工作場所等）加強巡邏，並搜查附近可疑行人，還安排警員蹲守在幽靜的街道，防止 "野狼行動" 的出現。此外，因為有人在屋頂開槍，警方也派出武裝的錫克警員在房屋天台緊密監視。這一切都有賴於警隊已見進步的部署和適當的人手安排。

與此同時，由於警察總監梅含理（在總登記司駱任廷的安排下）參與了苦力雙方與其他華商的會面，從中獲悉雙方並無需要武力解決的糾紛，而認定事情背後有其他推手。有了這樣較合情理的判斷，警隊的行動就有了正確的方向。策略由守轉攻，警察集中火力搜查華人會館，果然搜出了大量武器，更派員搜查進港的船隻，防止武器流入香港。警察在街上抓到的肇事之徒也鮮有苦力，反而是會館裏的頭目居多，或者是無業流民。這也使警隊更加認清了目標，華人會館才是他們應該重點關注的地方。警察總監於是決定開始肅清行動，與總登記司一起列出壞分子名單，進行逮捕與驅逐。

警察在 1894 年事件中的整個行動，與之前相比更有謀劃和部署，不是隨意出招，而是從多方向出擊，並務求一擊即中。儘管最初警隊因與總登記處缺乏溝通而干預了已獲總登記處批准的華人遊行，但隨著事態的發展，警察與總登記司合作無間，也沒有出現總登記司權力坐大的情況。兩者各司其職，務求完滿達標。這個結果當然與兩位主腦的正統官學生出身、辦事能力、施政風格關係甚大：警察總監梅含理，加上撫華道（總登記司）駱任廷，堪稱完美組合。

另外，與之前明顯不同的是，當時的港督儘管受到非華人社群的壓力，卻堅決拒絕向軍隊求救，反而認為警隊有足夠的能力應付平息事件。唯一沒變的是，殖民當局始終都認為要把壞分子轟出香港，才能恢復社會安定。對於華人會館，政府比以前管理得更為嚴格。在 1895 年香港爆發鼠疫後，政府為更嚴格地監管苦力館的衛生情況頒佈了一系列法令，卻引致了罷工與騷亂的爆發。1895 年並沒有發生極端的治安事故，但是罷工的範圍不小，警察雖然不需要動武平定事件，但卻有盡快解決罷工問題的壓力。憑著警隊的有效部署與執行，軍隊與囚犯都被安排代替苦力工作。罷工很快便停止，讓香港的商業命脈恢復運作。這次警察的表現，為他們在社會中，特別是在以商人為主導的香港社會中贏得很高的聲譽，奠定以後社會對於警察形象的認同，也是警察發展史上的一個轉折點。

當然，殖民當局在對 1895 年罷工事件的處理上採取了相對強硬的態度，沒有向洋商或華商妥協。這種態度，可以有以下幾點解讀：（1）殖民當局此時對其施政能力較有信心，不像以前那般處處有所顧忌；（2）政府一方面堅持不妥協，另一方面也積極安排其他資源，為受影響的公司提供協助；（3）能夠在短時間內調動幾個不同的政府部門與機構，包括船員、軍隊與監獄等，實屬不易，也是香港政治通達的表現。最後，從 1894、1895 年的事件，無論是殖民當局或是輿論的反應，都能看到對華人的歧視仍然嚴重，下層華人繼續被施以不公平的壓迫，至於"華人精英"，一直自以為已經躋身成為管治香港的階層，但其實只是一廂情願的想法而已。

在行殖民管治 50 年後，英人依舊保持殖民管治者的優越感，從來沒有打算把管治香港的權力下放。

結語

　　1842 年《南京條約》簽訂後，香港被英國殖民管治長達 155 年，香港殖民史是一部充滿欺辱與歧視的血淚史。本研究關注的時段內幾次群體性治安事件涉及兩個面向的思考：一是群體性治安事件的背景與展開，二是香港警政與警隊的發展。雖然這是兩個相對獨立的主題，但實際上聯繫密切、互動頻繁，把它們合併在同一個研究課題裏，一方面可以考察這一時段內發生的幾次群體性治安事件的明細：包括其發生的時代背景、前因後果、殖民當局的應對方法、社會反應等，看到民眾不滿情緒的來由以及當時社會面對的問題；同時亦對警隊在平息事件中的角色與表現、善後工作以及之後在警政方針的調節或改變等作一分析，梳理和把握 19 世紀 40 年代以後殖民管治者在香港的管治方式與策略。

　　最後，筆者嘗試從以下三個角度對這一研究成果作一歸納總結：英人對華人貫徹始終的歧視；港督行政權力的高度集中以及用人唯親的弊病；"以華治華"統治策略的實質與意義。筆者試圖藉此更清晰地反映 19 世紀英國殖民當局在管治香港華人方面，始終傾向於"鎮壓"與"控制"，而華人則在殖民管治下備受"歧視"與"防範"。從對 19 世紀 40 年代以後發生的幾次群體性治安事件的研究可以發現，即便在香港被殖民管治 50 多年後，殖民管治者對華人仍然採取不信任態度，更因忌憚華人精英在香港社群中的崛起，不容許讓華人在管治上分享任何權力，所謂提升華人精英的政治地位，其實只是一場鏡花水月般的空想而已。

一、對華人貫徹始終的歧視

　　有研究認為香港華人在殖民管治期間受到的歧視，是由於鴉片戰爭的潰敗向西方列強暴露了清廷的弱點，因此西方的中國觀念發生了逆轉；也有人認為與在港歐洲人受到獨特的"社會化"影響有關。所謂"社會化"的概念是自然人學習知識、技能和規範而取得社會生活資格的過程，在歧視的議題上，意指殖民管治下宗主國本國人（或民族）有一種高人一等的優越意識，源頭來自殖民管治者的一切特權。[1] 在第一種觀點的基調上，筆者覺得可以多加一個角度，就是殖民管治者心中對大英帝國的國勢過於推崇，而這種國勢得益於重商主義下帶動的殖民主義。[2] 這種思維亦令英國人對東方世界的文明不屑一顧。第十任港督寶雲的一番話中，非常貼切地道出了這種思維與看法：

> 受過教育的華人深知，他們的人民是世界上唯一一個歷經三千年滄桑的民族。他們知道自己的法理學、政體與哲學，在當今時代與索蘭和亞里士多德時代沒有實質性的不同。他們記得，自己的祖先熟悉印刷術、能利用火藥以及許多其他的文明藝術，而且是遠在這些藝術在歐洲廣為人知之前……英國人的祖先（無論是英國人、撒克遜人、丹麥人還是諾曼人）在同期，卻幾乎都還沒有從泥濘和苦難中掙扎出來。
>
> 因此，當有教育的華人看到我們英國人常常把我們的法律、習俗和思想粗暴地施加在他們身上時，他們會一方面憤怒，又覺得好笑，因為這個古老的國度視我們的法律與習俗等同是："（英國）曾經是如此地沒智慧與無理取鬧，（它的法律）如今卻變成行動的規則和權利的措施。"
>
> ……但是，在這裏，40 年前，我們取去一個當時只是一塊荒石，只有寥寥可數的幾個海島與漁人來到的小島……（華人商人）來到這裏就是想借用大英帝國旗幟下（法律）的保護的華人，因此，他們必要遵守這些英國的法律。[3]

以上的這段話，開端時透露了歐洲人當時並非不理解中國的文明程度是超然的，甚至讓人覺得好像是對中華文化的讚譽。然而，最後一句卻道出了當時帝國的霸權與強勢令英國人感到有足夠條件可以傲慢地漠視有著古遠文化的中國與其人民。

至於香港的歐洲人受殖民管治下的"社會化"造成白人優越感以及對華人的歧視一說，研究時段內也有甚多例子。觀其源頭，想必來自英國人一開始就把香港島分開成華人與洋人兩個區域。英國人絕對是實行種族隔離政策，華人與歐洲人不但沒有互動，甚至是刻意被分隔開。這種優越感甚至衍生成一種體現在商業上的想法：歐式樓宇群中突然插進了一個華人業主，附近的房價必會貶值。這樣的爭拗在 1877 年間甚至鬧到英國議會裏去。當時被認為是對華人採取過於寬

1　龐玉潔：〈香港開埠初期的種族歧視〉，《歷史教學》，1997 年第 4 期，第 49–52 頁。

2　Niall Ferguson, *Civilisation: The West and the Rest*, London: Penguin Books, 2012, p.46.

3　Bowen to Earl of Derby, 06 August 1883, No.173, CO129/211, pp.71–74.

鬆措施的港督軒尼詩企圖讓幾宗買家是華人的物業轉手交易，可以繞過某些歧視華人的法例。雖然全都是純商業買賣以及買賣雙方都有意欲成交的交易，但因為倫敦殖民地部要嚴格維持華洋分隔的措施，最後還是不獲批准。其中總測量司約翰・裴樂士（John M. Price, 1843–1922）的話特別能反映政府對這種歧視的縱容："經驗之談，一所歐式房子，夾在或隔壁有華人房舍，出租的利潤會比所有都是歐式的要低，因此我們發出建築物批准書時務必小心，日後不會招惹歐籍人士的投訴埋怨。"[1]

　　一般關於在港華人受歧視的研究多集中在香港的政治、法律與社會生活方面，例如最早出台的人口登記系統、後來的宵禁令、提燈令等。本研究略人所詳，選擇從殖民當局架構中的一個機構——香港警隊入手，觀察對華人（特別是其成員）的歧視態度與行為，並兼顧其對於整個警隊發展的影響。本研究以 19 世紀香港幾次群體性治安事件為觀察樣本，其背後皆與華人受到歧視和不公正對待有莫大關聯：1856 年的反外商戶停業源於滋擾法的出台，1864 年的軍警衝突反映出歐洲白種人在香港的優越與主導地位，1884 年反法罷工事件的導火索是政府對華人船工的不公平審判，1895 年鼠疫後，政府頒佈監管苦力館的法令又引起了華人的反抗，這一系列事件是華人群體受到殖民當局不公平對待後，長期積累的不滿情緒醞釀的反應。加上警隊本身因長期歧視華人的政策而被耽誤了正常發展，以致在應付群體性治安事件中一敗塗地。

　　英國人剛到達香港，殖民管治還沒有正式開始建立時就設立了一支由 32 人組成的警隊，雖然不成規模，卻可以反映英國人作為殖民管治者的初心，就是要對武力侵佔得來的土地和民眾進行殖民管治。1872 年警察調查委員會中一個委員的評語，清楚地表達了這種初心："當部隊（香港警隊）剛成立時，必須採取保護性的措施，因此顯然應該引入一種對抗性的，雖然不一定是壓迫性的因素。"[2] 其中"保護"的是殖民管治者以及其利益集團的利益與安危，而"對抗"的是被殖民者對殖民管治中的壓迫與歧視的反抗。一般來說，英國殖民地獨立時，該地的警隊會減退其軍事化的色彩；然而在香港，至少在研究時段裏，其"保護性"、"對抗性"、"壓迫性"的初心卻始終貫徹在殖民管治策略中。因此香港警隊並沒有隨著時日而褪去其（半）軍事化的色彩。

　　香港警隊"不起用華人"的政策亦正是此種初心下毫無意外的衍生品。殖民

1　Surveyor General to Colonial Secretary, 08 May 1877, British Parliamentary Papers, Vol.25, p.649.

2　Lowcock's Dissenting views in the 1872 Police Commission Report, CO129/158, pp.303–304.

管治早期，倫敦殖民地部重要官員曾對此發出指導性表態，當時香港正在考慮能否增加立法局的非官守議員，討論中提到希望效法新加坡的做法，把有能華人推進管治勢力中，像新加坡讓華人到司法架構裏擔任裁判官。外務大臣拉布謝爾在1855年的反應是：

> 如果你以後能夠從華人居民中選出你認為值得信任的人，擔任這個或任何其他行政職務，我將願意同意這樣的任命。不過，這項試驗應非常謹慎。在獲得相當多的經驗之前，我認為，讓華人放在有單獨行使權力的位置，而不受英國官員的制約，這是不明智的。[1]

19世紀歷屆港督大多採取這一政策，主導了香港警政的建設。同樣來自1872警察調查委員會的一個委員的話，道出了問題的癥結所在：

> （警隊）因此僱用華人以外的人，因為在他們（華人）的同胞發生暴亂、公開暴力或政治背叛的情況下，指望部隊裏的本地人以任何方式作為預防措施，是荒謬的；相反地，根據經驗，他們肯定會同情造反的同胞，並可能直接或間接地幫助他們。我認為，在任何時候，警隊都可能存在與以往任何時候一樣的必要性，警隊不應含有威脅著"大眾"安全的元素，我認為單憑上述理由，僱用大批華人擔任警員是最不可取的。[2]

香港警隊不重用華人的魔咒，一直到1997年7月1日祖國對香港恢復行使主權前基本都沒有被打破，香港警隊的最高統領在殖民管治期間，除了最後一屆，從來沒有華人的參與。[3] 在本書研究時段內，殖民當局最初的構思是警隊全部徵募歐洲人，但因為缺乏財政來源只好退而求其次，招聘印度人作為警隊的底層成員。對印度人不太滿意後又嘗試起用了錫克人，之後又因為擔心錫克人的權力膨脹，吸收了信仰伊斯蘭教的錫克人維持平衡。雖然香港警隊也有華人成員，並且整體上華人的人數呈增加趨勢，實際上華人警員的工作局限於後勤的跑腿打雜，以及處理一些如驅趕街上擋路小販的麻煩工作，這其實更令華人警員不受居民的認同。曾經有一份警察總監為駐守村落的警察草擬的職務清單，本來應該是關於維持治安與衛生條件的，但16項的職責中，只有一項提到維持村里的治

---

1 Labourchère to Bowring, 23 November 1855, No.101, British Parliamentary Papers, Vol.24, pp.201–202.

2 Lowcock's Dissenting views in the 1872 Police Commission Report, CO129/158, pp.303–304.

3 1994年，殖民管治即將結束前的最後一屆警務署長是華人李君夏（1937–2017），是香港警隊首位華人處長。

安，其餘的都是一些極度瑣碎的職務，包括每天要檢查每一戶人家的床底或華人旅舍有否養有牲口，更不堪入目的是居民不能在房舍裏外儲有超過一天的便溺或穢物，要確保這些於早上 7 點到 8 點期間已經處理好，這居然是警察的職務。[1] 當然這也是衛生局一直沒有成立的惡果，[2] 但警察的公眾形象一直被貶低打擊卻是事實。這種帶有偏見的思維幾乎成為了以後每任港督的座右銘，一直主導著警隊的建設，嚴重阻礙了華人警員的發展機遇。例如，第五任港督羅便臣便曾明言道：

> 經驗已證明，華人不適合作為有成效的警隊成員，因為華人天生喜愛攬權，權勢是他們認為可以讓自己升官發財的途徑。大家都承認，有信譽的職位，無論高低，都不能由華人擔任，因為一定會有攬權的情況出現。[3]

他甚至說道，一些華人所謂為了公眾福祉的請願，背後都藏有利益輸送的目的。因為這些看法（偏見），羅便臣旗幟鮮明地認為，不能讓警隊內的華人擔任稍具重要性的職位（如防止罪行與職務偵查），因為他們可能會濫用職權。因此，"在警隊內聘請華人，只能永遠限制做服務性質，例如是替警隊的船隻搖船，就是那些並不帶有任何權力的職務"，[4] 這個所謂的 "服務"，其實是指 "後勤、苦活、勞役、跑腿" 等工作。羅便臣在函件中也提及，歐籍人士的身份是多麼特別，只適合擔任管理人才："警察中的歐籍部分在數量上總是很小的，因為經驗證明，歐籍人士在各方面都不適合從事服務工作，只能有利地作為一種指導性的力量使用。"[5] 比較其對華人的描述（"只適合做服務性質"），立馬顯示出英國人對自己作為殖民管治者的族裔 "優越感"。其實，有這個想法不單單是因為種族關係，英國人在皇家愛爾蘭警隊的管理情況也是一樣的，高管全都是新教支持者。歸根究底，還是統治者與被統治者的關係。

直到 1872 年的警察調查委員會上，倫敦會傳教士理雅各極力主張以華人為警隊骨幹，才為扭轉這種傾向打開了一扇窗。之後，雖說在港督堅尼地與軒尼詩時代，曾經出現過扭轉這一策略的短暫曙光，但充其量是走兩步退三步的蹣跚而行，而不是在康莊大道上的穩步前進。而且，軒尼詩總督的態度一直被嚴重質疑是放任華人，相關做法並未獲得支持。隨著兩位港督的離任，警隊又再次回到歐

1　Instructions to Inspectors of Police in charge of Villages, British Parliamentary Papers, Vol.25, pp.756–757.

2　香港衛生局（舊稱潔淨局）在 1883 年才首次正式成立。

3　Robinson to the Duke of Newcastle, 06 May 1862, No.86, CO129/86, pp.44–45.

4　Robinson to the Duke of Newcastle, 06 May 1862, No.86, CO129/86, pp.44–45.

5　Robinson to the Duke of Newcastle, 06 May 1862, No.86, CO129/86, pp.48–49.

洲人為高層，印度人、錫克人為主導的軌道發展。

除華人警員在警隊不受重用之外，本研究還發現華人警員的待遇與英籍警員有巨大差別，歐洲人的薪水比華人多兩倍，華人警員的薪酬在長達幾乎 27 年（華人警長是 21 年）裏沒有調整過，而且晉升機會是零。這樣的條件，要吸引良好素質的人才談何容易，反而可能製造另一個惡性循環：華人警員在薪水微薄的情況下，容易被社會中的犯罪組織賄賂、利用或受牽連。警隊裏面對於華人警員的各種不公平待遇，正好也是所謂的"社會化"的反映，更讓歐洲人對華人的歧視有增無減。

其次，遲遲不設偵探部是香港警隊沒有華人主幹外另一個歧視華人的表現。偵探部是警隊情報的來源，偵探是一個調查人員，通常的職務是收集資料情報，搜集實際證物，再通過與證人、綫人的交談溝通，破解犯罪案件。其中，綫人除了向偵探提供綫索，讓警察早日破案抓捕疑犯歸案之外，還可以從一些罪犯（特別是積犯）的犯罪記錄或日常行徑中做出犯罪行為的預判。由於他們與警隊偵探人員的特殊關係，提供這些預判也許會讓偵探及早作出防禦，避免罪行的發生。早期英國警隊偵探部的綫人多來自鎮上的當鋪店主，店主看到拿來抵押的物品就大概知道有人失竊，繼而通知警隊偵探。[1]當然會否通報偵探基於二者的關係，後來也就出現了專門提供這種情報而收費的綫人。在香港，人口最多的是華人，他們自然可以掌握大量的情報，然而香港警隊的偵探部門一直沒有發展起來。1869年警察年度報告中有這樣一段評語，點破了其中的緣由：

> 在此地，我們必定要依賴本地人才能及早偵查罪案，但是本地人沒有誠信，使警隊無法設立一個有成效的偵探部。實際上，假如真的有這樣一個部門，我也認為難著成效……[2]

缺乏偵探部成了整個 19 世紀香港警隊情報收集系統的一個硬傷。罪案發生後警察不能及時地把罪犯繩之於法，更沒有能力預防犯罪案件的發生。當時大部分的罪案都與華人有關，因此警隊內的華人成員理應能夠獲得大量相關的情報。然而，殖民當局採取的是不信任華人的態度，偵探部就算是有設立也等於是形同虛設，因為華人從外面收集的綫索與消息很難獲得採用。1856、1857 年發生的排

---

1   J. M. Beattie, *The First English Detectives: The Bow Street Runners and the Policing of London, 1750–1840*, Oxford: Oxford University Press, 2012, pp.60–77.

2   Report from the Acting Captain Superintendent of Police for the year 1869, Hong Kong Government Gazette, 14 April 1870, No.40, p.187.

外事件起於滋擾法的無理執行，華人群體反抗、商戶停業，事發當初有超過一萬人在街上擾攘。這種需要某種程度上的組織才會成功的行為，香港警隊卻沒有收到任何風聲，可見當時警隊偵探功能的缺乏。再到 1857 年發生的"毒麵包"事件，店主晚上全家離港乘船往澳門，警隊也是一無所知，可見並沒有甚麼綫人通報。因此無論在香港警隊設立之初，還是 19 世紀 80 年代尾聲，大量警力不得不在街道上開展巡邏，依靠這樣稍顯笨拙的方式預防罪案的發生。這樣的安排也等於警隊需要特別多的人手，難怪居港歐洲居民有投訴說警隊之龐大前所未見，然而成效卻並不見得有特別過人之處。幾次嚴重的罪案，如涉及大型持械搶劫的案子，警方都沒有預先收穫風聲，事發後匪徒也能輕易逃走。警察在緝捕犯人歸案的低效致令警隊聲譽受損，士氣低落。

19 世紀後期，警隊出現了昆西督察這樣一位特殊的華裔警員後，香港警隊的情報收集工作有了顯著改善。1884 年華人工人罷工期間，警隊利用情報獲悉城中哪些地方將有大規模的武裝或縱火行動，警隊加派人手巡邏，加之水警的配合，最終阻止了肇事分子製造更大規模的事故。還有對三合會在港的募捐活動，警隊根據提前掌握的情報及時注意這些款項是否用於購買武器。到了 1894、1895 年的苦力大罷工時，警隊在情報的搜集和掌握上已有明顯的進步。警隊獲悉將會有大型幫會廝殺行動後，大清早便派出額外警察駐守相關地點，亦知道大量武器已經流入城中，因此馬上採取適當行動，最終搜出大量殺傷力強的武器，避免出現嚴重傷亡的情況。這些警隊善用情報的表現，獲得警隊、殖民當局，甚至倫敦殖民地部的大力表揚。然而，當警察總監梅含理提出可以完善警隊中的華人偵探支隊的建議時，卻仍然受到西方媒體的強力反對。他們批評說梅含理稱讚華人警員表現出的精力、才智與勇氣是言之過早，並認為他只是少不更事，容易被東方人的狡詐矇騙，假如賦予華人警員一點點的同情心，最後得益的將會是罪犯而非法律。[1] 顯然，這種偏見還是主導了社會輿論，無論昆西督察有多出眾、多賣力，都將是徒然，昆西最高也只不過是升至督察而已，而這已經是鳳毛麟角的擢升。雖然警隊情報與偵查能力的加強肯定是他的功勞，但他卻從未獲成為偵探部門領導的機會。同理，無論華人支隊怎樣自強，都只能扮演警隊中的跑腿角色而已。

其次，19 世紀的大部分時間裏，殖民當局都沒有為華人警員配備武器。英國人與印度籍警員在 19 世紀後期都全數可以攜帶佩槍，但是早期的華人警員只

1　*HK Daily Press*, 15 March 1895, p.2.

是拿一根木棍，[1] 到了後期也只是一小部分可以配備武裝。梅查理 1845 年最早制定警隊計劃時，因為香港警隊的武器裝備稀少，大部分的卡賓槍等火器都留在中央警署，以備對警署內的歐籍警察提供最大程度的保護。雖然軒尼詩港督一度嘗試提升華人警員的裝備，但他的努力並未被傳承下去，他的繼任接班人港督寶雲只對英國人、錫克人加強軍事武器訓練，華人基本不在被考慮的範圍裏。這樣的安排讓華人警員在每一次應對群體性事件時都難以衝鋒陷陣，因為他們連基本的武器訓練都沒有接受過，亦沒有武器在手。難怪在媒體報導中，華人警員經常被看作懦夫，是浪費財政的寄生蟲。不僅歐洲人看不起華人警員，連華人居民也都認為他們是只懂拉小販、找華人麻煩的"洋奴"。

二、港督的專政、殖民當局的人治

英國在港的殖民管治屬"直轄管治"（Crown Colony）模式，是以香港總督為核心的高度集權制度。英國通過香港首份法律文件《香港憲章》，[2] 制定香港的政治制度及港督的權利，規定設立行政局（舊稱議政局）與立法局（舊稱定例局），前者就政策發展等事宜向港督提供意見，後者主要負責制定法律及提供撥款。理論上，港督是與行政、立法兩局一起管治香港，但實際上這兩個機構只提供諮詢而已。[3] 行政局在本研究時段內的成員組合，基本上都是殖民當局的官員，只有寥寥可數的 3 位而已，這樣極少數的成員人數是為了"讓港督更好地發揮自己的意願"，[4] 其意圖再清晰不過。直到 1872 年，才勉強多增一名"非官守議員"。一直到接近本研究時段下限的 1895 年度為止，非官守議員才增加至 2 名，並且一直維持到太平洋戰爭爆發前都再沒有改變。至於立法局，其成員的多少與代表性一直備受爭議。曾經有英國的報章就這議題批評當時的香港立法局所有成員都是官員，根本不是一個立法機構，這確實是極其不恰當，簡直是荒誕。"雖然知道一個全民選的立法機構是沒可能的事，但是至少須要一個能對行政機構有點控制的議會"，這話是香港法律史權威文獻的評語。[5] 事實上，當時英國政府對剛委任的港督璞鼎查的首份指導文件裏，就說明立法局不能通過非由港督提出的法

1　余繩武、劉存寬主編：《十九世紀的香港》，香港：麒麟書業有限公司，2007 年，第 197 頁。

2　《香港憲章》（*Hong Kong Charter*）是 1843 年 4 月 5 日由英國大臣以《英皇制誥》（*Letters Patent*）名義發佈的。這兩份是英國殖民管治香港的最重要法律依據。

3　徐霞輝：〈軒尼詩"親華人"政策與 19 世紀香港華人地位變遷〉，《歷史教學》，2009 年第 9 期，第 14–17 頁。

4　G. B. Endacott, *A History of Hong Kong*, Hong Kong: Oxford University Press (China) Limited, 1973, p.38.

5　James William Norton-Kyshe, *The History of the Laws and Courts of Hong Kong*, Hong Kong: Noronha & Company, 2012, pp.80–81.

令，行政局不能討論非由港督提出的議題。這些都是英國賦予港督"專政"權力的強力佐證。[1]

香港總督雖然亦受制於英國政府，但是在本研究的 19 世紀時段內，特別是電報還沒有被發明和廣用之前，倫敦與香港的書信傳遞往往需要數月之久，對於倫敦來說香港的確有些鞭長莫及。而且，殖民地部的官員對於這麼一個獨特（主體以華人組成）的地區，也沒有甚麼先例或經驗可言。隨著香港經濟上的成熟，殖民地部也難以管理這個遙遠的地方。因此，一般是任由港督自行決定治理香港（特別是治理華人）的政策。曾經有一位港督說過："總督只須在預備好的文件上簽名，便可以平平穩穩地度過他的任期。對於不願有所作為的人來說，這裏簡直是個天堂。"[2]

以上說法，證明港督的性格、能力與處事態度基本就能決定香港政策的主導方向，警政自然也不例外。換句話說，19 世紀英國在香港進行的殖民管治，用現代的政治詞匯，實是一個以港督為主的"行政主導"政權，[3] 港督絕對有左右甚至否決兩局意見的權利。

第六任港督麥當奴應付賭博行為的反覆態度與處理方法顯示其主觀性強的措施，亦暴露了當時殖民當局以行政主導，甚至是專政施政的不理想情況，而並非是英國人標榜的民主議會制管治。一開始時，麥當奴一面堵地認為對某些賭館實行發牌制度，讓其在制度中營運，就能杜絕警員因受賄而對賭館的包庇。這樣的做法曾遭到倫敦與本地多方的反對，但是麥當奴天生剛愎自用的性格致使倫敦方面也無能為力（當然可觀的牌照費也是一個誘因）。這麼重要的施政，麥當奴並沒有通過立法局正式的立法程序，只是巧妙地把處理賭博的議題藏在維持社會秩序的法令裏，對於"發牌"、"合法化"等字眼完全不提，發牌措施實際上通過港督的行政手段實現。幾年後，由於反對聲太強烈，麥當奴不得已要全面推翻這一措施，再度選擇用發公告的行政手段而不是立法途徑解決，這樣的處理方法甚難服眾。當時的大法官（也是禁賭的支持者）甚至草擬了一份正式的法令，預備在香港實行禁賭，[4] 但是麥當奴依然故我，逆其意而行。

這些管制城中賭博的行政措施，對於警隊亦有極大的不良影響。麥當奴實

1　Royal Instructions to Pottinger, CO381/35, pp.29, 42–43.

2　王賡武主編：《香港史新編》（上冊），香港：三聯書店（香港）有限公司，2017 年，第 87 頁。

3　行政主導：英文翻譯為"Executive Dominance"，原意是指英國大法官許針勳爵提及的"選舉獨裁"，指政治架構中行政部門主導及控制法案流程和立法議程。

4　Correspondence and Papers relating to Gambling House Licence System in Hong Kong, House of Commons Papers 1871, No.379, Vol.47, XLVII.855, pp.54–59.

施行政手段推翻先前賭館發牌制度時，政府只通過一份公告，通知市民警隊成員被禁止（對賭館非法賭博行為）進行其執法天職。在新的制度下，警察總監與總登記司會安排幾名"非警員"的華人偵探負責執法。正規警察只能負責抓捕街頭賭博行為，當作是"阻街"（阻塞交通）行為。這樣的做法架空了警察本來具有的執法權力，讓警察的身份變得尷尬，威信更低。此外，執法權力由幾名（非警隊成員）的華人偵探掌握究竟意義何在？假如真有警隊成員受賄的情況，把正規警員換成非警員就能夠杜絕賄賂行為？政府對這些並非不合理的疑問的忽視、一意孤行的措施，實則讓賭博問題更加複雜。禁賭問題最終由下任港督堅尼地在1876年通過禁賭令，以立法的形式來規範。[1] 禁賭法令亦恢復了警察可以進入疑似聚賭的場所執法的權利。[2] 禁賭法令的姍姍來遲，與港督個人權力高度集中有極大關係。

另外一個例子是寶雲港督，他極力爭取在警隊裏設立一個"軍事副官"的職位。寶雲認為警隊缺乏軍事與紀律訓練，因此安插一位有軍事背景的長官常駐在警隊裏，不但可以加強警隊整體的軍事與紀律意識，也可以為職務繁多的警察總監分憂。寶雲沒有掩飾其重視警隊軍事化的傾向，多次對改革後的香港警隊有著皇家愛爾蘭警隊的影子表示滿意。筆者認為寶雲成功推動的軍事化改革是香港警隊的轉折點，因為武器裝備有了改善，加上軍事與紀律的訓練，極大地扭轉了香港警隊之前的頹氣。此外，香港警隊和軍隊自寶雲引入軍事訓練後增加了合作，之前緊張的關係有了一定的緩解。可是，軍事副官的任命甚至是軍事化的做法，沒有被下一任港督德輔繼承，因為他不願看到警隊帶有軍事的形象。[3] 由此可見，殖民當局對於警隊是否需要軍事訓練的調子（事實上是任何警政）是支持還是反對，很大程度上因港督個人的意願而調節。英國的殖民官員經常遊走在各殖民地或屬地之間，不同的港督有不同的殖民地管理經驗，不同的警察總監也依賴不同的班底，所謂"一朝天子一朝臣"，這樣的交錯對警隊的穩定發展形成了衝擊，不同時期警隊重用不同種族裔即是一個明顯特徵。結果，警隊裏充斥了一大群不能互相溝通、各自為政的群組，難怪成效持續地處於低點。

本書研究時段內，召開過幾個檢討警隊以及警政的調查委員會，本來目的是要針對"居民"對這個公營機構不滿意的地方，通過"獨立"人士的調查提出意見與建議。然而，幾次這些委員會的建議，大都只是淪為非常形式化的舉措而

1　Report on Ordinance No.9 of 1876 Gambling, 12 December 1876, CO129/175, pp.416–418.

2　香港法律編章 1876 年第 9 號法令第 3 款。

　3　Des Vœux to Lord Knutsford, 19 Dec 1889, No.380, CO129/242, pp.593–597.

已，因為當時是否要認真考慮或接納這些意見與建議，大程度上是港督的決定。熱心的如堅尼地，有如實反映讓倫敦殖民地部獲悉，並及後嘗試實行某些 1872 年委員會的建議。不積極的如寶寧，對於 1856 年委員會的意見與建議採取冷淡態度，就連抄送上呈倫敦也是草率了事，只選他心儀的項目，例如加強總登記處在管治華人的權力，其他的一概忽視。1879 年的調查委員會是在軒尼詩港督在任時發生的，由於軒尼詩的管治手法一直不受歡迎，這個委員會的報告也沒有受很多關注。終究這些所謂 "獨立" 的警察調查委員會，只被當作是安撫憤怒民情的敷衍和折衷手法而已。

觀察幾次的群體性治安事件，個別早期的港督有一個傾向，總是很樂意把警隊的執法職權犧牲，換取民眾不滿情緒的緩解。1856 年《滋擾法》通過後，11 月 25 日的行政局會議明顯收緊警員對於《滋擾法》的執法權限，同時公開告知居民說警隊以後執法態度會比較收斂；後期的賭博處理，更是乾脆叫警察不用執法，用非警察來代替。這種不鼓勵正規警察執法的方針，給居民帶來錯誤的訊息：警權是隨時可以下放或收緊的，間接製造居民對於警察的漠視與不尊重，打擊警察的威信，最終亦即等於對法理的不尊重。

此外，英國殖民地部與本國其他政府部門的聯繫並不緊密，從 1864 年發生的軍警衝突就能看得很清楚，殖民地部對於港督也只是特別關注財政方面而已。因此港督起用自己熟悉的人手、官官相護的情況在本研究時段中俯拾皆是：甘賢、迪恩、克雷格等等無一例外，其中最有爭議性的應當是對高三貴的重用，而高三貴的仕途起落，已經詳細討論過。此人在 1840 年走運碰到了殖民當局的開山重臣堅偉，隨英軍到舟山參與鴉片戰爭。高三貴的崛起也是殖民當局長期不信任華人的苦果，偌大的香港缺乏可靠的翻譯人才，導致所有與華人的聯繫都必須依靠高三貴。這樣的過分依賴是管理學上的一大忌諱，高三貴這種投機性人物，在巨大的誘惑下通過私相授受的勾當中飽私囊，不利於華人群體的地位與福祉。殖民當局通過高三貴實施的嚴控、監控（登記制度、宵禁制度）與驅趕（驅逐出境）等高壓政策，並未對香港的治安環境有所改善。1856、1857 年的反外事件中，高三貴算是立了大功。無論是 1856 年的警察調查委員會，抑或是行政局會議中，關注的都是怎樣能夠加強對華人的監管，造成總登記司的責任凌駕於一切其他機構制度。話說回頭，人口登記從一開始就是殖民當局重中之重的監察華人政策。首次在 1845 年進行的人口普查報告中，總登記司費倫曾說過："適當執行的登記制度將是最有力和最經濟的手段……必須成為政府手中最有力和最有用

的工具。" [1]

警察總監威廉甘賢能從安提瓜殖民地的財務會計飛升至殖民當局的警察總監，也是受其舊上司港督羅便臣的提攜。羅便臣起用甘賢，試圖振興當時名聲和士氣低落的警隊，甘賢上任後從印度南方的孟買、馬德拉斯等地引進警員，用兩年的時間引進了130多名印度警察。但在1864年軍警衝突中，算是盡忠職守的甘賢也逃不過一朝天子一朝臣的厄運，新港督上任後，甘賢的仕途遭受挫折，連帶從南印度進口的警察也隨之失寵。新上任的警察總監迪恩重用曾在印度北部的旁遮普（Punjab）當過警察總監的克雷格，於是香港警隊開始進口招聘錫克警察。[2]錫克警察在港表現較印度人優勝，1883年又被引進到上海英租界，原因是上海公共租界首支警隊的總監麥克尤恩曾經在香港擔任副警察總監，對錫克警察有一定的認識。裙帶關係就是這樣在各殖民地中"流行"、延伸。

殖民當局統治初期依賴人治、缺乏系統化的管理方法，使得英國當局鞭長莫及的這塊遠東佔地並未綻放出英國人自以為傲的代議政制，亦沒有發出英人號稱重視法治概念的光輝。到19世紀末期，任人唯親的風氣隨著考試選拔制度（通過官學生制度的設立）的引進有了一定的改善，尤其是殖民當局第一批見習生中的駱任廷，是殖民當局文官系統的代表性人物。

駱任廷在愛丁堡大學掌握了希臘語、拉丁語等多門語言，成績優異。與高三貴相比，駱任廷進入殖民地部後接受了文官訓練的培養，1879年11月通過殖民地部基本中文考核後隨即到廣州繼續研習中文，能夠熟練地對中國儒家經典、中文報紙進行翻譯。駱任廷對於中國文化的推崇是主動的仰慕，而非高三貴幾乎是被動式的接受（只是地緣巧合在新加坡居住）。駱任廷後來在香港的華人社群中獲得了普遍的好感與信任，這是他仕途上平步青雲的關鍵因素，而非仗著任何裙帶關係。

駱任廷傾向於把華人精英分子意見帶進社會議題的討論中，早期的華人團體如保良局、東華三院，以及團防局等都有駱任廷的足跡。在執行其總登記司工作上，駱任廷多次參與肇事華人代表的會議，也與警察總監合作無間，務求解決事情而不是乘機攬權、獲取個人利益。本研究曾提到駱任廷參加了1884年華人船工人罷工的斡旋會議，當然與他流利的粵語以及在華人中的威信有莫大關係。到了1896年的罷工工潮，已經是輔政司的駱任廷在港督缺席的會議中，沒有擅自

1　Report by Census Registration Office, 24 June 1845, CO129/12, pp.304–310.

2　Crisswell and Watson, *The Royal Hong Kong Police (1841-1945)*, Hong Kong: Macmillan Publishers (HK) Ltd, 1982, pp.47–49.

與商人私下定下條件，同時亦在書函文件上恰到好處地把控，避免了被商人在混亂情況中佔據上風。這樣正規的處理方法協助港督捍衛了立場，不至於被商人牽著鼻子走。駱任廷在香港殖民當局中的晉升很快，是憑自己堅實的學術底子和富有成效的管理技能，打破了這種用人唯親的傳統。當時駱任廷身兼總登記司（撫華道），對於華人不只是"監控"，而是有溝通與了解，這給日後對新界的管治設下了良好的機制。

三、"以華治華"的幌子

英國人武力取得的香港，採取的殖民模式與其他如美國、澳大利亞等"移民墾殖"殖民地 (Settlement)[1] 不同。香港對於英國來說，只是一個商業、軍事以及外交上的據點，[2] 以便其達到在東亞進行貿易的目的，同時加強大英帝國在遠東地區的防禦綫。因此英國對在港的華人並沒有太多意欲要聯繫，充其量只對來港經商成功的華商略有興趣，這也是英國人一早就洞悉的道理。總登記司費倫早在1845 年就曾說過：

> 只有"利益"才可以把他們（華人）"限制"。只要統治者和被統治者的力量比例適當，後者可能會保持在被動地位。假如我們要除去實體上的優勢，只有通過投其所好，利用他們的利益，才能維護我們的統治（地位）。[3]

其中，"除去實體上的優勢"泛指不用投放大量資源設置龐大警隊管理治安。從費倫的話可以看出，英國人清楚地意識到讓華人在香港的經商環境中成為既得利益者，那麼管治香港就能事半功倍。早期的殖民當局，希望能從內地（廣東）吸引規模較大的華人商賈來港定居，但收效頗微。殖民當局的翻譯官郭士立（Karl Gutzlaff, 1803–1851）曾表示，有可能需要給內地商人更大的誘因，因為來港的華商屢有先例是虧本收場的。[4] 第二任港督德庇時積極想要招攬福建人來港做生意，他認為福建人與其他籍貫的華人不一樣，他們對於經商、移民與航海都有較強能力。德庇時報告倫敦將特別關顧福建人在港購地計劃。[5] 以上都能佐證英國人積極想要在香港建立一個華商的階層，以便更易地落實其殖民目的。

至於一般草民，早在 1842 年《南京條約》簽訂沒多久，在港華人究竟是受

---

1   高岱、鄭家馨著，《殖民主義史（總論卷）》，北京：北京大學出版社，2003 年，第 207 頁。

2   Lord Stanley to Pottinger, 3 June 1843, No.8, CO129/02, p.27.

3   Report by Census Registration Office, 24 June 1845, CO129/12, pp.306–307.

4   Carl T. Smith, "The Emergence of a Chinese Elite in Hong Kong", *Journal of the Hong Kong Branch of the Royal Asiatic Society*, Vol.11 (1971), pp.83–84.

5   Davis to Lord Stanley, 10 July 1845, No.97, CO129/12, pp.287–288.

中國還是英國法律管轄存在爭議，因為英國駐華商務總監義律武力佔據香港時發佈的公告，[1] 曾答應統治香港的方式是 "以華治華"，但此後並未兌現承諾。首任港督璞鼎查曾揚言，假如有華人不願意受英國法律管轄，大可以選擇離開，政府甚至可以賠償他們在港買下的房產，[2] 對於在港或移居香港的底層華人，英國人沒有興趣管理，也不願意花時間管治。從一開始英人對來港的華人就實行 "監控" 與 "篩選"（監察與控制）制度，即 "以勢壓人" 的人口登記系統：對於英人需要的華人，如工匠、苦力、工人、小販等，通過登記制度，姑且准許留在此地。沒特殊技能（或貢獻）又想留在香港的華人必須有工作，或有人事或保證金才能獲准登記留在香港。然而，隨著香港吸引力的增長，從內地來的華人（合法不合法途徑）越來越多，移民良莠不齊，罪案也就因此頻生，華洋矛盾激化，自然也加速出現各種糾紛，給英國人帶來了麻煩。

英國人的首要任務是在殖民管治前提下，對歐洲人的生命財產提供保護，香港警隊也是基於這個背景而產生的。1841 年英國人登埠後設立首支維護治安的人員，就出現了華人警員，義律特別叮囑華人警員由村董推介產生，而負責的堅偉也很快便照辦。可見英人最初就打算把管治華人的事交付華人自己處理。與此同時，華人圈子一直存在 "更夫" 的習俗，[3] 更夫的主要作用是協助捉賊，但當時更夫屬私人聘請，並沒有獲得政府的正式認可。英國人對此並沒有阻止，甚至曾經把更夫從夜間宵禁的華人行列中削去，[4] 表明並不抗拒其存在，而且某種程度上借用其力量監控華人區域內的秩序，特別是晚間的治安。此外，堅偉制定的首份警察通則，[5] 反映了英人對香港的不熟悉：華人警員守則中較清晰的職責是阻止售賣烈酒，表明當時英人認為香港的犯罪情況不是非常猖獗，只是洋人酒後鬧事而已。而歐洲警員的職責有列明要盡力保護華人居民，但相信這只是初到貴境、做做門面功夫而已，是收買人心罷了。

1844 年第二任港督德庇時治港時，調子已經完全不同，當時香港正在逐漸興盛，內地和海外人士都爭相來港謀生，治安問題叢生。由於人手缺乏、裝備不足等種種原因，早期警隊效率低下，而主要由英國人與印度人組成的香港警隊與本地華人社群言語不通，根本無法維持治安。加上英政府對於保護華商反應冷

1 Proclamation by Elliot, 01 February 1841, FO17/47, p.179.

2 Pottinger to Lord Aberdeen, June 1843, CO129/03, pp.219–225.

3 對於 "更夫" 英國人沒有阻止，可以從著名的 "竹子法令"（1844 年第 17 號法令）裏看到，只是針對更夫用鑼打更時發出的聲響。

4 《香港憲報》1842 年 10 月 13 日英文刊登，10 月 4 日中文公告。

5 Caine to Elliot, 11 May 1841, FO17/46, pp.261–268.

淡消極，大部分警察主要集中守衛歐洲人聚居的中區一帶。這位新任港督在 5 月 30 日就頒佈了香港第 13 號法令，肯定保甲制，[1] 規定殖民當局可以在適當時候委任華人治安員（就是保長與保甲），亦即承認當時已經存在的鄉里耆老制度。[2] 究竟保甲制度成功與否，學界意見不一。但對當時的港督而言，這個制度無疑是有效的，否則 1853 年不會再頒佈新條例，令保甲制再上一層樓。此後，這個系統不單只是為了治安，而且提供了一個調停紛爭的管道。

事實上，讓華人自己排解華人社區內的糾紛，並不始於 1853 年保甲制度的升格，1847 年文武廟修建後便已有端倪。開埠之初，香港百業待興，華人建築工譚阿才和盧阿貴[3]出資修建了文武廟，兩人自然成了所謂的 "鄉紳"，而文武廟逐漸成了華人群體集會議事、實現 "自治" 的一個公共平台，事實上當時確實設立了一個文武廟委員會，而廟址旁邊的公所便是公眾聚集之地。

文武廟不單是一個供居民拜神祈福的宗教廟宇，它位於華人社區的中心點，還提供了一個極理想的場所讓華人排解糾紛。剛開始的時候，華人在文武廟只是舉行一些 "砍雞頭、燒黃紙" 的民間信仰儀式，慢慢地文武廟逐漸成為了華人處理一些商業仲裁事務的中心。華人每每有事要解決，總會齊集文武廟，謀求解決方法，文武廟因此承擔了處理華人事務的社會功能。根據香港學者的研究，利用廟堂這一有神聖色彩的場所來解決公共事務，在清末的城市鄉間都很普遍。[4] 港督般咸指出，1848 年底，香港的高等法院並沒有處理過華人的民事糾紛個案，因此有理由相信隨著文武廟的建立，華人的糾紛都在文武廟自行了決。[5]

殖民當局明知道文武廟這個存在於英國法律框架以外的地方，但是並沒有公開反對。到了 1853 年新的地保法令出台，[6] 保甲制再上一層樓，讓部分已選出的華人治安員當 "地保"，成為 "評審員"，負責 "裁決" 民事糾紛，就等於是殖民當局正式承認了這個制度。到 1853 年，對於華人社區的糾紛，保甲制度已經從簡單的 "維持治安" 發展成為擁有處理華人糾紛的 "裁決權"，這是過去只擁有 "調解權" 的文武廟所無法比擬的。

德庇時曾在一封發往殖民地部的信件中提到，"在赤柱地區，保甲制的實施

---

1 香港法律編章 1844 年第 13 號法令《關於在香港殖民地上委任與監管華人官員（保長與保甲）之法令》。

2 香港法律編章 1844 年第 13 號法令第 2 款。

3 盧阿貴在鴉片戰爭中曾經是英國軍隊的供貨商之一。戰爭結束後便留在受殖民管治的香港，獲得政府批准購下一塊好地皮，進而躋身成為成功商賈；後來更投資賭館與妓寨，也曾經參與鴉片專賣權。

4 丁新豹：〈香港早期之華人社會（1841–1870）〉，香港大學博士學位論文，1988 年，第 181–190 頁。

5 Bonham to Duke of Newcastle, 05 December 1853, No.94, CO129/43, pp.389–391.

6 香港法律編章 1853 年第 3 號法令。

大為成功，當地的警察已無事可幹，他們返回維多利亞城執行其他任務去了。"[1]
這封函件本來是要提醒英國當局警隊支出終於可以削減了，因為保甲制度的實行
減輕了警察的壓力。倫敦當局回覆"沒有任何理由"不讓現時制度（保甲）繼續，[2]
明確支持這個華人治華的做法。

1855 年 11 月，隨著殖民地部有了新的領導，這種"以華治華"的做法在思
路上有了一定轉變，但本質上，香港華人社會治安問題依舊離不開保甲制度的運
行。直到 1857 年的群體性事件和翌年又發生的"毒麵包"事件，無論是殖民當
局的官員，抑或是市內的歐籍居民，都對華人極度不信任、反感，甚至是仇恨。
此時的外務大臣拉布謝爾曾向港督寶寧表態：

> 女王陛下政府一直以來主張以同一"法制"來治理殖民地上不同的族裔
> （至少是極力鼓勵這個做法）。這樣一項良好的政策，不應為了顧及殖民地
> 上某種主要族裔，讓任何短暫的或輕微的偏差影響到帝國的持久運作。[3]

這句話在學界有兩種不同的解讀：英國當局維護香港華人，或者英國當局
反對以華治華。但實際上當時的語境並不是這樣。港督寶寧為了增加政府收入，
通過了一條法令，並希望獲得英國的批准，該法令規定華人可以合法（不受限
制）地售賣酒精給華人，英國殖民地部反問為甚麼華人能有這種優惠，並不是說
華人應該獲得與英國人等同的優惠。無論如何，這似乎是一個轉向的開始。之後
1856、1857 年發生的群體性事件讓歐洲人與華人之間的裂痕加深，最後保甲、保
長制度在 1861 年正式被廢除了，華人歸屬總登記司（或撫華道）管轄。

事實上，1858 年殖民地部下達了外務大臣拉布謝爾那句話後，文武廟作為
華人議事堂的作用卻一直沒有變更。就算到了 19 世紀 70 年代初期，殖民當局都
沒有加以阻止，可見文武廟的領導裁決角色一直得以持續。1869 年後，華人死
後的屍體處理問題引起市內歐籍居民越來越多對於管理華人的關注，加上 1870
年東華醫院的設立，文武廟的角色漸漸在華人社會中被淡化。

學界對東華醫院的歷史研究頗豐，此處不再贅言。簡單來說，東華醫院（東
華三院）經 1870 年第 3 號法令批准設立，由於東華的董事局是從香港各行業商
會挑選出來的華人精英，自然對香港華人社群有巨大的號召力。因此，殖民當局
對於東華醫院的信任，始終是滿腹顧慮。1884 年的罷工行動中，東華醫院竭力

---

1   Davis to Gladstone, 01 May 1846, No.233, CO129/16, p.296.

2   Colonial Office to Davis, 30 July 1846, CO129/16, p.295.

3   Labouchère to Bowring, 13 July 1858, No.18, CO129/67, pp.543–545.

希望能擔任調停角色，要求政府對滋事罷工分子網開一面，但是殖民當局並不打算賣這筆帳，不單不答應讓東華醫院發出公告向華人工人轉達政府的意願，連在東華醫院舉辦一個公開會議也不容許，就是要防範錯給公眾一個訊息，以為殖民當局的管治權被華人精英牽著鼻子走，報章上也一直吹噓東華想在事件中乘機攬權。1894 年鼠疫的爆發，因為中西醫學治療方式的不同，以及東華不同意要實施病人隔離政策等，令政府與東華醫院董事局中間發生更大的問題。殖民當局設立東華醫院的初衷只是建一所"慈善機構"（舊稱"善堂"），並沒有打算讓其承擔管治華人的功能。律政司早期的一份報告 [1] 非常詳盡明確地表明殖民當局要管控這個純粹是華人的機構，證明殖民當局一直有意識要"回收"華人治華的權利。設立東華醫院董事局的法令中，[2] 關於政府有足夠的權力監控與指導東華醫院的董事局的規定，實際上就體現出英國人對這個純粹是華人的機構的忌憚。

　　至於華人治安，不能不提的還有 1866 年通過的華人人口登記的法令，當中有幾項規定批准了華人更練團的成立。[3] 雖然更練團也是由華人提出的要求，但有可能因為一開始便決定使其歸總登記司管轄，殖民當局並沒有太擔心其權力會過大。而且更練團只是負責維持華人區內的治安事宜，所有支出亦由華人自己負責，何樂而不為。港督麥當奴在立法會發言時，也表示這個團體"由一位有能之士（指總登記司）來統領，肯定會成功的"。[4] 更練團之後協助殖民當局管理華人區域果然成績顯著，1891 年，撫華道駱任廷做出了一個重要的決定，包括何啟博士、韋玉（寶珊）與何福等非常有影響力的 12 名華人獲港督委任，正式組織了一個有法定地位的更練團委員會（後稱團防局），以加強總登記處與更練團的溝通。在 1894、1895 年的事件中，更練團的參與不少：1894 年 3 月在東華醫院開會期間，街上發生開槍事件，當時與警隊一起馬上到達現場的有更練團的莫姓頭領，協助警隊挨家挨戶搜查槍械武器；1895 年罷工初期，最先與政府官員開會的是更練團，然後才決定再召集其他華人。雖然更練團在這些會議中對政府作出了甚麼樣的建議，史料中並沒有很多的記載，但似乎政府對更練團依賴其多（至少比其他的華人團體要多），連當時財大氣粗的買辦代表何東爵士都沒有第一時間獲得殖民當局的諮詢，有點酸葡萄的感覺。

　　綜上所述，殖民當局對華人團體的期望與華人自己的期盼似乎有落差。前者

1　Report of Julian Pauncefote the Attorney General, 06 April 1870, CO129/144, pp.157–163.

2　香港法律編章 1870 年第 3 號法令。

3　香港法律編章 1866 年第 7 號法令第 12–14 款。

4　*Hong Kong Daily Press*, 16 August 1866, p.2.

對於他們能在華人社區維持治安，而且是華人自己負責費用感到十分滿意。假若要涉及更廣的層面，則必須受殖民管治者的監管。更練團的成功，很大程度上是因為其與政府密切的聯繫，事實上團防局是委任制度下產生的。此後，每年的港督行政報告裏都對其有一定描述，（西方）傳媒因此亦不會對其強烈抗拒。相對之下，東華醫院只是一所給華人提供義務醫療的機構，雖然後來兼顧了許多"善堂"性質的慈善服務，殖民當局對其始終有所顧忌。

英國人"以華治華"的方針，本質上是有選擇性的"利用"罷了。筆者認為，"以華治華"之"治"只是"整治"之意，並沒有"治理"的意味。殖民管治50多年後，英國人只想華人替他們分憂，擺平華人惹的麻煩。英人從來沒有下放過對華人的管權治權。真正屬港督"內閣"的香港行政局（舊稱"議政局"），一直到20世紀的1926年才出現了首個華人非官守議員。而長達155年的殖民管治期間，只有寥寥可數的11位華人議員，這是對英人是否真正關注華人福祉的最直接戳穿。

香港立法局（舊稱定例局）在1843年成立，成立之初，由港督以及3名官守議員組成，並由港督擔任主席。1850年，怡和洋行的戴維·渣甸（David Jardine, 1818–1856）與 Jamieson, How & Co 的約瑟夫·艾德格（Joseph Frost Edger）獲委任為立法局兩位非官守議員，以擴大立法局的民間代表性。1855年8月，港督寶寧因應香港的環境變遷與繁榮增長，向倫敦殖民地部推薦重組立法會。寶寧強調他的建議是既"安全"又令人滿意的，即在7名議員的基礎上增加6名（3名官守、3名非官守）。殖民地部最初步的響應是必須要清楚以後能有選舉權的組合元素。[1] 當時的建議是：5名非官守議員會從付稅達到某數額的業主中選出。雖然倫敦在這階段還沒有表態，但明顯已經知道問題會出在哪裏，分明是要知道歐洲人與華人在這些付稅業主中的比例是如何。最後，殖民地部在翌年的7月底表態，"反對這次對於增加立法局代表性的建議"。[2] 原來，這是首次在英國的亞洲殖民管治地區中（就是亞洲人人口比例遠超過歐洲人人口的地方）出現要增加民意代表性的要求。外務大臣拉布謝爾直白地掉下一句反對（世代）華人參政的緊箍咒。

不能讓華人進立法局，因為華人的道德水平太低，而且他們的下一代也不會有很大的轉變，因此不能讓華人手握任何權力，就算有，也一定要受到

---

1   Labouchère to Bowring, 23 November 1855, No.2, British Parliamentary Papers, Vol.24, pp.211–212.

2   Labouchère to Bowring, 29 July 1856, No.82, British Parliamentary Papers, Vol.24, pp.218–219.

英國人的監控。[1]

　　事實上，立法局的議員賴里在 1871 年期間曾發動太平紳士請願，敦促政府針對治安問題召開特別調查委員會。當時就有部分輿論批評立法局議員應該（永遠）支持政府，而不是對政府進行公開的批評，哪怕動機是為民請命，也不能令政府處於尷尬的境地。有人更認為香港洋商大多是被香港的營商環境所吸引而來，因此沒有權力影響政府的管治，除非政府主動向他們徵求意見。對洋人都是這種思維，別說是香港的華人，似乎殖民當局基本上從來沒有要下放管治權力的想法。[2] 在受殖民管治的香港，似乎彰顯不出一直讓英國人最感驕傲的代議政制。

　　1880 年親華港督軒尼詩雖然不顧倫敦的反對，讓華人伍廷芳成為香港立法局第一名非官守議員，然而這種開放讓華人參政的局面並沒有成為風氣，離華人能真正獲得參與管理香港事務的權利仍有很大的距離。即便伍廷芳之後黃勝、何啟、韋玉這些曾到英國留學或英語流利的華人精英先後進入立法局，但是 1895 年發生大罷工事件後斡旋的碰壁，是對所謂的華人精英的地位一記當頭棒喝。其實，就算是這些所謂華人精英也總是有個“定型”，就好像昆西督察一樣，都是一些英語說得流利，又或者曾經到英國留學回港的華人，才能勉強被英國人接受。

　　總而言之，19 世紀發生的幾次群體性事件，都被英國人定性為暴亂，警隊與法庭採取了嚴厲的舉措，把他們所認定的“動亂分子”繩之以法，輕者罰款監禁，重者重罰鞭笞，甚至驅逐出境。從 1842 年香港成立警隊到 1895 年苦力罷工的五十多年間，縱然華人警員的表現，從起初不被任何人（包括警察總監、港督、倫敦殖民地部官員、洋商、軍隊、市民、華人居民、報人等）認同到逐漸受到認可，但其在警隊的地位並沒有顯著提高，最大的改良不過是人數的增加。實際上，香港警隊自成立以來，其成員構成中，以歐洲人（英國人）為核心的地位就雷打不動，來自印度南方的印度人或印度北部的錫克人以及華人在不同的時段地位雖有波動，其主要原因是與具體港督任命的不同背景的警察總監有很大關係，至於警察總監喜歡甚麼樣的左右手，就看這些殖民地官員來自哪裏、有何種背景。這種做法導致了警隊的素質沒有保證，警隊的表現也大打折扣。即便 1872 年警察調查委員會提出應以華人為警隊的軸心，之後警隊建設也未按此方向發展，中間因個別港督的意志而對華人警員地位的改善也只是曇花一現，更多

1　Labouchère to Bowring, 29 July 1856, No.82, British Parliamentary Papers, Vol.24, pp.218–219.

2　*HK Daily Express*, 28 September 1871, p.2.

情況下由於不連貫的港督政策，警政呈現搖擺不定之勢，就連華人成員配備武器的問題都未能改善。由於警隊表現在 19 世紀仍然不成氣候，華人治安的管理就越來越依靠華人自理，從早期的保甲制度到後來更練團，這樣的組織始終存在。英國人到了 19 世紀末認定，既然華人為罪案的主要源頭，必須要依賴以華"制"華才能收到成效。至少一直抗拒重視情報人員的壁壘在 1884 年的群體事件中終被打破，華人警員提供的情報有效地促進了擾攘治安事情的平息，這也似乎為以後的香港警隊的發展提供了一個新的方向，即放手起用華人，不再僅僅依賴印度錫克人外援，香港警隊從此逐漸發展成一支帶有半軍事色彩的紀律嚴明的部隊。

附錄

一、19 世紀香港警隊大事表

1841 年

1 月 26 日，英國艦隊登陸香港。

4 月 30 日，英國駐華代表義律頒佈委任堅偉為香港首席裁判司的授權令，並刊登香港憲報。當中指令堅偉"行使裁判與警察權力"。

4 月 30 日，義律私函命令堅偉籌建警隊，並列出要求與規格。

5 月 11 日，據堅偉的報告，首支香港警隊已建立，包括 11 名歐籍、22 名華人警員，計 32 人。

1842 年

4 月 30 日，香港首任港督璞鼎查再度向堅偉發出授權令。

6、7 月間，由華人組成的"市政警隊"成立。

1843 年

6 月 26 日，香港立法局（舊稱定例局）成立，此後通過了多份與警隊相關的法令。

1844 年

2 月，因堅偉無暇兼顧警隊事務，璞鼎查要求增設一名警察總監直接管理警隊。

5 月，首份規範香港警隊的《第 12 號法令》通過，明確了警察的權力、職能、與問責機制，以提高警隊效率。

5 月 30 日，《保甲制度第 13 號法令》在立法會通過。

11 月，港督德庇時挑選 23 名印度及馬來人加入警隊。

1845 年

2 月，警隊首任總監梅查理從倫敦抵港。

3 月 31 日，71 位駐港士兵自願轉職加入警隊。

4 月 15 日，梅查理向行政局（舊稱議政局）呈交了警察報告。該報告集中反映了香港警隊管理階層對警隊種族成分、人手調配、制度與職務定位的初衷，對此後香港警隊的發展有深遠的影響。

5 月，首份在港開徵差餉以支持警隊開支的《第 2 號法令》通過。

1853 年

年底，一份擴展保甲制度至協調華人族群民事糾紛的第 3 號法令，在立法會通過。

1856 年

5 月，英國當局因為預算問題，駁回港督寶寧提議新建中央警署大樓以及警察分局的建議。

10 月 24 日，針對社會輿論批評警隊而成立的警察調查委員會提交了報告。報告的核心圍繞依靠軍隊提升警隊效率以及結合殖民當局稅收手段增加警隊開支，但該報告基本被港督寶寧和英國當局全盤否定，唯一落實的地方在於擴大了總登記司的權力，加強了香港的人口登記系統。

1857 年

1 月通過 1857 年第 2 號法令——《進一步加強殖民地和平法令》，是香港首份的"緊急法"。

1861 年

11 月，警察總監甘賢上任。在他的建議下香港警隊從印度南方的孟買、馬德拉斯等地引進 130 多名印度籍警員。

1862 年

5 月，立法局通過《第 9 號法令》。該法令計 27 條，包括擴大警察總監權利，強化警力保障等等，對成立了 17 年的香港警隊進行了一次重大調整。

1864 年

9 月中旬，香港太平山爆發毆鬥事件，涉事的駐港英軍兵團士兵與趕來的警察發生軍警衝突。雖然生事軍隊之後被調離，但軍隊和警隊的關係仍然緊張。

1866 年

2 月 1 日，香港華人領袖召開會議，與會的富裕店主、商人等決定組織自衛的更練團。更練團運作的費用由華商承擔，可以在不增加政府額外費用的情況下有效輔助警隊維護治安，因此得到港督麥當奴的支持。

8 月 15 日，立法局會議同意成立更練團，受"總登記司"管轄，並通過《1866 年維多利亞登記條例》。該法令將維多利亞城劃分為多個區，強制所有華人住戶登記。這是香港所謂"四環九約"的由來。

本年，副警察總監賈爾斯·克雷格引進 100 名印度錫克警員，反響良好。

1867 年

6 月，香港警隊引進 116 名錫克籍警員，麥當奴視察後甚為滿意。

1871 年

12 月 22 日，由 8 名商人組成的警察調查委員會召開第二次會議，對香港警隊的成效與組織、預防犯罪等議題展開調查。

1872 年

4 月，新任港督堅尼地擴充華人警員若干並裁撤了一批印度籍警員。

6 月，警察調查委員會成員理雅各提議殖民當局應組織一支只有華人與歐洲人的警隊，但英國殖民地部針對此報告指示堅尼地，應該謹慎"起用華人"。

1879 年

本年，助理警察總監一職被廢除，新設總督察一職。

10 月，軒尼詩港督委任的第三次警察委員會報告出台，並未受到重視。

1882 年

8 月，本姓黃的昆西被擢升為三級督察，是第一位躋身香港警隊管理階層的華人。

1883 年

3 月，英國方面駁回代理港督馬什建議，認為香港警隊沒有必要增加一名副警察總監。

7 月，新任港督寶雲向殖民地部建議在警隊新設一名"警察副官"（Adjutant），必要時可以代替警察總監帶領警隊。

1884 年

2 月，英國批准港督寶雲在警隊增設一名警察副官兼操練警長。寶雲對警隊軍事化的改革整肅了警隊的紀律，對警員使用武器的訓練提升了警隊的武力。

1887 年

6 月，立法局通過《第 14 號法令》。與 1862 年的《第 9 號法令》相比，該法令對警隊的組織和職能沒有顯著改革。

1893 年

因時局動盪，殖民當局通過法令恢復義勇軍，以此加強海岸防衛力量。義勇軍受"軍法"管轄，即使是義務性質，但殖民當局對其武器裝備、軍事訓練的支持遠勝於正規警隊。

1894 年

3 月，會館苦力在文武廟遊行活動中派系矛盾激化，引發治安混亂。警察隨後在苦力館搜出大量武器，及時制止了衝突繼續惡化，並促使殖民當局加強對武器軍火的管控。

1895 年

5 月，通過《在殖民地上管有武器》法令通過。

1899 年

警隊薪水報表出現偵探部督察（管理階層）斯坦頓。

二、1845 年香港首次人口調查報告摘錄

1845 年 6 月 24 日

估計該地目前的人口為 23,817 人，不包括軍隊和警察，比例如下：

組別	男性	女性	兒童	總數
歐籍人士	455	90	50	595
印度籍人士	346	12	4	362
居所在磚造房子之華人	6000	960	500	7460
居所在船上人士	600	1800	1200	3600
工人、工匠、機器人員居所在正在建造的建築物裏面				10000
貿易、遊客與其他人士				500
受僱於歐籍家庭人士				1500
總數 *				23817

* 總數有 200 的差距。

在維多利亞城一共有 315 個華人（本地人）家庭。

歐洲人居住地磚造與石塊造的房子	264 所（還有很多正在建築中）	
華人居住的磚造房子	436 所，分佈在：	大會堂	1
		醫院	1
		私人房舍	30
		醫藥店	13
		鴉片商	15
		酒館	5
		食肆	8
		酒商	8
		麵包師傅	2
		水果店	4
		雞鴨店	2

華人居住的磚造房子	436 所，分佈在：	典當店	5
		雜貨店	40
		船用貨店	102
		木材商	8
		妓館	32
		家具店	23
		裁縫店	24
		鞋匠	14
		銀器店	11
		打鐵店	2
		銅鐵店	14
		打鐵店	3
		鐘錶店	2
		文具店	2
		字畫店	2
		廚具店	2
		竹器店	2
		理髮店	18
		洗衣店	34
		屠房	7

資料來源：Report by Census Registration Office, 24 June 1845, CO129/12, pp.304–310.

三、研究時段內香港殖民當局的重要官員

附件（三甲）—香港歷任總督

任期	中文名	外文名	任期
首任	璞鼎查	Henry Pottinger	06/1843 – 05/1844
第二任	德庇時	John Davis	05/1844 – 03/1848
第三任	般咸	Samuel Bonham	03/1848 – 04/1854
第四任	寶寧	John Bowring	04/1854 – 05/1859
第五任	羅便臣	Hercules Robinson	09/1859 – 03/1865
第六任	麥當奴	Richard G. MacDonnell	03/1866 – 04/1872
第七任	堅尼地	Arthur Kennedy	04/1872 – 03/1877
第八任	軒尼詩	John P. Hennessy	04/1877 – 03/1882
第九任	寶雲	George Bowen	03/1883 – 12/1885
第十任	德輔	George Des Vœux	10/1887 – 05/1891
第十一任	羅便臣	William Robinson	12/1891 – 02/1898
第十二任	卜力	Henry Blake	11/1898 – 11/1903

附件（三乙）—香港輔政司

任期	中文名	外文名	任期
首任	弗萊明	George A Malcom	06/1843 – 08/1843
第二任	卜魯斯	Frederick Bruce	02/1843 – 03/1846
第三任	堅偉	William Caine	09/1846 – 04/1854
第四任	默瑟	William Mercer	04/1854 – 05/1868
第五任	柯士甸	John Austin	05/1868 – 04/1878
第六任	馬什	William Marsh	01/1879 – 06/1887
第七任	斯圖爾特	Frederick Stewart	10/1887 – 10/1889
第八任	菲林明	Francis Fleming	01/1890 – 02/1892
第九任	奧布賴恩	GTM O'Brien	03/1892 – 04/1895
第十任	駱任廷	Stewart Lockhart	03/1895 – 04/1902

任期	中文名	外文名	任期
第十一任	梅含理	Francis Henry May	05/1902 – 04/1911

附件（三丙）—香港歷任警察總監

任期	中文名	外文名	任期
首任	梅查理	Charles May	1845 – 1862
第二任	威廉·甘賢	William Quin	1862 – 1866
第三任	華爾特·迪恩	Walter Deane	1866 – 1891
第四任	亞歷山大·哥頓少將	Major General Alexander Gordon	1891 – 1893
第五任	梅含理	Francis Henry May	1891 – 1902

四、警隊運作階層人數種族分佈列表

年份	階層	歐籍	印度籍	華人	總數
1856	警長	7	11	5	23
	警員	20	155	34	209
	共計	27	166	39	232
1857	警長	7	11	5	23
	警員	20	155	34	209
	共計	27	166	39	232
1863	警長	10	21	11	42
	警員	40	350	90	480
	共計	50	371	101	522
1864	警長	10	21	11	42
	警員	40	381	102	523
	共計	50	402	113	565
1883	警長	11	10	5	26
	警員	88	160	178	426
	共計	99	170	183	452
1884	警長	10	10	5	25
	警員	88	160	178	426
	共計	98	170	183	451
1894	警長	12	10	5	27
	警員	90	199	186	475
	共計	102	209	191	502
1895	警長	12	10	5	27
	警員	85	199	186	470
	共計	97	209	191	497

資料來源：政府藍皮書（Blue Book）公務人員人數報表

五、香港首份警察通例
（1841 年 5 月）

本地警察通例

制服：綠色夾克、藍色或黑色褲子、交叉腰帶和刻有"香港警察"字樣的黃銅圓錐形竹帽。（檢查員和助手們將以其出色的服裝品質來區分，用一頂草帽代替竹子），

武器：在日常值勤時，拿著警棍；在特殊場合和夜晚，拿著戟或長矛。督察要求佩劍。

職責：督察要對其下屬的良好行為負責。他要確保下屬會良好地忠誠地履行好職責，並將任何不服從的行為報告首席裁判司。每天早晨，他的特殊職責是先要確定他們都有上班，然後作出檢查，確保衣服必須是乾淨整齊的，武器是能用的。他將在每天早上 8 點前向首席裁判官報告其所控囚犯的人數（嚴禁虐待這些囚犯），並注意到有證人前來證實，可能必須向裁判官提出任何案件。

由 1 名助手和 3 名士兵組成的巡邏隊將晝夜巡遊街道，他們將被指派維持秩序：他們將逮捕任何被發現販賣烈酒或犯下任何應受懲罰罪行的人。特別禁止他們使用任何不必要的暴力。他們將拘捕任何在街上被發現喝醉的人，不論他是甚麼樣的人，並將他拘留，直到裁判司發落為止。

歐籍警察通例

1. 警察要防止搶劫、平息騷亂和暴亂，將一切可能破壞和平或行為混亂的人都帶走。他們將盡一切力量保護華人居民，禁止對任何人使用暴力。

2. 歐洲警察的 1 名下士和 2 名士兵（最基層成員）的巡邏隊將從市集上端到營地的範圍，24 小時內兩次，第一次在晚上 6 時至 8 時，第二次在清晨 1 時至 3 時。在這些場合，他們將由兩名華人警隊的士兵（最基層成員）與一名助理陪同。

3. 特別提請警方注意，要禁止各處出售三蒸酒；除非獲得首席裁判官的許可，任何燈火在晚上 10 點後不能繼續燃亮；晚上 10 點後仍沒有回家，仍然留在外面的人將被拘留，除非他們能替自己作出滿意的解釋；醉酒或暴亂的歐洲人將被拘留在警察局，並立即向首席裁判報告。下士及兩名巡邏人員將繼續在警務處值班，知道上午 8 時才下班，下士將向首席裁判官報告。

4. 一名歐洲士兵與華人支隊的一名助理，另兩名士兵，每日將向首席裁判司聽命，執行治安工作。

資料來源：William Caine Chief Magistrate to Captain Elliot, 11 May 1841, FO17/46.

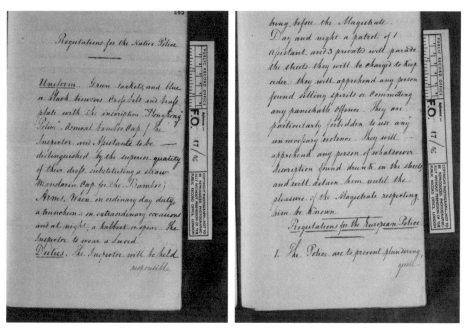

Regulations for the Native Police.

Uniform. Green jackets and blue — a black linen or cross belt and brass plate with the inscription "Hongkong Police." Conical bamboo Cap. / The Inspector and Assistants to be — distinguished by the superior quality of their dress, substituting a straw Mandarin Cap for the Bamboo /

Arms, Worn on ordinary day duty, a truncheon — on extraordinary occasions and at night; a halbert or spear. The Inspector to wear a Sword.

Duties. The Inspector will be held responsible

bring before the Magistrate.

Day and night a patrol of 1 Assistant and 3 privates will parade the streets. they will be charged to keep order. they will apprehend any person found selling spirits or committing any punishable offence. They are particularly forbidden to use any unnecessary violence. They will apprehend any person of whatsoever description found drunk in the streets and will detain him until the pleasure of the Magistrate respecting him be known.

Regulations for the European Police

1. The Police are to prevent plundering, will

香港首份警察通則

來源：British Foreign Office Files: FO17/46 (Hong Kong correspondence), The National Archives

六、1856 年警察調查委員會報告

序號	警察委員會的報告 （輔政司默瑟與律政司安迪斯）	要旨
1	我們以下的簽字人是由港督任命的委員會（當然）成員，目的為調查香港警察的組成和管理制度，並已就這些事項進行了調查，並同意發佈以下報告。 某些本委員會查詢過的證人，對現任警察行事效率低下，以及（至少）一些警隊下屬成員的不當行為懷有抱怨。而在我們看來，這些抱怨有一定的根據。	申明委任以及同意普遍對警隊的不滿
2	部隊裏有指示能力的人，可以通過提高警惕來消除其中一些抱怨，但其中更重要的是，似乎是要求對系統本身進行徹底改變。	申明總體想法
3	在考慮這些變化應遵循那些原則時，委員會已竭盡全力使自己熟悉鄰國大陸以及鄰近群島各地的現行制度，並且將在這些方面找到許多有價值的信息，在取得的證據和收集的文件中會有所反映。	集益廣思而得
4	一直向委員會提供一切援助的吉馬良斯總督（Governor Guimaraes）的建議在我們看來是最有價值的。因此，我們把這些建議成為現在計劃的基礎，並在其中也參進其他證人也有價值的建議。	表揚澳門總督的協助與建議
5	我們基本同意由歐籍人士帶領，有色人種協助的警察來執行夜間任務。 對於建議僱用駐軍團的調遣士兵，作為該警察部隊根據計劃編制的成員，委員會非常同意。這建議的前提是，在香港至少需要一個英國軍團駐守。	警隊：歐洲人＋有色人種 軍隊
6	從團中選出 60 名士兵，將其安置在該團的 2 名軍官之下，或完全在警察局長管轄之下，但必須穿著警察制服。 應該在東區駐紮 30 個人，在西區也駐守 30 個，前者的網站特別需要保持警惕，因為眾所周知，那裏的不良品格（人士）甚至比集市（Lower Bazaar）都要多。應付這支部隊每士兵每天 9 便士的津貼，付每個中士每天 1 仙令的津貼。如果僱用官員，我們建議每人的津貼為 7s/6d。 不論是否會起用長官，（所有人）暫時都應由警察總監管理。	軍隊協助但扮演警察角色 由警察總監監管
7	應該設定有一個由 50 名歐洲人組成的團體，並駐守在中央警署和鎮上其他的較小警局。這些人每天應該得到 1 元，中士每天可以得到 1.5 元，幫辦就可以得到 2 元。	組織歐洲自衛隊
8	隊伍應在法令中予以體現，該法令的框架可在我們程序所附的布里奇斯先生（Mr. Bridges）的草案中找到。	歐洲自衛隊亦應依法體現
9	這是一支永久性的部隊，必須遵守嚴格的規則，並有權在適當條件下獲得退休養老金，據此應從工資中扣除 10%。 有關養老金繳款的規則應適用於從幫辦到警察警員的所有人員。	設立退休金制度
10	我們也同意另一個調查委員會的建議，就是增加偏遠地區的警署數量，增派警力並採取其他措施，確保農村地區的生命財產安全。	似乎有另一個調查委員會

序號	警察委員會的報告（輔政司默瑟與律政司安迪斯）	要旨
11	海軍上將已經就中國的"守望者"（保甲）制度的運作提供了一些有價值的證據，該制度建立在地方和集體責任學說的基礎上。證人默羅和其他非常注意該制度的人正確地考慮了我們本地人口的異質性，以及反對採用這一制度的困難。但是，從 20 日那天廣大華人居民業主提交請願書，表達能對警隊提供協助，以維持這城市的秩序，並遏制犯罪，我們很高興地盼望能克服這些困難。但是，就目前而言，我們只接受那些已經有人同意的建議，主要是在華人居住的數條街道和集市中設置障礙物。這項改進在當前有巨大的優勢，並且可以促使以後採用相同的改進辦法。	"團防局"的前世—— 同意背後的含義，但目前實行有困難
12	本港沒有水警，因此海防沒有守護，非常危險。建議包括：i）加強船員管理；ii）加強著落點的監視，由普通警員負責；iii）警艇要隨時準備就緒到指揮點；iv）要組織大約 30 人的水警。	建議增加水警與加強海岸綫的防衛
13	關於警隊開支，不認為增強警力的開銷應全數由本港負擔。建議 1/3 由英國負擔，1/3 由香港負擔，還有 1/3 由本地稅收支付。還建議對泊岸的商船開徵船舶稅（3%–4%）。	建議增加的支出 1/3 英國負擔
14	建議修改前署理律政司布里奇斯先生（Mr. Bridges）的草案。	
15	不同意（前任裁判司希利爾 Hillier 的建議）警隊可由地方領導管轄。	表示不同意警隊脫離港督管轄
16	假如偏遠地區增加警局，那麼歐籍警察也要增加。	增加歐籍成員

資料來源：Report of the 1856 Police Commission CO129/59, pp.243–252.

七、諭港澳華民示

（載《循環日報》，1895 年 9 月 17 日）

諭港澳華民示　欽命兵部尚書兩廣總督部堂張　兵部侍郎廣東巡撫部院倪　為嚴禁甘受法人僱募為兵及代為修補船隻事照得法人叠犯閩疆戕害生靈殘虐不道　天人共憤凡有血氣之倫莫不切同仇而思敵愾矣惟聞香港澳門一帶间有漢奸串誘多人給予厚值或騙往僱工或給為服役一經上船使逼令為兵留之前驅死亡殘傷多係此等

亦有兇悍悖逆之徒貪圖重值甘為効力尤屬異常悖謬往事歷歷何忍明言更有向代外國修船工匠遇敵船敗損仍復潛往修理致疲者得以振弱者因以强助逆貽　國可恨孰甚亟應嚴切示禁為此示諭沿海一帶居民及修船工匠人等知悉爾等須深明中外之義篤念父母之邦若挺身應募往助仇讐則是以中華之人而害中華以廣東之人而攻廣東致爾之鄉井因爾而瀦為邱墟爾之親鄰為爾而慘罹鋒鏑清夜自思忍乎否乎况法人僱爾為兵即係置爾死地衝鋒擋砲百不存一為爾身計亦豈有拾不貲之軀而易有限之值并為千萬人所唾罵而尚可為乎即他日倖免潛歸家鄉思親族人人不齒但圖目前之小利獨不計終身之衣食乎如能棄邪歸正貽中舉事或梟其兵頭或焚其軍火協同官軍內外攻擊俾得掃蕩無餘本部堂　部院即當盡赦前愆按格優賞仍　奏明　朝廷獎以不次之官以為自拔來歸者勸倘執迷不悟始終助逆除臨陣擒斬外定當查拏該親隣盡法處治其工匠人等罔顧禁令仍為修船亦按謀叛律懲辦各宜凜遵毋違特示　光緒十年　七月日示

〈諭港澳華民示〉

來源：《循環日報》，1895 年 9 月 17 日

參考文獻

一、檔案

British Parliamentary Papers

– House of Commons

– House of Lords

British Foreign Office Files: FO17 (Hong Kong correspondence); The National Archives

Colonial Office Files: CO129 series (Hong Kong correspondence); The National Archives

Colonial Office Files: CO131 series (Executive Council minutes); The National Archives

Colonial Office Files: CO133 series (HK Blue Book); The National Archives

Hong Kong Government Gazette

Hong Kong Blue Book

Hong Kong Hansard

Hong Kong Police Annual Report and Returns

National Library of Scotland, Sir James Haldane Stewart Lockhart Papers, ACC4138

香港法律編章

Correspondance Politique Des Consuls: Angleterre, Vol.54 (1880–1886 on Hong Kong)

Correspondance de Ministère des Affaires Étrangères, Archives Diplomatiques (1889–1892)

Papers of Sir James Stewart Lockhart, National Library of Scotland (Acc.4138)

二、史料彙編

Robert L. Jarman, *Hong Kong Annual Administration Reports, 1841–1941,*

London: Archive Editions, 1996.

《香港差餉稅收歷史》，香港：差餉物業估價署，2013 年。

三、報刊

英文部分

China Mail

The HK Daily Press

The HK Telegraph

The Friend of China

Pall Mall Gazette, January 1884.

中文部分

《申報》

《循環日報》

《華字日報》

四、專著

英文部分

Airlie, Shiona, *Thistle and Bamboo, The Life and Times of Sir James Stewart Lockhart,* Hong Kong: Hong Kong University Press, 2010.

Beattie, John Maurice, *The First English Detectives: The Bow Street Runners and the Policing of London, 1750–1840*, Oxford: Oxford University Press, 2012.

Bickers, Robert, and Henriot, Christian (eds.), *New Frontiers — Imperialism's new communities in East Asia 1842–1953,* Manchester: Manchester University Press, 2000.

Bickley, Gillian, *A Magistrate's Court in 19th Century Hong Kong*, Hong Kong: Proverse Hong Kong, 2005.

Bruce, Philip, *Second to None, The Story of Hong Kong Volunteers*, Hong Kong: Oxford University Press, 1991.

Buffinton, Robert, Luibhéid, Eithne, and Guy, Donna J., *A Global History of Sexuality: The Modern Era*, Hoboken: Wiley-Blackwell, 2014.

Bursey, Jon, *Captain Elliot and the Founding of Hong Kong, Pearl of the Orient*, Barnsley: Pen & Sword History, 2018.

Carroll, John, *Edge of Empires (Chinese Elites and British Colonials in Hong Kong)*, Cambridge, MA: Harvard University Printer, 2005.

Cell, John W., *British Colonial Administration in the Mid–Nineteenth Century:*

The Policy-Making Process, New Haven: Yale University Press, 1970.

Clokie, Hugh McDowall & Robinson, J.William, *Royal Commissions of Inquiry*, New York: Octagon Books, 1969.

Crisswell & Watson, *The Royal Hong Kong Police (1841–1945)*, Hong Kong: MacMillan Publishers (Hong Kong) Limited, 1982.

Crossman, Virginia, *Poverty and the Poor Law in Ireland (1850–1914)*, Liverpool: Liverpool University Press, 2013.

Curtis, Robert H., *The History of the Royal Irish Constabulary*, Dublin: McGlashan & Gill, 1871.

Dell, Simon Patrick, *The Victorian Policeman*, Oxford: Shire Publications, 2004.

Dicey, Albert Venn, *Introduction to the Study of the Law of the Constitution*, Indianapolis: Liberty Classics, 1982.

Eitel, Ernst Johann, *Europe in China*, Hong Kong: Oxford University Press, 1983.

Emmett, Chris, *Hong Kong Policeman*, Hong Kong: Earnshaw Books Ltd (Hong Kong), 2014.

Emsley, Clive, *The English Police: A Political and Social History*, Abingdon: Routledge, 1996.

Emsley, Clive, *The Great British Bobby: A History of British Policing from the 18th Century to the Present*, London: Quercus, 2010.

Endacott, George Beer, *A Biographical Sketch-Book of Early Hong Kong*, Hong Kong: Hong Kong University Press, 2005.

Endacott, George Beer, *A History of Hong Kong*, Hong Kong: Oxford University Press, 1973.

Endacott, George Beer, *An Eastern Entrepot: A Collection of Documents Illustrating the History of Hong Kong*, London: Her Majesty's Stationery Office, 1964.

Endacott, George Beer, *Government and People in Hong Kong: A Constitutional History, 1841–1962*, Hong Kong: Hong Kong University Press, 1964.

England, Joe, *Industrial Relations and Law in Hong Kong*, Hong Kong: Oxford University Press, 1989.

Ferguson, Niall, *Empire: How Britain Made the Modern World*, London: Penguin Books, 2004.

Ferguson, Niall, *The West and the Rest*, London: Penguin Books, 2012.

Hamilton, Sheilah E., *Watching Over Hong Kong: Private Policing 1841–1941*, Hong Kong: Hong Kong University Press, Royal Asiatic Society Hong Kong Studies Series, 2008.

Hayes, James, *Serving Hong Kong: The Hong Kong Volunteers*, Hong Kong: Hong Kong Museum of History, 2004.

Herlihy, Jim, *The Royal Irish Constabulary: A short history and genealogical guide*, Dublin: Four Courts Press, 2016.

Ho, Lawrence K. K. and Chu, Yiu Kong, *Policing Hong Kong, 1842–1969: Insiders' Stories*, Hong Kong: City University of Hong Kong Press, 2012.

Ho, Pui-yin, *The Administrative History of the Government Agencies 1841–2002*, Hong Kong: Hong Kong University Press, 2004.

Hoe, Susanna and Roebuck, Derek, *The Taking of Hong Kong: Charles and Clara Elliot in China Waters*, Hong Kong: Hong Kong University Press, 2009.

Hunt, Tristram, *Ten Cities that made an Empire*, London: Penguin Books, 2015.

Hyam, Ronald, *Britain's Imperial Century 1815–1914 (A study of Empire and Expansion)*, New York: Palgrave Macmillan, 2002.

Jacobsen, Knut A., *Brill's Encyclopedia of Sikhism*, Leiden: Brill, 2017.

Jiao, Allan Y., *The Police in Hong Kong: A Contemporary View*, Lanham: University Press of America, 2007.

Jones, Carol, and Vagg, Jon, *Criminal Justice in Hong Kong*, New York: Routledge-Cavendish, 2007.

Keith, Arthur Berriedale, *Selected Speeches and Documents on British Colonial Policy 1763–1917*, London: Oxford University Press, 1933.

Kwong, Chi Man and Tsoi, You Lun, *Eastern Fortress: A Military History of Hong Kong, 1840–1970*, Hong Kong: Hong Kong University Press, 2014.

Lim, Patricia, *Forgotten Souls: A Social History of the Hong Kong Cemetery*, Hong Kong: Hong Kong University Press, 2011.

Loomba, Ania, *Colonialism/Post–colonialism*, Abingdon: Routledge, 2005.

MacQueen, Norrie, *Colonialism*, Abingdon: Routledge, 2005.

Memmi, Albert, *The Colonizer and the Colonized*, Boston: Beacon Press, 1965.

Miners, Norman, *Hong Kong Under Imperial Rule (1912–1941)*, New York: Oxford University Press, 1987.

Morgan, W. P., *Triad Societies in Hong Kong*, Hong Kong: The Government Press, 1982.

Morris, Jan, *Hong Kong: Epilogue to an Empire*, London: Penguin Books, 1988.

Moss, Alan and Skinner, Keith, *The Victorian Detective*, Oxford: Shire Publications, 2013.

Munn, Christopher, *Anglo-China: Chinese People and British Rule in Hong Kong, 1841–1880*, Hong Kong: Hong Kong University Press, 2008.

Norton-Kyshe, James William, *The History of the Laws and Courts of Hong Kong: Tracing Consular Jurisdiction in China*, Hong Kong: Naronha & Company, 2012.

O'Sullivan, Donald Joseph, *The Irish Constabularies, 1822–1922: A Century of policing in Ireland*, Dingle Co Kerry: Brandon/Mount Eagle Publications Ltd, 1999.

O'Sullivan, Patricia, *Policing Hong Kong: An Irish Story: Irishmen in the HK Police Force, 1864-1950*, Hong Kong: Blacksmith Books, 2017.

Oxley, D. H. (Lieut Colonel), *Victoria Barracks 1842–1979*, Hong Kong: Headquarters British Forces HK, 1979.

Palmer, Stanley H., *Police and Protest in England and Ireland (1780–1850)*, New York: Cambridge University Press, 1988.

Peters, E. W., *Shanghai Policeman*, Hong Kong: Earnshaw Books Ltd (Hong Kong), 2011.

Purcell Miller Litton LLP, *The Old Central Police Station and Victoria Prison HK Conservation Management Plan*, Hong Kong, June 2008, (https://www.taikwun.hk/assets/uploads/press_entries/kL3RYgTPNu.pdf).

Ridley, Jasper, *Lord Palmerston*, London: Constable, 1970.

Rogers, Robert and Walters, Rhodri, *How Parliament Works*, Abingdon: Routledge, 2019.

Shpayer-Makov, Haia, *The Making of a Policeman: A social history of a Labour force in metropolitan London, 1829–1914*, Farnham: Ashgate Publishing Limited, 2002.

Sinclair, Kevin, *Asia's Finest Marches on: Policing Hong Kong from 1841 into the 21st century: An Illustrated Account of the HK Police*, Hong Kong: Kevin Sinclair Associates Ltd, 1997.

Sinclair, Kevin, *Asia's Finest: An Illustrated Account of the Royal Hong Kong Police*, Hong Kong: Unicorn Books Limited, 1983.

Sinn, Elizabeth, *Power and Charity: A Chinese merchant Elite in Colonial Hong Kong*, Hong Kong: Hong Kong University Press, 2003.

Stanton, William, *The Triad Society Or, Heaven And Earth Association*, Hong Kong: Kelly and Walsh, 1900.

Tsai, Jung-Fang, *Hong Kong in Chinese History (Community and Social Unrest in The British Colony, 1842–1913)*, New York: Columbia University Press, 1993.

Tsang, Steve, *A Modern History of Hong Kong*, London: I. B. Tauris & Co.,2007.

Turner, J. A., *Kwang Tung or Five Years in South China*, Hong Kong: Oxford University Press (China) Ltd, 1982.

Ure, Gavin, *Governors, Politics and the Colonial Office (Public Policy in Hong Kong, 1918–1958)*. Hong Kong: Hong Kong University Press, Royal Asiatic Society Hong Kong Studies Series, 2012.

Ward, Iain, *Sui Geng: Hong Kong Marine Police 1841–1850*, Hong Kong: Hong Kong University Press, 1991.

Ward, Iain, *Mariners: The Hong Kong Marine Police 1948–1997*, Hong Kong: IEW Publications, 1999.

Wesley-Smith, Peter, *Unequal Treaty, 1898–1997: China, Great Britain, and Hong Kong's New Territories (East Asian Historical Monographs)*, Hong Kong: Oxford University Press, 1980.

Wong, Kam C., *Policing in Hong Kong (History and Reform)*, Boca Raton: CRC Press, 2015.

Young, Douglas MacMurray, *The Colonial Office in the Early Nineteenth Century*, London: Longman, 1961.

中文部分

《警隊博物館》，香港：香港警務處警隊博物館，2008 年。

丁新豹、盧淑櫻：《非我族裔：戰前香港的外籍族群》，香港：三聯書店（香港）有限公司，2014 年。

弗蘭克‧韋爾什著，王皖強、黃亞紅譯：《香港史》，北京：中央編譯出版社，2007 年。

高岱、鄭家馨：《殖民主義史：總論卷》，北京：北京大學出版社，2003 年。

高馬可：《香港簡史》，香港：中華書局（香港）有限公司，2013 年。

鄺智文：《老兵不死：香港華籍英兵（1857–1997）》，香港：三聯書店（香港）

有限公司，2018 年。

郭衛東：《不平等條約與近代中國》，北京：高等教育出版社，1993 年。

郭衛東：《轉折——以早期中英關係和《南京條約》為考察中心》，石家莊：河北人民出版社，2003 年。

韓延龍、蘇亦工：《中國近代警察史》，北京：社會科學文獻出版社，2000 年。

黃宇和：《歷史偵探：從鴉片戰爭到辛亥革命》，廣州：廣東人民出版社，2018 年。

羅伯特．賴納（Robert Reiner）著，但彥錚譯：《警察的政治學分析》，香港：商務印書館（香港）有限公司，2020 年。

藍詩玲著，劉悅斌譯：《鴉片戰爭》，北京：新星出版社，2016 年。

梁寶龍：《汗血維城：香港早期工人與工運》，香港：中華書局（香港）有限公司，2017 年。

梁炳華主編：《中西區地方掌故》，香港：中西區區議會，2005 年增訂本。

凌劍剛：《香港警隊——開局篇 1841–1971》，香港：里人文化事業有限公司，2017 年。

劉錦濤：《中英創建近代警察制度比較研究》，北京：法律出版社，2014 年。

劉曼榮：《港英政治制度與香港社會變遷》，廣州：廣東人民出版社，2009 年。

劉蜀永：《簡明香港史》，香港：三聯書店（香港）有限公司，2009 年。

茅海建：《天朝的崩潰：鴉片戰爭再研究》，北京：生活・讀書・新知三聯書店，2017 年。

茅海建：《近代的尺度：兩次鴉片戰爭軍事與外交》，北京：生活・讀書・新知三聯書店，2018 年。

馬士著，張匯文等譯：《中華帝國對外關係史》第二卷，上海：上海書店出版社，2006 年。

彭小瑜、高岱：《外國史讀本》（上、下冊），北京：北京大學出版社，2006 年。

蔡榮芳：《香港人之香港史（1841–1945）》，香港：牛津大學出版社，2001 年。

汪建章：《錫克・辛格・阿卡利——錫克民族與錫克教》，四川：四川民族出版社，1994 年。

王賡武主編：《香港史新編》（上、下冊），香港：三聯書店（香港）有限公司，2017年。

夏思義著，林立偉譯：《被遺忘的六日戰爭：1899年新界鄉民與英軍之戰》，香港：中華書局（香港）有限公司，2014年。

饒玖才：《香港的地名與地方歷史》（上冊），香港：天地圖書有限公司，2011年。

余繩武、劉存寬：《十九世紀的香港》，香港：麒麟書業有限公司，1994年。

元邦建：《香港史略》，香港：中流出版社，1987年。

姚穎嘉：《群力勝天——戰前香港碼頭苦力與華人社區的管治》，香港：三聯書店（香港）有限公司，2015年。

楊家駱主編：《中法戰爭文獻彙編》，第五冊，台北：鼎文書局，1973年。

張連興：《香港二十八總督》，香港：三聯書店（香港）有限公司，2012年。

張振江：《早期香港的社會和語言》，廣州：中山大學出版社，2009年。

趙德馨主編：《張之洞全集》第七冊，武漢：武漢出版社，2008年。

朱國斌、黃輝等：《香港司法制度》，香港：中華書局（香港）有限公司，2013年。

五、研究

英文部分

Bayley, David H., "Comparative Organization of the Police in English-Speaking Countries", *Crime and Justice*, Vol.15, Modern Policing (1992), pp.509–545.

Chan, Catherine, "Empire Drifters: The Macanese in British Hong Kong, 1841–1941", PhD History Dissertation with University of Bristol, July 2019, pp.83–88.

Chere, Lewise M., "Great Britain and the Sino-French War: Problems of an Involved Neutral, 1883–1885", *Selected Papers in Asian Studies: Western Conference of the Association for Asian Studies: Paper No.7*, June 2016.

Chere, Lewise M., "The Hong Kong Riots of October 1884: Evidence For Chinese Nationalism？", *Journal of the Hong Kong Branch of the Royal Asiatic Society*, Vol.20 (1980), pp.54–65.

Chiu, Saumee, "Liberty versus Civility: A Critical Review of Efficient Policing in Hong Kong", Master of Philosophy dissertation, Chinese University of Hong Kong, 1996.

Jackson, Isabella, "The Raj on Nanjing Road: Sikh Policemen in Treaty-Port

Shanghai", *Modern Asian Studies*, Vol.26, No.6 (November 2012), pp.1672–1704.

Kerrigan, Austin, "Policing A Colony: The Case of Hong Kong 1844–1899", PhD Dissertation, University of Wales, 2001, pp.295–299.

Lethbridge, H. J., "The District Watch Committee: 'The Chinese Executive Council of Hong Kong'", *Journal of the Hong Kong Branch of the Royal Asiatic Society*, Vol 11 (1971), pp.116–141.

Lethbridge, H. J., "Condition of the European Working Class in 19th Century Hong Kong," *Journal of the HK Branch of the Royal Asiatic Society*, Vol.15 (1975), pp.88–112.

Lowe, W. J., "Irish Constabulary Officers, 1837–1922: Profile of a Professional Elite", *Irish Economic and Social History*, Vol.32 (2005).

Liu, Lai Fai, "Chinese Temple and Chinese Community in Colonial Hong Kong: A Case Study of Man Mo Temple in Sheung Wan", Hong Kong: Master of Arts dissertation, The University of Hong Kong, 2013.

Miners, Norman, "The Localization of the Hong Kong police force, 1842–1947", *The Journal of Imperial and Commonwealth History*, Vol.18, No.3, pp.295–315.

Miners, R.J., "State Regulation of Prostitution in Hong Kong", *Journal of the Hong Kong Branch of the Royal Asiatic Society*, Vol.24 (1984), pp. 143–161.

Munn, Christopher, "The Criminal Trial under early Colonial rule", Tak–Wing Ngo ed, *Hong Kong's History (State and society under colonial rule)*, Abingdon: Routledge, 1999.

Munn, Christopher, "Our Best Trump Card: A brief history of deportation in Hong Kong 1857–1955", Michael Ng and Wong eds., *Civil Unrest and Governance in Hong Kong: Law and Order from Historical and Cultural Perspectives*, Abingdon: Routledge (Taylor & Francis), 2017, pp.26–45.

Pryor, E. G., "The Great Plague of Hong Kong", *Journal of the Hong Kong Branch of the Royal Asiatic Society*, Vol.15 (1975), pp.61–70.

Reiner, Robert, "Police Research in the UK: A Critical Review", *Crime and Justice*, Vol.15, Modern Policing (1992), pp.435–508.

Robbins, Alexander, "Almost Liberal: The British Government of Hong Kong in the Mid–Nineteenth Century", *The Stanford Undergraduate Research Journal*, Spring, 2003 Edition.

Smith Carl T., "The Emergence of a Chinese Elite in Hong Kong", *Journal of the*

Hong Kong Branch of the Royal Asiatic Society, Vol.11 (1971), pp.74–115.

Sinn, Elizabeth, "The Strike and Riot of 1884 — A Hong Kong Perspective", *Journal of the Hong Kong Branch of the Royal Asiatic Society*, Vol.22 (1982), pp.65–98.

Tsai, Jung-fang, "The 1884 Hong Kong insurrection: Anti-imperialist popular protest during the Sino-French war", *Bulletin of Concerned Asian Scholars: 1984*, Vol.16, No.1, pp.2–14.

Thampi, Madhavi, "Indian Soldiers, Policemen and Watchmen in China in the 19th and Early 20th Centuries", *China Report*, Vol.35, No.4 (1999), pp.403–437.

Wesley-Smith, Peter, "Anti-Chinese Legislation in Hong Kong", Ming K. Chan ed., *Precarious Balance: Hong Kong Between China and Britain, 1842–1992*, Abingdon: Routledge, 1994.

Wong, J. Y., "The Arrow Incident: A Reappraisal", *Modern Asian Studies*, Vol.8, No.3 (1974), pp.373–389.

中文部分

陳曉平：〈1884 年香港反法法罷工始末〉，《澎拜新聞》2020 年 9 月，https://baijiahao.baidu.com/s?id=1676593765546898700&wfr=spider&for=pc。

丁新豹：《香港早期之華人社會，1841–1870》，香港大學中文系博士學位論文，1988 年。

方漢奇：〈1884 年香港人民的反帝鬥爭〉，《近代史資料》，1957 年第 6 期，第 20–30 頁。

關詩佩：〈翻譯與管治：早期香港史上的雙面譯者高和爾（1816–1875）〉，《現代中文文學學報》，2011 年，第 174–194 頁。

郭衛東：〈應對鼠疫：1894–1895 年的港澳〉，《歷史檔案》，2011 年第 4 期，第 80–90 頁。

黃雁鴻：〈港澳的鼠疫應對與社會發展〉，《行政》第 28 卷，2015 年第 1 期，第 117–134 頁。

李明仁：〈1884 年香港罷工運動〉，《歷史研究》，1958 年第 3 期，第 89–90 頁。

劉金源：〈論港英政府早期華人管治政策的形成〉，《歷史檔案》，1999 年第 1 期，第 103–108 頁。

龐玉潔：〈香港開埠初期的種族歧視〉，《歷史教學》，1997 年第 4 期，第 49–52 頁。

石楠:〈略論港英政府的鴉片專賣政策〉,《近代史研究》,1992 年第 6 期,第 20–42 頁。

蘇奕工:〈香港殖民地時期二元化法治之確立〉,《二十一世紀雙月刊》,2000 年 8 月號,第 60 期,第 69–82 頁。

王芳、陳顯泗:〈19 世紀下半葉香港同胞反殖民侵佔的鬥爭〉,《文史雜誌》,1997 年第 3 期,第 8–10 頁。

危丁明:〈香港的傳統宗教管理初探——從《文武廟條例》到《華人廟宇條例》〉,《田野與文獻》,2007 年第 49 期,第 35–44 頁。

吳志華:〈香港警察制度的建立和早期發展〉,香港中文大學歷史系博士論文,1999 年。

徐曰彪:〈早期香港工人階級狀況〉,《暨南學報》(哲學社會科學版),1993 年第 4 期,第 59–60 頁。

徐霞輝:〈軒尼詩"親華人"政策與 19 世紀香港華人地位變遷〉,《歷史教學》,2009 年第 9 期,第 14–17 頁。

朱志清:〈香港警察的公共服務研究〉,南昌大學碩士學位論文,2014 年。

後記

這本書是以我的博士畢業論文"香港警察處置群體性治安事件研究（1841-1898）"為基礎，幾經修改而成的。

回想 2014 年的 4 月、5 月左右，北京大學的老師來港面試碩士班的學生。當時我對中國歷史涉獵不深，對報考的碩士研究方向也有點猶疑，但有幸被取錄，拜在歐陽哲生教授門下研習，到去年夏天獲得歷史學系博士學位，今夏把研究成果出版成書，歷時 9 年。路途確實不短也不易，回頭看卻又像只是昨天的事。

從碩士論文階段決定了要做香港警察史研究，一直到完成博士論文的過程，當中有五、六年的時間，我都是投入在閱讀、解碼英國殖民地檔案與外交部檔案的工作中，把香港警察的歷史從零散的信函一段一段地重建起來。查閱義律、璞鼎查、梅含理、駱任廷等人的羽毛筆手稿，把我帶進神奇旅程中，與這些以前只認知為香港街道名字的 19 世紀人物的距離都拉近了。看著時而龍飛鳳舞、時而鴻乙滿紙的羽毛筆字跡的日子很長，對於急性子的我是很好的鍛煉。有時有氣餒、想放棄的感覺，卻又感受肩負一個歷史學人的使命，就是把零碎的史料化零為整搜集爬梳出端倪，正本清源。進入研究領域後，感覺到在從無到有的階段中，香港警隊確實經歷了不少上、下坡路，實賴好多先輩的努力，才能成為今天為國際認同的一支高素質隊伍。警察總是在關鍵時刻發揮其力量，守護香港的法治。這不禁讓我感嘆一個社會的安穩，必是政府、警隊及其它各界通力合作的成果，缺一不可。

"釋舟楫之安，而服車馬之勞；去雕牆之美，而蔽採椽之居。" 2018 年到 2019 年在北京生活一年多的日子，對我來說是無比珍貴的經歷，對我這個"商務人"來說，可以說是一次洗滌心靈的經歷，它使我學會了如何在簡樸生活中仍然可以獲得心靈自足的生活技巧。古老的北京四季分明，沉澱著深厚的歷史文化底蘊。北京大學作為中國最高學府，聚集著一群堅守學術理念、獻身文化事業的師生，大大拓展了我的學習視野。雖然周圍的同學們比我年輕很多，但是求知的領域沒有界限，我們互相交流、滋長友誼。

　　歐陽哲生教授擁有豐富淵博的知識、高深精湛的造詣、對於學術的堅持與認真、勇往直前的精神，是我終身學習的楷模。老師無論在課業或論文上皆給我最大的發揮空間，也常在百忙之中給予關鍵指點，助我度過寫作的瓶頸。碩士、博士論文已經讓老師耗費了心血，續後在修改成這本拙作的過程中，老師依然認真閱讀書稿，並提出大量寶貴意見，處處替我把關，更賜序言，我由衷感激。

　　另外，感謝北大郭衛東教授、臧運祜教授、尚小明教授、金東吉教授、張靜副教授、劉晨助理教授，在論文開題、預答辯到最後答辯的各個階段中均提出許多中肯意見。外審專家李國榮研究員、羅檢秋研究員與夏春濤研究員等，也提出諸多寶貴意見，在此一併感謝。還要感謝北大徐勇教授、高岱教授、王元周教授，在我萌生論文寫作思路時，指點許多不同的思考方向，幫助我勾畫出思維框架，不至迷失方向。感謝王曉秋教授、牛大勇教授、王奇生教授與劉一皋教授在課堂內外給予的教導與幫助。北大歷史系教務老師嚴雅輝在我的博士論文答辯期間，不辭辛苦地幫助我處理答辯手續，我感激不盡。學習期間，我也常獲得北大同學包括李樂師姐、薛冰清師兄、李志文師兄、黃柏雯、袁國是、王靜、賈盼同學的大力幫助，獲益良多。

　　過去幾年，新冠疫情席捲世界，圖書館、檔案館相繼因為社交隔離政策，不定時開門、關館，當時我仿徨、焦慮的心情可想而知。幸好所需資料大多已經電子化，查找起來還算不難利用。在這一過程中，學術界不同種族、不同年紀、不同語言的同儕都友好地伸出援助之手，我先後接觸英國、蘇格蘭與法國各國檔案館、圖書館的同儕，大家同情新冠疫情帶來的限制，都頗願意幫忙，把資料通過電子媒介（或有償或無償地）傳送給我，幫我解決了查找資料的困難。感謝這些從業員，也期盼世界能早日回到大同境況。

　　此外，一位有藝術修養的老朋友替我把腦中對封面的初步構思在短時間內勾畫出來，正代表著我們之間了解之深，我也至為感激。還有我的法語老師 Emilie Saint-Pe 一直鼓勵並幫助我與法國幾家檔案館聯繫，最後取得寶貴史料，為我的論文增加不少國際視野。Emilie Je vous remercie beaucoup！博士論文寫作期間，我有幸認識了香港警隊的資深歷史專家何明新警司，論文中的一些史實多次獲得他認證與提點，實屬我的貴人，在此表示感激。這些舊雨新知義不容辭的幫忙，都是這書能面世的重大功臣。

　　論文得以能夠出版成書，離不開三聯書店（香港）有限公司各部門人員對我的信任：香港三聯葉佩珠總經理、周建華總編輯的友善歡迎，讓我這個從未接觸出版事業的初生兒感到定心，謹致謝忱。本書出版流程暢順，全賴三聯人文出版部的李斌策劃編輯、劉韻揚責任編輯以及設計、校對、排版團隊，他們精密而高效地審校與設計，付上了大量心血，令我銘感五內。書中仍存訛誤之處，是我個人疏忽大意，亦敬請師友讀者諒解並指教。總而言之，出版這本書，讓我在人生的路途上又打開了一扇新的門戶，我能進入這個新的領域，實在感恩第一位引路人和幫助者。

本書另外兩篇序言，為香港警務處處長蕭澤頤先生與香港嶺南大學劉智鵬教授所賜，兩位在極繁重的政務、學務中，欣然答應替我寫序言，讓我倍感榮幸、永誌難忘。從碩士階段起，我一直有幸獲得劉教授這位香港史專家指點迷津，如今更獲賜序，我書猶如打了強心針一劑。蕭處長身負維持本港治安最高統領的重任，日理萬機，但卻堅持嚴謹地把我的書稿看了一遍，這種認真的態度讓我肅然起敬，極能反映其愛崗敬業的作風。本書獲得他們兩位的認可，如同取得駕駛執照，以後的路我會戰戰兢兢地試走下去了。

最後，想要感謝已經過世的雙親，兩老是在女兒身上培育中國文化的啟蒙者。我生長在殖民管治下的香港，父母逆水行舟，對女兒進行愛國培育實為不易。我自小看到他們對中華文化的堅持，無論身在何方都不曾忘記自己的中國根。現在，我把這本初生之犢的作品獻給他們。

蘇載玓

2023 年 5 月 29 日夜

完稿於香港